本书为浙江省“十三五”第二批教学改革研究项目
“‘一核、两维、三性、四方、多元’的商务英语专业人才培养模式
创新构建”研究成果

高校商务英语专业实践教学创新研究

鲍　文　田　丽　著

CREATIVE RESEARCH ON PRACTICAL TEACHING OF BUSINESS ENGLISH PROGRAM IN HIGHER EDUCATION

·杭州·

图书在版编目(CIP)数据

高校商务英语专业实践教学创新研究 / 鲍文,田丽著. —杭州:浙江工商大学出版社,2021.8
ISBN 978-7-5178-4482-2

Ⅰ. ①高… Ⅱ. ①鲍… ②田… Ⅲ. ①商务—英语—教学研究—高等学校 Ⅳ. ①F7

中国版本图书馆 CIP 数据核字(2021)第080439号

高校商务英语专业实践教学创新研究

GAOXIAO SHANGWU YINGYU ZHUANYE SHIJIAN JIAOXUE CHUANGXIN YANJIU

鲍 文 田 丽 著

责任编辑 王 英
责任校对 夏湘娣
封面设计 林矇矇
责任印制 包建辉
出版发行 浙江工商大学出版社
(杭州市教工路198号 邮政编码310012)
(E-mail:zjgsupress@163.com)
(网址:http://www.zjgsupress.com)
电话:0571-88904980,88831806(传真)
排　　版 杭州朝曦图文设计有限公司
印　　刷 杭州高腾印务有限公司
开　　本 710mm×1000mm 1/16
印　　张 21.25
字　　数 325千
版 印 次 2021年8月第1版 2021年8月第1次印刷
书　　号 ISBN 978-7-5178-4482-2
定　　价 65.00元

内容提要

本书根据商务英语教育教学规律与特点，系统研究高校商务英语专业实践教学理论、实践教学原则、实践教学内容、实践教学体系、实践教学方法、实践教学评价和实践教学管理等问题。本书理论与实践结合，宏观与微观并重，是首部聚焦高校商务英语专业实践教学的学术专著，对高校商务英语专业实践教学的研究与实践教学的开展具有重要的指导意义和参考借鉴价值。

前　言

商务英语专业是我国高校为适应经济全球化发展对国际商务领域人才的需求而设置的新兴交叉性、应用型专业。商务英语专业培养目标与普通英语语言文学专业不同,《普通高等学校本科商务英语专业教学指南》指出:"本专业旨在培养具有扎实的英语语言基本功和相关的商务专业知识,拥有良好的人文素养、中国情怀与国际视野,熟悉文学、经济学、管理学和法学等相关理论知识,掌握国际商务的基本理论与实务,具备较强的跨文化能力、商务沟通能力与创新创业能力,能适应国家与地方经济社会发展、对外交流与合作需要,能熟练使用英语从事国际商务、国际贸易、国际会计、国际金融、跨境电子商务等涉外领域工作的国际化复合型人才。"商务英语专业人才培养强调应用性和实践性,而要突出专业应用性与实践性,实践教学是其重要抓手。实践教学是为提升学习者的实践能力,促进学习者全面发展而开展的各项实践活动。商务英语专业实践教学是为提升商务英语专业学生的综合商务实践能力,促进学习者英语语言能力与商务技能的综合提升而开展的相关实践教学活动。商务英语专业实践教学与其实践性特征相吻合,是商务英语专业教学不可或缺的部分,也是实现商务英语专业人才培养目标的重要手段,对于培养当前我国经济社会发展需要的应用型、复合型国际商务人才具有重要意义。

基于此,本书系统研究高校商务英语实践教学,涉及商务英语专业实践教学理论、原则、内容、体系、方法、评价、管理等。作者鲍文统一策划和设计本书,完成第1章、第3章、第5章和第8章的内容撰写,作者田丽完成了第2章、第4章、第6章、第7章的内容撰写。本著作是作者"浙江省'十三五'第二批教学改革研究项目'一核、两维、三性、四方、多元'的商务英语专业人才培养模式创新构建"和校级教学改革项目“高校商务英语本科专业实践教学创新模式构建”的研究成果。本书作者长期从事商务英语教学与研究,望此书能对商务英语专业实践教学的规范化、科学化尽绵薄之力,助力商务英语专业繁荣兴盛。

本书获得浙江工商大学外国语学院“英语专业重点学科出版基金资助”,在此表示衷心感谢。本书在出版过程中得到了浙江工商大学出版社王英编辑的悉心帮助和大力支持,在此深表谢忱!

鲍文　田丽

2021年6月于杭州

目录

1 绪论 ······1

1.1 商务英语 ······1

1.2 商务英语专业 ······9

1.3 实践教学 ······19

1.4 商务英语实践教学 ······25

1.5 商务英语专业实践教学现状调研 ······32

2 商务英语实践教学理论基础 ······44

2.1 默会理论 ······46

2.2 CBE 理论 ······54

2.3 OBE 理论 ······63

2.4 专门用途英语教育理论 ······72

2.5 商务英语教育理论 ······77

3 商务英语专业实践教学构建原则 ······91

3.1 系统化原则 ······91

3.2 专业化原则 ······97

3.3 对接性原则 ······103

3.4 多维化原则 ······110

3.5 国际化原则 ······119

4 商务英语专业实践教学内容 ……125

4.1 实践教学语言内容 ……126
4.2 实践教学能力要素 ……132
4.3 实践教学素质内容 ……141
4.4 实践教学课程设置 ……148
4.5 商务英语实践教学体系 ……155

5 商务英语专业实践教学模式 ……158

5.1 课堂实践 ……158
5.2 第二课堂 ……171
5.3 企业实践模式 ……178
5.4 校企结合 ……185
5.5 五方联动 ……192

6 商务英语实践教学评价 ……201

6.1 实践教学评价概述 ……201
6.2 终结性评价与形成性评价 ……208
6.3 实践教学评价原则 ……217
6.4 实践教学评价系统 ……225
6.5 实践教学评价手段 ……231

7 商务英语实践教学监控 ……242

7.1 实践教学监控概述 ……242
7.2 实践教学的现状与问题 ……246
7.3 实践教学监控的原则 ……251
7.4 实践教学监控途径 ……256
7.5 实践教学监控体系 ……263

8 商务英语专业毕业设计 ……271

8.1 毕业设计构建依据与现状 ……272
8.2 毕业设计特点 ……275
8.3 毕业设计构建原则 ……281
8.4 毕业设计的内容 ……287
8.5 毕业设计新模式与评价标准 ……304

参考文献 ……312

1 绪论

1.1 商务英语

商务英语随着社会经济的发展和专门用途英语(English for Special Purpose, ESP)的发展而产生,它是指"English for business"或"English used in business contexts"(Jones & Alexander,1994:5)。商务英语是国际商务中用于沟通的通用语,在这个概念中,它是一个不可拆分的完整概念。(王立非,2020:1)

最早的商务英语可追溯至15世纪。为了能够与欧洲各国顺利进行商务活动,英国开始出现专门的商务英语话语;与此同时,为应对贸易活动中的语言障碍,出现了专门编写的商务英语参考书籍。17世纪后,经过资产阶级革命的英国不断向外扩张,掠夺世界市场,在世界范围内进行的商务活动如火如荼。各国迫切需要精通商务英语的人才。为满足国际商务活动带来的日益增长的人才需求,保障国际商务活动顺利进行,商务英语及其教育便应运而生。(鲍文,2009)

随着世界各国的交流日益频繁,商务英语已成为促使国际贸易日益繁盛、经贸往来有序开展、商务交流顺利进行的语言工具,对增进各国间经贸往来、促进世界贸易的发展发挥着独特的经济价值。

1.1.1 商务英语的语言特征

关于商务英语的内涵，国内外学者从不同角度进行了深入的探讨。主要观点如下。

第一，“商务英语是‘中介性语言(mediating language)’，位于特定商务技术语言和普通大众语言的交界地带，是一种‘工作语言(working language)’。它包含语汇层次和交际层次，几乎不涉及语法层次”(Pickett，1989:5)。第二，商务英语是专门用途英语的一个分支，是商务环境中应用的英语，也就是已在从事或将要从事商务活动的专业人才所学习或应用的专门用途英语。(Ellis & Johnson，1994:3)第三，商务英语是“不只具有一种专门化的句、语义等内容的专门性语言”(Shuy，1998:5)。“话语是与社会、政治、文化程式相应的语言应用，语言既反映社会秩序，又构建社会秩序和人与社会的互动”(Jaworski & Coupland，1999:1)。第四，“商务英语是一种职业话语，是人们使用英语进行商务活动的结果。语言和商务活动密切相连。从商务话语角度来看，商务英语是商务话语诸因素互动过程的产物，因而是可以定性分析和描述的。同时，商务活动本身决定了语言的使用特点。只有对商务活动有全面的了解，掌握商务活动的相关知识，并对其中的规范和程序有清晰的认识，对社会文化差异敏感，对语用策略娴熟运用，才能准确把握商务话语的实质特征。商务话语中商务学科知识、语言和商务技能三者密不可分”(Bargiele-Chiapini & Nicherson，1999:16)。

随着商务英语对于国家外向型经济发展的重要性日渐显现，国内众多学者对商务英语的相关方面进行了讨论与研究。“商务英语是在商务场合中，商务活动的参与人为达到各自的商业目的，遵循行业惯例和程序并受社会文化因素的影响，有选择地使用英语的词汇语法资源，运用语用策略，以书面或口头形式所进行的交际活动系统。”(张佐成、王彦，2002:56)邹美兰则将商务英语概括为：“商务英语就其本质而言，就是在商务领域内经常使用的反映专业领域专业活动内容的英语词汇、句型、文体等的有机总和。”(2004:114)陈准民、王立非将商务英语概括为：“商务英语指在全球经济化环境下，围绕贸易、投资开展的各类经济、公务和社会活动中所使用的语言，具体包括贸易、管理、金融、营销、旅游、新闻、法律等。”(2009:5)

综上可以看出,商务英语内涵应包括以下内容:商务英语是英语的一种重要社会功能变体,具有专门用途英语的一般特征;商务英语是一种专门化的语言,语言的专门化表现在商务英语的词汇、句法和文体等方面;商务英语专门化的语言(词汇、句法、文体)体现在商务交际中的价值、互动、评价,以及语言与行为、语言与情景的协调等方面;商务英语是在商务环境中应用的英语,与国际商务活动密切相关,其内容覆盖与国际商务相关的一切领域,如经济、管理、商法、政治、外交、媒体、社交等;商务英语是人们以商务沟通为目标,从事国际商务活动所使用的交际语言,是人们用于跨文化国际商务活动的交流工具。(鲍文,2017:6)

作为英语的一种重要的社会功能变体,商务英语具有融合性、共核性、开放性、目的性、多样性、规约性、时代性等属性,是我们开展商务英语研究和商务英语实践教学研究的基础。

1.1.2 商务英语学科

学科是学术的分类,是根据学问的性质而划分的门类,是科学发展的特定产物。大学中的学科指大学中高层次的学术分类,是与知识相关联的学术概念,是由某一类知识形成的相对独立的知识体系,是针对某类知识的科学规律研究和教学规律研究(鲍文,2017:28),如自然科学类中的化学、物理学等,设计科学类中的政治学、历史学等。商务英语学科研究的核心内容是国际商务活动中商务英语的应用研究以及商务英语教育和教学要素的研究。(鲍文,2009:5)

商务英语是一门语言,除此之外,也有学者认为商务英语是一种随国际商务活动而产生的交叉性学科,用于培养复合型人才。由此,商务英语学科是:研究国际商务英语的教育和教学规律的科学,研究国际商务背景下使用英语的规律的科学。

商务英语学科的归属问题一直受到学界的热烈讨论。目前对商务英语的学科定位主要存在以下几种观点。

第一种观点较为笼统,即将对外贸易中所应用到的英语都归为国际商务英语。20世纪50年代至80年代,我国外经贸类高校所开设的外贸英语函电、西方报刊经贸文章选读、外贸英语口语等经贸类英语课程统称为外贸英语或者外经贸英语("Foreign Trade English"或"English for Business")。到了20世纪90年代，国际商务英语这一名称取代了外贸英语、外经贸英语。这是传统意义上人们对国际商务英语的理解与定位，也是国际商务英语学科发展以及定位的基础。由此可知，在传统观点看来，商务英语仍是隶属于应用语言学的三级学科，如图1.1所示。

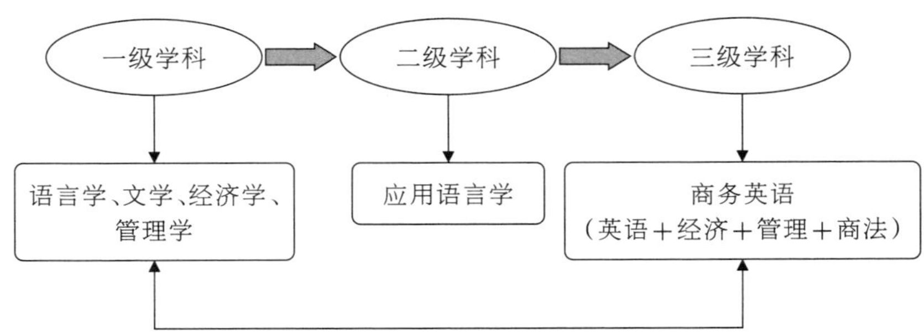

图1.1　应用语言学下的商务英语专业三级学科定位

第二种观点认为国际商务英语实际上就是商务环境中使用的英语，是专门用途英语的一个分支。

第三种观点认为，国际商务英语是在语言学和应用语言学理论指导下，研究英语在国际商务中的应用的学科，是涉及语言学、管理学、经济学的交叉型学科。在国际商务中涉及的英语已从商品进出口延伸到服务、贸易，甚至法律金融、投资、保险、信息等方面，其内容的深度已远远超过这些学科的一般导论范围。（黄震华，1999:38）这种观点强调国际商务英语的跨学科属性。

之后众多学者提出了类似的观点。商务英语概念范围极为广泛，商务英语并非只用于做生意，更是一个跨学科的领域，所涉及的知识广博而又精深。（阮绩智，2005:27）徐鲁亚指出，目前学术界大多认为商务英语应属于应用语言学的研究范围，是涉及多门类、跨学科的交叉性学科，其理论指导是语言学与应用语言学。（2005:84）

从目前商务英语教育和研究的发展来看，商务英语研究的是英语在国际商务领域和活动中的应用，培养的是国际商务活动中具备交际行为能力的商务英语专业人士。商务英语学科是外国语言文学一级学科下的外国语言学与相关商务学科交叉形成的一门二级学科。商务英语是以外国语言学为指导，语言学与应用语言学为理论基础，涉及文化、经济、贸易、法律、管理等诸多相关学科的一门新兴应用性的交叉性二级学科。具体来说,商务英语是英语语言学和经济学、管理学、法学等学科有机结合所形成的交叉性新学科。商务英语学科的内容除包括英语语言本身之外,还涉及对文化、经济、贸易、管理、法律等诸多学科的交叉研究。这些学科与英语相互作用、相互融合、相互依存,形成了相对完整、独立的语言系统。如图1.2所示。

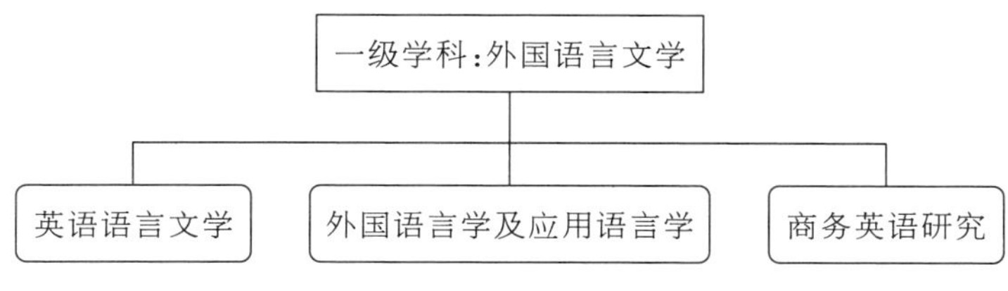

图1.2 外国语言文学一级学科下的"商务英语研究"二级学科定位

对于商务英语的学科定位,不管从哪一种观点来看,都或多或少地表明:商务英语作为国际商务活动的产物,必然涉及众多学科领域,即商务英语学科的跨学科性。《高等学校商务英语专业本科教学质量国家标准》也明确指出,商务英语专业具有跨学科特点,以外国语言文学、应用经济学、工商管理、法学(国际商法)等学科为基础,突出商务语言运用、商务知识与实践、跨文化商务交际能力的人才培养特色。

随着现代商务英语的深入发展,越来越多的学者认识到商务英语不应仅仅局限于其语言属性,还应考虑其与多个领域的交叉性特征。"人们从事国际商务活动时,经常会使用商务英语,而国际商务英语涵盖了相关的各个领域的专业英语,如经贸英语、金融英语、经济学英语、会计英语、法律英语、广告英语等,这与国际商务涉及许多不同行业和领域有密切联系。"(帅建林,2004:372)"商务英语不仅指人们从事国际商务活动时所使用的英语,还指任何涉及国际商务领域所包括的学科理论的英语,如金融英语、物流英语等。""商务英语属于专门用途英语,因为专门用途英语不是一门独立的学科。"(翁凤翔,2009:8)商务英语作为一种特定的实用型文体,所涉及的商务理论和国际商务实务等内涵丰富,其特征不仅体现在自身的语汇专业性上,还体现在其语体具有规范性、语篇具有简洁性等特征上。"商务英语具有其特定的'商务'特色,与对外贸易、函电谈判、报关实务、市场营销、经济管理、财政金融、财务会计以及现代物流等紧密相关,涉及国际支付与结算、涉外保险、贸易合同乃至国际法律等商务活动。”(邱晓清,2010:32)“商务英语是依托英语基本语言为国际商务活动服务的专门用途英语,是英语的一种社会功能变体,属功能性语言范畴。其内容涉及英语语言基础知识、商务专业知识、行业习惯、民族习惯、人际关系和处事技巧等。商务英语源于普通英语,既具有普通英语的语言学特征,又是商务知识和普通英语的综合体,因而具有其内在的独特性。商务英语翻译是一种跨语言、跨专业及跨文化的交际活动,是一种复杂的互动思维的心理活动和信息处理过程。”(孙相文、聂志文,2013:85)

1.1.3 商务英语与ESP

商务英语与ESP联系密切,最早很多学者从ESP视角研究商务英语,认为商务英语是专门用途英语的一个分支。专门用途英语领域的理论家和实践者对此多有论述。埃利斯和约翰逊(M. Ellis & C. Johnson)指出商务英语是专门用途英语的一个分支,存在于商务环境中,对于已经从事或将要从事商务活动的专业人才来说,是必须学习的一门专门用途英语。(1994:3)自20世纪90年代以来,专门用途英语的一个最重要的分支就是商务英语。(Dudley-Evans & St. John, 1998:19)“商务英语实际上是在商务环境中应用的英语,是专门用途英语的一种。”(Brown J. D., 2001:20)商务英语是一门专门用途英语,其学习对象是已经从事或将要从事商务行业的专业人才,其具有很多特殊的语言现象,包括词汇用语、结构、文体风格等,想要掌握商务英语,必须经过专门的训练。(Dubin & Olshtain, 2001:25)

国内学者王兴孙把商务英语比作专门用途英语这棵大树上的一个分支,认为商务英语实际上就是在商务环境中应用的英语,也就是正在从事或将要从事商务工作的专业人才所学习或应用的专门用途英语。(1997:25)他同时指出:“从语言载体的角度来讲,商务英语是商务环境中应用的英语,它属于专门用途英语(ESP)的一种(variety);但从内容而言,商务英语又不能脱离商务。”(1997:24)“如同其他ESP,商务英语是一种特别的语体,强调的是在特定环境下的特种交际;但又有别于其他ESP,商务英语通常是某个特别工作或行业相关的特定内容与一般有效沟通能力相关的一般内容的混合。”(Ellis & Johnson, 2002:3)。张新红、李明同样也指出:“商务英语是英语的一种社会功能变体,是专门用途英语中的一个分支,是英语在商务场合中的应用……商务英语所承载的是商务理论和商务实践等方面的信息,没有承载商务理论和商务实践等方面信息的英语不能称为商务英语。"(2004:11)

也有一些学者就商务英语和专门用途英语的关系,从话语的角度提出了更为细节化的观点。苏伊(R. W. Shuy)在对一系列行政和商务话语语料进行分析后指出:"如果把商务英语定义为一种专门化的语言,商务英语也不仅仅指专门化词汇,还包括句法、语义等更多的内容。"(1998:5)吉(J. P. Gee)从话语角度提出了和苏伊类似的看法,他认为:"话语不仅是一系列的词语、语法、语篇特征,还包括这些词汇、语法、语篇特征在话语中的价值,以及社会文化规范、认知结构、使用者的策略和技巧等各方面。"(1999:25)

然而,关于专门用途英语与商务英语的关系,另一种观点认为,如今的商务英语已不仅仅是ESP的一个分支,它已超越ESP范畴,成为英语通用语(English as a Lingua Franca,ELF)的一部分,并逐渐发展成为商务英语通用语(Business English as a Lingua Franca,BELF)。商务英语就语言学来说具有双重性:从外部特征来看,是专业人员与大众在商务语境中进行沟通的语言;从内部特征来看,是只有在商务专业领域内,专业技术人员交流使用的专业话语。商务英语不仅具有通用英语的语言特点和规律,还体现出自身语言内核特征,是一种具有商务语境的语言。(王立非、陈香兰、葛海玲,2013:27)商务英语包括学习者学会的如何在商务领域里开展商务活动的内容,与职业行为直接挂钩。(鲍文,2009:22)因此,商务英语不仅具有商务英语语言本体内容,还与商务活动背景相关,是以完成国际商务活动为目的的特殊英语。

1.1.4 商务与英语的关系

对商务英语中商务与英语的关系的认识已从早先的商务修饰英语发展到今天的商务与英语并列的关系。

第一种观点是商务与英语的关系是商务修饰英语,商务英语姓"英"名"商",其落脚点在"英语"上面,这也是商务英语区别于其他商科专业的根本所在。商务英语不仅仅是对英语应用语言学的学习和研究,而且提供了一种比较完整、具有整体性的商务知识的语言学体系。(鲍文,2009:30)这也解释了为什么大多数商务英语学科与专业设置在外国语学院。

第二种观点是商务与英语是并列的关系。“商务英语是国际商务中用于沟通的通用语”(王立非,2012:5),它是一个不可拆分的完整概念。在这个概念中,商务和英语既不存在主次关系,也不存在修饰与被修饰的关系,其核心既非商务,也非英语,而是跨学科形成的一种特殊的新话语体系。在这个特殊的新话语体系中存在三个层次——普通英语、通用商务英语和专业商务英语,三个层次相互联系,层层递进,将语言和商务融为一体,形成有机整体,缺一不可。因此,商务英语是指“在全球经济化环境下,商务人士在各类经济、公务和社会活动中所使用的语言”(陈准民、王立非,2009:6),具体包括贸易、管理、金融、营销、旅游、新闻、法律等。

由以上论述可知,关于商务英语概念的讨论不断发展演进。起初,一些学者认为商务英语是以英语为媒介从事商务活动的语言;后来,又有学者认为商务英语属于专门用途英语的一种;之后,又有学者论述了商务英语的学科性质。当今,随着国内外学者对商务英语研究的不断深入,商务英语的概念也越来越丰富、全面。

对外经济贸易大学商务英语理论研究小组对商务英语采用了两种不同的认识路径:一种是把商务英语当作“专门用途英语”的一个分支来看待;另一种是从“商务话语(Business Discourse)”的视角来认识商务英语,把它看作英语在商务领域和活动中的使用。两种路径在不同理论概念和研究方法下,揭示了商务英语的不同侧面。

不管是从语言角度认为商务英语是促进国际商务活动的语言工具,或是认为商务英语是随世界贸易发展而应运而生的交叉型新兴学科,又或是将其视为ESP的分支,还是从广义角度全方位、多层次定义商务英语,都是对商务英语发展的有益探讨,必然将商务英语引入更为具体、全面的领域。基于以上对商务英语的全面了解,对其性质进行深入剖析,有助于商务英语实践教学从其不同角度的定义汲取新的洞察视角,使商务英语实践教学不断深入发展。

1.2 商务英语专业

专业是基于某一学科知识体系构成的，商务英语专业则以商务英语学科知识体系为基础和背景，以开展培养商务英语专门人才的教育教学活动为目的。

随着商务英语在全球范围内的贸易活动中发挥越来越重要的作用，各国对精通英语并能够将其作为工具从事国际商务的专门人才的需求也日益增加。就我国而言，商务英语教育始于中华人民共和国成立初期。中国的商务英语教育主要以课程的形式出现，“英语＋商务”知识成为当时商务英语教育的主要形式，即在传统的英语课程里加上少量的非系统的商务知识（鲍文，2009：12），例如外贸英语、外贸函电等。

改革开放以来，随着经济全球化的深入发展和我国国际商务活动的快速增长，人才市场对既能熟练运用英语语言知识与技能，又具备国际商务知识与技能的商务英语专业人才的需求不断增大。2007年，对外经济贸易大学成功获批商务英语本科专业，商务英语专业（即英语语言商务专业）有了合法的地位，成为与英语语言文学专业平行的专业。由此证明，我国高等教育商务英语专业的诞生是为了更好地满足我国外向型经济发展对国际商务人才的迫切需求，商务英语专业是高校为适应我国社会、经济发展对国际商务领域中用英语从事商务活动的人才的需求而设立的新兴专业。

1.2.1 商务英语专业发展历程

基于国家发展、社会进步对商务英语国际化人才的需求，商务英语教育应运而生，并在此基础上逐步成长为培养专门国际商务人才的专业学科。国外的商务英语教育起步较早，其发展历程大致可以分为以下四个阶段：15世纪末开始的以克服贸易往来中的语言障碍为目的的早期商务英语教学活动（戴年，2010：88），16世纪中叶为满足欧洲各国贸易往来中较大的商务英语人才需求而进行的商务英语教学，以商务尺牍课程（Commercial Correspondence Course）和一些商务英语词汇及常用对话手册（鲍文，2017：1）的流行为标志的英国工业革命时期的商务英语教学，20世纪60年代以后的规范化商务英语教育。

从以上四个阶段可以看出，商务英语教育一直对商务活动发挥着独特的经济价值，其专业目标在于培养当前经贸环境下，能够从事外贸活动的商务英语人才，满足由国际商务活动带来的商务英语人才需求。随着资本主义的萌芽和工业革命的兴起，国际贸易日益繁盛，对商务英语人才的需求越来越大。商务英语专业的培养目标不再局限于基础的语言交流层面，而是趋向更为专业的商务英语知识的输入和商务技能的输出。

回望中华人民共和国成立后的商务英语专业的发展历程，也可以将其分为四个发展阶段。

（1）外贸英语阶段（1951—1977年）

1951年，我国创办了对外贸易专科学校，开设外贸英语系，旨在培养新中国的外贸干部，以满足中华人民共和国成立后对外贸易市场对外贸英语人才的需求。包括北京外贸学院（现对外经济贸易大学）、广州外贸学院（现广东外语外贸大学）、上海外贸学院（现上海对外经贸大学）、天津外贸学院（现南开大学国际商学院）等这一时期创办的对外贸易学校均直属对外贸易部。学生在这些院校毕业后可获得本科文凭和学士学位，或外派到驻外使馆经济商务参赞处工作，或分配到国有外贸公司，代表我国与各国开展外贸活动。

（2）经贸英语阶段（1978—2000年）

1978年对于中国来说是极具历史意义的一年。这一年，中国宣布开始实施改革开放，市场活力无限释放，与各国的经贸往来随之激增。在这一时期，国家制定和出台了一系列的措施和文件，鼓励个人和民营企业扩大对外经贸业务，个体经贸公司如雨后春笋般涌现，对外经贸欣欣向荣。市场经济的发展极大地促进了经贸英语的发展，因此，经贸英语极具时代特色。这一时期的商务英语教学设立了独立的系科，独立于传统的英语专业，间接地采用了一些经贸管理类课程，如外贸函电、商务概论等。但这一时期的商务英语教学还未形成统一的名称，其名称有外贸英语、经贸英语、商务英语、多功能英语等，较为混乱。

（3）商务英语阶段（2001—2017年）

2001年，我国加入世界贸易组织（WTO），经济步入快速发展通道，开始深度融入全球化进程。自加入世界贸易组织起，我国切实履行入世承诺，国际商务活动、资本流动在全球范围内不断增加，商务活动成为国家发展和社会生活的主旋律,现代服务业发展迅猛,旅游、金融、交通、电信、教育等各行各业的开放使得对商务英语人才的需求不断扩大。根据商务部和教育部发布的人才需求信息,我国对国际贸易投资、跨国经营管理、海外市场营销、国际商事仲裁、国际商务谈判等人才的需求强烈,现有从业人员尚存在复合性低、外语能力不足、国际竞争力弱等不足之处。即使在北京和上海这样的国际化城市,懂法律、通经贸、会外语的高层次人才也存在严重缺口。在5000名律师中,能开展跨国诉讼业务的不足50人。(文秋芳、苏静、监艳红,2011:4)培养合格的商务英语高级人才,满足中国经济国际化的需求是我国高等外语专业教育肩负的重要使命,商务英语专业的设立正是应对该挑战的有效途径。这一时期商务英语专业形成规模,全国范围内的高校在政策支持、人才市场需求等有利因素的推动下,积极开办商务英语专业,培养专门的国际商务人才。

(4)新时代商务英语阶段(2018年至今)

党的十九大报告指出,中国特色社会主义进入新时代。中国将坚定不移地继续扩大对外开放,与世界各国人民一道坚持共商、共建、共享原则,推进全球治理体系变革。习近平总书记强调,参与全球治理需要一大批熟悉党和国家方针政策、了解我国国情、具有全球视野、熟练运用外语、通晓国际规则、精通国际谈判的专业人才;要加强全球治理人才队伍建设,突破人才瓶颈,做好人才储备,为我国参与全球治理提供有力的人才支撑。可以预见,面向开放经济的复合型和应用型外语专业人才的需求将会进一步加大,中国特色鲜明的商务英语专业教育将会迎来历史上难得的发展机遇期。这一时期,受人才市场对应用型国际商务人才需求激增的影响,商务英语专业教育更加注重人才培养的应用性与复合性,突出商务英语的跨专业特征,所输出的国际商务人才的国际商务技能、素质等方面也更为优质。

从以上四个发展阶段可以看出国家对外贸易的发展需求同商务英语专业人才培养之间的相互作用。自2007年教育部正式批准对外经济贸易大学设立商务英语本科专业以来,越来越多的本科院校已经或即将开办商务英语专业。截至2021年9月,全国共有414所高校开设商务英语专业,形成了商务英语专业开办的大格局。

除本科层面的商务英语教育外,其他学历层面的商务英语教育也蔚为壮观。

2008年，广东外语外贸大学率先在外国语言文学下自主设立商务英语硕士学位二级学科点，之后对外经济贸易大学等多所高校也开始招收商务英语方向的硕士研究生。2010年，湖南大学开始招收商务英语博士研究生，2012年对外经济贸易大学也设立商务英语博士点。此外，广东外语外贸大学、中国海洋大学、上海海事大学等也加入了商务英语相关领域博士研究生的培养队伍。就专科教育而言，全国现有逾500所公办或民办的高职院校、高专院校开办商务英语专业，培养符合时代需求的商务英语人才。

总之，各国间国际贸易的发展使能够熟练运用英语进行国际商务活动的专门人才的需求激增，由此商务英语教育随时代要求而生；为了使商务英语专门人才的培养规范化、系统化、科学化，商务英语专业便应运而生。由此可以看出，商务英语专业设立的初衷是为国际商务交流服务，这也对商务英语专业实践教学提出了要求，即商务英语专业不仅事关英语这门语言，还要注重培养学生将英语作为工具促进国际商务往来的商务实践技能。我国商务英语专业发展的四个阶段如图1.3所示。

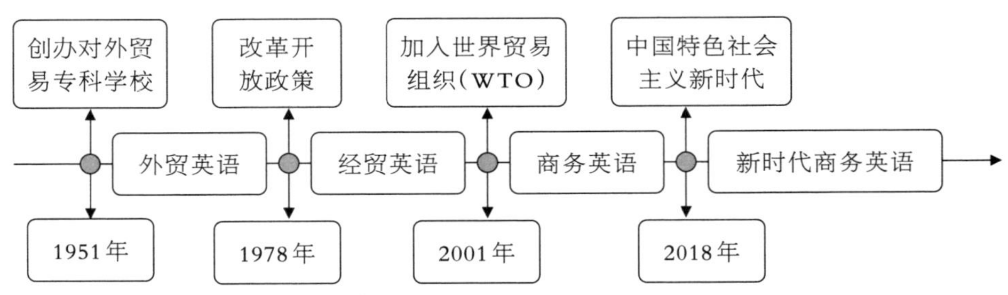

图1.3　我国商务英语专业发展四个阶段

1.2.2　商务英语专业定位

根据《高等学校商务英语专业本科教学质量国家标准》，商务英语专业具有跨学科特点，以外国语言文学、应用经济学、工商管理、法学（国际商法）等学科为基础，突出商务语言运用、商务知识与实践、跨文化商务交际能力的人才培养特色。《普通高等学校本科商务英语专业教学指南》指出，商务英语专业隶属于外国语言文学学科，主要以国际商务、国际贸易、国际会计、国际金融、跨境电子商务等为学习和研究对象，具有跨学科特点。这充分说明了商务英语专业的跨领域办学定位。

2019年4月，教育部、中央政法委、科技部等部门启动“六卓越一拔尖”计划2.0，全面推进新工科、新医科、新农科、新文科建设。新文科建设是对传统文科进行学科重组，将新技术融入语言学、文学和哲学等文科课程教学中，为学生创造跨学科学习环境和条件。新文科建设是我国高等教育改革新理念，是创新文科人才培养机制、提升新时代人才培养质量的战略举措，而商务英语正是典型的新文科专业。

《高等学校商务英语专业本科教学质量国家标准》指出，商务英语专业旨在培养英语基本功扎实，具有国际视野和人文素养，掌握语言学、经济学、管理学、法学（国际商法）等相关基础理论与知识，熟悉国际商务的规则和惯例，具备英语应用能力、商务实践能力、跨文化交流能力、思辨与创新能力，能从事国际商务工作的复合型、应用型人才。商务英语专业教学一方面要注重商务英语理论知识的积累，把最新的现代管理、经济、金融、法律方面的知识传授给学生，包括向学生介绍国际商务活动的最新动态、商务理论、企业的经营与管理、旅游业与环保、国际贸易理论、新闻出版及相关的进出口业务；另一方面也要通过各种形式的商务实践教学活动，促进学生对商务英语专业的认知，积累商务英语实践经验，更好地满足社会对商务英语人才的需求，这便对商务英语专业实践教学提出了新的时代要求。

商务英语专业的人才培养目标是培养与输送能在国际商务领域中用英语进行商务沟通与交流的专门人才。商务英语专业是指由不同课程组合（教学计划或人才培养方案）的一系列有一定逻辑关系的培训计划或课程体系。商务英语课程是实施商务英语教育的基础，与学科的发展和专业的人才培养有着直接联系。它既是商务英语教育思想的具体体现，也是实现人才培养目标的主要内容和基本途径。作为一个专业，商务英语在建设过程中有共性，在确定商务英语专业定位时应充分考虑以下三点。

第一，国际化和个性化相结合。商务英语作为一个跨学科的领域，涉及门类繁多。学校应依托自身的办学优势，在国际贸易、国际商务管理、国际金融、市场营销等相关专业之间融会贯通、交叉渗透。

第二，知识、能力和素质协调发展。商务英语专业围绕知识、能力和素质开展教学,应处理好商务知识与思辨能力、跨文化交际与商务英语运用能力、实践教学与理论教学的关系,进一步完善语言能力、商务知识、跨文化交际、人文素质四个模块。根据学校特色、学科要求和学生层次,优化组合这些要素,培养国际化、复合型、应用型的国际商务人才。

第三,理论教学与实践教学相辅相成。高素质的国际商务人才不仅要有过硬的国际商务相关背景知识,更要有能力进行国际商务实践,这就要求商务英语专业人才培养的过程是一个理论与实践教学相辅相依的过程,应基于一定的理论背景提高学生的国际商务实践技能,以符合国际化、应用型商务人才的培养目标。

社会需要既有扎实的英语基础知识又有过硬的专业技能的复合型人才。因此,商务英语专业在定位时,应对学生的商务实践技能给予充分的重视,给学生创造更多的机会在真实的商务环境中去思考、判断,培养学生独立分析问题、解决问题的能力,这样培养出的商务英语专业毕业生才会具有更强的综合竞争能力,更好地适应社会进步、经济对外发展的客观需求。

1.2.3 商务英语专业特征

商务英语是英语与商务的结合,集英语语言、商务专业知识、国际商务交际技能于一体。商务英语专业不仅具有英语语言教学的特点,而且具有专门用途英语以及商务技能培养的特点。其一,商务英语是商务环境下的英语,本质上属于英语语言范畴,落脚点应该在英语这一语言上。其二,商务英语又是英语的一种重要功能变体,也是专门用途英语的一个重要分支,具有专门用途英语的一切属性。其三,国际商务英语又具有职业英语的特点,它是一种工作语言,涉及与大众的沟通、在国际商务活动中的交流沟通,以及技术语言本身。商务英语教育不是单纯传授商务词汇、基本句型,而是要培养学习者娴熟运用语言策略的技能和商务技能,进行有效的商务交际与沟通,完成国际商务活动的目标。综合来看,商务英语专业具有以下特征。

(1)综合性

商务英语专业的综合性是指将商务英语专业的语言、商务、跨文化商务沟通技能等方面的不同属性融合,将其看成一个整体,以此来研究和实施商务英语专业教学。

商务英语专业包括其所涉及的“大商科”相关领域的学科知识和理论体系，是英语与商务的有机叠加和结合，是在英语语言与商务内容复合的基础上产生的新兴专业。“交叉型学科的一个重要特征是两个或多个学科之间在理论上或知识上所产生的有机结合和系统化的过程”（王关富，2012：54），商务英语“是两个以上不同学科的理论与方法相互渗透，在遵循科学规律的前提下，通过理论与实践证明，形成的有效学科分支”（张后尘，2008：24）。在商务英语中，这些交叉的学科冲破传统的封闭体系，相互交流与渗透，形成完整的、新的综合体系。在这个体系中，英语语言、“大商务”、跨文化商务沟通技能三者相融合，形成一个完整的系统，其内容是语言与商务的深度融合。商务英语专业发展初期，人们一般把商务英语看成是英语与商务的简单相加。在教学中，应将英语语言与国际商务内容分开，二者相对独立。然而，随着商务英语的迅猛发展，商务英语学科的建立，将语言与商务隔离开来的观点，显然已不能适应商务英语新学科和人才培养的发展。

商务英语专业的综合性表现在商务英语专业理论上，其将语言学、国际商务学、教育学、心理学、经济学、管理学、法学（国际商法）、社会学、哲学等相关学科内容作为理论基础，构建综合性的商务英语专业理念。在专业教育内容上，语言、“大商务”、技能融为一体，三者融通互补、有机整合，而不是语言内容、商务内容和技能内容相分离，各自成为独立模块，分别实施教学。在专业教学模式上，寓语言、“大商务”、技能于一体，而不是相对独立的语言教学方法、商务教学方法、技能教学方法。在教学目标上，以培养综合商务英语能力为目标，而不是将语言目标、商务目标、技能目标割裂开来，分别对待并实施教学活动，并分别实现三个目标。在专业教育评估上，也是以评价综合商务英语能力为目标，而不是分别对语言、商务和技能进行考核。

商务英语专业使英语与商务知识、商务技能联结成一个相互联系、相互渗透、互相依存、密不可分的有机整体。在此整体中，英语语言是基础和依托，掌握国际商务知识与商务技能，以及使用商务英语进行国际商务活动是商务英语专业的目标之一。商务英语专业的综合性表现如图1.4所示。

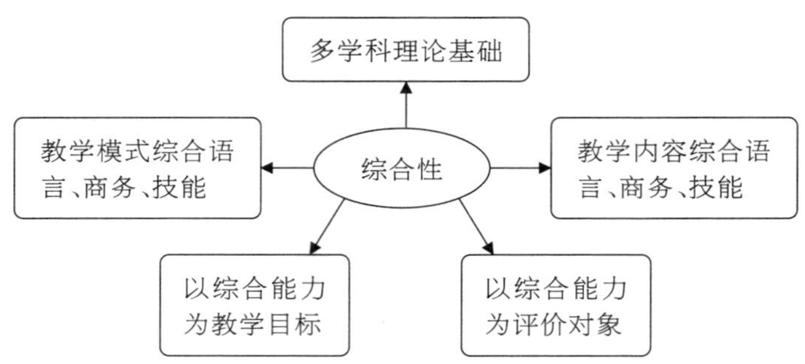

图 1.4　商务英语专业的综合性表现

(2)独立性

商务英语专业的独立性是指虽然商务英语是基于国际商务活动的需求、综合相关学科知识形成的交叉型学科,但它本身自成体系,具有独立的学科地位和专门的方法、理论。在这个体系中,英语语言是基础和依托,掌握商务知识与商务技能是学习目的。商务英语作为一种独立的语言,有着丰富的内涵和学科基础,涉及领域广泛。商务英语专业把不同的相关学科知识汇成一个有机联系的整体,将相关学科的理论作为自身理论的根基和有机组成部分,并按照一定的逻辑结构将其概念、范畴、原理等整合起来,形成其独特的理论内核。因此商务英语专业的教育教学也有别于其他专业,需要独立完整的实践教学体系。

(3)应用性

商务英语专业具有较强的应用性特征,表现为:专业实用性强,方向具体明确,与国际商务实践活动密切相关,直接满足社会经济发展需求,满足国际商务职业岗位群工作需要,解决我国经济、社会发展中的"大商务"岗位群的商务英语人才缺失和不足问题。这也是商务英语专业实践教学的直接意义所在。

商务英语专业是一个新兴的应用型专业,其应用性具体表现在其强调国际商务环境下对英语的应用。商务英语学科研究商务英语的交际属性,商务英语学科培养的是学习者在商务领域和活动中的行为能力(professional expertise in international business)和商务话语能力,即商务沟通与交流能力,这是商务英语专业的终极目标。学习商务英语的目的就是获得在国际商务活动中运用所学的商务英语进行有效的商务交流和商务沟通的能力。

商务英语学科是在社会经济发展需求和国际商务岗位实际需求的推动下产

生和发展的。随着我国经济改革的不断深化,经济全球化步伐的不断加快,传统的英语学科、国际商务学科,或英语专业高年级课程加几门商务课程的教育模式,已无法完成对既懂商务又能够用英语进行有效的跨文化国际商务交流与沟通,并能完成国际商务活动目的的具有综合商务英语能力的人才的培养。而商务英语综合英语语言、商务知识和跨文化商务沟通技能,自出现之日起,就以满足职业岗位群需求,解决经济社会和国际商务中的实际问题为己任,从而打上了应用性烙印。

商务英语专业的应用性要求商务英语专业教学理论与商务实践相结合,实现其专业实用价值,产生积极效果。商务英语专业要培养学习者以英语为工具从事国际商务活动的能力,使学习者能够用英语解决国际商务的实际问题,直接创造经济效益。同时,商务英语专业方向明确,直接与学习者职业岗位挂钩,决定其具有较强的实践性。与传统的英语教学不同,商务英语教学需在保证学习者掌握商务英语理论和知识的基础上,提供大量的实践和训练内容。教育方法需以功能为导向,使学习者能够在获得商务英语语言交际能力的同时,获得国际商务知识与技能,以及从事国际商务活动的行为能力。商务英语专业教学中应特别注意商务英语理论与实践的关系、理论教学与实践教学的比例、实践教学体系、产学研等与应用性相关的内容。

(4)时代性

商务英语专业是时代、社会发展的产物,商务英语专业的出现、发展都与时代、社会发展紧密相关。根据时代、社会、市场需求及其变化来架构、组织、实施商务英语专业教育教学,是商务英语专业的内在与外在属性。

时代性意味着商务英语专业教学要主动对接我国经济社会的发展,对接当今国际商务岗位对人才的需求。专业教学应容纳反映社会经济发展、国际商务岗位的内容。时代性要求商务英语专业教学具有与市场紧密相关的教育理念。在商务英语专业教学内容上,要紧密对接、真实反映当今国际商务岗位的职业内容。在专业教学模式上,要使用现代教育教学理论及最新的教学技术和方式,将最先进的理论与实践方法纳入商务英语专业教学中。在商务英语专业教学目标上,要主动对接当今社会对商务英语人才所需能力的需求,对接社会市场所要求的商务英语综合能力所包含的各种要素。

商务英语专业的时代性还表现在根据时代、市场和学科的变化，主动调整专业教学的实施。首先，作为应用型学科，商务英语实用性强，与当今时代的经济社会发展紧密相关，其学科知识更新快，原有的知识结构容易落伍。其次，由于商务英语在我国是一门交叉型、应用型的新兴学科，"刚刚走出前学科阶段，进入发展学科阶段"(李朝、万玲，2011:134)，它不同于以往的一些基础性学科，"其内部体系仍在形成过程中或不断变化中"(王关富，2012:53)，因此，其专业内容体系也在不断地形成和发展中。再次，由于国际社会、国际市场经济和国际商务社会处于不断变化中，随之而来的"需求"的变化也更加多元化。所以只有紧跟时代发展，才能不断完善商务英语专业教学，才能不断推陈出新，建立起科学的、反映时代发展需求的商务英语专业教学体系。

同时，商务英语高等教育随时代发展而变化，人才需求的层次也会发生变化，这些变数都需反映到商务英语专业教学体系中。

(5)国际性

商务英语专业的国际性，是指商务英语专业是置于国际大背景下的教育种类，其教育教学的开展与实施要具有全球化意识，将国际化理念贯穿在教学理论与实践中。

首先，商务英语专业的国际性是由商务英语的属性所决定的。商务英语的内涵——国与国之间的商务活动中使用的英语——就具有国际性。国际商务活动涉及许多跨文化因素，包括不同文化背景的人们的生活、习俗、信仰、价值观以及他们对事物的看法和情感，这些因素经常通过商务语言的方式体现出来。从符号学角度看，语言是一种意识化的符号，语言映射出使用该语言的人的世界观、哲学观、思维方式等，语言反映文化，是文化的载体，语言本身也是文化的重要组成部分。语言学家萨莫瓦尔(L. A. Samovar)认为，交际是一种动态的系统过程。在这种过程中，意义得以产生并反映到人类使用符号进行相互交往的活动中，它受语境的制约，信息交流总是在特定的地点发生。(转引自：赵湘，2006:85)国际商务活动实质上就是跨文化、跨国的经济和商务的往来与交流。因此，商务英语专业必须培养学习者跨文化的商务交流与沟通能力。而商务英语专业教学要向学习者传授包括国际商务礼仪、国际市场、跨文化交际等方面的国际规则、方式、管理等内容，这些都要求教育者具有全球化视角、国际化胸怀，熟知东西方文化背景，如世界风俗习惯、宗教信仰、思维方式、道德观、伦理观、价值观等，并遵守国际商务行业的规则与行为模式。

其次，商务英语最早出现在西方发达国家，特别是在以英语为母语的国家有较长的发展历史，已经比较成熟。我国的商务英语专业教学还处于发展的初始阶段，商务英语专业国际化要求我们学习、吸收西方发达国家的有益经验，将发达国家的商务英语专业的新内容、新方法借鉴过来，在某些方面可以直接与国际接轨，以使我们的商务英语专业更具合理性、科学性和前瞻性。(鲍文，2009:56)在吸收国外商务英语专业教学经验时，还应注意中国的商务英语专业特点和教育目标，适应我国的学习主体，从我们的实际出发，避免生搬硬套造成的“水土不服”。

商务英语是应用语言学与国际商务、国际贸易、世界经济等学科相交叉而产生的新兴专业，集英语语言、商务专业知识、国际商务交际技能于一体。为培养出能够熟练使用英语处理国际商务的商务英语专门人才，符合商务英语专业设立的初衷，在商务英语专业人才的培养方面，应加强商务理论知识与商务实践的有机结合，一方面使学生掌握必备的商务语言技能，另一方面要从各种商务实践中提高学生的商务实操技能，与我国对外经贸发展对商务英语人才的需求紧密结合。商务英语专业实践教学是商务英语专业教学中不可或缺的内容。

1.3 实践教学

高等教育专业的设立是为了更好地满足社会进步、国家发展的人才需求。在当前我国经济社会发展的新形势下，各行各业对于实用型、技能型人才呈现较大的需求。对此，全国高校人才培养与社会需求实现实时对接，开始了应用型大学的转型发展。在此背景下，实践教学成为现代高等教育人才培养不可或缺的环节。通过实践教学，高校各专业可以将专业理论知识与实践有机结合，使学生在实践经验的积累过程中检验理论学习成功与否，以及自身是否已成为新时代背景下国家经济发展所需的实用型人才。

1.3.1 实践教学的内涵

“实践”本质是主观见之于客观的哲学名词，强调事物主客观之间的互动作用和关系。恩格斯在其著作《自然辩证法》中揭示出人的思想产生于劳动的自然规律，人的主观意识产生于人的实践行为的同时，又反作用于客观存在的科学实践，实践是科学探索宇宙间普遍规律的有目的的能动性的活动。(转引自：孙慕天，1988：93)恩格斯并未否定“实践”的功利性和目的性，但实践的核心出发点是自我能动下的主动认知和探索，同时，实践在与人的互动作用中进一步反馈于人改造和认识客观世界的意识与思想。毛泽东在《实践论》中强调“从感性认识而能动地发展到理性认识，又从理性认识而能动地指导革命实践”(1993：24)的当代实践观，即通过对真理的发现、检验和实现来见之于客观世界。

基于对实践的认识，高校的专业实践教学是指为提升学生实践能力，促进学生全面发展而开展的各项实践活动。实践教学应首先体现出自主性，师生通过实践不断去认识和再认识书本的客观表达，将实践活动中发现的规律内化成自我认知并为自我所用，而非简单完成任务式的机械实训操作。其次，实践教学应体现出教育本有的创造性特征，实践教学的出路在于创造出自然规律无法产生或难以产生的事物，学生的实践过程本质上是以理论知识为支撑的试验，以及证实甚至改进已知理论和经验的创造性活动，实践教学的自主性和创造性共同体现出学生的主体性特征。实践教学是由师生共同发动并最终归于教学目标实现的活动，实践教学的关系应由教师支配学生变为学生支配自我，以此确定学生在实践教学中的主体地位。在实践教学中，学生应凭借原有的经验和认知去重新探索某一理论，并使之形成适合自身运用的形式。

实践教学通过让学生全程自主设计、参与、实施和总结，弱化教师在实践教学中的主体功能，是一种突出学生与教师共同参与的教学模式，实践对象由一变二，倡导在校内校外更宽广的空间里共同提升师生的实践能力以及综合素质，通过实践对象翻转体现高等教育“平等和互助”的要义，同时通过不同实践项目或场景的相互联系突出实践教学的多样性。

高校专业实践教学具有多种特征，从实施对象看，实践教学强调教师和学生的共同参与；从教学目标看，实践教学是由学习者根据实际自行确定各自的实践目标;从实施过程看,实践教学由学习者自主设计实践内容和过程;从实施总结看,实践教学将实施总结打造成学生自主分享实践过程和经验的平台,以促进不同网络组别间的沟通和交流;从最终实施评价看,实践教学纳入了实践对象(单位)的评价,以真正凸显学生参与实践教学的自主性。

长期以来,很多研究者一直偏重对高校专业认知能力的研究,忽视了对其实践能力的研究。虽然目前关于实践能力提法较多,但对于实践教学所培养的学生的实践能力的具体含义还需要进一步明确和深化。在国外,加德纳(H. B. Gardner)提出的智力概念与实践能力相近,他指出:“智力是在某种社会和文化环境的价值标准下,个体用以解决自己遇到的真正难题或产生及创造出某种产品所需要的能力。”(1987:189)国内也有学者对实践能力下了定义。“实践能力就是对个体解决问题的进程及方式上直接起稳定调节控制作用的个体生理和心理特征的总和。”(刘磊、傅维利:2005:2)“实践能力是个体在生活和工作中解决实际问题所显现的综合性能力,是个体生活、工作所必不可少的;它不是由书本传授而得到的,而是通过生活经验和实践活动磨炼习得的。”(吴志华、傅维利,2006:23)

总之,实践教学的最终目的便是培养学生的实践操作技能。为了培养符合市场需求、社会发展和国家需要的人才,满足学生发展需求,实践教学成了高等教学不断探索的方向。

1.3.2 实践教学的作用

21世纪之后,特别是党的十八大以来,为实现民族复兴、国家强盛的宏伟目标,以习近平同志为核心的党中央提出一系列强国战略,其中人才强国战略是实现国家强盛的第一战略。习近平总书记在欧美同学会成立100周年庆祝大会上强调:“人才资源作为经济社会发展第一资源的特征和作用更加明显,人才竞争已经成为综合国力竞争的核心。谁能培养和吸引更多优秀人才,谁就能在竞争中占据优势。”在新时代,国家发展面临着巨大挑战,人才的重要性愈加突出,尤其是创新型人才更是起着举足轻重的作用。从当前和长远发展来看,加强创新型人才培养是增强我国综合国力和国际竞争力的必然选择。

为此,创新型人才培养成为我国高等教育改革的重点方向,即如何在新形势下培养创新型人才，如何提升大学生综合实践能力，以满足我国社会发展对实践型创新人才的需求。

高等教育的任务是培养具有创新精神和实践能力的高水平专门人才，实践教学正是高等学校整个教学体系的重要组成部分，是培养学生获取知识的能力、培养创新精神和创新能力的重要环节，直接影响创新型人才培养的质量。实践是创新的源泉，实践教学与实践能力的培养成为影响我国高校人才培养质量的关键环节。

《教育部高等教育司关于开展高校实践教学标准相关课题研究的通知》要求不同学校应结合实践教学实际情况，分学科或专业研究实践教学标准体系，着力解决实践教学工作中的实际困难。该通知指出，实践教学是学校教学工作的重要组成部分，是深化课堂教学的重要环节，是学生获取、掌握知识的重要途径。

持续推动地方本科高等学校转型发展，加快发展现代教育，不断优化高等教育结构与布局，加大应用型、复合型、技术技能型人才培养比重，引导一批普通本科高校转为应用型大学，支持企业和社会力量与高校协同育人，加快产教融合实训基地建设，加快培养国家发展急需的各类技术技能人才，推动产学合作协同育人项目实施进展，分享项目实施经验，分析相关政策及项目指南，进一步探讨深化产学融合、助推“四新”建设，提升项目质量、促进协同育人模式创新的方法与途径，形成政府搭台、企业支持、高校对接、共建共享、良性循环的产学合作协同育人项目机制，实现高校人才培养与企业发展的合作共赢。

培养学生的创新精神和实践能力是实施素质教育的重点，实践是创新的源泉，因此实践教学、实践能力培养与创新能力紧密结合在一起，成为高校创新人才培养的重要环节，这也是当前我国高等教育阶段相对于西方发达国家的薄弱环节。当前实践教学的重要性逐渐凸显，各高校在整体课堂教学课时压缩的情况下，实践教学环节却得到一定的加强。当然，通过改进实践教学模式，提升教学质量和高等教育人才培养质量，也是当前我国高等教育领域改革的重要方向。在当前形势下，通过不断更新理念、改革体制、创新思路和调整政策，实践教育得以进入发展快车道，我国高等教育整体教学质量也得以提升。目前，针对实践教学模式改革问题，国内学术界展开了诸多讨论，认为需要从完善实践教学制度和人才培养方案，增加实践教学经费投入，以及加强实践教学基地建设等多个方面开展实践教学。

1.3.3 实践教学的层次性

实践教学体系由多个要素构建而成。人才培养不是一蹴而就的，有其自身的规律，只有掌握好规律才能真正发挥人才的价值。商务英语人才培养亦是如此。科学合理的实践教学体系的构建主要考虑以下几个要素，以体现商务英语专业实践教学的层次性。

第一，以综合应用能力和创新创业能力作为实践教学体系构建的核心。第二，要考虑到理论知识与实践教学体系的融合，正确处理理论教学与实践教学的关系，根据各个专业的特点、人才培养的技能标准，设置实践体系内容，体现层次性、逻辑性和可行性，最终达到培养具备职业能力的人才的要求。第三，根据专业技能标准，调整优化实践教学内容，确定实践学时比例。第四，根据就业岗位的差异性，考虑适应不同层次的学生需求，注重厚基础、宽口径、高素质、善探索，体现结构多样性，实现所有学生有能力就业，有发展基础。

在应用型人才四个层次实践教学过程中，可按照理论教学够用，实践教学强化，专业知识与专业技能结合的原则，根据人才培养规律和实践环节具体特点，以综合应用能力和创新创业素质为重点，结合一体化、渐进性的要求，构建基础实践、专业实践、综合实践、创新实践四个层次的实践教学体系，使其与理论教学紧密结合，真正做到理论联系实际，在实践教学中运用理论知识，拓展专业知识，提升学生的现场实践应用能力，培养应用型、技能型人才。

(1)基础实践

基础实践教学环节主要是针对理论课程中附属于课程的实践环节，以促进对理论知识的理解和掌握，同时也是对专业的认知过程。基础实践包括随堂实验、专业认知实践、劳动实践、创业培训、军政训练，目的在于加深学生对理论课程的理解，使学生熟悉实验操作规范，培养学生的实践意识，等等。

(2)专业实践

专业实践教学环节主要以专业核心技能训练项目为导向，采取“教、学、做”一体化实践教学模式，结合各种专业技能资格证书的要求进行技能训练，主要包括课程实践、生产实习等集中实践环节以满足学生实际训练的需要，通过训练提高学生技能，初步实现技能向能力的转化。

(3)综合实践

综合实践主要是培养学生的综合应用能力，遵循"项目驱动、结合生产、针对岗位、按需施教"的原则，根据企业的生产项目制订实践方案，任课教师设定具体实践要求，学生按要求查阅相关资料，制订实践计划。在制订方案的过程中需要收集资料、查阅文献、设计方案、进行论证、实施方案、检验效果等，通过综合技术应用能力训练，进一步加深学生对理论知识的理解，锻炼其解决企业生产中的实际问题的能力。

(4)创新实践

创新实践环节主要是进行创新能力开发和创新思维训练，结合相关学科产品开发和学科竞赛等项目，借助学校实践训练平台，依托国家级大学生实践创新训练项目面向优秀学生实施，培养和锻炼学生的创新能力。另外，采用学生自主实验和教师指导相结合的方式，以教师的科研项目为依托，科研反哺实践教学，因材施教开展课外科研实践训练，推进课内实践教学内容向实际应用内容拓展，使学生了解专业的前沿知识和行业的发展趋势，为培养学生的创新能力和科研开发能力奠定基础。通过综合创新实训，使学生初步掌握本专业的科学研究方法，学会撰写项目报告和有关论证报告等。培养学生综合运用专业知识进行方案设计和科学研究的能力，激发学生的创新潜能。

实践教学的层次性如图1.5所示。

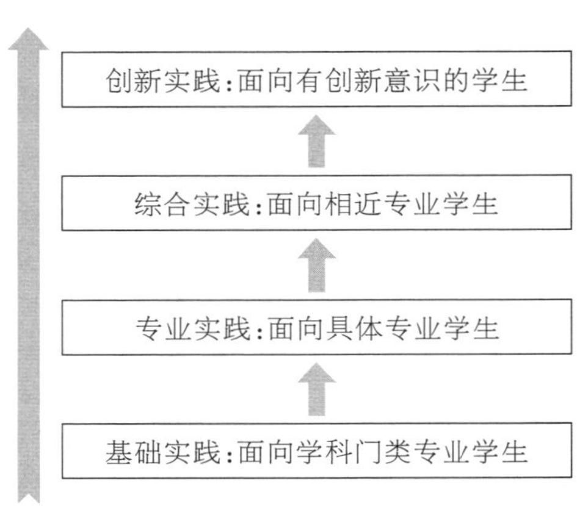

图1.5　实践教学的层次性

当前,我国经济社会发展进入新时期,面临着新的挑战与机遇。这要求高等教育通过以上多层次的实践教学,培养学生的综合实践能力,以适应我国各行各业对应用型人才的需求。高等学校各专业进行实践教学所要培养的学生在能力方面存在以下共性。

第一,适应能力。高等学校培养的毕业生最终要走入社会,进入各行各业,为社会创造价值,成为社会急需的人才。这就要求毕业生必须具备适应能力,尽快适应社会环境、企业文化,实现良好的融合,使个人发展有前景。

第二,动手能力。动手能力是体现实践能力的重要标准,实践是检验理论的重要途径,只有具备动手能力,才能将自己所学的理论知识转化为实践,在实践中不断提高知识水平,形成良性循环。

第三,学习能力。当前社会,科技日新月异,新设备、新工艺不断涌现,这就要求所有人在工作中不断学习,不断进步,及时掌握新设备、新工艺,这样才能运用最新的科技知识提高生产率,创造更多的社会价值。

第四,创新能力。在实践过程中,学生要运用所学知识解决实际问题,培养在产品改良、工艺改进等具体专业方面进行创造的能力。

国家进步、社会发展不断更新现代高等教育的人才培养要求与目标,与此同时,现代高等教育与社会人才需求实现实时对接,不断为社会输送急需的应用型人才。当前国家建设急需新一批既具有较高理论知识又具备专业实践操作能力的实用型复合人才,这便给高等教育实践教学提出了新的时代要求。高校应对接国家发展的人才缺口,加强实践教学环节,培养能够服务于国家建设的现代实用型复合人才,这为商务英语专业实践教学建设指明了方向。

1.4 商务英语实践教学

实践教学是为提升学习者的实践能力,促进学习者全面发展而开展的各项实践活动。商务英语专业是基于国际商务交流频繁、国家对外经济发展等对国际型商务人才日益增长的需求而产生的新兴专业。基于此,可将商务英语专业实践教学理解和定义为:为提升商务英语专业学习者的综合商务实践能力,促进学习者英语语言能力与商务技能的综合提升而开展的相关实践教学活动。商务英语实践教学在商务英语专业教学中不可或缺，是实现人才培养目标的重要手段。

1.4.1 商务英语专业实践的必要性

在当前我国外向型经济不断深入发展的大背景下，社会对同时具备良好理论知识和娴熟的国际商务技能的复合型国际商务人才的需求愈来愈大。因此，实践教学对于商务英语专业来说具有多重意义。

(1)符合国家创新人才的培养要求

《国家中长期教育改革和发展规划纲要(2010—2020年)》强调，培养大批具有创新精神和实践能力的高素质人才是中国教育改革与发展的重大目标。这一目标，既是我国科学发展和经济社会发展的客观要求，也是通过建设教育生态、强化实践教学，积极推进新工科、新医科、新农科、新文科建设的客观要求。“新商科”正是在“新文科”理念下开展经济管理类教育的新概念，它是对传统商科进行学科重组交叉，将人工智能(AI)、区块链(Block Chain)、云计算(Cloud Computing)、大数据(Big Data)等新技术融入商科课程，用新理念、新模式、新方法为学习者提供综合性跨学科教育。基于新商科特点，在人才素质方面更加强调对“创新能力、社交与沟通能力、综合能力”的培养。

为了应对高校实践教学面临的新要求，《教育部等部门关于进一步加强高校实践育人工作的若干意见》指出：“各高校要结合专业特点和人才培养要求，分类制订实践教学标准，增加实践教学比重，确保人文社会科学类本科专业不少于总学分(学时)的15%……每个本科生在学期间参加社会实践活动的时间累计应不少于4周。”可见，国家创新人才的培养与客观的人才市场需求要求高校各专业开展各种形式的实践教学活动，培养学习者的实践创新能力，以符合当前我国经济社会发展新形势下对复合型创新人才的需求。

2013年，中国提出了“一带一路”倡议，这对商务英语人才的语言能力、实践能力、创新能力提出了更高的要求；2018年，习近平总书记在全国教育大会上的重要讲话中指出：推进产学研协同创新，着重培养创新型、复合型、应用型人才。在此形势下，国家对高等教育的专业教学提出了新要求。

商务英语作为跨专业、多领域的独立学科，一直遵循着跨学科复合型人才培养理念。商务英语专业人才对当前新形势下我国的经济社会发展具有积极作用。近几年来，在文科新专业的申报中，商务英语专业的申报数量名列前茅。从对2017年统计数据的分析来看，商务英语专业在全国十大热门申报专业中排名第四（王立非、艾斌，2019:7）。因此，为满足国家发展的客观人才需求，商务英语应不断开展各种形式的实践教学活动，在实践中培养和提升学习者的综合商务实践能力，为我国外向型经济发展蓄力。

（2）符合复合型、应用型人才培养目标

商务英语专业是基于国际贸易的发展、世界经济一体化而产生的，因此商务英语专业的人才培养目标之一便是培养能够服务于国际商务的综合型国际人才。《高等学校商务英语专业本科教学质量国家标准》指出，商务英语专业旨在培养语言基本功扎实，具有国际视野和人文素养，掌握外国语言文学、应用经济学、工商管理、法学（国际商法）等相关学科的基础理论与知识，具备商务英语应用能力、跨文化交际能力、商务实践能力、思辨与创新能力，能从事国际商务工作的复合型、应用型英语人才。《国家中长期教育改革和发展规划纲要（2010—2020年）》等指导文件也都明确了对复合型和应用型专业人才的培养要求，各地院校纷纷响应并积极改革转型。商务英语专业作为应用型专业的代表，其实践教学环节成为高校树立特色加速转型的发力点。

商务英语专业一直以综合商务英语能力的培养为核心，以复合型、应用型英语人才为培养目标。而无论是语言能力还是商务能力与技能的获得，都离不开大量的实践活动。（王立非，2015:6）

因此，商务英语实践教学是复合型人才培养目标得以实现的重要环节。商务英语把“英语”和“商务”有机地结合起来，在培养学习者具备良好的英语语言沟通能力的同时，锻炼学习者掌握相关的商务综合技能，进而可以有效地促使学习者将知识转化为能力。通过实践教学，学习者不仅能够掌握商务英语语言技能、商务操作技能、商务跨文化沟通技能，而且能够获得综合商务英语能力的全面提高。

这便启示各高校商务英语专业应结合当前我国经济发展对商务英语专业人才的需求，通过校内校外、课内课外各种形式的商务实践活动，全面培养学习者的综合商务英语能力与实践技能，培养出符合社会需要的复合型、应用型人才。

(3)提升商务英语专业毕业生的就业竞争力

在“一带一路”倡议之下，中国巨大的市场潜力通过全方位、深层次的国际合作开始释放，产业结构不断升级。以外贸行业为例，跨境电商、新外贸整合营销等新概念和新模态层出不穷。随着大批获得进出口经营权的中小企业等开展对外贸易，新一代外贸以及商务英语人才的巨大缺口显现。由此可见，商务英语专业人才培养存在巨大的市场潜力，毕业生的就业形势普遍向好。而这离不开学习者在商务英语专业实践中商务技能的获得与相关经验的积累。因此，商务英语专业应对实践教学予以充分重视，注重各种形式的实践教学活动所培养的学习者的商务实践技能为学习者未来就业带来的强大竞争力，通过构建一个系统的、科学的、切实可行的商务英语专业实践教学系统，培养学习者的综合商务英语能力。正如《高等学校商务英语专业本科教学质量国家标准》指出的，商务知识与语言技能是商务英语学习者必备的两大模块。因此，通过系列商务英语实践教学活动，培养学习者理论与实践相结合的能力，提高学习者的实操技能，对学习者毕业后进入商务英语工作环境尤为重要。

1.4.2 商务英语专业实践的特征

商务英语专业的实践教学担负着传承商务英语实践知识，提升商务英语理性认知，优化实践策略，生成实践智慧，培养思辨能力和创新思维，综合提升学习者商务实践能力的任务。商务英语实践具有以下特征。

(1)教育先导

商务英语的实践教学并不是为实践而实践，而是强调通过实践训练培养高素质的商务英语应用型人才。商务英语实践教学应依据商务英语教育性质、教育目标、教育特色、教育内容、教育规律，以目标任务为导向，合理设计和安排实践教学内容、实践教学方式、实践教学环节、实践教学考核方式，构建科学的商务英语实践教学体系，体现实践活动的育人根本。

(2)真实情境

商务英语的实践教学无论是课上和课下实践，还是校内和校外实践，无论是国外的专业实践，还是国内的工作岗位实践，以及毕业设计和毕业实习，都需在真实或仿真环境下完成，以增强学习者的体验性，进而提高实践教学效率。商务英语的实践教学要创建、选取和贴近真实商务职业情境，通常是“项目中心”或“任务中心”，学习者通过真实或虚拟的、具有典型意义的问题或项目任务进行实践探索。而在真实情景中的实践体验和实践锻炼有助于学习者树立一些重要观念，养成良好行为习惯，积累经验和应变方法，提高综合商务英语能力。

(3)自身体验

主体的亲身体验是学习者能力素质形成和发展的必由之路。商务英语学习者专业知识的学习、职业技能的掌握和一些职业素养的养成必须以自己的亲身参与为前提条件。在商务英语专业实践教学中，每个学习者都要独立完成相关商务英语专业任务，即使在分组的情况下，学习者也各有分工。通过亲自执行任务，学习者直接感知商务英语的客观现象，并对所感知的内容进行主观分析，最终获得某些商务英语交流与沟通的能力，乃至形成某些情感、态度和观念。实践教学内容不仅是对理论教学内容进行的验证，更是对技能、能力的操作与训练。

(4)开放系统

商务英语实践教学具有开放性，表现在其具有开放的教学环境、开放的教学队伍、开放的教学形式、开放的教学目标、开放的教学内容、开放的教学时间、开放的教学过程和开放的考核评价方式等。商务英语学习者面对的是鲜活的、生动的、千变万化的国际商务领域的现实生活，接受的是生动现实的实践教学，这种开放式教学具有身临其境、耳濡目染的能力习得功能。教学内容的开放性还意味着它必须关注行业和社会的需求，及时吸取行业、企业的最新技术成果并把它作为职业能力开发的依据。开放性还体现在对外交流上，即既要充分发挥校内实训基地的对外辐射、服务功能，满足社会的需要，又要采取“走出去、请进来”的战略，满足学习者熟悉工作环境的需求。

(5)持续连贯

商务英语实践教学贯穿商务英语教育的全过程。学习者的实践技能和综合素质的培养不是一蹴而就的，需要通过反复实践训练才能不断深化。但这种“反复”不是简单的重复，而是螺旋式上升、符合认识和实践规律的活动。根据商务英语专业的培养目标，实践教学随着专业的进程不断深入，各种实践项目贯穿始终，从认知到体验，再到综合等。贯穿全过程还意味着各项实践训练相互连贯、循序渐进、环环紧扣，最终达到商务英语实践教学的终极目标。

(6)培育创新

商务英语专业与时代、社会、经济发展紧密相关,这就要求商务英语专业所培养的人才具备预见本领、开拓勇气和创新能力。商务英语专业实践教学为学习者提供了大量创造性的活动机会和创造力发展的条件。各种类型的实践教学,如课程设计(论文)、学年论文、毕业设计(论文)、科技创新、自主创业、竞赛活动、社会实践等,都有助于商务英语学习者开阔视野、广开思路、集思广益、丰富知识、陶冶情操、振奋精神、激发智力、引发想象和触发灵感,进而有助于商务英语专业学习者利用所学的商务英语知识,创造性地解决具有一定挑战性的国际商务领域的实际问题,最终促使自身的创造性思维、创造性人格、创造性技能在解决实际问题的过程中得到锻炼与培养。

(7)产学结合

商务英语专业的实践教学具有产学结合的特征,主要表现为校企合作。商务英语实践教学的开展不仅要以学校为主体,还要注重行业、企业等其他多个主体的参与,注重与相关企业在人才培养上的双向合作。学校成为企业的人才培养基地和智力资源库,企业则成为学校的实习基地和教研基地。企业不仅为商务英语实践教学提供实训、实习场所,还参与学校专业的建设、实践教学计划的制订等,有时还可以直接介入教学实施过程。同时,学校还能依靠自身力量在校内建立一套自成体系的实践与专业教学相结合的系统,让商务英语专业学习者灵活调度和使用教学资源。

1.4.3 当前商务英语专业实践教学存在的问题

商务英语实践教学是专业建设的重要环节,实践教学的定位和质量对人才培养起着关键作用,更关系到专业的发展及核心竞争力。通过对周边高校商务英语专业实践教学情况进行调研,笔者了解到目前高校商务英语实践教学因缺乏具体指导而存在实践教学目标不明确、实践教学模式不规范、实践教学体系不完善、实践教学评价不科学、实践教学投入不充分等问题,具体如下。

(1)实践教学目标不明确

商务英语于20世纪中叶在欧美兴起,逐步发展成ESP的一个分支。始于我国20世纪50年代的外贸英语,随着商务活动的延伸,逐步被商务英语取代。关于商务英语专业的专业定位学界一直存有争议，尚未形成定论，因此不同高校商务英语专业人才培养所采取的模式不尽相同。当前，随着互联网的高速发展，商务英语又转向跨境电商。专业定位模糊不清，导致商务英语专业实践教学尚未形成明确的教学目标。

(2)实践教学模式不规范

通过对周围多所高校商务英语专业实践教学情况进行调研，笔者了解到当前商务英语实践教学存在的问题之一便是校内实践内容单一，校企合作流于形式。目前普遍应用的校内实践包括各类商务专业课程实践，用于提高学习者的单项技能，但无法满足企业对高素质综合技能人才的要求。究其原因，首先从宏观维度而言，是对课程设置中实践模块教学的思考还不够深入。对于语言专业转型的教师来说，可能会存在一定的畏难情绪，缺乏主动性和积极性，不同实践课程间的协同意识还有待增强。其次，校外实习本应是双赢的协同培育模式，企业能通过实习提前招揽人才，减少二次培养成本，实现高效招聘。而学校能弥补课堂无法提供真实商务环境的缺陷，让学习者在短时间内掌握行业知识，切实参与到岗位工作中去。但从实际开展情况来看，校企合作内容和方式仍停留在表面。多数协同培养项目仅限于提供实习基地、定岗实习等浅层合作(李冬梅、肖静，2013:80)，过于强调行业导师的角色，校内教师的指导相对缺失，缺乏完善的导师管理监督制度、评价制度和激励制度，培养效果不佳，校企合作深度和广度都有待加强。

(3)实践教学体系不完善

在理论教学基础上，商务英语专业实践教学零散地开展于一些课程当中，这些课程各自为政，授课教师按自身教学需要安排实训项目，自己把握实践教学目标、内容、模式等，多基于个人理解，而非工作过程。这样不但会割裂各课程间的关联，还会出现实训内容重复现象，单一的技能实训内容分散、简单，导致实践教学费时低效、有名无实。课内与课外、校外的实践教学衔接也不够紧密，不成体系。

(4)实践教学评价不科学

当前，部分高校的商务英语专业实践教学评价以主观评分为主，评判标准模糊。实践教学必须配套科学合理的考核机制，对学习者实践的过程和成果切实监控并进行质量评价,促进学习者对行业实践经验的总结、反思。目前商务英语专业的实践教学评价主要通过期末理论考核的方式(以笔试为主),采用终结性评价,对学习者在实训教学中表现出来的实训准备、实训态度、团队合作、创新精神、解决问题能力等方面不够重视;考核主体多为教师本人,不够客观。这种评价方式较为片面,容易降低学习者的学习积极性。教师对学习者的作业、实训报告、实习手册等进行评分,存在较大的主观随意性。学校和专业没有形成科学系统的评价标准,教师由于缺乏实践经验,无法对学习者的实训过程给予针对性的指导意见和评价参考。

(5)实践教学投入不充分

专业师资不足,实践设备落后仍是当前商务英语专业实践教学存在的问题。根据《高等学校商务英语专业本科教学质量国家标准》,商务英语专业教师中语言类、商务类和实践类三大类师资参考比例为6:3:1,其中商务类教师的本科、硕士或博士学位中至少有一个应为经济相关专业。拥有实践经验的双师型教师建设是实践教学得以顺利开展的重要保障,但目前商务英语专业的语言类教师仍占大多数,其虽语言功底扎实,但缺乏企业工作经历,实践教学缺乏系统性、针对性,难以满足教学需求,因此高校在师资引进和培训上仍需加大关注力度。另外,各院校对实训设备的投入不足,没有系列化的商务实训室或训练平台,有限的实践教学资源制约着实践教学效果。实践教学硬件设施不完善,功能单一,缺少专业实训室,实训功能不全;与校外实训基地合作不够深入,未能凸显专业优势,流于形式,导致学习者的商务实战能力不强。

随着我国外向型经济的发展,社会对实践型国际商务人才的需求越来越大,这越发凸显了商务英语实践教学对国际商务人才培养的重要性。因此,对接社会用人需求,构建科学的商务英语实践教学体系,培养学习者的商务实践技能已经成为高校商务英语专业发展的明确方向。

1.5 商务英语专业实践教学现状调研

商务英语专业实践调研是指在科学方法论和相关商务英语教育理论指导下,围绕一定的商务英语实践教育问题,运用问卷、访谈等方式,有计划、有目的地收集有关事实材料，做出科学分析并提出具体商务英语教研工作建议的教育实践活动。商务英语专业实践调研有别于商务英语教育实验研究、商务英语教育理论研究等，它是一种描述研究，以现存的商务英语实践教学问题及表现形式为研究对象，对收集到的事实材料进行分析。

商务英语专业实践调研报告有明确的针对性和目的性，或者是总结推广某一个商务英语专业实践教学典型经验，以带动整个“面”上的工作；或者是对商务英语实践教学某方面的工作或问题进行分析研究，为制订实践教学计划提供依据；或者是收集案例，加以必要的综合分析，以供有关部门决策时参考；或者是对有关的商务英语实践教学现象进行理论探讨，即分析各种商务英语实践教学现象间的相互关系和因果关系，以及通过对实地调查资料的分析或归纳，达到检验相关商务英语实践教学理论和构造商务英语教育理论的目的。

商务英语专业实践调研报告的指导性主要表现在：商务英语专业实践调研报告不只是对商务英语专业实践现象的客观叙述，更是对商务英语专业实践现象的分析和概括，以及对商务英语实践教学的内在规律的探求。因此，高质量的商务英语专业实践调研报告能够深入揭示商务英语实践教育体系内部的规律，对商务英语教学实践具有指导意义。

1.5.1 商务英语专业实践教学调研背景

随着经济全球化步伐的加快，国际商务活动越发频繁，社会对既精通英语又熟悉商贸知识的人才需求越来越大，因此商务英语专业成为近年来各大高校开办的热门专业之一。而实践教育肩负着培养生产、建设、服务和管理第一线高素质技能型专门人才的重要使命，对我国经济发展有独特的贡献。商务英语实践教学是教师授课与学生学习有机结合的过程。在这一过程中，教师发挥着引导性作用，学生则是商务实践的主体，从中积累商务实践经验，提高自身商务技能，进而促进自身商务英语综合素质的提高。因此，教师作为商务英语实践教学的引导者以及教学监控的主体之一，须在实践的各个阶段做好过程监控，即时了解学生实践情况，并结合当前用人单位的人才需求，必要时采取手段适当调整实践教学计划，实现商务英语实践教学的意义最大化。

为明晰商务英语专业实践教学现状，更好地调整商务英语专业实践教学体系，进一步完善商务英语专业的课程设置，培养出适应社会需要和时代发展的生产第一线的专门人才，十分有必要开展商务英语专业实践教学情况调查，因此笔者特地对所在学校的商务英语专业学生及相关用人单位进行了调研。

1.5.2 商务英语专业在校生课程实践情况调研

(1)商务英语专业在校生课程实践情况调研设计

本次调研主要采用问卷调查的形式进行，调研对象为笔者所在学校商务英语专业2017、2018、2019三个年级，共计267人，收回有效问卷共计267份。本次调查主要针对笔者所在学校商务英语专业在校生对商务英语专业实践教学情况的看法。调研内容涉及：①商务英语专业预期；②课程对商务英语应用能力的培养；③课程对跨文化商务交际能力的培养；④课程对商务实践能力的培养；⑤课程对思辨能力的培养；⑥课程对创新能力的培养；⑦课程对自主学习能力的培养；⑧课程对个人素质的培养。评价共计5个等级：非常不同意、不同意、一般、同意和非常同意。

(2)商务英语专业在校生课程实践情况调研数据分析

对商务英语专业在校生关于实践教学的观点进行调研，有助于学校及时了解学生实践能力的获得情况，调研结果将为提高人才培养质量和促进商务英语教学发展提供指导。问卷调查内容及数据汇总如下。

第一，商务英语专业预期。

①在学习商务英语之前，您认为商务英语课程相较于英语专业知识更偏向于商务知识吗？

②在学习商务英语之前，您认为商务英语课程相较于理论知识的学习更偏向于实践能力的培养吗？

③实际的商务英语课程与您的预期偏差较大吗？

根据问卷内容以及表1.1的数据可知，大多数学生在学习商务英语课程之前，认为商务英语课程侧重商务知识的学习和实践能力的培养。在实际的商务课程与学生预期方面，大多数学生认为与预期存在较大偏差，即商务英语专业学生对实践期待较大，但目前的相关课程体系并未满足商务英语专业学生的期待与实践需求。

表 1.1 商务英语专业预期

题号	选项					
	非常不同意/人	不同意/人	一般/人	同意/人	非常同意/人	合计/人
①	17	31	41	87	91	267
②	5	34	49	90	89	267
③	21	45	81	61	59	267

第二,课程对商务英语应用能力的培养。

①您平时应用商务英语的机会多吗?

②您认为商务英语能力中最重要的是什么能力?(听说能力、读写能力、笔译能力、口译能力)

③您认为当前的商务英语课程对听说能力的培养是否有帮助?

④您认为当前的商务英语课程对读写能力的培养是否有帮助?

⑤您认为当前的商务英语课程对口译能力的培养是否有帮助?

⑥您认为当前的商务英语课程对笔译能力的培养是否有帮助?

⑦您认为当前的商务英语课程最有利于英语应用能力中的哪种能力的培养?(听说能力、读写能力、笔译能力、口译能力)

⑧您认为在商务英语实操中最大的阻碍来自什么能力的不足?(听说能力、读写能力、笔译能力、口译能力)

结合问卷和表 1.2 的数据可知:首先,有相当一部分同学认为,平时应用商务英语的机会较少;其次,当问到在商务英语应用能力中最重要的是听说能力、读写能力、口译能力还是笔译能力时,大多数同学认为听说能力和口译能力更重要;再次,有关当前的商务英语课程对听说读写以及口笔译能力培养方面,较多的同学认为目前的课程对读写和笔译能力的培养更有帮助;最后,关于实操中遇到的最大阻碍方面,大多数同学认为,相较于读写能力和笔译能力,实操中遇到的阻碍更多的是来自自身听说能力和口译能力的不足。这充分说明在当前商务英语专业的培养过程中,学生的英语语言能力培养环节尚存不足,无法帮助学生充分掌握未来就业必备的商务英语语言技能。因此,在之后的培养过程中要更加注重新生语言知识的积累,为学生的商务技能实践打好坚实的语言基础。

表 1.2 课程对商务英语应用能力的培养

题号	选项					
	非常不同意/人	不同意/人	一般/人	同意/人	非常同意/人	合计/人
①	35	21	89	93	29	267
③	37	41	86	76	27	267
④	30	42	78	81	36	267
⑤	31	46	83	74	33	267
⑥	30	36	80	89	32	267

第三,课程对跨文化商务交际能力的培养。

①您认为跨文化商务背景的学习在商务英语学习中重要吗?

②您认为当前的商务英语课程中是否融合了跨文化商务背景知识?

③您能在商务实操中考虑到文化商务背景的差异吗?

④相较于穿插在现有的商务英语专业中的跨文化商务交际能力锻炼模块,您希望有锻炼跨文化商务交际能力的独立课程吗?

⑤相较于在理论知识中学习,您认为跨文化商务交际能力应该更多地在实训课中锻炼吗?

根据调查问卷和表1.3的数据可知:几乎所有参与问卷调查的学生认为跨文化商务背景在英语学习中相当重要,也认为当下的商务英语课程中已融合了跨文化商务背景知识;绝大多数学生表示在商务实操中也会考虑文化背景的差异,说明当前商务英语专业相关课程对培养学生跨文化交际能力方面有着十分积极的作用;相较于跨文化商务背景知识训练方面,大多数同学认为跨文化商务交际能力的培养应该成为独立的一门课程,而不是穿插在商务课程中间,而且认为跨文化能力应该在更多的实训课中得到锻炼。这启示我们在今后的商务英语专业课程开发方面,应考虑结合实际情况开设独立的跨文化商务交际能力培养课程,提升学生在商务实践中的跨文化交际能力。

表 1.3 课程对跨文化商务交际能力的培养

题号	选项					
	非常不同意/人	不同意/人	一般/人	同意/人	非常同意/人	合计/人
①	0	5	28	158	76	267
②	0	10	88	92	77	267
③	0	11	79	113	64	267
④	0	14	63	99	91	267
⑤	0	13	35	132	87	267

第四，课程对商务实践能力的培养。

①您平时进行商务实操的机会多吗？

②您觉得现在的上课形式等有锻炼到您的通用商务技能吗（信息调研、公开演讲、商务礼仪等）？

③您觉得您从中得到的锻炼最多、综合效果最好的教学活动是什么？（情景模拟、成果展示、项目报告、平台操作）

④您最希望增加以下哪项教学活动？（小组任务、情景模拟、成果展示、项目报告、平台操作）

⑤您认为当前课上所锻炼的通用商务技能能够满足您未来的工作需要吗？

⑥相较于通用商务技能（信息调研、公开演讲和商务礼仪等），您平时用到专业商务技能（商务谈判、贸易实务和电子商务技能等）的机会更多吗？

⑦您认为相较于通用商务技能（信息调研、公开演讲和商务礼仪技能等），应更注重专业商务技能（商务谈判、贸易实务和电子商务技能等）的训练吗？

⑧您专业商务技能的学习和锻炼主要来自学校课程的内容吗？

⑨ 您认为商务专业技能的学习可以满足未来工作的需求吗？

⑩ 您认为当前课程在通用商务技能（信息调研、公开演讲和商务礼仪等）实训方面的锻炼程度很低吗？

⑪ 您认为当前课程在专业商务技能（商务谈判、贸易实务和电子商务技能等）实训方面的锻炼程度很低吗？

结合表1.4的数据以及问卷调查内容可知：首先，相当多的学生认为平时的商务实操机会少；在上课形式是否锻炼了学生的通用商务技能方面(信息调研、公开演讲、商务礼仪等)，从整体而言，学生认为自身的通用商务技能在上课中得到了锻炼；在上课的组织形式上(小组任务、情景模拟、成果展示、项目报告、平台操作)，除了小组任务，其余的上课组织形式，绝大多数同学都给予了积极的肯定，并且表示在课堂中，希望有更多的情景模拟、成果展示、项目报告和平台操作，但对小组任务则积极性不高。其次，关于未来就业方面，绝大多数学生认为课堂上练习的通用商务技能还不能够满足未来工作的需要；相较于通用商务技能，大多数学生认为平时用到专业商务技能(商务谈判、贸易实务和电子商务技能等)的机会较多，且认为课程训练应更侧重于专业商务技能；相当一部分学生认为自身的商务技能的学习和锻炼主要来自课堂，但认为目前学习的商务技能还不能满足未来工作的需要。最后，绝大多数学生认为当前课程无论在通用商务技能的锻炼还是专业商务技能的锻炼方面，程度都较低。

表1.4　课程对商务实践能力的培养

题号	选项					
	非常不同意/人	不同意/人	一般/人	同意/人	非常同意/人	合计/人
①	41	80	82	38	26	267
②	33	56	101	57	20	267
⑤	28	44	90	73	32	267
⑥	29	45	96	65	32	267
⑦	33	40	88	81	25	267
⑧	36	53	81	65	32	267
⑨	16	53	86	79	33	267
⑩	27	46	96	65	33	267
⑪	31	50	97	57	32	267

第五，课程对思辨能力的培养。

①您认为思辨能力对商务英语专业学生重要吗？

②您认为当前的课堂实训活动激发了您的思考吗？

③当前的课堂实训活动对您的思辨能力要求高吗？

④您认为课堂任务需要学生体现自己的思辨能力吗？

由表 1.5 的数据和问卷调查内容可知：几乎所有学生认为思辨能力对商务英语专业学生很重要，且近 1/3 的学生认为极其重要；在当前课堂实训活动方面，不少学生认为当下的课堂实训活动激发了其思考，并且认为实训活动对自身的思辨能力要求很高；至于课堂任务，大多数学生认为课堂任务能够体现学生的思辨能力。

表 1.5 课程对思辨能力的培养

题号	选项					
	非常不同意/人	不同意/人	一般/人	同意/人	非常同意/人	合计/人
①	2	3	43	130	89	267
②	12	43	93	83	36	267
③	6	49	107	77	28	267
④	6	39	64	106	52	267

第六，课程对创新能力的培养。

①您认为创新能力对商务英语专业学生重要吗？

②您认为当前的课堂实训活动能够提高您的创新能力吗？

③当前的课堂实训活动对您的创新能力要求高吗？

④您认为课堂任务需要学生提高自身的创新能力吗？

⑤您认为课堂任务需要学生加入自己的创新点吗？

根据表 1.6 的数据和问卷调查内容可知：几乎所有学生认为创新能力对商务英语专业的学生很重要，且超过一半的学生认为极其重要；在当下课堂实训活动方面，绝大多数学生认为其提高了自身的创新能力，并且认为实训活动对自身的创新能力要求很高；至于课堂任务，大多数学生认为其需要提高学生的创新能力，并且要求学生加入自己的创新点。

表 1.6　课程对创新能力的培养

题号	选项					
	非常不同意/人	不同意/人	一般/人	同意/人	非常同意/人	合计/人
①	6	28	53	112	68	267
②	27	55	101	57	27	267
③	29	38	124	48	28	267
④	10	16	60	101	80	267
⑤	16	27	64	114	46	267

第七，课程对自主学习能力的培养。

①您会主动参加实习，寻求锻炼商务英语的实践机会吗？

②您会将课堂上的实训所学在课下进行操作锻炼吗？

③课堂的实训内容能激发您进行额外的自主学习吗？

④课堂实训所学对您考取商务英语相关证书有帮助吗？

⑤您希望课堂实训课程可以帮助您自主学习、扩充知识吗？

根据表 1.7 的数据和问卷调查内容可知：课程在对学生自主能力培养方面效果不错，其中很多学生表示会主动参加实习，寻求商务英语的实践机会，也会在课下将课堂所学进行操作锻炼；绝大多数学生认为课堂的实训内容能激发自身进行额外的学习，而且课堂的实训内容对考取商务英语相关证书很有帮助；另外，大部分学生认为课堂实训课程能帮助自己自主学习、扩充自身知识。

表 1.7　课程对自主学习能力的培养

题号	选项					
	非常不同意/人	不同意/人	一般/人	同意/人	非常同意/人	合计/人
①	19	29	68	110	41	267
②	29	40	103	66	29	267
③	29	37	103	64	34	267
④	30	33	84	84	36	267
⑤	28	27	67	98	47	267

第八，课程对个人素质的培养。

①您认为学校课程的设置可以锻炼您的个人素质吗？

②您认为课程任务培养了您团队协助、与人配合的能力吗？

③您认为课程任务培养了您吃苦耐劳、积极向上的心态吗？

④您认为课程任务培养了您的领导力吗？

⑤您认为课程任务培养了您的责任心吗？

⑥您认为课程任务开拓了您的国际视野吗？

根据表 1.8 的数据和问卷调查内容可知：在课程对个人素质培养方面，绝大多数学生认为学校的课程可以锻炼个人素质，培养自身团队合作、与人配合的能力，培养自己吃苦耐劳、积极向上的心态，培养自身的领导力和责任心，开拓自身的国际视野。

表 1.8　课程对个人素质的培养

题号	选项					
	非常不同意/人	不同意/人	一般/人	同意/人	非常同意/人	合计/人
①	21	32	94	98	22	267
②	30	29	55	114	39	267
③	29	33	85	84	36	267
④	30	40	96	73	28	267
⑤	28	28	70	109	32	267
⑥	30	31	87	79	40	267

1.5.3　企业商务英语专业实践人才需求调研

（1）企业商务英语专业实践人才需求调研设计

为了了解当前商务英语专业相关用人单位的用人需求，根据人才市场的客观需求培养学生的商务实践能力，促进学生自身能力与未来就业能力要求的结合，特开展本次企业商务英语专业实践人才需求调研。本次调研针对长三角地区 45 家用人单位展开，调研的具体内容涉及商务英语专业毕业生主要面向的该企业的部门或岗位群；商务英语专业人才规格在该企业的定位，该企业对商务英语专业人才所需的实践知识结构，该企业对商务英语专业人才所需的实践能力结构，以及该企业对商务英语专业人才所需的职业素质结构，等等。对商务英语专业相关用人单位用人需求的了解，可以使商务英语专业的人才培养更具对接性，这对商务英语专业学生未来的职业选择大有益处。

（2）企业商务英语专业实践人才需求调研数据分析

①商务英语专业毕业生主要面向的部门或岗位群。

通过对长三角地区45家用人单位的调研，我们了解到当前商务英语专业毕业生主要面向的部门或岗位群有技术总监助理、产品翻译员、技术网站翻译员等技术类的，投资管理助理、风险分析助理（跨境）、管理会计（跨境）、税务（跨境）、审计（跨境）、人力资源部、法律事务翻译、商务文书翻译、商务行政助理等管理类的，以及国际市场营销员、品牌经理、对外网站运营与翻译员、公关策划员（跨境）、外贸业务员、外贸跟单员、跨境电子商务专员等营销类的。由此可以看出，商务英语专业毕业生有着较广的择业范围，但与此同时，能力要求也涵盖营销、翻译、法律、投资、财会等多个领域。

②商务英语专业人才规格在企业的定位。

所调研的45家用人单位对商务英语专业人才在企业的定位不一，其中25家用人单位将商务英语专业毕业生定位为技能应用型人才，认为商务英语专业毕业生所具备的语言与商务的复合型知识对于企业的对外发展而言有着独特且重要的作用，商务英语专业学生应在提高英语语言能力的同时，锻炼自身的商务实践技能，即运用英语进行跨境商务谈判、贸易实务等的能力。12家用人单位将商务英语专业毕业生定位为管理型人才，认为商务英语专业学生在课程中所接受的相关管理培训使其在单位的人力资源管理等方面具有一定的优势，可从事相关的管理二作。8家企业将商务英语专业毕业生定位为接待型人才，认为商务英语专业学生以其自身的语言优势能够在跨境商务活动中起到良好的沟通桥梁作用，且其自身所具备的跨文化商务交际能力和跨文化交际礼仪等素质对于国际商务接待与洽谈而言至关重要。

③商务英语专业人才所需的实践知识结构。

综合所调研的45家用人单位对企业所需商务英语专业人才的实践知识结构

的要求，管理学、国际营销、商务英语写作、商务英语函电等位列企业所需实践知识前列。从用人单位所要求的商务英语人才实践知识结构折射出其对复合型人才的巨大需求，即要求商务英语专业人才既能够熟练运用英语，又具备一定的管理学、商法、财会、外贸等跨领域知识。这启示各高校商务英语专业在教授学生实践知识时，除了英语语言知识，也要向学生传授必要的跨学科、跨领域知识，以符合当前人才市场对复合型国际商务人才的客观需求。

④商务英语专业人才所需的实践能力结构。

从本次调研结果来看，企业对商务英语专业人才的实践能力非常看重。其中，日常中英文事务处理能力是企业最为注重的商务英语应用实践能力。跨文化沟通能力是企业最为注重的跨文化交际能力，在包括中英语商务谈判实践能力、国际贸易实务操作能力、外贸企业报关实务操作能力、国外市场开拓实践能力、跨境电子商务实践能力、市场营销与广告推广能力、人力资源管理实践能力、财务管理实践能力等在内的专业商务实践能力中，中英语商务谈判实践能力和国际贸易实务操作能力排在前列。此外，所调研的45家用人单位对商务英语专业毕业生的自主学习能力也有一定要求，包括自我规划能力、自我决策能力、自我监控能力、自我评价能力等。

⑤商务英语专业人才所需的职业素质结构。

调研结果显示，用人单位所需的商务英语专业毕业生的职业素质结构大致包含团队协作精神、组织力、决策与沟通能力、领导力、责任心、积极的心态、身体素质等方面。其中又以团队协作精神、责任心、积极的心态为重。

综合上述分析，通过整合当前商务英语专业在校生对商务英语专业培养的意见与用人单位的用人需求，我们不难发现：商务英语专业学生对专业技能方面的培养抱有更大的期待，而这也正与用人单位对商务英语专业人才的各种实践能力要求不谋而合。对于商务英语专业人才的培养而言，学生实践技能的提高，必须依靠课内课外、校内校外、国内国外各种形式的商务实践活动，因此要在实践教学中增强学生的体验性，以提高学生对商务英语专业的整体认知，促进学生语言知识与商务技能的综合提升。建立一个科学合理的商务英语实践体系已成为当前商务英语专业亟待探讨的问题。

2 商务英语实践教学理论基础

任何实践活动的开展必先基于科学理论的指导，商务英语实践教学活动亦是如此。作为社会主义国家，我国在发展过程中始终坚持马克思主义，高度重视实践的价值与作用，将思想理论与实践有机结合。马克思主义实践观是商务英语专业实践教学总的理论指导，对商务英语专业实践的目标、方式、原则等发挥着引导作用，对商务英语实践教学具有重大的指导意义。

第一，根据马克思主义实践观，人和世界的关系首先就是实践的关系，通过操作、介入世界的方式，人们获得了对世界的认识，实践同时也改变着世界被认识的方式。实践是人特有的存在方式，实践是一切活动和知识的前提，实践也是教育活动的重要方式。商务英语由国际商务实践的交际活动发展而来，是英语的一种社会功能变体。商务英语中的很多词汇、句法和篇章也都是通过长期的商务实践活动而形成的。商务英语教育是应时代、经济、社会发展的需求而产生和发展的，自出现之日起，就以服务社会、发展经济为目标，与社会实践紧密结合，商务英语的教育内容、教育方法和教学手段皆来自实践活动。商务英语教育培养国际商务领域的跨文化交流与沟通人才，它要求该类人才具有行为能力，这就要求商务英语教育需要大量的实践活动。事实上，自商务英语教育出现以来，实践教学就是其不可或缺的教学方式。也可以说，实践性特征是商务英语教育与生俱来的。在商务英语实践教育活动中，商务英语学习者通过大量的实践教学，实现客体与主体的相互作用，不断扩大认识，获得综合商务英语能力的提升与发展。

第二，实践是人有意识、有目的的行为过程，人是实践的主体。在商务英语教育实践活动中，学习者是活动的对象，是活动的主体。“学习者的认识主要是在实践和活动中发展起来的。认识这一规律的重要意义在于必须使学习者在教学过程中活动起来。既动脑，又动手、动口，积极参与教学过程而不是静听、静观。这是涉及教学观念变革的具有根本意义的变革。”（唐文中，1990：115）商务英语学习者作为实践活动的主体，在商务英语教育理论和教师的指导下，在丰富多样的实践教学活动中，发挥其积极性、主动性和独立性，通过运用所学原理和理论在实践中发现问题、分析问题和解决问题，再把这些现象和问题带到理论学习中讨论，然后尝试解决问题，在实践过程中学到解决问题的方法。也就是说，商务英语教育过程就是学习者从理论到实践，再从实践回到理论，循环往复，不断获得提高的认识过程。

第三，实践教学促进商务英语学习者的全面发展。马克思主义实践观认为，人在实践过程中完成了自身的发展，人的劳动实践使“生产者也改变着，炼出新的品质，通过生产而发展和改造着自身，造成新的力量和新的观念，造成新的交往方式，新的需要和新的语言”（马克思、恩格斯，1979b：494）。商务英语人才不但需要良好的商务英语沟通与交流能力，还需要具备在国际商务领域中做事与做人的能力，也就是需要完备的综合素质与能力。在商务英语实践教学活动中，商务英语学习者以主体内在体验的方式进行实践教学活动，可以验证、重演知识产生的过程，获得学科知识与提高技能。同时，实践教学活动还能让学习者生成和构建新的知识。实践教学可以使商务英语学习者充分领悟商务英语学科知识的内在意蕴，掌握探究事物的方法，从而提高从事研究的能力。更为重要的是，实践教学能够使商务英语学习者养成社会生活基本素养，促使世界观的形成或改造，有效地促进学习者个人能力、个性发展和个人价值的统一，实现学习者的全面发展。商务英语学习者在实践教学活动中能够不断获得商务英语知识、提高能力，也能够不断获得社会经验，养成社会生活基本素质，从而全面提高综合素质，成为全面发展的人。

马克思主义哲学是基于现实物质基础、立足于改变世界的实践哲学，马克思实践观真正的现实意义在于为人类自由而全面的发展做出了指引。马克思主义是指导我国成为社会主义现代化强国的理论武器，从毛泽东思想对马克思主义哲学的解读和思考，比如实事求是、一切从实际出发、全心全意为人民服务，到邓小平理论，如坚持改革开放和以经济建设为中心，到江泽民“三个代表”重要思想、胡锦涛科学发展观，再到习近平新时代中国特色社会主义思想无不体现马克思主义思想的伟大作用。马克思主义哲学实践观蕴含价值性和方向性，是高校商务英语实践教学的重要方法论。马克思主义对商务英语实践教学的总体指导作用如图2.1所示。

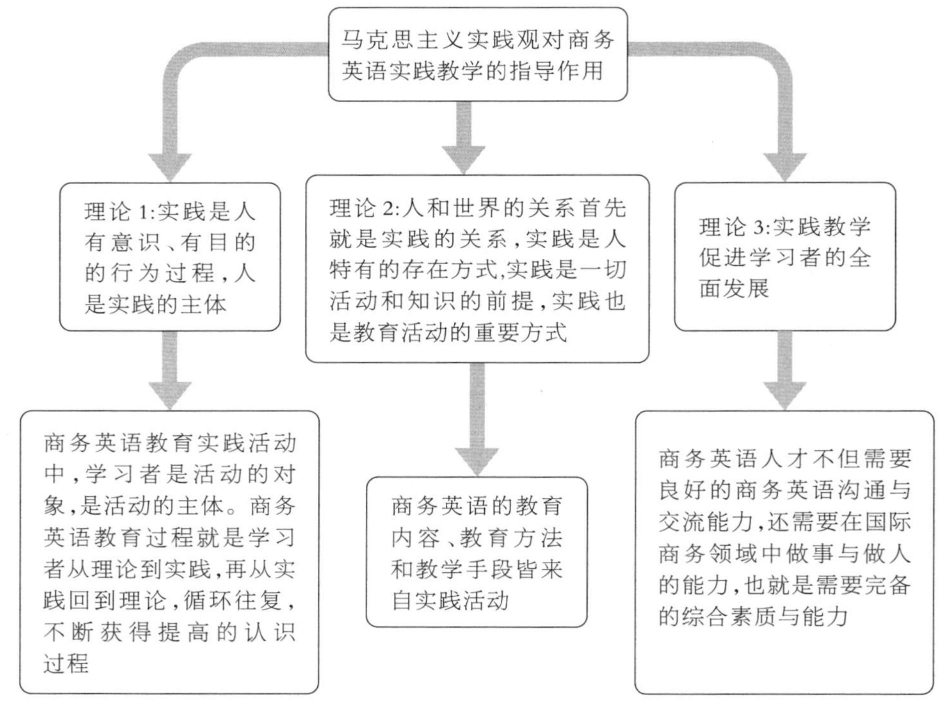

图2.1 马克思主义对商务英语实践教学的总体指导作用

2.1 默会理论

英国思想家迈克尔·波兰尼(Michael Polanyi)在化学领域也非常有建树，后来转向哲学、社会科学的研究。他于1958年在其哲学著作《人的研究》中将经验作为知识范畴进行探讨，划分了人类存在的两种知识：“显性知识”和“缄默知识”。

缄默知识，或称默会知识、默会认识，其核心观点是我们所知道的多于我们能够言说的。默会知识论是对哲学的重要贡献。波兰尼通过大量、长期的思索和研究发现：“人类的知识有两种。通常被描述为知识的，即以书面文字、图表和数学公式加以表述的，只是一种类型的知识。而未被表述的知识，像我们在做某事的行动中所拥有的知识是另一种知识。”（Polanyi，1958：12）他把前者称为显性知识（明确知识），后者称为默会知识。与显性知识相比，默会知识不能通过文字符号进行逻辑说明，它是那些平时不为人们所意识到，却深刻影响人们行为的知识。也就是说，默会知识拥有者和使用者不能清晰表达，其只可意会，不可言传。默会知识是人们通过身体感官或理性直觉而获得的。“传递默会知识不同于通过明确的推理过程而获得的外显知识，因而也不能加以批判性反思；缄默知识具有明显的情景性和个体性。”（石中英，2001：224）波兰尼强调默会知识的维度有限性，“默会知识是自足的，而显性知识则是必须依赖于对默会知识的理解和运用。因此，所有的知识不是默会知识就是根植于默会知识。一种完全明确的知识是不可思议的”（Polanyi，1958：145）。

波兰尼的默会认识论重新审视人类知识的性质、生成、类型和传播方式，主张人类知识由默会知识和显性知识共同构成，所有的外显知识都根植于默会知识。默会知识是一种重要的知识类型，是人们获得外显知识的向导和背景，对人们的行为起定向作用，支配着人们的认识活动。默会知识的获得主要不是靠读书或听课的形式，而是要亲身参加相关的实践活动，在实践活动中获得。波兰尼非常强调实践体验和学徒关系模式在获取某些领域默会知识中的重要作用，认为参加具体实践体验以及与有识之士接触或联系，对获取缄默知识来说是一种明智的策略。目前，有学者认为知识有形式性知识、描述性知识、说明性知识和实践性知识四种类型。形式性知识主要对应数学、逻辑学、语言学等工具性基础学科；描述性知识对应物理学、生物学和社会科学等确认关系与事实的科学；说明性知识对应以艺术和文学为代表的有关真善美的知识；而实践性知识则与人的行为相关，尤其是与人的职业和专业实践活动相关。对于实践知识来说，人们只有长期投入到实践中，亲自与其接触，才能够获得。

2.1.1 默会知识的特点

(1)优先性

在波兰尼看来,默会知识本质上是一种理解力,是一种领会、把握经验和重组经验,以期形成理性思维的能力,心灵的默会能力在人类认知的各层次上都起着决定性作用。默会知识是自足的,而明确知识则必须依赖于默会知识的理解和运用。因此,所有的知识不是默会知识就是植根于默会知识。这表明,默会知识是明确知识的基础,默会知识是一切明确知识的根源。

(2)情景依附性

默会知识的获得总是与特定问题或任务的情景联系在一起,是对这种特定问题或任务情景的一种知觉综合把握。默会知识嵌于实践活动之中,非命题和语言所能尽,只能在行动中展现,被觉察,被意会。在问题或任务情景没有出现时,我们甚至感觉不到它们的存在,但当相同或相似的问题或任务情景出现时,附着于个体的默会知识就会自然地被唤醒,悄无声息地再现于问题的解决中。

(3)非逻辑性

默会知识是人与动物共同具有的一种智力活动,是人类非语言智力活动的结晶,它们很难通过语言、文字或其他符号进行明确的逻辑论证与说明。正因如此,默会知识又被称为"缄默知识"或"内隐知识"。

(4)非公共性

明确知识可以通过正规的形式进行传递,能够同时为不同的人所分享,具有一种公共性。但默会知识是一种连知识的拥护者和使用者也不能清晰表达的知识,自然不能在社会中以正规的形式加以传递,只能通过学徒制传递,且大规模的积累、储藏与传播都受到了限制。

(5)不可言明性

在日常生活和工作中,我们时常感到有些东西"只可意会,不可言传"。波兰尼做过这样的比喻:我们能在成千上万张脸中认出某一个人的脸,但我们说不出我们是怎么认出这张脸的。所以说,"我们知晓的比我们能够说出的多",默会知识的大部分是无法用语言表达的。它是一种只可意会不可言传的知识,是一种经常使用却又不能通过语言、文字、符号予以清晰表达或直接传递的知识。如我们在做某事的行动中所拥有的知识,这种知识即“行动中的知识(knowledge in action)”,或者“内在于行动中的知识(action-inherent knowledge)”。

(6)非批判性

明确知识是人们通过明确的推理而获得的,因此也能够通过理性过程加以反思和批判。而默会知识则是通过身体的感官或理性的直觉而获得的,因此不能通过理性过程加以批判和反思。

(7)社会文化性

默会知识比明确知识具有更强烈的文化特征,与一定文化传统中人们所分享的概念、符号、知识体系分不开。明确知识往往传达的是一些明确的社会规范,而支配人们实际行为的往往是那些植根于社会文化传统的“潜规则”。

(8)鲜明层次性

克莱蒙特(J. Clement)在实验的基础上,将默会知识划分为无意识的知识,能够意识到但不能通过言语表达的知识,以及能够意识到且能够通过言语表达的知识。波兰尼在默会知识理论中强调了两种意识,即辅助意识和集中意识,他还强调了认识者(knower)在默会认识中的作用,即默会认识的过程就是认识者将各种细节、线索等辅助物通过整合融入集中对象,就是在辅助意识和集中意识间建立一种“由此及彼”的结构。辅助意识是我们所依赖的东西,集中意识则是我们所关心的东西。

2.1.2 默会理论与商务英语实践教学

斯滕伯格和瓦格纳(Sternberg & Wagner)提出了三种获取默会知识的有效途径:①选择性地进行信息解码,即吸收与自己的目标最相关的信息;②选择性地进行信息组合,即把零碎的信息整合到一个有意义的信息流之中;③选择性地进行信息比较,即利用过去的信息来理解当前的信息。(1986:21)

默会认识论的发展,为商务英语实践教学提供了强有力的理论支撑。商务英语实践教学可以通过各种实践途径,促进学习者对课堂所学的显性知识形成更深刻的理解,并且将商务理论课堂知识运用于商务实践。更为重要的是,商务英语学习者可以在实践教学中获得课堂上不能学到的默会知识,从而更全面、更深入地掌握商务英语知识与技能,并真正创造性地解决国际商务活动中的实际问题。商务英语专业的培养目标是培养未来能够在国际商务活动中运用英语进行商务沟通与交流,并成功进行国际商务活动的应用型人才。国际商务活动纷繁复杂,瞬息万变,仅靠书本所学的显性知识,无法使学习者应对国际商务场合的各种情况,学习者还需要足够的默会知识。而默会知识的获得必须通过大量的、充分的、安排合理的各种教学实践。也就是说,学习者必须通过实践教学才能够获得商务英语学科中的许多实践知识。从这个意义上来说,商务英语实践教学不仅是课堂的延伸,还是获取商务英语知识和能力的必要途径。商务英语不仅需要培养学习者在国际商务领域中会“做事”的能力,而且需要培养学习者会“做人”的能力。只有做好了人,才能做好成功的商务英语人,而做人的能力也需要商务英语学习者在具体商务实践中摸索、感悟、历练和提高。由此可见,默会理论对于商务英语专业实践教学具有重要的指导作用。其具体作用如下。

(1)对商务英语实践教学内涵的再思考

波兰尼指出:“在语言拓展人类的智力,使之大大地超越纯粹默会领域的同时,语言的逻辑本身——语言的运用方式——仍然是默会的。”(1958:145)语言作为一种既定的、客观存在的客体,有其特定的、内在的系统和规则,语言的学习是可以用文字加以表述的,因此语言具有明确知识的特征。但语言又是一种技能,语言的学习是一个不断习得和运用的过程。这一过程,也是认识者的默会能力的运用过程。商务英语与一般语言一样具有明确知识和默会知识的特点。

在商务英语实践教学中我们不仅要传授英语语言的基本知识,如语音、语法、词汇等,还要传授一定的商务知识和英语国家的文化背景等,这些都是明确知识。学习者在学习这些知识的过程中必然会涉及对这些明确知识的理解、赋意和运用,这个过程也就是默会的过程。既然商务英语作为专门用途英语的一个分支,兼具明确知识和默会知识的特点,教师就应充分认识到商务英语实践教学的过程不仅是一个传递和掌握明确知识的过程,而且是一个通过实践活动运用和获取必要的默会知识或直接体验的过程,同时还是一个使默会知识显性化、符号化,从而不断体验、修正和熟练运用的过程。因此,商务英语专业教师要充分认识默会知识的重要性,要意识到教学过程及日常生活中存在着大量的默会知识,学习者的知识不仅仅来自教师和课堂,他们的不同经历和感受也是他们人生观、世界观和价值观形成的基础。教师要充分利用自己的默会知识和学习者的默会知识，使明确知识与默会知识有效地结合起来，发挥默会知识对明确知识的导向作用，使其成为广泛意义上的认识和实践的必要基础。

(2)对学习者在商务英语实践教学中的角色的再定义

波兰尼强调“默会知识是一种个体知识”，“是认识者以高度的责任心，带着普遍的意图，在接触外部实在的基础上获得的认识成果”(1958:145)。这也为我们建立以“学习者为中心”的实践教学方式提供了借鉴。教师中心、课本中心、课堂中心是传统教学的三个中心点。学习者所要学的知识主要来源于教师、课本和课堂。教学被简单地看作传授与接受的关系，传授的只是可言传的知识，而忽视了对默会知识的学习，忽视了对学习者默会能力的培养。事实上，在教学的过程中，学习者基于以往的经验和默会知识，依靠他们的认知能力，形成对问题的解释，提出他们的假设。因此，教学不只是知识的传递，更是知识的处理和转换；教师不单是知识的呈现者、知识权威的象征，更应该引导学习者丰富或调整自己的解释。教师与学习者、学习者与学习者之间需要共同针对某些问题进行探索，并在探索的过程中相互交流和质疑，了解彼此的想法，达到共同学习的目的。

波兰尼的默会知识观点与建构主义的教学思想非常接近。它们都强调：①学习者的学习过程是个性化的过程。学习者不是空着脑袋走进教室的，在以往的生活、学习和交往活动中，他们逐步形成了自己对各种现象的理解和看法，他们会有意或无意地把自己的知识和经验带入学习中。②学习者的学习过程也是主动建构知识的过程。学习不是简单的接受过程，而是主动去参与所传递信息的诠释和理解，通过新经验与原有知识经验的相互作用，来充实、丰富和改造自己的知识经验。因此，教师在教学中要明确学习者的中心地位或主体地位，明确自己在教学中的主导作用，善于激发学习者的主体性和主动性，挖掘他们的个体作用，帮助和促进他们的“由此及彼”的建构过程，成为学习者“由此及彼”的协助者。

语言兼具输入和输出的默会特征。语言教学是一个“输入—吸收—输出”的过程。斯蒂芬·克拉申(Stephen Krashen)的二语习得理论中的输入假设强调语言学习者所接受的语言输入必须满足下列条件，语言习得才有可能发生：①可理解性的输入；②包含已知的语言成分；③包含略高于已知语言水平的成分；④学习者把注意力放在对输入材料或信息的理解上，而不是语言形式上。也就是说，教师在教学中必须根据教学内容和目标选择大量有助于学习者理解的材料，学习者通过领悟，加上已有的默会知识，进行吸收，赋予语言以新的意义，然后通过一定形式输出。

在对克拉申的输入假说进行深入研究的基础上，斯温纳(M. Swain)提出了语言输出假设理论。她认为语言输入是必要的，但并不是实现语言习得的充分条件；要使学习者达到较高的外语水平，仅靠可理解输入是不够的，还需要可理解输出。斯温纳的输出假设指出，单纯的语言输入对语言习得是不够充分的，习得者应该有机会使用语言，因而语言的输出对语言习得具有重要作用。输出即对语言的运用，它也具有默会知识的特征。文秋芳教授指出：没有输入帮助的输出不利于语言体系的拓展，输出和输入结合的教学活动更具有交际的真实性。语言的输出与运用需要通过大量的实践才能真正实现。由此可见实践性教学在语言教学中的作用。

无论是默会知识论、克拉申二语习得理论、斯温纳的输出假设，还是建构主义的教学理论，我们都可以得出这样一个结论：在语言的教学中，我们要树立学习者中心论，加强明确知识的输入，注重学习者的默会知识，让学习者的默会知识不断得到批评验证直到能熟练运用为止，使学习者学习的外在动力真正内化为自己的学习需求，增强学习者学习的主动性和创造性。

(3)对商务英语实践教学重要性的再认识

默会知识理论认为习得有几种途径，其中之一就是通过实践活动，如反复操练和训练的方式。在以往的教学理论和实践中，实践教学是相对课堂教学而言的，它主要是指通过实践的途径来强化学习者对课堂教学内容的理解和认识。实践教学能使学习者在实践中获取直接经验，这样的实践知识对他们的成长与发展极为重要。著名的教育家杜威(J. Dewey)曾提出“从做中学”，这种方式不仅能让学习者对明确知识有更直观的认识，而且在实际的“做”中也可加深对那些难以言明的默会知识的认识，从而提高学习者对知识的掌握能力和创新能力。因此必须首先在教学安排上让实践教学与理论教学平分秋色，并选择和开发经典案例，进行案例教学，从而使学习者自然而然地学到一些能支配明确知识的默会知识。

在商务英语课程教学中，一般教师输入的明确知识包括两部分：①语言的基本知识和技能；②商务的基本概念。输入的目的还在于输出，学习者学习商务英语的动力来源于输出，没有输出驱动的输入，无论输入的知识有多少，学习者习得输入的可能性都很小。因此，我们在注重输入的同时，要强化输出。而输出的过程便是学习者领悟、整合所接受的输入"知识"的过程。对商务英语学习者来说，通过领悟和整合教师输入的基本知识或概念，以及重组他们以往的经验和知识，有助于他们进行分析和判断，达到英语语言和商务知识习得的目的，从而有效地实现输出。

在商务英语实践教学中，教师可采取多种教学形式，如角色扮演、小组讨论、辩论、圆桌会议、演讲等，在给出的与商务有关的情境中，如商务酒会、商务会议、商务谈判、商务营销、商务推广等，让学习者不断地进行操练，以提高其语言技能，帮助其掌握商务知识和商务礼仪等。除课堂中的这些活动外，教师还可以布置课外的一些商务项目。这些实践活动的开展，丰富了课堂实践教学，提高了学习者学习的兴趣，也有助于学习者对语言和知识的掌握。

(4)对教师专业发展的再规划

联合国教科文组织在《从现在到2000年教育内容发展的全球展望》中提出："为组织适应未来的教育，我们需要新型的教师。"它强调新型的教师必须具备现代知识观、教育观、学习观，必须加强对教育内容、教育方法和教育手段的改革。因此，要提高教师的专业素质和专业能力，必须促进教师的发展。在教学实践中，教师会不断积累教学经验，这些经验往往被无意识地纳入行为，有些从来没有文字表述或语言表达。这些教学经验是典型的默会知识。在教育教学实践中，教师必须不断学习，掌握最新的教育教学理论，使理论在实践中得以应用。同时也要反思自身的教学经验，把经验与理论的探究结合起来，为解决现实的或未来的教学问题打下基础。

熊川武教授在他的《反思性教学》一书中说："教学主体借助行动研究，不断探究与解决自身和教学目的以及教学工具等方面的问题，将'学会教学'与'学会学习'结合起来，努力提升教学实践合理性，使自己成为学者型教师。"(1999：125)对具体的商务英语专业实践教学教师而言，其专业化发展应从两方面入手。一方面要创造机会让教师参加国内外实践教学培训，主要向教师传授实践教学相关的教育理论、规则，一般实践教学方法，教育发展的最新动态，等等，这些都属于明确知识。另一方面要想办法“揭示”“分析”“发展”教师已经具备的默会的教育知识、技能、态度或信念，要引导教师主动体验、反思自己的教学，将自己的默会知识外显化。教师的专业化发展只靠掌握外显的理论知识是不够的，还必须掌握相应的“个人实践知识”，这种知识以默会的形式存在。根据波兰尼的冰山理论，当显性知识浮出海面时，默会知识则在下面托起整座冰山。默会知识深深地嵌于人类的实践活动之中，只有通过实践体验才能得到提升。因此，教师的专业发展意味着先进的“教育理念＋教学经验”。我们要鼓励教师不断地学习教育理论，反思教学，丰富自己的教学实践。

商务英语实践教学建立在包含商务英语基本业务理论等缄默知识和综合多种商务技能获得的实践性知识的基础上，通过对两者连续性和联系性的整合，进一步强化彼此间的价值认同和信息交换。正是基于此种内在逻辑的课程体系架构和教学内涵设计，才奠定了商务英语实践教学改革的理论基础。商务英语理论等缄默知识通过支配学习者的认识活动，为实践性显性知识提供解释性框架乃至知识信念，商务实践操作等显性知识利用多元观点碰撞产生的多维操作技法，回应缄默知识的获取途径和理解程度，两者相辅相成，紧密联系，强化了实践教学的功能，扩大了实践教学的范围，明确了实践教学的逻辑主线。

2.2 CBE理论

能力本位教育（Competency-Based Education，CBE）诞生于20 世纪 60年代的发达国家，它强调教育与企业、商业的有机结合。第二次世界大战结束后，世界各国都在恢复本国经济，特别是以美国、加拿大和德国为代表的经济体发展迅速，并探索出了适合本国（本地区）特色的应用型高等教育模式，如德国的应用技术大学，美国、加拿大的社区学院教育模式，这些模式的共同特点是都基于能力本位，都较好地解决了为其国家培养应用型技术人才的问题，对本国（本地区）经济的发展起到了巨大的推动作用。20世纪70年代，在美国联邦政府的大力支持下，能力本位教育模式在职业教育特别是校企合作人才培养活动中得到迅速推广。20世纪80年代中后期到90年代初，主要的英联邦国家，如英国、澳大利亚、新西兰先后根据能力本位思想重新构建了国家的职业教育与培训体系,把能力本位教育推向了一个新高度。

概括而言,能力本位教育与学科本位教育(Discipline-Based Education,DBE)相对,是一种更具开放性、情境性、应用性、实践性和创造性的现代教育类型。能力本位教育的目的是培养特定职业或产业的人才,并为之提供技术技能资格教育培训,而不是培养精英人士或科研人才。其理念的内核在于激发学习者的内在学习动机,从而实现有意义的学习。

20世纪初,美国实用主义哲学家、教育家杜威提出"教育即成长""学校即社会"的观点,建议将教育回归并放到社会生产和日常生活中去。在《民主主义与教育》一书中,杜威不仅将学习者学习的心理逻辑与知识发展的科学逻辑整合起来,而且将它们与国家治理的政治逻辑和民主社会的运行准则统一起来。因此,杜威所界定的"教育"概念,更多的是一项意义深远的社会交往活动,包括个人探索与集体验证的结合、目的性与客观性的结合、纪律与自由的结合。他将教育视为一种通过相互交流而产生的可以分享的经历,一种超越政府性质问题的集体互动的生活方式。教育过程不是强制灌输的过程,而是学习者自然成长的过程。学习者会根据自身所获得的"经验",在批判性的对话和真实生活的氛围中改造已有的认知图式,建构出新的知识体系。在这个过程中,由于学习者的实践经验与学习内容紧密相连,其学习动机得到增强,其探究式学习的主动性也被诱发,从而进一步提高了学习者的认知发展水平,助推其自我成长。杜威的经验主义教育哲学将高等院校看作一个微型的企业社会,其中,生活、学习的学习者通过适合他们知、情、意、技发展的教学、讨论和实践活动,解决所遇到的各种学术和现实问题,培养专业化的技术能力、创新能力乃至工匠精神。可以说,杜威教育哲学体系是能力本位教育的理论渊源。

能力本位教育所培养的"能力"并不是孤立的、单向度的知识或技术技能片段,而是与职业需求相关联的各种思维、情感、人格、意志和技术技能有机整合的能力系统。"这种综合性、集群式的职业能力既是一个人对职场适应能力及工作、生活把握的一种综合体现,也是一个人能否进入某种职业领域、胜任相关业务的必备素质。"(王淑涨,2012:25)这些素质包括思想品德、文化修养、职业道德和伦理、职业态度、职业心理、职业精神、业务知识、专业技能、职业技巧等。此外,这个“能力集群”是动态的、可迁移的，能够针对不同的问题依托不同的情境进行适时调节和优化重组。

能力本位教育以学习者为中心，以行业为导向，以全面分析职业角色活动为出发点，以提供学习者履行岗位职责所需要的能力为基本原则，强调学习者在学习过程中的主导地位。其核心是如何使学习者具备从事某一职业所必备的实际能力。它是以从事某一具体职业所必须具备的能力为出发点来确定培养目标，设计教学内容、方法和过程，评估教学效果的一种教学模式。(吴仕荣，2007:138)这一教学模式的典型特征是以“学”为中心，注重学习者职业能力的演示，学习者对自己的学习承担更多的责任，学习时间、地点和方式等均可因人而异，富于灵活性。(雷正光，2003:23)能力本位的教育理论为应用性教育奠定了基础。

2.2.1 CBE理论视角下的教学

CBE理论自诞生以来，对高等教育产生了重要影响，具体表现在以下方面。

(1)课程

能力本位教育是采用教学计划开发(Developing a Curriculum，DACUM)方法来进行职业分析的。首先，DACUM把每一个具体的职业或岗位的全部工作，分解成相对独立的工作职责，每项工作职责又可看作从事该职业应具备的一项综合能力；其次，根据履行每项工作职责的需要，把每项工作分解成若干工作任务，每项工作任务又可看作从事该职业应具备的一项专项能力；最后，根据职业分析确定的该职业应具备的各种综合能力和专项能力，开发教学大纲，组织教学内容。

课程目标是教育目的的具体体现。能力本位教育课程目标确定的依据，应基于学习者的需要、社会生活的需要、学科的发展和职业的发展四个维度。①学习者的需要。我国高等学校学习者正处于其身心的成熟与定型阶段，他们的认知、情感、兴趣、需要都会随着年龄的增长，发生更加剧烈的变化，这便要求高等教育的安排实施要时刻关注学习者的发展及其实时的发展需要。②社会生活的需要。学习者的个体发展总是与社会的发展交织在一起的。课程目标的确定不但要符合学习者身心发展的规律，还要适应社会发展，保证学习者社会生活目前和未来的社会生活的需要。③学科的发展。能力本位教育中知识的传递也是教育过程中最为基本的活动,因此教学过程要始终紧扣"知识"这个核心,以提高学习者的能力为目标。④职业的发展。能力本位教育面向职业能力的培养,职业自身的发展规律对从业者有着客观的要求。所以,研究职业及其发展,对能力本位教育课程目标的确定是十分必要的。1999年,我国出版了《中华人民共和国职业分类大典》和一系列职业岗位技术标准,为能力本位教育课程目标的确定提供了一定的基础。

能力本位教育主张跨界、融合的教育,在坚持适应需求的同时,更加关注学习者作为人的可持续发展能力,关注他们的内心世界和价值实现,很好地兼顾了经济社会发展对工具理性的追求,又考虑了学习者终身发展和社会整体进步的价值理性需要。因此,在制订我国商务英语专业实践教学实践方案、实践课程标准等时,应当充分听取合作企业的意见和建议,同时遵循教育和人才培养的基本规律。

能力本位教育课程内容由课程目标决定。在能力本位教育课程目标确定过程中,应运用通用能力和职业能力对能力本位教育课程目标进行具体的描述。而要保证这些课程目标的顺利实现,还须对课程内容进行科学的筛选。在确定能力本位教育的课程内容时,可以借鉴基础教育的某些经验,但最终还是应该从能力本位教育的本质出发,选择的课程内容必须保证学习者全面素质的发展和达到职业资格要求的能力目标。因此,能力本位教育课程内容的选择与确定,需要在掌握素质的本质的基础上,根据课程目标的要求来进行,以确保全面素质教育和能力本位教育思想得到落实。

(2)学习

我国学者冯忠良、冯姬在专著《教学新论——结构化与定向化教学心理学原理》中指出:"学习作为个体的一种适应活动,其实质在于它是在主客体相互作用中,在反映客观现实的基础上,通过主体一系列的反映动作,在内部构建起调节行为的心理结构的过程。"(1998:13)他们还指出:心理结构是由功能上相互联系的心理因素构成的统一体,而心理结构不外是认知经验结构、情感经验结构和动作经验结构。可以说这个定义的内涵比较适合能力本位教育学习观的建立。因为,应用心理结构的建构来定义学习过程,将使我们在能力本位教育学习观研究中定义的素质与心理结构建立起内在的联系。另外,在心理结构中单独列出的动作经验结构，也将更适合能力本位教育的特点。因此，我们可以认为能力本位教育学习观的学习本质就是学习者心理结构的建构。

学习动机是发动、维持个体的学习活动，并将学习活动指向一定目标的内部动力机制。大量的研究已证明，良好的、适当的学习动机最终将促进学习行为的改善，提高学习能力。学习动机受多种因素的影响，如学习活动和学习任务的特点、学习目标结构等。

学习者的学习过程也是素质形成的过程。能力本位教育的学习过程可从知识、技能、品性三个基本要素的学习来研究。

第一，知识的学习过程。知识的学习主要是指知识的掌握。知识的掌握是知识传递系统中，个体通过领会、巩固与应用三个环节来接受和占有知识，在头脑中形成相应的认识结构的过程。以此为依据，结合教学实践，人们一般把学习划分为习得和巩固、转化、迁移和应用三个阶段。知识学习过程受许多因素的影响，而在知识学习的不同阶段起关键作用的条件也是有所不同的。但就知识学习整体而言，其受到一些基本条件的制约，如学习的主动性和积极性、原有的知识准备、心智技能、教材结构等。

第二，技能的形成过程。技能是通过学习而形成的合乎法则的活动方式，它是在一定生理条件的基础上，在心理活动支配下，按某种要求，通过反复练习形成的。其通过人的外在的比较固定的活动方式表现出来，可视可辨，人们能通过仿效、学习掌握技能，如计算机操作技能、阅读技能、语言表达技能、机动车驾驶技能等。技能的学习要以程序性知识的掌握为前提，一般通过感性认识（看或听）、模仿（学习）、练习反馈等过程由不会到会到熟练，从而达到自动化式的定型。

第三，品性的养成过程。态度的一贯性是品性的表现。因此，品性的养成应该基于态度的形成和改变过程。态度的外显性，使品性培养与评价成为可能，为学校进行品性教育找到了有效的途径。心理学研究认为，态度是通过学习形成的影响个体行为选择的内部准备状态或反应的倾向性。它由认知成分、情感成分和行为成分构成。能力本位教育中态度的含义更为宽泛一些，除一般意义上的态度外，它还包括职业精神（敬业精神、创业精神）、职业信念、职业道德等。能力本位教育要特别注意学习者职业态度方面的培养，以利于其职业能力的形成。

(3)教学

教学理论主要解决怎么教的问题。能力本位教育的教学理论包括能力本位教学目标、教学过程和教学组织。

教学目标是课程目标的进一步具体化,是指导、实施和评价教学的基本依据。能力本位教学目标的编制应基于国家的教育方针、学校的培养目标和课程目标之间的密切联系,并以课程目标为基础,体现学习者主体原则、可测度原则和可操作原则。编制步骤大致可分为:教学目标体系的建立、单元教学目标的编制、课时教学目标的编制。

能力本位教育的教学目标很明确,针对性和可操作性强。教学目标强调职业或岗位所需能力的确定、学习和运用,从而达到某种职业的从业能力。它按照职业岗位设置专业,按照实际需要,以培养一线人才的岗位能力为中心来决定理论教学和实践训练的内容。其理论教学计划与实践训练计划并重,互相配合,共同为培养学员的岗位能力服务。就其理论教学来说,当然离不开有关的学科知识,但它的内容可能涉及几个学科,不是着眼于某一学科领域知识的系统性、完整性,而是按照岗位能力的需要,有针对性地选学有关学科的知识,强调知识的针对性、实用性。就其实践训练来说,是把所学理论知识应用于实际,掌握处理问题、解决问题的能力。这种专业技术教育应当使学习者学到系统的专业基础理论和一定的专业知识,接受较多的实践性教学,具备较强的实践能力,具备综合运用学科知识和技能以解决实际问题的能力,具备一定的工作组织能力。在能力本位教育中,教师与学员对预期达到的目标与结果都应非常清楚。

能力本位教育教学设计是对教什么(课程、内容等)和如何教(组织、方法、教学媒体的使用等)的一种操作方案。能力本位教育教学的一般过程,应由设趣、激趣、诱趣和扩趣等四个阶段构成;教学的具体过程,根据学习对象或所处学习阶段的不同,可分为理论知识教学、心智技能教学、操作技能教学、品性形成教学、素质整合形成等五个教学过程。

教学是有计划、有组织的活动,任何教学活动都是通过一定的组织形式有条不紊地进行的。在教学活动中多种因素的不同组合,直接影响到教学的规律和效果。能力本位教育采用的是个别化的教学方式,不仅教学大纲、教学内容可因人而异,而且教材也是按有利于学习者自学的方式来进行设计和开发的。在能力本位教育中,对学习者按入学水平、能力水平等进行分组,更适合不同基础的学习者的个别化学习。学习内容、学习进度均由学习者自定。学习过程可以重复,学习者可在自己人生的不同阶段进入这一培训计划学习。这种个别化的学习方式可以满足个人不同的学习需求。学习者可根据自己的就业或职业发展需要选择相应的职业资格证书,再根据自己特定的情况选择适合自己的"学习机会"。而这种"学习机会"既包括面向全日制在校生的职前培训机会,也包括面向就业初期年轻人的在职培训机会。学习者也可按自己的情况选择合适的学习方式,如:学院、培训中心学习,现场实习,全日制或部分时间制学习,等等。

传统的教学模式是以教师为中心,教师是学术专家和权威,在教学中处于主导地位。学习者的一切活动都以教师为中心,教师教授什么,他们就学什么,包括理论知识和实践知识。实验、实习也都是在教师的指导下进行的,注重教而非注重学。能力本位教育以学习者的学习为主,教师的教为辅,注重学而非注重教。其注重在学习中充分调动和发挥学习者的学习主动性和积极性,提倡学习内容由学习者自定。其学习进度也可因人而异,教师只是学习的引导者和指导者。

能力本位教育中的评价根据能力标准来进行,反馈及时。其采用建立目标体系的方法来替代传统的只有笼统的综合目标管理的方式。这一目标体系由综合目标、专项目标、层次目标和单元目标组成。在综合目标的基础上确定各类专项目标,最终目标的达成通过分别达成各阶段的目标来实现;而各阶段目标的达成则通过达成各层次、各单元目标来实现。在实施过程中的每一步、每一个阶段都根据目标进行考核和管理,保证每一个教学环节实施后,都能及时得到考核评估,并能及时获得反馈信息。及时的评估和信息反馈,使教育培训系统的效率和效益都得到有力的保证。(黄日强、许惠清,2000:58)

(4)教材

教材是学习者学习的对象,是学习主体进行信息加工的客体,是教师用以构建学习者心理结构的外部工具或手段。为此,教材既要体现各门学科中研究对象本身的内在联系,即通常所说的科学性,又要体现学习的规律,使其具有高度的教学效能。

教材作为课程内容的重要载体，其内容是由课程观决定的。而不同的课程观，决定了教材内容确定方式与方法的不同。能力本位教育的教材内容是由能力本位教育的课程观决定的。能力本位教育课程观的研究较好地解决了能力本位教育教材内容的科学筛选问题。

教材作为教与学的客体，其结构是由学习观和教学观所决定的。认知心理学的研究表明：良好的认知结构的形成与教材结构的优劣有着密切的关系。奥苏伯尔（D. P. Ausubel）甚至认为，学习者的认知结构是从教材的知识结构转化而来的。能力本位教育学习者的心理结构的建构应在三个维度上进行，即目标结构、内容结构和过程结构。

能力本位教育教材打破了传统的按学科分类的书本式的系统教材形式，采用模块式的课程方案，可自由组合，针对性强。它是一种根据具体职业岗位的需要，把相应的内容分别从多学科教材中抽取出来重新组合而成的形式。这种组合式的学习材料，为每个学习者的不同需要设计学习内容提供了可能。学习者在学习前，都可以参阅标准的大纲和以此确定的学习内容，把其中自己已经了解和掌握的部分提取出来先进行考核检查，通过以后便可把该部分内容从标准大纲中划除，不再重复学习或培训。此外，也可以从标准内容中补充自己仍需学习的内容，使之更适合自己的需要。在同一个学习培训目标下，学习者可能由于个体条件和基础的差异，会使用不同的实施大纲和完成不同的内容，在组织或编写按大纲确定的模块教材的同时，应注意现代化教学手段的使用，配合模块教材开发大量的音像教材。

依据能力本位教育学习理论和教学理论的要求，能力本位教育教材（主要是教科书）的编写须遵循直观、概括、具体、识记和迁移原则。为了实现教材的总体功能，教材在编写上可采用功能块的形式，用功能块保证教材的总体功能的实现。CBE理论视角下的教学如图2.2所示。

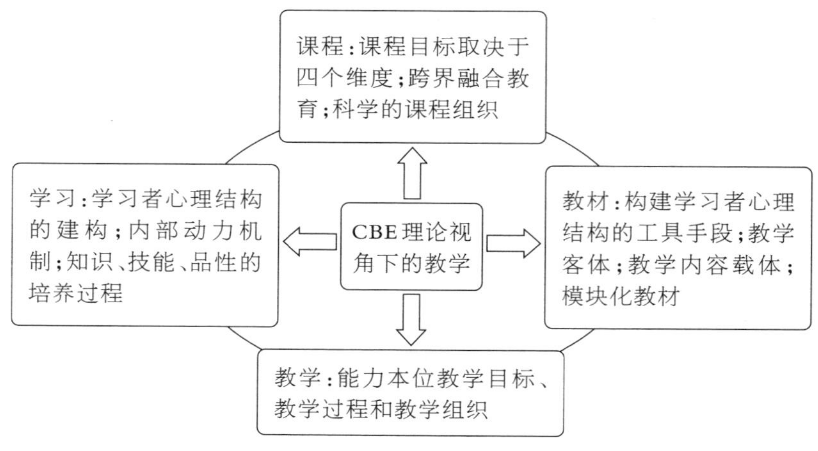

图 2.2　CBE 理论视角下的教学

2.2.2　CBE理论与商务英语实践教学

商务英语是英语与国际商务活动有机融合交叉产生的新兴学科,商务英语作为国际商务活动有序开展的桥梁,极具应用性。高校设立商务英语这一独立专业,意在培养将英语作为工具,跨专业从事外事、金融、管理、商贸等多领域工作的新时代复合型人才。进入真实的商务环境进行商务实践正是高校商务英语专业学习者的必修课。属于英语类范畴的商务英语专业具有语言与知识的交叉性,专门研究英语在商务交际活动领域的应用规律和特点,是一门应用性极强的学科。

商务英语教学应以职业素质培养为导向,提升学习者未来的职业能力。(鲍文,2009:103)不论是高职层次还是本科层次,商务英语课程和教学都必须体现应用性、实践性。陈准民和王立非(2009)在解读《高等学校商务英语专业本科教学要求(试行)》时指出,专业知识与能力构成中的"商务知识和技能",要求学习者熟悉和掌握商务办公、公司运行管理的知识和程序,如工作计划、产品描述、业务洽谈、会议组织、商务接待、收发邮件、办公室礼仪等。考核中的毕业论文(设计)环节,特别提出要加大毕业设计的比重,鼓励学习者采用商务报告(市场调研报告、商业计划书、营销方案等)的形式进行毕业设计,除考虑其语言质量和格式外,还应把创新思维和应用价值作为重要依据。另外,实践教学是体现商务英语专业应用特色的重要手段,主要形式包括实验教学、专业实习、商务方案设计、学术活动和社会实践等。可见,无论是商务知识和技能学习、毕业设计,还是实践教学,都必须充分考虑如何培养学习者的知识应用能力和商务职场能力。

能力本位教育一直强调,人才培养中的教学内容以提高学习者履行岗位职责所需要的能力为依据,其教学目标是帮助学习者掌握一定的职业知识和技能。由此可以看出,商务英语专业的人才培养目标与能力本位教育的核心理念完美契合。因此,商务英语实践教学成为商务英语专业人才培养过程中不可或缺的重要一环。

能力本位教育是以能力培养为中心的教学体系,以"能力目标,学习者主体,任务训练,使课堂教学充分体现实践性、开放性和职业性"为基本要求。(程忠国、周晖、曾光辉,2010:87)根据能力本位教育理念,实践教学是商务英语专业建设和发展必不可少的环节。由于国际商务领域较广,加之世界各国之间的贸易往来日益频繁,对国际商务人才综合能力的要求也须紧跟时代,除良好的英语交流能力以外,高校英语专业学习者还应有投身商务实践的能力。这也给高校商务英语专业实践教学增添了新的内涵。

2.3 OBE 理论

成果导向教育(Outcome-Based Education,OBE)理论起源于19世纪50年代美国在太空竞赛失败后对教育领域的批判与反思。当时,美国社会认为,不关注教育产出结果的教育体系应对这一失败负责。在这场大辩论中,强调以学习者为中心、以产出结果为标准的OBE理论应势而出。OBE理论立足于认知心理学和布鲁姆的教育目标分类法,在《教育目标分类:认知领域》一文中,布鲁姆提出"课程设计取决于明确的目标,取决于学习者学习行为应该发生的变化"(转引自:冯友梅、李艺,2019:64),将教育目标划分为知识、技能和态度三大核心要素,并强调三者之间的密切关联性。而OBE理论获得广泛的重视则得益于美国学者斯帕蒂(W. G. Spady)等人对该理论的丰富和发展,"教育系统中的每一项活动设计都应基于学习者最终的学习成果"(1994:212),即教学设计和教学实施的目标是学习者通过教育过程所取得的最终学习成果。综观学习产出的相关研究文献,目前有关学习产出的定义尚未统一。斯帕蒂在其著作《基于产出的教育模式:争议与答案》中强调,OBE坚持以学习者为中心的教育哲学,聚焦学习者的能力获得,所有的教学活动、课程设计和教学过程都应以学习者受教育后应该获得的能力为前提进行,就像在你计划行程的时候必须清晰地知道你的旅行目的地一样。(1994:212)

OBE理论注重以学习者为本,注重教学效果及课程学习与目标的契合度,目的是以学习者需求为导向,促进学习者的发展。因此该理论在当前教育领域越来越受到关注,已成为美国、英国、加拿大等国家教育改革的主流理念。OBE理论的关键在于定义成果产出的具体目标,以学习者学习成果为导向,由上而下制订教学目标:学校层次→院系层次→专业层次→课程层次。

我国高等教育认同并接受这一国际趋势。在我国,基于学习产出的教育模式近年来被众多学科领域广泛借鉴,以破除传统教学模式的弊病,例如:课堂教学效果较差,教学组织精细化不足,教学质量保障体系建设和运行有效度低;专业设置及师资结构不合理,人才培养中心地位不落地,难以量化学习者培养目标达成度;毕业要求表述不具体,教育出现“标准化”问题,OBE理论认识与执行落实存在差距;等等。

党的十九大明确要求,高等教育要向着世界一流迈进,新时代要求破解新老问题与矛盾,提高教育教学质量。而OBE理论正是注重绩效、促进学习者知识与能力发展、有效提升高等教育质量的重要研究视角,对于高校进一步优化创新学习者教育管理,促进各学科领域满足新环境下的教育要求具有重大意义。

2.3.1 OBE内涵

成果是指在一段学习过程结束时,学习者所获得的清楚的、看得见的、可证实的结果,这些结果主要反映在以下几个方面:①学习者知道什么;②学习者知道能够完成什么样的任务,或能够做哪些事;③学习者的学习信心和学习动机。

OBE理论强调教育的目标应该包括基本知识和基本技能的掌握,还包括情感与价值观的培养和提升,以及对学习者不断增加的学习成果进行的“形成性评价”,即不断强调增值(value-added)的相对值评价以及与之对应的评价指标和工具。OBE理论确保所有的学习者在他们离开教育系统时拥有获得成功所需要的知识、能力;架构并更新学校教学过程,以便所有学习者都可以达成最终成果。

OBE理论主张学习产出表现形式可以有多种，小到一次课堂发言、一份读书笔记、一个小组讨论结论、一篇个人原创的网络日志、一幅个人拍摄的有水平的照片、一个教学设计方案、一篇个人书评、一段有创意的视频等，大到一篇经过讨论、协作、研究而产生的小组研究报告，再到研究项目、创业项目、学术论文，直至创造出有深度的系列作品。

OBE理论不只着眼于学习者的就业问题和职业技能，还主张从多个方面实现教学革新：在教育评价上，从考查传统的“投入＋过程”及教师教得如何，向学习者学到什么转变；从考查考试分数向学习者对本专业领域实际所需知识（毕业要求）的掌握程度转变。在课程教学上，从传统的根据学科专业知识体系确定课程内容向根据毕业要求确定教学内容转变，教学目的是使毕业生达到各方面的要求，教学计划要支撑毕业要求且逐渐实现。“基于学习产出的评价方法，强调学习者开始学习时就要有明确的目标，教材、课堂教学、项目实训、评价方法都是围绕这个目标进行的，而不是按照规定的进程。学习者可以按照各自的学习习惯、时间安排、学习经验、学习方法进行学习，直到实现学习目标。所以，OBE教育模式下每个学习者都有成功的机会。”（张泊平，2016：105）

OBE理论要求学校和教师应该先明确学习成果，配合多元弹性的个性化学习要求，让学习者通过学习过程完成自我实现的挑战，再用成果反馈来改进原有的课程设计与课程教学。由此看来，OBE理论应贯穿人才培养目标从制订到实现的全过程，包括学习者要获得什么学习成果，以及为什么要获得、如何有效获得、如何确定获得、如何保障获得等。

2.3.2 OBE原则

（1）聚焦原则

聚焦原则，即明确地聚焦最终有意义的结果，从教学计划的制订到实施都必须聚焦于希望学习者最终能成功地做什么，以终为始，清楚聚焦教育产出目标。明确学习者毕业时所能达到的具体能力目标，尤其是要明确其具体作品的产出目标，将其聚焦于学习者毕业时所能达到的能力要求，进而体现于每个阶段的教学活动中，确定学习者在每个阶段能产出的作品形式与内容，从而在相关的教学中从小产出开始逐渐积累发展，最终达到获得学习成果的目标。

在确定学习成果这一步骤中，应树立“因材施教”的理念，根据不同的学科特色、学习者能力、学校环境与背景设计不同的学习成果，而不是沿袭传统教学方法，将同样的成果和方法应用于所有学科门类以及所有学习者。

（2）扩大机会原则

扩大机会原则，即为成功扩大机会并提供支援，寻求优质有效的学习输入以及持久的学习动机。教师应促进学习者的继续学习，为学习者提供更多机会，提高对学习者的开放度。同时对所有成功寄予较高的期待，全体教师必须对学习者建立较高的、具有挑战性的绩效标准，不给学习者设限，而是积极支持他们达到那些标准，鼓励他们继续提高最初的绩效，从而在最后能够证实输出结果和可能的最高水平。

没有输入，产出就无从谈起，想要获得优质的产出，就需先从优秀的输入着手。对于学习者来说，优质的输入是充分条件。输入应以促进学习者的发展为目的，需要摆脱所谓的“教育形式主义”，更多采取多层次、全方位的教育方法，激发并保持学习者的好奇心以及学习兴趣，扩大其知识探寻途径，使其更广泛地接触优质文化输入。通过寻求更多优质有效的学习输入，让不同能力的学习者都能感受到成功的可能，促使不同层次的学习者在不同的教学方法之下都能达到同等的学习成果，以培养学习者形成持久的学习动机，扩大成功的机会。

（3）反向设计原则

反向设计原则，即从产出成果反向设计。教师需从学习者最终想要获得的成果开始，革新传统教学体系，从最终的输出结果反向设计课程结构、基本知识、实践能力等模块。

对培养方案进行逆向设计，首先要根据社会对人才的需求确定培养目标，然后根据培养目标确定学习者的毕业要求和知识结构，再根据知识结构确定培养方式，最后根据知识结构与培养方式进行课程配置，形成课程体系。

课程体系设计要遵循三个原则：一是课程体系设计应能支撑毕业要求搭建的能力结构；二是有企业行业专家参与设计课程体系；三是课程体系设计要科学合理。

以产出为基础的教育要求教师必须清楚自己的学生毕业时应获得什么样的能力，如何设计有效的教学方法使学生获得这样的能力，从而确立以学习者为中心的教学活动,有效组织和利用学习产出。

(4)激励与反馈原则

激励与反馈原则,即针对学习效果达成度进行有效激励与实时评价反馈,对教育教学全过程建立质量监控和保障机制,且对毕业要求的达成情况建立评价机制,主要是内部评价。此部分属于过程性评价,评价目的是确保教学过程与毕业要求吻合。

对已经毕业的学习者建立跟踪和反馈机制,以及有社会各方参与的评价机制,主要是外部评价。此部分需要通过对专业所有评估数据的分析、比较和综合,证明学习者的能力是否达标,即最终学习成果是否实现。可采用定量评价方法和间接评价方法。

2.3.3 成果导向教育与传统教育的比较

(1)成果重于进程

传统教育的课程教学严格遵循规定的进程,具有统一的教学时间、内容、方式等。教学进度是以大部分学习者可以完成的假设为前提预设的,如学习者在规定时间内未完成学习,将被视为达不到教学要求。

OBE的目标、课程、教材、评价、毕业要求等均聚焦成果,而不是规定的进程。OBE强调学习者在学习之初就应有明确目标和预期表现,学习者清楚所期待的学习内容,教师更清楚如何协助学习者学习。因此,学习者可以按照自己的学习经验、学习风格、学习进度,逐步达成目标,所有的学习者均有机会获得成功。

(2)成果重于证书

传统教育中学习者证书的获得以规定时间内完成规定课程的学分为准,而这些课程学分的取得以教师自行设定的标准为准。OBE教育中证书的获得以学习成果为评判标准,学习者必须清楚地展现已达到规定的绩效指标,才能获得学分。OBE教育将学习成果与证书联系起来,使得证书与学习者的实际表现相一致,而非学习者在规定时间内完成学业的证明。

(3)扩大机会而不是限制机会

传统教育严格执行规定的学习程序,就像将学习者装进以同样速度和方式运行的“车厢”,限制了学习者成功的机会。OBE强调扩大机会,即以学习成果为导向，以评价结果为依据，适时修改、调整和弹性回应学习者的学习要求。“扩大”意味着改进学习内容、方式等，而非仅仅延长学习时间。

(4)强调知识整合而不是知识分裂

传统教育只强调课程体系，实际上是将知识结构切割成了一个个课程单元，每门课程成为一个相对独立、界限清晰的知识单元，这些知识单元之间的联系被弱化了，学习者的学习往往是“只见树木，不见森林”。OBE强调知识的整合，是从知识(能力)结构出发反向设计，使课程体系支撑知识结构，进而使每门课程的学习都与知识(能力)结构相呼应，最终使学习者获得顶峰成果。

(5)教师指导而非教师主宰

传统教育以教师为中心，教什么、怎么教都由教师说了算，学习者只是被动地接受教师的安排来完成学习。OBE强调以学习者为中心，教师应该善用示范、诊断、评价、反馈以及建设性介入等策略，来引导、协助学习者达成预期成果。

(6)顶峰成果而非累积成果

传统教育将学习者每次学习的结果都累积起来，用平均结果代表最终成果。这样，学习者有一次不成功的学习，就会影响其最终成果。OBE聚焦的是学习者最终获得的顶峰成果，学习者某一次不成功的学习，只作为改进教学的依据，不带入其最终成果。

(7)包容性成功而非分等级成功

传统教育在教学进程中的评价将学习者分成三六九等，而最终成果也被划分成不同等级，从而将学习者分成了不同等级的成功者。OBE秉持所有学习者都是成功学习者的理念，仅对学习者进行结构性区分或分类，采取各种鼓励措施，创造各种机会，逐步引导每一个学习者都成为成功的学习者，获得顶峰成果。

(8)合作学习而非竞争学习

传统教育重视竞争学习，通过评分将学习者区分开或标签化，将教师与学习者、学习者与学习者之间的关系置于一种竞争环境中。在这种环境中，学习成功者和学习失败者之间不可能建立一种和谐互动的关系。OBE强调合作式学习，将学习者之间的竞争转变为自我竞争，即让学习者持续地挑战自己，为获得顶峰成果而合作学习。通过团队合作、协同学习等方式，使学习能力较强者变得更强，使学习能力较弱者得到提升。

(9)达成性评价而非比较性评价

传统教育强调比较性评价,在学习者之间区别出优、良、中、差等不同等级。OBE强调自我比较,而不是学习者之间的比较;强调是否已经达到了自我参照标准,其评价结果往往用“符合/不符合”“达成/未达成”“通过/未通过”等表示。由于采用学习者各自的参照标准,而不是学习者之间的共同标准,故评价结果没有可比性,不能用于比较。

(10)协同教学而非孤立教学

传统教育将教学单元细化为一个个孤立的课程教学,承担每门课程教学任务的教师独立开展教学工作,很少顾及不同课程教学之间的协同效应。OBE强调教学的协同性,要求每一名承担课程教学的教师,为了达到协助学习者获得顶峰成果这一共同目标,进行长期沟通、协同合作,设计和实施课程教学及评价。

2.3.4 OBE指导下的商务英语实践教学

成果导向教育作为一种先进的教育理念,是商务英语实践教学改革的正确方向。正如前文所述,成果导向教育已经形成了一套比较完整的理论体系与操作模式。但在推进商务英语实践教学工作时,我们绝不能彻底摒弃现有的实践教学体系,应将成果导向教育理论融入商务英语实践教育体系中,改革与此不相适应的做法。结合我国商务英语实践教育的现状,考虑到我国商务英语专业认证的要求,基于成果导向教育的商务英语实践教学改革首先要实现如下三个转变。

(1)从学科导向向目标导向转变

传统的商务英语实践教学是学科导向的,它遵循专业设置按学科划分的原则,教育模式倾向于解决确定的、线性的、静止封闭问题的科学模式,知识结构强调学科知识体系的系统性和完备性,教学设计更加注重学科的需要,而在一定程度上忽视了专业的需求。

成果导向的商务英语实践教学是目标导向的,它遵循的是反向设计原则,其“反向”是相对于传统教育的“正向”而言的。反向设计是从需求(包括内部需求和外部需求)开始,由需求决定培养目标,再由培养目标决定毕业要求,再由毕业要求决定课程体系。正向设计是从课程体系开始的,逆反向过程到毕业要求,再到培养目标,再到需求。然而,这时的需求一般只能满足内部需求,而不一定能满足外部需求,因为它是教育的结果而不是教育的目标。因此,传统商务英语实践教学对国家、社会和用人单位等外部需求只能"适应",而很难做到"满足"。

而目标导向下的教育则不然,它是反向设计、正向实施,这时"需求"既是起点又是终点,从而最大限度上保证了教育目标与结果的一致性。目标导向下的商务英语实践教学在教学设计与实施中强调如下四个方面:①培养目标要以需求为导向;②毕业要求要以培养目标为导向;③课程体系和课程教学要以毕业要求为导向;④资源配置要以支撑毕业要求与培养目标的达成为导向。

商务英语专业毕业要求的达成要能支撑培养目标的达成,其教学要求的达成要能支撑毕业要求的达成。所有参与教学的教师要明确自己所教对达成毕业要求和培养目标的贡献与责任,每个学习者要明确自己所学对达成毕业要求和培养目标的作用。商务英语专业培养目标和毕业要求的表述要有利于对目标和要求的达成度进行评价。

(2)从教师中心向学习者中心转变

所谓以教师为中心,是指教学设计主要取决于教什么,教学过程主要取决于怎么教,教学评价主要取决于教得怎么样,这是学科导向教育的必然。

所谓以学习者为中心,是指教学设计主要取决于学什么,教学过程主要取决于怎么学,教学评价主要取决于学得怎么样,这是成果导向教育的使然。也就是说,以学习者为中心的商务英语实践教学要求整个教学设计与教学实施都紧紧围绕促进学习者实现学习成果(毕业要求)来进行,要求提供适切的教育环境,了解学习者学什么(内容)和如何学(方式与策略),引导学习者进行有效学习,并实施适切的教学评价来适时掌握学习者的学习成效。

以学习者为中心的商务英语实践教学主要体现在如下几个方面:①培养目标与毕业要求紧紧围绕学习者的发展来确定;②实践教学内容根据对学习者的期望而设计;③师资与其他支撑条件是否有利于学习者达成预期目标;④评价的焦点是学习者的学习效果与表现;⑤面向全体学习者而不是个别优秀学习者。

以学习者为中心的商务英语实践教学强调"教在于学"的教学理念,即教之主体在于学、教之目的在于学、教之效果在于学;遵循"以学论教"的教学原则,即教什么取决于学什么,怎么教取决于怎么学,教得怎么样取决于学得怎么样。

(3)从质量监控向持续改进转变

目前高校的教学质量管理还停留在对教学环节进行质量监控的初级阶段,虽初步具备了监督、调控功能,但缺乏改进功能。一个具有完善功能的质量管理体系应该具备“闭环”特征,即通过监督功能发现偏差,通过调控功能纠正这些偏差,再通过改进功能分析产生这些偏差的原因,并对系统进行改进。

也就是说,这三个功能是首尾搭接,互为输入和输出的关系。成果导向的商务英语实践教学是一个持续改进的过程。它要求建立一种有效的持续改进机制,从而实现如下功能:能够持续地改进培养目标,以保障其始终与内部、外部需求相符合;能够持续地改进毕业要求,以保障其始终与培养目标相符合;能够持续地改进教学活动,以保障其始终与毕业要求相符合。

建立持续改进体系的要点包括“一个目标、两条主线和三个改进”:“一个目标”是保障质量;“两条主线”包括培养目标的符合度和达成度与毕业要求的符合度和达成度;“三个改进”为培养目标的持续改进、毕业要求的持续改进和教学活动的持续改进。这三个改进通过三个循环来实现,即通过外循环持续改进培养目标,通过内循环持续改进毕业要求,通过成果循环持续改进教学活动。

培养目标和毕业要求的符合度与达成度这两条主线,是对其符合度和达成度的评价与改进过程。一方面,评价毕业要求(培养目标)是否与培养目标(内外需要)相符合,如果不符合,就要改进毕业要求(培养目标);另一方面,评价毕业要求(培养目标)是否达成,如果没有达成,就要改进教学活动(毕业要求)。

成果导向教育作为一种先进的教育理念,在美国等一些国家已有了多年的理论与实践探索,至今已形成了一套比较完整的理论体系和实施模式,而且已证明是高等教育改革的正确方向。为了使我国商务英语教育更好地适应国家及经济社会的发展需要,迎接新时代的挑战,我们需要在成果导向教育理论的引导下,积极推进商务英语实践教学的改革,着力实现三个转变,即从学科导向向目标导向转变,从教师中心向学习者中心转变,以及从质量监控向持续改进转变。

2.4 专门用途英语教育理论

20世纪60年代以来,人们学习英语开始具有明显的目的性,目的性也从单一代变得多样化,逐渐与职业、学业和就业等多种需求联系起来,以满足不同领域的人的英语学习需求为目的的教学模式逐渐出现。英国著名语言学家韩礼德(M. A. K. Halliday)等人最早对此现象进行分析,并在《语言科学与语言教学》一书中,首次提出了专门用途英语(English for Special Purpose, ESP)的概念:"English for civil servants; for policemen; for officials of the law; for dispensers and nurses; for specialists in agriculture; for engineers and fitters。"(1964:190)

其后,随着社会语言学在美国的兴起,学者们注意到社会因素对语言变异的作用,并从不同的社会科学角度研究语言的社会本质和差异,确定了语言的社会属性和语言的交际功能性等性质,从而确立了培养交际能力是英语教学的最终目的,为专门用途英语的发展提供了理论基础。社会的需求和语言学研究的深入发展推动了专门用途英语的产生。史特雷文斯(P. Strevens)在1977年提出了专门用途英语的定义:"ESP courses are those in which the aims and the content are determined, principally or wholly not by criteria of general education(as when English is a school subject), but by functional or practical English requirements of the learner。"(1977:92)

2.4.1 专门用途英语的分类

专门用途英语是相对普通用途英语而言的一个术语,源自20世纪60年代的西方国家。众多专家学者对专门用途英语的基本内含和深层次含义都做出了不同的阐释和解析,其中哈钦森和沃特斯(T. Hutchinson & A. Waters)是ESP研究界中最具代表性、最具影响力的两位。他们表示,ESP最基础性的问题实际上就是"为什么人要学习英语",从教学的角度来说,即"ESP教学内容应在教学纲要开始构建时就将广大学生的实际需求纳入其中"。哈钦森和沃特斯从语言教学角度,以学科门类为主线将专门用途英语分为科技英语(EST)、商务英语(EBE)和社科英语(ESS)三个大分支(树形图),每个分支又再次分为学术和职业两个分支(1987:17),如图2.3所示。

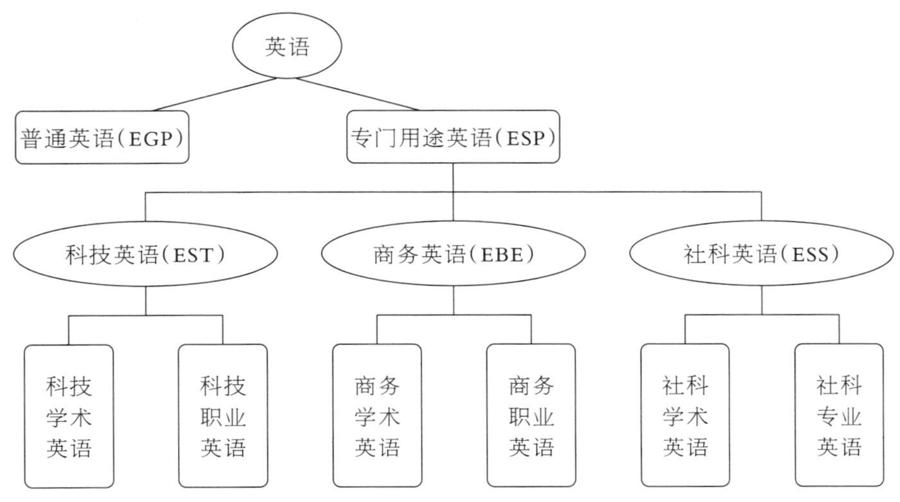

图2.3 Hutchinson & Waters的ESP三分法

乔丹(R. R. Jordan)以学习者语言使用的最终目的和环境为主线将专门用途英语分为职业英语(EOP)和学术英语(EAP)两个大分支(二分法),而学术英语又可分为专业学术英语(ESAP)和一般学术英语(EGAP)。(1997:5)乔丹的ESP二分法如图2.4所示。

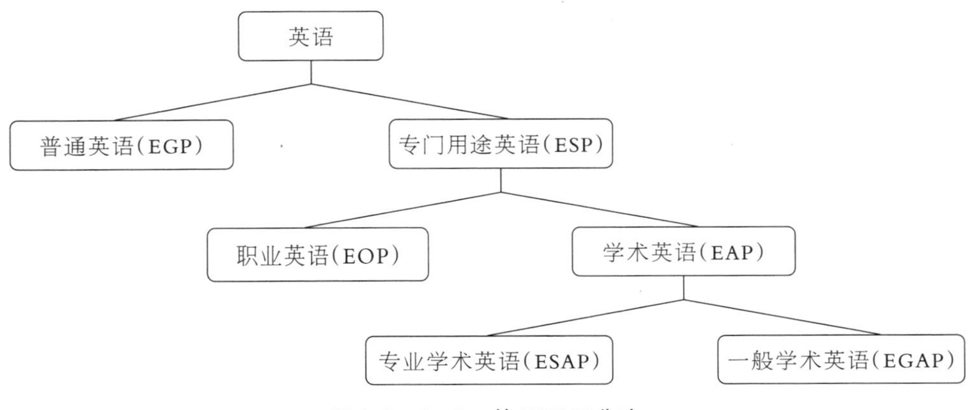

图2.4 Jordan的ESP二分法

2.4.2 专门用途英语的发展历程

专门用途英语自20世纪60年代初期开始，经历了五个发展阶段，即语域分析、修辞或语篇分析、目标情景分析、技巧与策略分析、以学习为中心五个阶段。（王友良，2008：109—110）

专门用途英语发展的第一个阶段是语域分析阶段。语域是一定社会语言环境下的语言功能变体。不同的语言用于不同的领域会发生语法、词汇和格式等方面的变化，这些表现出变化的特点叫作语域。在这个阶段，主要是研究某一领域如旅游管理、新闻报道等的英语文献在词汇、句法等方面与其他领域英语文献的差异。语域分析的作用是帮助教育者制订一个针对性更强的教学大纲，重点突出参加专门用途英语课程的学习者在各自的专业学习中和将来的工作中常用的语言知识和语言技能的教学。根据语域特征，教师可引导学习者认知专门用途英语的一些语法规律、词汇特征，使专门用途英语的课程及教学能更好地满足学习者的需要，达到提高教学效果的目的。

专门用途英语发展的第二个阶段是修辞或语篇分析阶段。这个阶段的研究超越了语言的词法和句法，开始注重修辞和语篇，研究将语言的表达形式与其交际功能联系起来，通过语言的功能来理解其表达形式。此阶段的研究关注语篇结构，关注在语篇结构上如何把句子连接在一起以表达某个意思，其目的在于发现文章中语篇的编排结构以及如何用语言手段予以实现。这一阶段的指导思想是学习者如果仅仅具有在句子水平上的语言能力，那么他还不能进行有效的交际，他还必须掌握如何把句子恰如其分地用到各种交际场合，才能准确流利地进行交际。

专门用途英语发展的第三个阶段是目标情景分析阶段。目标情景分析，或称需求分析，是所有专门用途英语课程设置的核心环节，目标情景分析就是分析将来使用英语的情景，对在这些情景下使用的交际内容、交际方式、交际途径、交际媒介等的特点进行仔细研究，并从中归纳出语言的特点与技能。根据分析结果来设置专门用途英语的课程，并制订相应的教学大纲。需求分析下的教学活动的组织者和实施者以情景的鉴定和学习者的目的为出发点，注重交际目的、交际环境、交际手段、语言技巧、语言作用、语言结构等因素，能够有效地帮助学习者获得专门用途英语的交际能力。

专门用途英语发展的第四个阶段是技巧与策略分析阶段。这阶段的研究从语言的表层形式，转向语言的使用过程。技巧与策略分析的主导思想是所有语言的使用中有共同的推理和解释策略。这些推理和解释策略能够使学习者处理表层形式，可以使语言使用者从语篇中领悟到一些东西，达到举一反三的效果，从而可以应付语言的各种表面形式。

专门用途英语发展的第五个阶段是以学习为中心阶段。这一阶段研究从解决"学什么"的问题，转向解决"如何学"的问题。"专门用途英语是以充分了解语言学习过程为基础，集课程设置、大纲制订、教材选编、课内外教学组织、教学过程的监控和测评为一体，充分调动教师和学生的积极性，充分调动诸如教学手段、教学设备等一系列的非人力因素的系统工程。"(程世禄、张国扬，1995:53)此阶段的核心就是改革以教师为中心的教学法，坚持以学习者为中心，研究学习者的各种因素，达到提高教学效率的目的。

从上述内容能够看出，在目标情景分析当中，学生的实际需求和最终目的已经被纳入课程设定的范围中，而在以学习者为中心的发展阶段，对学生的详细需求展开深入分析已经变成了ESP教学过程中不可缺少的核心要素。哈钦森和沃特斯将需求又精细地划分成目标需求和学习需求，以此来形成需求分析的中心内容。其中目标需求主要指的是学生为了在目标场景中能够有效应用而必须掌握的技能和相关知识，而学习需求主要指的是学生为了掌握相关技能和知识所付出的努力和行动。因此，需求分析也是决定ESP教学效果和质量的重要前提。

2.4.3 专门用途英语与商务英语实践教学

目前，专门用途理论已发展为一套完整系统的英语教学理论。作为专门用途英语的一个分支，商务英语的教学研究建立在专门用途英语教学理论的基础上。事实上，早期的商务英语教学实践一直在专门用途教学理论的框架指导之下，商务英语教学也是随着专门用途英语教学理论的发展而逐渐创立形成的，专门用途英语教学理论对商务英语的教学研究仍具有直接的理论与实践指导意义。

ESP对当代商务英语专业教师来说，最大的贡献是其充分强调了需求分析对教学纲要和课程设定方面的重要作用和意义。作为ESP发展的有效构成部分，商务英语教学特别是其专业的实践教学更应该以需求分析的基础理论为指导，以学生的学习为核心，贯穿实践教学的各个环节。

商务英语是英语的一种重要功能变体，也是专门用途英语的一个重要分支，其内容除包括对本身的研究外，还涉及文化、经济、贸易、管理和法律等学科的交叉研究。但这种划分导致了学科隶属的混乱。根据教育部的划分，语言学、经济学、管理学属一级学科，应用语言学是隶属于语言学的二级学科，那么国际商务英语就是在一级学科语言学、二级学科应用语言学下的三级学科。而语言学与文学、经济学、管理学同属一个层次，这样就有了一级学科与三级学科的交叉，产生了隶属不清、层次混乱问题，因此，商务英语与专门用途英语的关系是隶属与超越的关系。商务英语是一种专门用途英语，即在商务活动中使用的英语，其教学目标是培养在国际商务环境下用英语进行沟通的能力。(窦卫霖，2005:92)

而从更进一步的剖析可以看出，商务英语作为专门用途英语这棵大树的一个重要分支，又分为普通用途商务英语(English for General Business)和专门用途商务英语(English For Specific Business Purposes)。(Dudley-Evans & John: 1998:54)专门用途英语研究包括专门用途英语特征研究、语体研究、教学论研究、翻译理论与实践研究等，这同样也是商务英语的主要特征与研究内容。事实上，国内外研究者多年来对专门用途英语的研究与实践，也都涵盖了商务英语的内容。商务英语作为专门用途英语的一个分支，已经具有了雄厚的理论基础和长期的实践历史。商务英语学科的教育教学研究可以借鉴哈钦森和沃特斯(1987)、埃利斯和约翰逊(Ellis & Johnson，1994)，以及达德力-埃文斯和约翰(Dudley-Evans & St. John，1998)等专门用途英语研究专家的理论与实践研究成果。可以说，商务英语的研究和发展直接受益于专门用途英语教学理论的发展，专门用途英语教学理论为商务英语教育的发展奠定了基础，推动了商务英语教育的发展和商务英语学科的形成。而商务英语教学的形成与发展又丰富和拓展了专门用途英语理论与实践内容，成为专门用途英语不可或缺的组成部分。

随着商务英语理论、学科、教育的不断发展，其内涵、边界、方法已逐渐超越了专门用途英语教学理论的框架。这是因为商务英语的学习涉及的不仅仅是商务英语的听、说、读、写、译等，还包括如何在商务领域做事等内容。也就是说，商务英语的内容还包括商务话语如何帮助商务人士完成商务活动中的交际，从而完成商务活动的内容。这个特点是其他专门用途英语分支所不具备的，唯商务英语学科独有。这也就是专门用途英语之下有诸多的语言分支，如科技英语、社科英语等，却只有商务英语形成了独立学科的原因。商务英语是一种工作语言，既涉及与普通大众的沟通，又包括企业之间的沟通，以及技术语言本身，所以其内容、范围更加广泛。而其他专门用途英语的分支，如科技英语则主要是技术语言。学习商务英语不仅仅是为了获得商务领域的知识，更是为了获得商务工作的行为能力，并能够在国际商务领域中从事商务工作。可以说，商务英语如同科技英语、社科英语一样同是英语的语言变体，这是专门用途英语的共同属性，而商务英语这个英语语言变体与其他变体的不都之处在于它以国际商务活动为交际目的，与一定的商务背景相联系，并且与职业行为直接挂钩。因此，商务英语既是专门用途英语的一种特殊变体，又超越了专门用途英语的框架，成为独立的学科。

据此，在专门用途英语视域下开展商务英语专业实践教学更具针对性与应用性。在实践教学工作的开展过程中，应强调商务英语实践教学对培养未来商务人士从事国际商务工作和进行商务活动的重要作用，对其涉及的实践内容和实践教学方式进行独立探索研究，在借鉴专门用途英语教学理论的基础上，以学习者未来职业和发展的需要为出发点，以满足学习者未来就业需求为目的，构建有独立特征和内涵的、专门针对商务英语实践教学的理论，以指导商务英语专业实践教学工作的顺利进行。

2.5 商务英语教育理论

商务英语是新兴的交叉型、应用型学科，其教育与传统英语教育和专门用途英语教育都有很大不同，它是融语言、商务、技能于一体的崭新的教育类型。本节基于语言学、教育学、心理学、商务学科等各种相关学科的理论，探索商务英语教育规律，构建商务英语教育理论，为商务英语专业实践教学提供理论支撑。笔者在专著《商务英语教育论》中，提出了商务英语教育的“能力导向论”“知行结合论”“合作建构论”“自主发展论”四个核心理论，它们同样可作为商务英语专业实践教学的理论基础,指导商务英语实践教学的开展与实施。

2.5.1 商务英语教育的能力导向论

商务英语教育是集语言、商务以及技能于一体的教育活动,语言学、商科学、心理学、教育学等各种理论为商务英语教育的能力导向论提供了丰富的养料,而这些正可以作为商务英语专业实践教学的有效指导。语言输入/输出理论强调语言学习过程中的语言识别(语言输入)、语言理解(语言吸收)和语言交际(语言输出)过程,强调学习者与周围环境的交流对语言习得的作用,为商务英语“能力导向”的教育教学提供了强有力的语言学理论支撑。

行为主义理论的发展对人类的教育理论与实践产生了巨大的影响,被广泛应用于各种教育实践活动中。基于行为主义理论和语言输入输出理论,我们提出了商务英语教育的能力导向论。所谓商务英语教育“能力导向论”,是指在商务英语教育教学活动中,贯穿培养学习者以商务英语沟通与交流能力为核心的指导思想和行动指南,以能力培养指导商务英语教育教学行动和发展方向,将能力培养作为教育的出发点和落脚点,注重学习者的能力形成过程,提供充分的促进学习者进行商务英语沟通与交流的学习条件,促进学习者商务英语沟通与交流能力的全面发展。以能力为导向的商务英语教育观表现在教学目标、教学过程和教学评价等方面。基于此,细化到商务英语专业实践教学的工作中,便要确立明确的实践教学目标,以学习者国际商务实践能力的培养为基点,注重在实践过程中逐渐提升学习者的各项技能及综合素质,同时要通过健全的实践教学评价模式,对整个实践教学的开展过程进行及时反馈,全面提升商务英语学习者的综合素质与技能。

(1)教学目标

教学目标是教学过程的首要前提。商务英语教育“能力导向”是指确定达到预定的能力标准目标。它要求教学目标应具体化、精细化,并且能够用可观察到的、可测量的形式来说明。因此,作为培养商务英语学习者国际商务实践技能的重要途径,商务英语专业实践教学应确立明确的实践教学目标,制订科学合理的实践教学计划,以保障实践教学工作的顺利开展及取得理想的实践教学效果。

根据国际商务工作从业者所需的能力和要求,《高等学校商务英语专业本科教学质量国家标准》规定，我国商务英语本科专业能力由五个核心能力组成：语言应用能力、跨文化交际能力、思辨与创新能力、商务实践能力和自主学习能力。

根据对上述这些能力的组成及其内涵的具体化、精细化的描述，我们可以按照从简单到复杂的顺序来排列这些目标，作为商务英语实践教学工作组织开展的依据，以此设置相应的实践教学内容，形成实践内容与能力培养的对应矩阵，以完成综合人才培养的总体目标。

(2)教学过程

商务英语教育的能力导向观对教学过程的影响体现在课程的开发和教学方法的选择上，其对实践教学的指导作用体现在其所涉及的实践内容、实践方式、实践教学监督及评价都应以学习者的能力培养为中心，在过程中体现学习者在商务英语专业实践教学中的主体地位。作为新兴学科的商务英语专业，其实践内容的选择应根据实践教学的目标来确定，保证实践教学始终围绕学生的实践能力培养这个中心展开。商务英语专业实践教学内容应具备完整性和系统性，应规范其基本框架，构建其基本内容，减少实践教学安排的随意性和盲目性。因此，在实践教学内容方面，应特别强调目标岗位能力的培养，以能力本位为导向，在设计具体的商务英语专业能力要素的基础上，实施能力培养教育活动。同时，应以全面分析职业角色活动为出发点，以提供学习者履行岗位职责所需要的能力为基本原则，在考虑学科完整性和科学性的同时，以学习者获得目标市场和岗位所需的具体知识和技能为目的。实践内容和实践方式的选择要与实际的人才需求紧密结合，对应商务英语专业实践教学目标中的相关能力要素，设置和开发相应的实践教学。在具体操作中，还应注重理论课程与实践课程相结合，知识内在的逻辑系统与情感体验和能力相结合，学科系统化知识与职业实践相结合。

在开展实践教学评价和监督工作时，以能力为导向的商务英语实践教学理论强调学习者在实践过程中的主导地位，因此也成为实践教学评价和监督的主体之一，其主体地位体现在学生可以作为评价与监督工作的实施者和实施对象，参与商务英语专业实践教学评价与监督过程。

2.5.2 商务英语教育的知行结合论

商务英语是英语学科与国际商务(经济、管理、国际商法等)学科的交叉，其教育既涉及语言学科的教育特点，也包括经济、管理、商法学科的教育特点，具有跨学科的综合性特征。其实践教学亦是如此：不管是实践教学的内容还是实践教学的目标等，都涉及跨专业、多领域的知识与技能。认知主义学习理论揭示了人类知识学习和技能形成的深层次机制，"从做中学"理论主张在经验中积累知识，通过思考将感性认识上升到理性知识，为商务英语教育的知行结合论提供了理论基础，也进一步说明了实践教学对于商务英语专业人才培养的重要意义。

商务英语学科是英语与经济、管理、法律（商法）等学科的交叉，涵盖了英语语言知识、国际商务知识、综合商务技能等内容。这个融商务与语言于一体的教育过程需要教师注重学习者的内部心理过程和认知结构的发展，注重学习者的国际商务沟通与交流能力的培养，做到知与行的统一。它要求其教育教学在传授理论知识的同时，以培养学习者的工作能力，丰富工作经验，适应社会为中心，使学习者走出学校后能够熟练从事国际商务具体的岗位工作，迅速适应社会经济发展的需要。

基于认知主义理论和"从做中学"理论，我们提出商务英语教育的"知行结合论"。所谓商务英语教育的"知行结合论"是指在商务英语教育过程中，将认知发展与经验活动有机结合，既强调外部真实情景、真实活动（经验），又强调学习者内部的心理过程、内部条件、内部情景，注重引导学习者的理解、推理、思维、归纳、演绎的能力，以及提出问题、掌握资源、提出假设、检验假设的能力，从而促进商务英语学习者知行合一、知行并进、学以致用，全面促进学习者综合商务英语能力的形成与提高，这正是商务英语专业实践教学提出的明确的目标。

商务英语教育"知行结合"对其实践教学的指导作用主要体现在实践教学理念、实践教学过程、实践教学方式、实践教学评价和实践教学监督等方面。

（1）确立"知与行"相结合的实践教学理念

"知与行"结合的理念在中国早已有之。早在春秋战国时期，儒学创始人孔子就有"学而时习之……"（《论语》）的论断，明代哲学家和思想家王阳明也说过"知者行之始，行者知之成"（《传习录》）。现代教育家陶行知也倡导"行是知之始，知是行之成"。中国教育思想十分强调"知行合一"。商务英语专业实践教学的应用性特征要求其教学过程将商务英语理论与实践紧密结合起来。因此，可以说，商务英语教育的"知行结合论"既是基于中国传统的教育理念，又是西方认知主义、"从做中学"理论在商务英语教育中的综合和实践,同时也是商务英语教育本质属性的必然要求。用"知行结合"作为一种教育思想和教育文化来认识商务英语专业实践教学,将其作为实践教学工作开展的指导方针和行动指南,既注重基本理论的认知(即"知"),又强化其应用性(即"行"),使学习者在"学中做",在"做中学",通过"学习—实践—顿悟",将知识内化为思维,外化为言行,提升学习者在国际商务活动中的行事、办事能力,使学习者意识到实践教学对于个人能力发展的重要性,明确实践教学开展的基本逻辑结构,并且获得国际商务岗位所必需的知识和能力。贯彻"知行结合"的教育思想是获得商务英语专业实践教学成效的核心、关键和必然。

(2)融合理论认知与实践经验

"语言是在经验中形成的,语言符号与真实生活中的意义不可分割,所以语言的学习不能脱离现实生活的体验"(Kathleen,2001:8),语言的学习是知与行的统一过程。只有将语言的学习基于学习者真实生活的真实问题和真正的思考,学习者才能在解决问题中不断实现个人的成长。这种在学习中个人建构的知识才是学习者最有价值的知识。在商务英语专业实践中,教师应引导学习者不满足于知识的表层,而应深究其缘由,推究自己的经验,进入深层和高级的学习,并将所获得的知识带入相关的实践训练中解决实际的国际商务问题,从而扩展经验,改变思维方式,实现个人真正意义上的成长。

商务英语教师在实践教学工作开展过程中,应使学习者在语言的实际运用中感知、联想、记忆语言符号,采取动态、交互的过程。在交际中,通过与环境的交互、生生及师生的交流获取语言的意义。在商务技能的教学中,使学习者带着明确的任务目标,在做事情的过程中发展语言能力、商务能力、思维能力以及交流与合作的能力,从而提高学习者在国际商务活动中的综合能力。这一过程既包括做事情——"行"的过程,又包括通过交流、合作获取知识,提高综合能力——"知"的过程。

(3)注重情景的创设

情景对学习者的认知活动和学习经验具有很大的影响,要实现有效地认知实践,需要教育者创设有利于学生进行"知行结合"的情境。杜威认为学习活动应该是社会性的,学习者应该通过象征社会的、能引起他们兴趣的活动,进行有意义的学习，从而获得知识和能力。商务英语是一门应用性很强的学科，教学内容和教学活动应以满足学习者的从业需要为导向。因此，选取能够使学习者感兴趣、与社会生活密切相关的实践教学素材十分关键。它是教师设计"知行结合"活动的基础，也是学习者有效完成活动的保证。有利于"从做中学"的商务英语实践教学素材的特征应包括：材料的真实性、商务活动的交际性、商务题材的趣味性。教育活动要紧密联系生活。贴近学习者生活的素材，才能激发学习者积极参与教学活动的热情，增强学习活动的趣味性和体验性，提高学习者探究的兴趣，从而帮助学习者进行有意义的认知活动。

教育教学是对真实生活的体验和理解，是寻求生活的真正意义的过程。因此，商务英语实践教学应为学习者创造一个能够从"做"中认知的环境，并指导学习者去选择要做的事情以及要从事的活动。学习者的体验学习是指在解决真实问题中的学习，这种学习需要与真实生活相似的环境，需要实践环境与社会结合在一起，反映真实的社会。商务英语专业实践教学无论是语言教学内容，还是商务知识教学内容以及综合技能内容方面都需要给学习者创造有利于探究的环境，引发学习者的学习探索活动。同时，商务英语专业实践教学教师还应教授学习者掌握各种学习"知"与"行"的方法，引导学习者自主学习和实践，并帮助其通过完成真实有效的商务交际任务来提高综合商务英语能力。

2.5.3 商务英语教育的合作建构论

20世纪以来，世界范围内兴起了建构主义认识论和学习论，该理论认为知识是主体和客体相互作用的结果，是知识与经验的双向建构，充分揭示了人类学习的内在本质。同时代形成的基于社会互赖理论和群体动力理论的合作学习，强调用教学动态因素之间的合作和互动来促进学习，这为商务英语专业实践教学提供了指导。基于合作建构观的商务英语专业实践教学体现了自身的应用性、综合性等本质，合作建构观是商务英语专业实践教学的指导性理论之一。

所谓商务英语教育的合作建构论，是指在商务英语教育教学活动中，以培养学习者形成和持续建构知识的能力为主导，在真实环境中，以体验式、情境化的方法，通过师生、生生之间的合作、互动手段，促进和实现商务英语知识的建构和综合商务英语能力的发展。这便要求在商务英语专业实践教学中，加强各实践参与者之间的有效互动，以促进相互间国际商务实践技能的提高。商务英语教育的合作建构观对实践教学开展的重要意义体现在实践内容整合、师生关系、实践教学模式和实践教学评价等方面。

（1）知识与能力的实践内容整合

合作建构观下的商务英语实践教学内容整合主要指实践教学过程要有机融合商务英语学科知识与商务英语应用能力。商务英语具有跨学科性，是英语与国际商务内容的有机融合，包含丰富的专业知识。同时，商务英语是一门应用性学科，以培养学习者商务英语沟通与交流能力为核心，强调知识的应用性和能力的针对性。具体来说，就是将商务理论知识、英语语言能力和国际商务技能的培养结合。合作建构观的实践教学内容整合核心理念是在重视学科基础的同时，重视学习者实践能力的培养，融知识建构和能力培养于一体，并且使学习者通过与社会环境之间的相互作用来构建和发展知识。因此，在整个商务英语专业实践教学过程中，应提供给学习者在现实生活中运用和验证商务英语知识的场合，使学习者不断地构建新知识。知识与能力的实践内容整合针对商务英语岗位，采取以人为本的模式，这使得实践教学不仅能够传播知识，而且能够使知识与工作环境具有广泛和密切的联系。

商务英语是应时代、社会经济发展而出现的新兴的应用型学科，目前商务英语教学存在纯英语语言教学或纯商务类知识教学等现象，教学多体现为语言和商务学科内容的简单相加。根据商务英语实践教学观，教育者应将国际商务理论知识与实践能力进行整合，体现商务英语专业的应用性与实践性，培养学习者从事国际商务英语交流与沟通工作时所需的思辨能力和创新能力。

（2）以学习者为中心的师生关系

合作建构观下的商务英语专业教师是实践教学的组织者，学习者是实践教学的主体。学习者还是教育活动的中心。商务英语知识与能力是学习者依据已有的知识和经验，借助他人的帮助，利用必要的学习资料，通过建构的方式而获得的。商务英语学习者是实践教学的主体，实践活动在有利于建构商务英语知识和培养商务英语能力的环境里发生，实践过程就是学习者对客观世界的主动构建过程。

在整个实践教学过程中，商务英语专业教师是实践任务的提供者和实践环境的创设者，以及学习者自主建构知识的促进者。商务英语专业教师应发挥导向的重要作用，因势利导，激发学习者的兴趣，充分调动学习者的主动性、积极性，帮助学习者形成持久的学习实践动机，帮助学习者发现问题，解决问题，从而培养学习者的创造能力。为使学习者对知识与技能的意义建构更加有效，商务英语专业实践教师应通过创设符合实践教学内容要求的情景和提示新旧知识与技能之间的联系，帮助学习者构建当前所学知识体系。教师应组织协作实践，协作可以发生在学习者之间、学习者与教师之间、学习者与其他人之间。另外，商务英语专业教师应是学习者情绪的调动者，能激发学习者的学习及实践动机，调动其积极性，给学习者充分的实践空间，使他们对商务英语学习充满兴趣，能积极投入到实践活动中，更有效地实现自身商务技能的建构。

(3)问题解决式情景化教学模式

商务英语问题解决式情景化教学要求教师将教学方法、教学内容、教学情景和教学时机结合起来，使学习者能够从新的信息中获得新的知识，进一步提升能力。合作建构观认为世界是客观存在的，而对世界的理解和所赋予的意义却是由每个人自己决定的，知识和能力是学习者与外部环境交互作用的结果。

合作建构观下的商务英语实践教学强调实践教学活动在有利于构建知识与技能的环境里发生，实践发生的最佳情景应在真实世界或接近真实世界的具体环境中。“学习很大程度上依赖于它所产生的环境。”(Resnick，1989:2)商务英语知识和能力是在真实或接近真实的情境下，借助与他人之间的协作交流，通过意义的建构而获得的。在真实的环境中，商务英语学习者的学习是一种真实的体验，因此，置于真实情境下的实践可以使学习者的实践效率大大提高，更容易达成实践预期目标。同时，商务英语实践教学目的是既要理解某些商务英语知识，又要能迁移性地运用所学知识去处理真实商务情景中的复杂问题，使学习者对原有认知结构进行改造与重组，达到对新知识意义的建构。再者，学习是在特定的社会文化背景下发生，在具体的社会情境中发生的。商务英语专业实践教学应围绕主题设计真实的国际商务情景。情境应根据学习者的知识结构和实践教学目标来创设，使商务英语实践过程成为动态过程，这样才能激发学习者的兴趣，活跃教学气氛，提高实践教学效率。而在真实或仿真实的情境中，应设计具有一定挑战性的商务任务，要求学习者运用所学商务技能，灵活运用商务英语语言与商务知识，将商务英语实践教学的实用性、应用性和情境性融为一体，从而培养学习者的商务英语知识实际应用能力。教师还应注意问题的解决方案不是唯一的，应鼓励商务英语学习者探究不同的解决方案，并选择出最佳的方案。

现代信息技术的发展为建构观下的商务英语专业实践教学提供了强大的技术支持。应借助现代多媒体教学技术的优势，充分挖掘现有实践教学素材中有利于创设语境的因素，积极创设符合商务英语专业实践教学内容的语言情境。采用设计场景、制作课件、观看影像等教学方法，大量输入语言与商务的学习内容以及相关的文化背景知识，丰富教学内容，使学习者在掌握语言知识和技能的同时，获得大量的非语言性信息。同时，根据学习内容设计真实性任务，让学习者按照自己的需要搜集、整理和生成信息资源，进行商务英语的学习和实践，从而达到培养学习者主动构建知识体系、提高综合实践能力的教学目标。

(4)真实性教学评价与合作性教学评价

合作建构观下的商务英语教育倡导真实性评价，真实性评价以建构主义学习理论为依据，可以客观地反映商务英语专业实践教学的成果，对改进实践教学方案，进一步提高实践教学效果具有重要的作用。“真实性评价是检测学习者学习成效的一种评价方式，要求学习者运用所学的知识和技能去完成真实世界或模拟真实世界中有意义的任务。”(Meyer，1992：39)真实性评价更加关注技能的结合和学习者的学习进程，而不是学习者的知识与技能的记忆和再现。商务英语教师在应用商务知识与技能的现实情境中评价商务英语学习者对商务英语知识与技能的掌握情况，以检测学习者是否掌握了教学目标所要求的能力。商务英语专业实践教学的真实性评价是基于前文所探讨的实践教学过程中的实践教学内容、实践教学设计以及实践教学活动，都是根据真实的情景开发和设计的，只有在这种情形下，其真实性评价才具有意义。在商务英语专业实践教学中实施真实性评价，目的是激活学习者所学知识，促使他们在国际商务工作中解决现实问题，以培养学习者分析问题、解决问题的能力，以及思辨能力和创新能力。值得注意的是，商务英语专业实践教学的特点和目标决定了商务英语实践教学真实评价不仅要检测学习者是否能够完成教师所规定的学习和工作任务，还要关注学习者是否能够获得国际商务沟通与交流岗位所要求的思维能力，以及学习者应用所学的商务英语知识解决实际问题的综合商务英语能力。

合作建构观下的商务英语专业实践教学倡导合作性评价。合作性评价与传统评价方式的一个重要区别在于其采用开放的系统,评价可以使用标准参照系,评价过程的标准具有多样性。从商务英语教师的角度来说,商务英语合作性评价应首先建立合理的评价导向,构建动态的评价内容,并组织和监控商务英语的实践过程。商务英语合作性评价方式可采取的集体计分、奖励集体的评价,将个人之间的竞争转为小组之间的竞争,对学习者的个人评价转变为对小组的集体评价,评价中心由鼓励个人的进步转向小组成员的共同进步。因为这个学习过程始终是在相互作用中进行的。把个人计分变为小组计分,将小组总体成绩作为奖励依据,使整个评价的重心从竞争转向合作。

值得注意的是,商务英语实践教学采用合作性评价时,应与个人评价、小组评价和教师评价相结合,通过评价促进小组成员之间的互学、互助、互补等。同时,学习过程中学习者的合作态度、学习者的学习表现及在学习中的贡献等都应纳入评价内容中。

2.5.4 商务英语教育的自主发展论

20世纪60年代以来,随着人本主义心理学、建构主义、认知心理学等理论的发展,自主学习理论在美国兴起,并迅速在世界上传播,成为目前教育和教学研究的中心课题,并广泛应用于课堂实践。自主学习将教学中研究教师"如何教"转向研究学生"如何学",是传统教学模式的飞跃和革命,对语言教学和国际商务英语教学具有很大的指导意义,与强调学生主体作用的商务英语实践教学不谋而合。

所谓商务英语教育自主发展论,就是指在商务英语教育教学活动中,达到自我实现的目的,激发学习者的学习动机,以发展学习者的潜能和积极向上的自我为导向,使学习者能够根据自身条件和需要,制订并完成具体商务英语学习目标,其对实践教学的指导作用主要体现在教学方式、教学评价以及师生关系上。

(1)以自主发展为导向

商务英语专业实践教学需要学习者在掌握英语、经济学、管理学、法学等多个领域的知识和原理的同时,还要掌握运用这些知识进行国际商务实践的技能。商务英语专业实践教学目标是培养学习者运用英语从事国际商务活动的技能,要求学习者具有较高的综合素质与全面的综合能力，而以人为本的自主学习融理性因素与非理性因素教学于一体，注重发展学习者的全面、统一、健全的人格以及创新能力和综合素质。在商务英语专业实践教学中，以学习者的“自我发展”为导向，在重视英语语言知识和国际商务知识传授的同时，做到认知与情感相结合，知识学习与技能获得相结合，自主性与创造性相结合，才能培养出具备独立学习，适应复杂环境的实践型国际商务人才，才能够跟上时代、社会的发展，满足国际商务领域对人才能力的要求。因此，教师应加强学习者在实践过程中的内在思维和情感的体验，注重对学习者素质的培养，更加突出对学习者的实践能力培养和创造能力的培养，将商务英语知识、能力和素质结合起来，达到既教书又育人的目的。

(2)确立学习者的主体地位

自主发展式的商务英语专业实践教学的主体是学习者。在商务英语实践教学过程中，要确立学习者的主体地位，增强学习者的主体意识，在自主学习的理论指导下，逐步培养学习者的自主性，使学习者成为实践教学的真正主角，让学习者自己对商务英语实践做出规划，自己对实践能力负责，并管理自己。这样，才能调动学习者的积极性，激发学习者进行实践和对新的实践任务的兴趣，以及对达成学习目标的渴望，从而提高其自主实践意识，使其更加积极主动地进行商务实践。

(3)促进实践动机的形成

实践动机是指学习者个体内部促使自身进行实践的驱动力一般分为内在动机和外在动机两种。内在动机指学习者个人对实践发生的兴趣，外在动机指来自外在的驱动力。实践动机反映着个人的某些需要和追求，通常表现在具有渴求进行实践的愿望，浓厚的求知欲望，认识世界的兴趣，探究事物的好奇心，主动认真的实践态度以及高涨的实践积极性，并能自觉而独立地评价和改进自己的实践学习，以内在的评价标准来判断实践的成功与否等。具有内在实践动机的学习者不仅有信心取得学习上的成功，而且乐于把精力投入到自主实践中，因而能不断地取得实践中的成功。实践动机对学习者具有引发、维持和导向作用，只有当商务英语学习者拥有了强烈的实践动机，才会积极主动地探索实践，才会制订明确的实践目标，按照自身的需要去主动寻求知识，提升自身实践技能。因此，拥有实践动机是培养自主实践能力的前提。教师应让每个学习者都有成功的体验，以增强其自信心，提高自我效能感，从而帮助学习者确定较高的实践目标，使他们乐意独立地从事商务英语实践活动，形成较强的实践动机，并合理使用策略实现自己预定的目标。

(4)促进学习者的自我发现

以自主发展为导向的商务英语专业实践教学模式倡导学习者的积极主动精神，强调学习者在自主实践过程中的自我发现。科学探究是一种体验性和参与性活动，对学习者探究能力的培养十分必要。在商务英语实践教学活动中，教师应为学习者创造探究的情景和条件，帮助学习者开展自主探究活动。教师通过布置实践前、实践中、实践后的任务以及检查任务完成情况等引导学习者在实践中主动发现问题，为学习者提供自我发现和自我表现的机会，让学习者自主探索，并找到解决问题的方案。重视学习者的自我发现就是要求教师把实践教学重点放在知识与技能的形成上，通过学习者感知、概括、应用的思维过程去发现和掌握知识，培养实践能力。

(5)培养学习者的实践策略

实践策略就是学习者为了获取知识、提升技能，所采取的计划、步骤、方法、技巧和手段，实践策略促使学习者积极探索，提升自身综合实践技能。实践策略的有效运用不仅有助于学习者增强实践学习的责任感，提高自主实践能力、独立能力和自我指导能力，也有益于学习者的终身学习。实践策略培训的最终目标是让学习者在实践教学过程中有自觉使用策略的意识，让学习者知道如何在实践中提升自己的国际商务实践技能。学习者具备并有效运用元认知策略是实现其自主实践的前提条件，也是自主实践成功的关键。在自主实践的意识基础上，商务英语专业实践教师需要培养学习者掌握自主实践方法，有意识帮助每个学习者探索能够充分发挥他们个性特点的实践方法。实践策略有助于学习者积极选择策略进行有效的实践。实践成果的获得在很大程度上取决于实践方法、思维方式、个人实践习惯和实践策略等各方面的调节。

(6)注重过程评估

贝利(K. Bailey)认为，对学习进行自我评估与监控能使学习者对他们自己的学习进步负责，发现现有的水平和他们希望达到的水平之间的差距，看到自己

的长处和不足，从而清楚了解自己的综合能力，获得更大的学习动力。(1996:271)

因此，在商务英语专业实践教学中，学习者定期进行自我反思和自我检测有助于主动发现问题，及时采取措施解决问题，并不断调整新的实践策略，确定新的实践目标，从而更加有目标地进行自主实践与提升。这一过程增加了学习者的实践兴趣和信心，有助于改进实践方法，形成持续进步的动力，进一步提高自我发展的自主实践能力。同时，评价应改变偏重实践结果的方式，教师应引导学习者评价实践过程，使其对自身在一段时间内的实践目标、实践态度、实践方法等进行综合评价，总结经验，发现不足，从而改进学习策略。在学习者进行自我实践过程评价中教师应给予积极引导，引导学习者定期写下自己的实践感受，或者成功的和失败的经历，并分析原因。教师根据学习者的记录，帮助学习者分析其实践情况，引导其反省自己的实践方法，调节自己的实践行为，反思实践效果，最终达到自我改进、自我完善、自我提高的目的。

(7)建立和谐的师生关系

商务英语学习者未来从事与人打交道的国际商务活动，建立良好人际关系的能力是商务英语专业学生的必备素质之一。良好的师生关系能够激励学习者的实践动机，是自主实践氛围的重要组成部分。为此，商务英语教师应创造和谐、轻松的实践教学气氛，减少权威意识，通过介入学习者的自主实践等方式实施实践教学，以增强学习者的学习情感和实践动机。教师对自主学习的介入可采取“积极性引导”和“禁令性干预”两种方式。前者强调教师要在教学中主动为学习者提供帮助，针对学习者的困难给予鼓励和奖赏的指导性建议；后者是教师在发现学习者存在严重问题，而学习者本人却固执己见的极端情况下，适时介入，实施针对性的干预和制止。

(8)搭建自主学习平台

创设自主学习情境，营造轻松愉快的学习氛围，充分调动学习者的智力因素和非智力因素是开展商务英语实践教学的重要条件。现代教育技术由于其特有的科学性、多样性、灵活性、仿真性和形象性，为商务英语自主实践提供了强大的平台和技术支持。

多媒体教学新颖活泼的形式能够激发商务英语学习者进行实践的兴趣和热

情,从而形成一个良性循环的自主实践过程。网络具有它特有的交互性、开放性和及时性等优势,突破了种种限制,具有超强功能的网络环境可以为商务英语学习者提供仿真的模拟实践,拓展其实践内容和空间,丰富其想象力和创造力,从而有效地培养他们自主探究实践的兴趣和商务英语实践能力。商务英语学习者需要学会通过各种资源和媒体体验不同的商务情景,进行批判性或创造性地实践,发现问题、探究问题、解决问题,提高自己的商务技能。同时,充分利用网络资源,既能训练学习者商务英语的听、说、读、写、译等能力,又能培养其综合商务技能。教师还可以创建网上虚拟社区,模拟真正的国际商务环境,让学习者通过自主实践增强商务沟通的能力。

3 商务英语专业实践教学构建原则

随着经济全球化的不断深入，人才市场对创新性、专业性人才的需求日益加大。在2014年国务院常务会议上，“创新职业教育模式”的理念正式提出，鼓励并促使一批普通本科高校向应用型大学转型。我国经济发展进入新时代，面对新的挑战和新的机遇，应用型大学应贴合时代需求，培养符合人才市场需求、满足社会生产需要的跨领域综合性人才。为促进人才与市场需求的对接，高校所培养的人才应同时具备实践操作能力、综合职业素质，满足经济发展对复合型人才的需求。

而商务英语专业则是典型的满足应用型大学人才培养方向和定位的专业。商务英语专业对于培养满足社会和国家需求的复合型商务英语人才具有重大意义及作用，其影响力不容小觑。“商务英语实践教学是实现应用型人才培养目标的核心要素，是把语言教学、商务知识教学、技能训练融为一体的纽带。”（易明勇，2014：150）商务英语是一门由多学科交叉而形成的应用型专业，本身具有独立性、综合性、国际性、应用性等特征。为满足全球化背景下国家对复合型商务人才的需求，商务英语专业实践教学应遵循以下几个原则。

3.1 系统化原则

受凯洛夫（Kairov）《教育学》的影响，20世纪50年代到80年代，国内很多教育专家都非常重视系统化原则。而知识系统大致可以分为两类，即知识形成的历史系统以及知识发展的逻辑系统。也就是说，知识的形成有其自身的历史性，也必然有其逻辑性。

美国教育心理学家布鲁纳(J. S. Bruner)认为，学科的基本概念、基本原理以及它们之间的相互关系构成了学科的基本结构。(转引自：姚云，1991:38)这说明学习者接受新知识、学习新技能的过程是一个系统化的过程。如果学习者可以明确和掌握各种知识和技能的基本结构，就可以使整个专业认知具有整体框架视野，同时也有助于学习者产生正迁移，使学科、技能、兴趣、态度等领域之间产生正向的积极影响，帮助理解其他相关的知识、技能等，为学习者学习新的技能和理解它们之间的相互关系奠定基础。这便启示在教学过程中，系统化的教学对于提高教学效率具有重要意义。

对于商务英语专业实践教学也是如此。商务英语专业是跨文化、跨学科的应用型专业。"跨文化、跨学科教育的系统化设计"就是根据专业人才培养目标、培养规格和国际化复合型人才培养要求，在专业建设的课程、教学和教学评价等方面，以跨文化商务沟通能力培养为主线，关注"语言""商务""文化"等方面知识、能力和素养的交叉融合，通过整合性学习，突出商务英语专业人才培养的跨文化、跨学科教育维度。这便要求商务英语实践教学不仅要提高商务英语专业学习者的语言运用能力，过程中还应有机融合当前市场需要的商务技能，以促进学习者在校实践与未来就业的完美结合。由此可见，商务英语专业学习者的学习过程是由基础语言知识到语言运用能力，再到基于语言能力的商务技能的系统化过程。因此，商务英语实践教学应在教学内容、教学设计、教学课程等多个方面体现系统化。

商务英语实践教学只有通过系统化理论的指导，科学地设计系统的实践教学内容与步骤，充分尊重学习者获得实践能力的过程性、渐进性与层次性，最终形成一个系统的商务英语实践教学方案与体系，才能在尊重人才培养规律的基础上，通过实践教学使商务英语学习者具备社会要求的商务实践技能，实现商务英语综合型人才的培养目标。

因此，商务英语专业实践的系统化原则要求各高校在实施商务英语实践教学计划时应符合从简单到复杂、从低级到高级逐步积累和深化、循序渐进的认识规律，也就是说，使整个实践过程的实践内容形成一个有机联系的系统。

3.1.1 实践教学内容系统化

著名教育家张楚廷先生在其《教学论纲》中指出：各个学科门类在其形成即成熟程度上均有不同，且学习者接受知识的过程并非按照历史发展顺序直线进行。(1999:163)不管是学习者的学习过程还是教师的传授过程，都应遵循知识与能力的系统结构，循序渐进，逐级提升。

美国心理学家安德森(J. R. Anderson)将知识分为四类——事实性知识、概念性知识、程序性知识和反省认知知识，并指出知识虽有深浅之分，但并无轻重之别。事实性知识即学习者通晓一门学科或解决其中的问题所必须知道的基本要素，概念性知识是指能使各成分共同作用的较大结构中的基本成分之间的关系，程序性知识是指研究方法和运用技能、算法、技术和方法的标准，反省认知知识是指一般认知知识和与自己的认知有关的意识和知识。商务英语实践教学正是在学生已经获得一定专业知识的基础上，着重对学生的专业商务技能进行培养与锻炼，提升学生的综合商务技能。这一过程正体现了商务英语实践教学从知识到能力的系统跨越，体现了商务英语实践教学过程的系统化。

从事实性知识到反省认知知识，知识的难度呈现出上升的趋势，对学习者的要求也逐步提高，实践教学亦是如此。要遵循实践教学的系统化原则，就要尊重知识的深浅之分，尊重学习者在不同阶段的认知能力。众所周知，任何一门专业学科教学实践的水平，在很大程度上都取决于该学科的理论研究水平和学科建设水平，没有系统的理论指导，实际教学就会陷入盲目的状态。因此，系统化原则要求教师根据所传授的学科内在逻辑结构以及学科发展的自然历史循序连贯地进行教学。系统化原则强调整个教学的体系性，包括教材的系统性、练习的系统性、技能的系统性等，要以系统、连贯的方式进行教学。(胡玉叶、李高建、朱秀斌，2007:131)只是教学应该遵循由易到难、由浅到深、由具体到抽象、由已知到未知的顺序。

据此，商务英语专业实践教学过程应充分尊重知识与能力的深浅之差，尊重学习者知识积累与能力获得的客观规律，充分考虑学习者在不同阶段的认知能力，按照系统化的总体要求循序渐进地获得知识，习得商务技能。对于商务英语专业实践教学而言，基于教学系统设计理念及系统化原则指导的商务英语实践教学应该包括课程实践、专业实践、毕业设计、毕业实习等实践教学环节。同样，要遵循商务英语专业学习者从语言知识的积累到实践技能的获得这一过程的系统性，使商务英语专业实践教学的各个环节形成一个前后联系、承前启后的有机整体。在商务英语专业实践教学的过程中，应首先培养学习者的听、说、读、写、译等基本英语语言能力，再基于学习者良好的英语语言基础，培养学习者的商务交流、贸易谈判、外贸函电写作等商务实践与创新能力，即用英语作为语言工具进行国际商务实践的能力，并此基础上培养学习者的跨文化商务交际能力，最后综合提升学习者的商务实践技能。

3.1.2　实践教学设计系统化

成功的教学实践离不开科学系统的教学设计。1900年，美国哲学家、教育家杜威提出“联系科学(linking science)”这一概念，旨在建立一套把理论学习与教学实践联系起来的理论知识体系，以实现教学的优化设计。1969年，美国教育家罗伯特·M. 加涅(Robert M. Gagne)在其代表作《教学设计原理》中明确提出：“教学设计是一种系统化规划教学系统的过程。”(1969:113)教学设计的子系统包括社会需求分析、学习者分析、教学任务、教学目标、设计思路或意图、学习资源设计、学习环境设计、教学过程、课堂小结、教学评价及教学反思等。教学设计应厘清各子系统要素间的逻辑关系、协调作用，使系统与要素既辩证又统一。成功的实践教学设计应具备完整的教学活动流程，不仅包含服务于学习者的视频课程、配套学案与测试练习等来满足教育主体的需求，还需包含服务于教育主导者的教学目标、教学评价、信息反馈等流程，以便分析利用有效反馈信息，进行教学反思，提升教学质量。需要注意的是，各子系统的地位作用并不相同，需要设立教学目标，完成测试练习来巩固学习成果，各子系统环环相扣，缺一不可。

由此可见，教学系统设计(Instructional System Design, ISD)，或称教学设计(Instructional Design, ID)，是以系统科学理论和心理学科学理论为基础，运用系统论的观点和方法，分析教学中的问题和需求，明确教学目标，找出解决教学问题的最佳解决方案。

因此，系统化的教学设计是商务英语实践教学系统的核心，决定着商务英语实践教学质量的高低。也正因如此，商务英语实践教学的过程要充分遵循系统化原则，科学规划、合理安排、循序渐进，不仅要注重培养学习者在各种商务环境下的英语交际能力，还要培养学习者使用英语完成国际商务中的各项任务的能力。要以市场需求为逻辑起点，以职业岗位群的典型工作任务分析为依据，以校企合作开发为关键，系统地开展商务英语专业实践教学工作。

对此，学校应制定商务英语专业实践标准，遵循系统化原则，对商务英语专业的应用型课程进行系统化设计，要涵盖人才培养方案中确定的技术技能型人才培养目标；遵循能力发展原则，以突出实践能力培养为主线，通过知识积累、技能积累实现复合型国际商务人才能力培养目标；标准要满足于、适用于商务英语专业所服务的社会行业领域的质量发展需求。实践教学的内容要与行业、企业岗位的需求相适应，使教学的内容与最新的科学原理、创新技术、信息化、智能化、工艺流程、质量标准、操作技能相一致。

3.1.3 实践教学课程系统化

根据《高等学校商务英语专业本科教学质量国家标准》，商务英语专业课程比例大体是：语言能力课程约占50%～60%，商务知识课程约占20%～30%，文化交际能力课程约占5%～10%，人文素养课程约占5%～10%。由此可见，商务英语课程的设置，不单单是为了帮助学习者提升语言技能，更是立足实践，为商务英语专业学生将来的择业、就业打下坚实的基础，从课程设置出发正体现了商务英语人才培养中从语言知识到商务技能的系统过渡，因此实践课程成为系统的商务英语专业课程中的重要组成部分之一。

商务英语专业课程设置要以需求分析为依据，以专业协会与团体意见为依据（鲍文，2009：46），其实践教学课程的设置亦是如此。商务英语专业实践教学课程的安排关系到实践教学效果能否达到预期目标。实践课程包括含有实践训练的专业课程和专门的专业实践课程等。应科学安排实践教学课程，构建多平台、多模块的系统化实践课程体系。

而要构建科学合理的商务英语实践教学课程体系，必须充分考虑商务英语专业面向的职业群。商务英语专业面向的是国际商务一线业务岗位和中小企业行政管理岗位，主要就业岗位为行政助理、商务现场翻译和商务助理等。因此，商务英语专业实践课程体系开发应以区域涉外企业一线岗位需求为导向，以培养一线高技能型商务英语人才为目标，以全面提升商务英语从业人员的职业能力为目的，校企合作开发建设商务英语专业实践课程体系。通过专业实践课程体系的顶层设计助推商务英语专业的应用型转变，着力于英语语言能力培养与国际商务实践能力培养的有机结合，探索校企多维融合的商务英语人才培养模式，提高专业教学和实践教学能力，全面提升学习者的综合商务职业能力和就业质量。

系统的商务英语专业实践教学课程设置不能仅仅局限于常规课程的开设，除由校内专任商务英语教师进行国际商务谈判、国际贸易实务等实践课程的设置以外，聘请职业教育专家主持召开企业实践专家座谈会是非常关键的一步。具有丰富课程开发经验的职教专家和具有丰富工作经验的一线专家是课程体系开发成功的关键因素，两者缺一不可。可以从不同企业精心挑选具有丰富一线商务实践经验的骨干共同研讨。通过实践专家座谈会，对商务英语专业每个阶段具有代表性的职业工作任务进行分析归纳。在此基础上，教师再次深入企业进行现场调研，了解最新的商业动态。再由课程专家和有专业实践经历的资深专业教师，针对“为什么教”“教什么”“教给谁”“怎样教”“如何评价”等问题，构建相应的实践教学课程，促进商务英语专业实践与学习者就业能力需求的有效对接。商务英语专业实践的系统化原则，要求通过常规的听、说、读、写、译等兼含实践的专业课程为学习者奠定语言基础，再通过跨文化交际、涉外礼仪、国际商法等拓展知识和视野的实践课程以及专门的商务英语专业实践课程综合提升学习者的国际商务素质。同时，建立校内跨文化交际的仿真环境，在国际商务模拟项目中培养学习者的英语交流能力、人文素养和跨文化交际意识。运用虚拟现实技术，创立校内国际商务操作的仿真环境，培养学习者用英语完成国际商务模拟项目的操作能力。基于校内实践课程和仿真实验，进一步将实践教学拓展到校外实践基地，一方面要求校外专家走进来，帮助学校制定实践课程；另一方面要让学习者走进真实的商务环境，综合提升自身的商务实践操作技能。

商务英语实践课程的开发不仅涉及高校专业教师团队，还借鉴了行业前沿一线专家的经验，这有助于学习者对所从事的职业领域有更深入准确的整体把握，有助于学习者熟悉该行业的职业成长规律，促进商务英语专业实践与行业的有机结合。

对商务英语专业实践系统化的理性认识,改变了“英语”和“商务”简单相加的课程模式。要根据商务英语专业学习者未来就业能力需求框架整合商务英语专业实践设置,按照职业成长规律构建“教、学、做”一体化实践教学系统,以培养学习者职业行动能力为目标,凸显商务英语专业的学科交叉特征。商务英语专业培养目标明确指向国际商务背景下的英语语言能力、跨文化交际能力和职业可持续发展能力。商务英语专业实践课程应坚持以人为本的理念,以社会需求为导向,以综合职业能力为中心,探索高校商务英语专业人才培养模式从学科型向工学结合型转变的途径。

商务英语实践教学的探索是一项复杂的系统工程。如何使教学内容既符合真实工作任务的要求,又能在实际教学实施过程中切实可行,如何有效促进学习者的语言能力与商务职业能力的同步提升等问题尚需实践的进一步检验。而要综合提升学习者的商务实践技能,必须确保整个商务英语实践教学过程完整化、系统化,层层递进。

3.2 专业化原则

英语作为一门全球性语言,是对外交流和活动中必不可少的工具。随着各种国际商务活动的发展,商务英语便产生了。相对于普通英语,商务英语有较强的专业性。专业性,或称行业性,它与商务英语的专门用途属性相关。专门用途英语“在内容上与某些特定的学科、职业活动有关……以适合这种活动的语言的句法、词汇、话语、篇章结构为中心”(Strevens,1986:1)。因此,商务英语专业实践教学应从实践内容、专业学科特色、实践岗位、实践课程、实践师资等方面体现商务英语作为一门独立学科的专业特征。

3.2.1 学科专业化

2007年,我国商务英语本科专业正式成立。“这标志着商务英语经过50多年的发展,第一次在我国高等教育本科专业序列中取得了应有的学科地位。”(刘法公,2009:10)2016年7月,教育部印发《推进共建“一带一路”教育行动》,其中明确提出："培养大批共建'一带一路'急需人才，支持沿线各国实现政策互通、设施联通、贸易畅通、资金融通。"这为创新商务英语人才培养带来了重大的历史性机遇，也进一步显示了商务英语作为一门独立专业，向国家外向型经济发展输送专业的国际商务人才的重要性。2018年1月教育部颁布的《高等学校商务英语专业本科教学质量国家标准》进一步确定了复合型外语人才的培养目标，指出外语类专业旨在培养具有良好的综合素质、扎实的外语基本功和专业知识与能力，掌握相关专业知识，适应我国对外交流、国家与地方经济社会发展、各类涉外行业、外语教育与学术研究需要的各外语语种专业人才和复合型外语人才。(王立非、叶兴国，2015：298)结合区域经济发展、国家发展战略，以及商务英语专业国家标准，培养掌握语言学、经济学、管理学、法学(国际商法)等相关基础理论与知识、通晓国际规则和惯例、具有国际视野和人文素养，具备行业实践能力的复合型、应用型人才已成为当前商务英语人才培养的目标和方向。

截至2021年5月，全国开设商务英语本科专业的高等院校有400多所，商务英语学科的地位取得了质的飞跃。国家正式设立商务英语专业，表明商务英语已成长为符合时代需求、国家发展需要、市场人才需求的独立学科，是体现时代特色的独立专业。根据《高等学校商务英语专业本科教学质量国家标准》，商务英语专业旨在培养英语基本功扎实，具有国际视野和人文素养，掌握语言学、经济学、管理学、法学(国际商法)等相关基础理论与知识，熟悉国际商务的通行规则和惯例，具备英语应用能力、商务实践能力、跨文化交流能力、思辨与创新能力、自主学习能力，能从事国际商务工作的复合型、应用型人才。因此，商务英语专业特色的人才培养目标对商务英语专业人才培养过程提出了专业要求，即应通过专业实践教学，与普通的语言类专业进行区分，培养学习者专业的国际商务技能，体现商务英语专业的应用型专业特征。

基于商务英语专业自身专业性要求，商务英语专业实践教学便是国际商务人才培养过程中不可或缺的一环。为体现商务英语的独立学科地位，商务英语实践教学也应在各个环节中体现商务英语学科的专业化特征。

3.2.2 内容专业化

商务英语实践教学涉及的内容不同于普通英语，主要与国际商务活动相关。

商务英语作为现代高等教育的一门独立学科，本身就是商务学科和英语语言学科的结合，是跨领域的新学科。商务英语专业侧重培养学生在商务方面的英语应用能力，与经济、管理、法律等领域有机结合。商务英语专业实践教学专业性的体现就是其跨专业性。鉴于此，商务英语实践教学的专业内容不应局限在某一商务领域或者单一语言领域，应丰富专业实践教学内容，多方面培养商务英语学习者的国际商务实践能力。

商务英语实践教学的内容专业化首先体现为商务英语教学实践所涉及的语言内容，即商务英语自成特色。“商务英语与日常生活口语相比具有非常强的专业性，其外延涵盖了经济贸易行为、金融投资融资活动、商务公关活动、市场营销行为等。商务英语其实是一个综合性的、专业性的语言系统。”（端周多杰，2014：151）商务英语专业实践教学中所使用的语言具有明显的专业性特征。其语言内容，小至词汇，大至文体风格，都与普通英语存在较大差别。商务英语专业实践教学中所使用的词汇含义丰富，用法灵活，其内容专业性体现在用词专业性和用词准确性上。

首先，商务英语包含大量的专业术语，即使是有良好英语基础的学习者，在不了解相关背景知识的前提下，面对各种商务活动，也会出现“难解其意”的情况。所以，商务英语的内容专业性表现在着力培养学习者全面的商务背景知识，而商务英语专业实践的内容专业性则是要进一步提升商务英语专业学生的综合商务技能。“宽广的知识面要求国际商务英语人员不仅有较强的专业知识，而且要掌握我国和对方国家的外贸方针政策和法律法规，同时了解联合国的情况、世界贸易组织的情况和世界经济的情况，还要了解国际贸易、国际金融、国际商法、保险、运输、企业管理和国际市场营销的常识。”（成登忠，2009：161）

其次，商务英语内容的专业性要求语言使用者对语言的准确把握。商务活动的谈判，商务合同中涉及的术语、数字不允许一丝偏差。由于商务场合的正式性，在内容上，它又是朴素和礼貌的。因此，在商务英语专业实践教学中，商务英语注重讲授商务活动中的交流技巧和相关的专业术语。在词汇表达上，强调“小词活用”，用词达意，从而减少在交流过程中可能发生的误会。

最后，商务英语内容的专业性体现在使用者良好的商务交际技能上。根据谈判对象的不同，使用者要有灵活的语言应变能力，在遇到一些意想不到的情况时，要采取合适的应急手段巧妙化解。

除商务英语语言知识外，商务英语实践教学的特色内容还包括商务英语专业学生商务实践操作技能的获得。因此，商务英语实践教学的重要任务之一便是通过系统化的实践教学，使学生熟悉国际贸易和金融知识，能用英语进行商务交流、贸易谈判，能正确书写外贸函电，能独立进行国际贸易操作，具备商务实践能力，以达到培养符合社会需求的应用型人才的商务英语专业特色培养目标。只有通过一系列专业的商务实践训练，才能使学生具备一定的商务实践技能，才能满足社会进步、国家发展、全球经济一体化环境下的人才需求。

3.2.3 岗位专业化

商务英语专业人才要能适应外向型现代商务管理工作岗位的要求，能胜任大量需要口头和书面英语交流的高级文员工作，并具备一定的工商管理知识。同样，商务英语专业毕业生也可从事英语教学、培训工作。根据相关研究，大多数商务英语专业学生毕业后会从事商贸类工作。

近几年来，商务英语专业毕业生的质量出现了良莠不齐的情况，人才培养与社会需求存在着明显的矛盾。一方面，外贸人才就业前景良好，企业紧缺高素质的外贸人才；另一方面，商务英语专业毕业生就业目标多元化，工资收入偏低，择业观模糊，对口就业率不高。通过搜索求职网站，以某化工公司为例，可以看到其与商务英语相关岗位的要求：①本科及以上学历，专业英语八级水平，英语听、说、读、写技能熟练；②工作责任心强，具备良好的语言表达能力、思维逻辑能力；③具有丰富会议、商务谈判、涉外活动等现场翻译工作的经验；④熟练掌握炼油化工专业领域词汇，文字功底深厚，用词严谨，有公文写作工作经验及思路，能深入透彻理解稿件精神；⑤有科技专业英语和商务英语背景者优先；⑥有化工、机械等工科专业的翻译经验者优先，包括书面翻译或口头翻译；⑦熟悉美国的习俗及人文环境。由此，我们不得不承认商务英语是职业英语的一种。职业英语可以说是具有很强专业性的行业英语，比如旅游英语、法律英语、医学英语，但它们的共同点在于都有基本的英语语言基础。

商务英语专业学生毕业后的岗位选择极具专业性，相应地，对商务英语专业实践教学中的学生实践岗位也提出了专业性要求，其应充分体现商务英语交叉性与独立性特征。商务英语不单单涉及日常英语的使用,良好的语言素养是每一个商务英语学习者需精心打磨的必备素养。除此之外,跨文化交际能力、解决问题的能力、交流沟通能力、扎实的专业知识在学生就业及职业规划中同样重要。而这些能力的获得并不是一蹴而就的,是要通过专业训练逐步形成的。因此,商务英语专业实践教学应对接商务英语专业毕业生专门的就业岗位,以就业能力需求为导向,体现商务英语就业岗位的专业化特征。

3.2.4 课程专业化

商务英语专业作为一门独立专业,其课程的设置需要体现自身特色,要与普通英语区别开来。"给传统的英语专业本科生开设的课程和进行的课堂训练,使学生获得的'听、说、读、写、译'能力,并不同于国际商务领域中的跨文化交际能力。国际商务领域中的跨文化交际能力,即商务英语沟通能力,是建立在国际商务基本知识的基础上通过英语'听、说、读、写、译'等手段,开展商务领域专业工作的交际能力。国际商务领域中的跨文化交际能力是多知识、多技能融合的复合能力,必须通过商务英语课堂系统训练才能获得。"(刘法公,2015:20)这便启示在构建商务英语专业实践教学中的课程实践板块时,要注意区分与普通英语专业实践教学的区别,体现商务英语作为专门用途英语的学科特征,将英语语言与国际商务紧密结合。

商务英语课程不只是简单地提高学生的英文表达能力,更要注重通过系统的、科学的实践教学,使学生在具备良好的英语语言能力的基础上,掌握在真实的国际商务环境中运用英语的能力,综合提升学生的商务英语语言能力与实践操作技能。根据《普通高等学校本科外国语言文学类专业教学指南》,商务英语专业课程体系应包括基础类课程、专业核心课程、专业方向课程和实践教学环节(含毕业论文)四个部分。其中,综合商务英语、商务英语视听说、商务英语阅读、商务英语写作、商务翻译等专业核心课程对学生的综合语言技能有很好的奠基作用,能为高年级学生国际商务技能的获得做良好准备。跨文化商务交际导论、西方文明史、商业伦理等课程可通过实训培养学生的跨文化交际意识,增强学习者的国际商务沟通能力。而国际市场营销、跨境电子商务、国际商务谈判、国际贸易实务等专业课校内实践课程则可通过课堂、实验室和虚拟仿真等实践平台,让同学们在模拟教学中获得较为真实的国际商务实践经验。此外，还有一些专业实践课程帮助学习者深入真实的国际商务环境，在国际商务一线检验自己的在校学习成果，积累真实的国际商务经验。学校通过这些含实践内容的专业课程和专门的实践课程，帮助商务英语专业学生形成扎实的英语基本功，广阔的国际化视野，基本的国际商务知识和技能，掌握经济学、管理学和法学等相关学科的基本知识和理论，具备较高的人文素养和跨文化交际与沟通能力。

由此可见，商务英语专业实践课程设置的专业性体现了商务英语专业紧跟时代发展需求的跨学科性质，商务英语专业实践课程的设置对于实现商务英语专业人才培养目标也必不可少。

3.2.5 师资力量专业化

教师专业素质是对教师的总体要求，体现在教师的教育教学活动中；它决定了其教学和教育的有效性，对人才培养有着直接而重大的影响。(鲍文，2019：219)对于商务英语专业实践教学而言，实践教学师资队伍的专业性是体现其专业性、规范性、科学性、有效性的首要保障，其对整个实践教学过程质量的把控尤为重要。

《普通高等学校本科外国语言文学类专业教学指南》指出，商务英语专业的教学过程中要贯彻学生中心、产出导向、持续改进的教育理念；还指出，商务英语专业应有一支合格的专业教师队伍，形成教研团队。针对商务英语实践教学，则要求相关老师具备商务实践经验与相关教学能力。商务英语专业的教师大都具备国际商务或职业岗位的基础理论、基本知识，还具有较强的相关行业或职业岗位实践的能力。实践教学能力的提高是商务英语专业教师职业发展的重要内容，它是提高商务英语实践教学质量的基础和保障，为此，商务英语教师专业化发展尤为重要。

一名合格的商务英语教师首先应该是一名合格的英语教师。要具备扎实的听、说、读、写、译等语言能力，才能使学生具备良好的英语语言基础，为学生综合商务技能的获得打下坚实的语言基础。其次，商务英语教师要了解英语教学理论和商务实践方向的教学理论，有较高的文化素养、科研能力。最后，由于商务英语是一门综合性和应用性都很强的学科，商务英语专业的教师须具备现场实务经验等实质性的业务素质。而就具体的商务英语实践教学而言，教师还应该具有良好的国际商务实操技能，对商务英语所涉及的外事行业信息、市场动态以及企业流程都要有很深的了解，而不是只注重普通的书本理论，有时候还需要商务英语教师与时俱进，不断观摩和学习，全方位地提高自身的综合业务能力。这便要求商务英语专业教师应在不断提高自身理论素养的同时，深入国际商务活动一线，提高自身的商务实践能力。

由此可见，在全球化背景下，商务英语专业实践教学对商务英语专业教师的教学设计能力、教学能力、商务实践能力等综合素质都提出了更高、更专业的要求，这正是商务英语专业实践教学专业化的重要体现之一。

3.3 对接性原则

商务英语专业是在经济全球化不断加深，商品、资本、服务、技术、信息、人才在全球范围内的流通空前加快，中国与世界各国各地区之间的贸易往来日益频繁，对能够服务世界经济一体化、通晓国际商务活动规则并能够用英文进行国际商务活动的人才需求不断上升的背景下应运而生的，是符合我国经济社会发展的交叉型、应用型学科。为此，《高等学校商务英语专业本科教学质量国家标准》明确指出：商务英语专业旨在培养英语基本功扎实，具有国际视野和人文素养，掌握语言学、经济学、管理学、法学（国际商法）等相关基础理论与知识，熟悉国际商务的通行规则和惯例，具备英语应用能力、商务实践能力、跨文化交际能力、思辨与创新能力、自主学习能力，能从事国际商务工作的复合型、应用型人才。因此，商务英语专业人才培养是一个全方位、多层次、多角度、跨学科的知识学习与技能习得过程。

在知识经济和全球化发展的今天，商务英语承担着重要的角色，并在全球化市场开拓过程中发挥着重要作用。这要求商务英语专业人才培养应综合考虑国家经济发展需求、社会人才需求。因此，商务英语实践教学应及时把握市场人才需求动态，对经济发展所需要的商务英语人才综合素质有清晰的认识，以此为基点开展商务英语实践教学，促进实践教学与社会人才需求的高效对接。

3.3.1 对接国家宏观需求

教育是一种社会现象，其发展必然受到社会诸多因素的制约，必须与社会发展相适应，这是教育健康、可持续发展的客观规律。商务英语是英语与商务的结合，其存在两个层面的意义：一是专业教学领域的独立学科；二是商务交际活动中使用的英语。商务以及商务交际、活动是商务英语诞生的前提，并推动着商务英语的发展。商务英语全球化的性质，说明其是各个国家贸易沟通的纽带，而国际、国家乃至地区商务交流总是承载着一定的意义和方向性。商务英语专业实践教学的对接性首先要求商务英语实践教学要主动对接我国社会经济发展，对接当今国际商务岗位对人才的需求。商务英语专业实践教学应反映社会经济发展、国际商务岗位的内容。

商务英语专业实践要对接国家需求，要求商务英语针对当前人才市场对具备科学管理知识和专业的一线服务技能的应用型、复合型、外向型商务英语专门人才的大量需求，与相关产业及企业同步互动，使学习者在基础理论、应用理论和操作技能层次上达到用人单位一线工作人员的就业要求，并具备事业的延展能力，缓解国家外贸发展进程中相关岗位人才的短缺情况。

国家在不同发展阶段，对国际商务人才需求也会有所不同，甚至是大为不同。尤其是党的十一届三中全会之后，中国开始实行对外开放政策，设立经济特区作为开放试点。我国的对外贸易体制开始转型。为适应新形势下对外贸易的发展，对接国家对外开放人才需求，培养更有针对性的实用专业人才，过去的“贸易英语”也逐步被现代的“商务英语”所代替。商务英语教学除原有的国际贸易英语进出口业务、函电英语等课程外，还设计了如国际营销英语、国际经济英语等新兴的课程内容。在经济全球化的背景下，我国对外贸易迅猛发展，对外开放呈现了全方位、多层次、宽领域的局面。而开放格局的形成，大大加强了国家对外贸实用性人才的需求，复合型商务贸易人才培养成为现代商务贸易学科领域的重要目标，商务英语相关学科逐步在各大高校设立。商务英语学科响应国家开放政策，在教育过程中增加商务场景模拟训练，如海关、跨境贸易公司、商务公司等，让学习者适应时下主流商务环境，扮演国际商务从业者的角色，促进其运用英语知识，分析解决所面临的问题，对接国家需求，培养满足国家对外开放实际需要的人才。这说明不同时代的商务英语教学都应随国家、社会的人才需求而及时调整,充分体现了商务英语作为一门专门学科对国家发展、社会进步的重要作用。

商务部综合司司长储士家在2021年1月29日召开的商务部专题发布会上表示,自习近平总书记首次提出“一带一路”概念以来,中国已与171个国家和国际组织签署了205份共建“一带一路”合作文件,达成战略对接,取得了丰硕成果。“一带一路”项目深入实施,必定需要与沿线国家地区进行政策沟通,致力基础设施建设、贸易投资、区域一体化改革等硬件的逐步完善,同时更加需要文化交流、语言沟通等软件的逐步融合。同时,“一带一路”建设涉及了全世界九大语系的多个语族和语支,涵盖了非常广泛且差异巨大的文化背景、历史传统、风俗习惯等,这就对跨文化国际商务英语翻译的策略研究及人才培养提出了新的挑战,要求商务英语实践教学对接“一带一路”主要合作伙伴,设置对口课程,整合跨学科专业资源,应对国家需求,综合提高商务英语专业学生的语言能力、商务沟通技能及实操技能等。“一带一路”倡议不断扩展对外投资贸易的市场范围,其中,中亚、西亚、南亚等地区都成为重要合作地区,而这些地区国家众多、文化多元,商务沟通的要求与欧美市场大相径庭,这就意味着继续沿用过去的人才培养模式会跟不上“一带一路”发展的新要求。因此,对接“一带一路”倡议需要培养适合经济发展和社会需求的跨文化商务英语人才,设立对口的商务英语课程并进行商务英语专业实践改革,是国家新形势下跨文化商务英语专业实践改革的重点。

如今随着我国经济改革的不断深化,经济全球化步伐的不断加快,传统的商务英语教学模式已无法满足社会发展对既懂商务又能够用英语进行商务交流与沟通并且能够熟练掌握各项商务技能人才的需求。因此,作为交叉型专业,商务英语专业应通过商务英语专业实践,将英语语言与商务知识、跨文化商务技能融为一体。具体来说,商务英语专业实践教学应培养学习者以英语为工具从事国际商务活动的能力,使其能够用英语解决国际商务的实际问题,直接创造经济价值。同时,商务英语实践教学应明确发展方向,直接与该专业学生的未来就业岗位挂钩,使其在熟练掌握商务英语理论基础和知识的基础上,通过大量实践和锻炼,获得符合市场需求的综合商务技能和商务沟通能力,获得国际商务系统知识和从事国际商务活动的行为能力;应以培养符合职业岗位需求的商务英语复合型人才，解决经济社会和国际商务中的实际问题为己任，与社会经济发展人才需求实时对接。

各个高校商务英语教育虽积累了不少成功、成熟的经验，但不同时期、不同地区、不同贸易主体对商务英语人才的需求有鲜明的时代特征。若针对性不足，人才培育过程中则会出现教学与需求不对接的情况。这就意味着商务英语实践教学过程中必须有针对性，增强对接性。对接性要求商务英语实践教学首先需要适应国际、国家、地区的需要，针对国际贸易风向积极调整教育重点，加强能反映国际商务岗位需求的相关教育；针对国家进出口、对外贸易需求推进相关课程内容的设立，紧跟国家和时代需求。要做到与国家社会经济发展需求的有效对接，商务英语专业实践教学应具备与市场紧密相关的实践教育观，在教学内容上，应真实反映当今国际商务岗位的职业内容；在实践方式上，应不断创新，积极开发商务英语专业实践教学新模式；在教学目标上，应主动对接当今社会对商务英语人才必备能力的需求，对接社会市场要求的综合商务英语能力所包含的各种素养。

3.3.2 对接地方发展特色

商务英语专业实践教学除在宏观上对接国家战略需求外，还需要进一步对接地方乃至企业需求，针对地区国际商务活动发展趋势，培育适应涉外经济发展需求的商务英语人才。目前，我国的经济体制不断完善，企业发展与市场环境不断变化，这在一定程度上导致人才之间的竞争越发激烈。尤其是商务贸易企业，大都需要专业水平较高且随机应变能力较强的员工，其对员工的综合素质有着较高的要求。因此，在商务英语人才培养过程中，学校应当以企业需求为基本导向，结合商务英语专业的实际情况，展开针对性较强的实践训练。商务英语专业实践教学除在宏观上要随国家建设需要进行整体调整以外，还应结合自身优势，与地方优质产业同步，统筹协调，培养应用型、复合型商务英语人才。

促进商务英语专业实践教学与地方经济发展的有效对接，不管是对地方企业的人才储备还是对高校商务英语专业自身的人才培养都大有裨益。首先，与地方经济发展对接的人才培养模式适应了经济社会与就业市场的需要。在与地方企业需求对接的人才培养模式下，商务英语专业将企业实际用工需求与人才培养方案紧密结合，在注重商务英语理论学习的同时加强商务技能培训，有助于培养出社会紧缺的专业对口人才。

其次，与地方企业对接也是一种高校与企业“双赢”的人才培养模式。校企对接，做到了学校人才培养与企业招聘信息的高度衔接、高度共享。企业提供人才实践操作设备，学校也不必担心培养人才需要的培训场地的问题，实现了让学生在高校接受商务英语基础知识、商务专业技能培训与企业商务实践操作训练的有机结合，让学校优质的教育资源和企业的设备、技术实现优势互补，节约了企业的教育成本，是一种“双赢”的专业人才培养模式。

最后，商务英语专业实践教学与地方企业发展需求有效对接的人才培养模式能够最大限度地避免人力资源浪费，缓解近年来市场上出现的招聘信息与应届商务英语毕业生应聘信息不对称的问题。高校商务英语专业实践教学对口培养企业需要的专业人才，应届生毕业即可实现对口就业，极大地缩短了毕业生实现就业的时间，同时专业对口就业的培养方式使得毕业生能够更快地融入商务工作环境，适应工作内容，从而提高企业工作效率并有效减少人才资源的浪费。

商务英语专业实践教学与企业资源、需求的有效对接，可以协调学校与企业资源，信息共享，实现双赢。当前社会竞争激烈，高校为谋求自身发展，应抓好教育质量，采取与企业合作的方式，有针对性地为企业培养人才。商务英语专业实践教学与地方经济发展需求的有效对接，一方面可以满足社会人才需求，另一方面能实时调整商务英语实践教学方向，应社会所需，与市场接轨，使商务英语专业学生增进对专业的认知与认同，助力学生未来就业。

要做到商务英语专业教学与地方经济发展需求的实时对接，一方面可以邀请行业专家进入课堂，分享当前市场对国际商务英语人才的能力需求等，另一方面可争取机会让商务英语专业学生走进真实的商务环境。为此，校企结合则成为近年来各大高校商务英语专业的有效实践方式，不仅开拓了本专业实践新形式，也增进了商务英语专业学生对商务英语专业的认知和了解。因此，各大高校商务英语专业应重视学校与企业的合作对商务英语实践教学的积极作用。

商务英语专业实践教学可从以下方面促进人才培养与地方经济发展人才需求的有效对接：第一，实务精英进课堂。高校商务英语专业可以邀请地方优质企业一线从业人员定期到高校讲座、教学，与商务英语专业学生分享当前最新经济发展形势与真实商务环境，增进学生对商务英语专业的认知、理解，并树立专业学习目标。第二，高校入企。高校应为学生尽可能争取走进真实商务环境的机会，让同学们走出课堂，进入商务英语相关岗位顶岗实习或者见习。第三，校企互动。《国家中长期教育改革和发展规划纲要(2010—2020年)》提出通过校企合作为学生的专业学习和实践经验的积累搭建桥梁，实现学习过程与产出过程的协调统一。企业提供实习基地，参与制订商务英语专业教学计划，并派遣具有丰富商务从业经验的专业人员参与学校的专业教学，而高校商务英语教学团队可为企业的员工提供理论培训，借此方式，高校与企业可真正实现优势互补和共同发展。第四，"订单式"培养(又称"人才定做"或"冠名培养")。高校商务英语专业根据企业对商务英语人才的需求，与企业共同制订人才培养方案，提前与商务英语专业学生签订就业合同，与高校通力合作，在学校、企业两个地点进行商务英语理论与实践教学，学生毕业后直接到企业就业。

以长三角经济圈为例，金融、科技、工程、通信等行业纷纷在长三角经济圈投资设企，其对商务英语专业人才的需求也越来越大。与此同时，对专业人才实践技能的要求也逐步提高。一方面，传统商务英语课程课业压力大，课程学习内容与社会实际需求存在脱轨问题。另一方面，如今各行各业发展日新月异，国际商务活动也在不断发生变化，这导致单靠教材无法使商务英语专业学生掌握符合市场需求的商务实践技能。高校在制订商务英语专业人才培养方案前，应充分了解经济圈内企业的人才需求，紧跟时代要求，切实提高学生进行商务实践的能力。学生所掌握的商务话语并不等同于语言系统本身，不仅仅指语言知识，如词汇、语法系统，还强调能在商务语境下准确使用口头语言或书面语言，这是商务话语特有的交际属性。因此，商务英语专业学生在掌握商务环境所需要的语言技能外，还需依靠商务英语实践提升自己的商务沟通技能、商务实操技能等综合实践技能，为毕业后进入真实的商务环境做好准备。

总而言之，人才培养需可持续发展，既要符合学校的定位和专业建设，又要帮助学生更好地就业与发展，做到与地方经济发展实际需要的良好对接。

3.3.3 对接时代发展

商务英语具有时代性特征，是时代、社会发展的产物。这也决定了商务英语教育及其实践教学的内容、目标等应随着时代要求而不断革新，融入新的时代血液。商务英语专业培养的是从事国际商务活动的应用型人才，除语言能力以外，实践技能是必不可少的。

当今世界，经济社会发展面临深刻变革，科学技术发展更是日新月异。互联网、大数据、人工智能、虚拟技术等进入各个学科，人文社会学科深受其影响。教育部高等教育司司长吴岩指出："世界的新变革，使得新文科的改革势在必行"，新文科"不仅要传承传统的、经典的文化，还要展示哲学社会科学与新一轮产业技术革命交叉融合产生的新变化。"(2019:4)科技革命和产业变革的时代浪潮奔腾而至，将极大地改变人类的生产方式、生活模式、价值理念。文科教育面临全方位的深刻变革需求，新文科建设势在必行。商务英语学科作为时代、社会发展的产物，商务英语教育的出现、发展、形成都与时代、社会的发展密切相关。这决定了商务英语实践教学应根据时代、社会、市场需求及其变化发展来架构、组织和实施，针对随社会科学技术发展而出现的新兴产业、新技术，培育掌握新技能、了解新科技、具有创新意识与开拓意识的新型商务英语复合型人才，与国家宏观需求与地方发展需求实时对接，培养出符合社会需求的国际化商务英语专门人才，这也是对商务英语实践教学提出的时代要求。

在当前科学技术瞬息万变的大背景下，应将人工智能、大数据等最前沿的科学技术成果融入商务英语实践教学的各个环节，使整个商务英语实践教学过程具有现代感的同时，让学习者接触到最新的科技成果，进而培养学习者的科技创新意识，使其成长为社会需要的新时代国际商务人才。商务英语专业实践教学的对接性原则如图3.1所示。

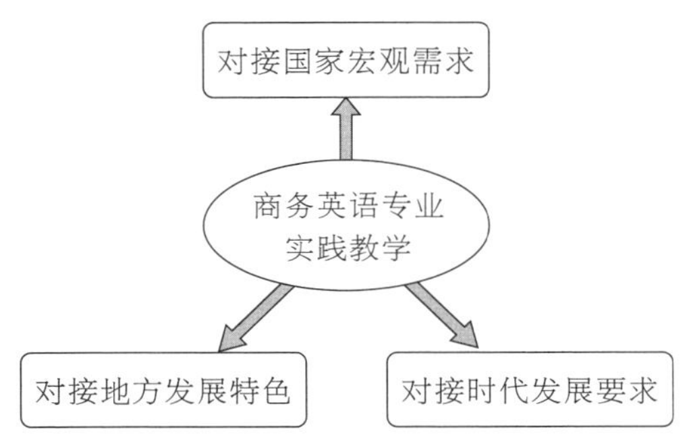

图3.1　商务英语专业实践教学的对接性原则

3.4 多维化原则

新文科基于全球新技术发展与习近平新时代中国特色社会主义思想的发展，突破了传统文科的思维模式。新文科战略强调通过文科内部融通、文理交叉融合来研究、认识和解决学科本身、人和社会中的复杂问题，构建中国特色社会主义的学科知识体系，并引领学科发展。新文科之“新”表现在新技术的推动、新需求的产生以及新国情的要求。新文科战略给商务英语实践教学提出了新的要求，实践形式要不断拓展，实践内容、方式等都应不断地革新，不断拓展实践的场地，注重实践培养的渐进性与技能的多维化，满足新时代对商务英语综合人才的需求。

3.4.1 场地多维化

随着校企合作的不断深入发展，商务英语专业实践教学的场地也由传统的校内实践不断向外扩展延伸，这不仅丰富了商务英语实践教学的形式，使其从传统的课程实践拓展到企业实训实践，还大大提高了商务英语人才培养的效率。实践场地的多维化，促进了商务英语专业实践方式、内容等多方面的革新。

(1)校内实践

培养应用型商务英语人才最重要的是明确人才培养目标，提高实践教学比例，通过实践、实训培养出社会需要的应用型人才。校内实践是商务英语专业最为传统、基本的实践。

首先，商务英语专业课堂实践教学应注重英语语言技能的培养。英语语言技能主要包括听、说、读、写、译。要针对这五项技能，为商务英语专业学生开设基础课程、实训课程和第二课堂。商务英语视听说、商务英语阅读、商务英语写作、商务翻译等课程能够培养学生听、说、读、写、译等英语基本技能；教师还可以围绕“英语语音室”开展英语演讲比赛、辩论赛等实训活动，并带领学生参加各类省级和国家级比赛，以赛促学，在实践中提升学生语言实际应用能力。第二课堂主要开设英语文学选读、西方文化概论等课程，旨在培养学生的跨文化交际能力，提高他们的综合素质。同时，课堂实践还可根据人才培养的目标要求，通过丰富的商务模拟活动，如模拟交易会、拍卖会等，培养学生的商务技能。

其次，学校作为实践教学的传统场地，还可以通过邀请行业专家进课堂加强对学生商务专业技能的培养。商务专业技能模块是培养应用型商务英语人才的重要环节，这一校内实践板块主要邀请具有丰富商务经验的一线实务精英或有企业工作经历的教师承担，可邀请校外企业专家协同指导，开设的主要课程集中在基础课程、实训课程和第二课堂上。基于专业培养目标和学生情况，可逐年为商务英语专业学生开设国际贸易、商务谈判、电子商务等基础课程；再基于现代化商务英语模拟实验室，为学生开展实训课程。实训课程是把理论有效应用于实践的关键环节，教师通过体验式教学，为学生搭建商务场景，包括进出口商品的询盘、还盘、发盘以及海关报关流程等，对学生进行商务专项技能培训，帮助学生知晓和掌握国际商务贸易运作规则，增强学生的实践能力，为他们将来顺应市场需求，从事国际商务打下坚实的基础。

(2)校外实践

当前，高校商务英语专业的实践教学场地不断向校外延伸。学校不仅和诸多企业建立合作，还为学生提供了很多校外实践的机会，为学生的发展提供了广阔的空间。校外商务实践可组织学生到外贸企业进行商务见习、顶岗和实习。如依托本地区及周边地区外向型经济活跃的优势，面向区域、行业外向型经济发展对商务英语专业岗位群的需求，以国际商务工作为导向，以培养应用型商务英语人才综合职业能力为目标，坚持英语语言技能培养与国际商务情境相融合、人文素质培养与涉外交流实践相融合、跨文化交际能力提升与职业素养培养相融合的人才培养路径，实现人才培养学校与企业贯通，教学内容理论与实践贯通，教学方式教、学、做贯通，教学平台校内外实习基地贯通，教学团队教师与实践专家角色贯通。将实践场地拓展到校外具有以下特点和优势。

第一，校外实习基地区域和范围较广。校外实践突破了校内实践场地的限制，为商务英语专业实践教学提供了更多的选择，丰富了商务英语实践教学的内容与形式。第二，校外实践管理科学。校外实践可以借助企业规范的管理模式，对学生进行规范化、制度化的管理，带给学生更为真实的商务体验。第三，校外实践具有一定的开放性和实践性，实习的环境相对稳定。校外实践不仅在环境上突破了校内实践的限制，不仅提供了多种选择，还可以使商务英语专业学生有亲自动手的实操机会。第四,选择的实习基地具有针对性,可以涵盖有关商务英语专业的各种课程实践体系。商务英语专业校外实践是校内实践的有效对接,其内容、范围、形式等都与商务英语校内实践达成了统一,是校内实践的外延。与此同时,校外实习基地有利于培养学生的业务拓展能力,比如学生能够参与企业的跟单、商务洽谈、展会活动、翻译和报关等实习工作,有利于培养学生的职业能力,也正好突出"商学结合"的教学理念。校外实习将专业的顶岗实习与毕业顶岗实习相结合,将商务英语专业学生在不同阶段的实习内容有机串联,形成了统一的、规范的整体。第五,校外实习基地也为教师提供了进行调研、培训、学习和工作等的教学基地,有助于增强教师的实践能力。

因此,除校内实践以外,校外实践是提升学生综合技能的又一重要途径。综合技能的提升是"英语"与"商务"以及"理论"与"实践"的有机结合,是商务英语专业实践体系建构的专业环节。通过校外实习基地的自主实践,同学们在真实的商务环境中检验自己的在校学习成果,增加对商务英语专业的了解和认识,学习商务实操技能,积累真实的商务实践经验。校外实践又可分为专业实习、专业调查、商务实习和毕业实习等,能有效帮助学生了解社会、拓宽视野,掌握运用英语语言技能从事商务工作的能力。

(3)信息实践平台

校内和校外是传统意义上商务英语专业实践教学的主要教学场地。随着计算机科学的发展,商务英语专业实践的场地多维化又有了新的可能,即结合商务英语专业实践课程学习内容,借助现代信息技术等各种资源,打造网络课程学习平台、计算机自主学习系统、专业课程虚拟仿真实训系统等信息平台。各种信息资源的使用有助于学生自主选修、研究和就业。通过计算机网络和商务模拟软件,可以搭建动态平台,对国际贸易的操作流程进行全方位模拟,这是一种让学生全过程参与的体验式教学方法,把理论与实际结合起来,弥补了实习中不能面面俱到、重复操作等问题,突破了场地的限制。但情景模拟提供给学生的只是虚拟的、真空的实践环境,并不能真正代替现实的商务贸易活动,因此必须确立实训实践内容体系,以校内实验中心和校外实践基地等为依托开展实训实践活动,使商务模拟实践教学与校内外实践相结合,真正提高学生的综合能力。

以虚拟仿真实践教学为例。虚拟仿真实践教学是较早出现在计算机网络实践课程中的一种辅助教学方式。美国思科公司推出的“Packet Tracer”是早期学习计算机网络必备的辅助软件之一,随后华为、H3C等公司迅速发展成长,也纷纷推出了自己的网络仿真软件。这些软件均具有配置要求低、操作简便、实践性强等特点,能较好地模拟一些虚拟的网络环境,使学习者可以不用真机操作便能进行实践练习,掌握主要的实践操作要点。网络仿真软件的应用,使得开展计算机网络实践课程不再需要大量的资金,可大幅减少实验教学经费的投入,同时提高实验执行效率和实验成功率,降低商务英语实践教学中的实验复杂度。在传统计算机网络基础上进行现实模拟,使得将计算机网络实践课程转为线上教学成为可能。因此,商务英语专业实践教学可以将虚拟仿真项目纳入教学体系,充分利用现代信息技术,使学生在信息化平台上体验较为真实的商务环境,从而对整个商务实践流程有更清晰的认知。

总之,商务英语专业实践教学的多维场地层层递进,形成一个循环:学生的实践教学从课内实践开始,经过课外商务活动和校内商务实践,把在学校习得的技能应用于校外的商务实践,同时把在校外实习中遇到的问题反馈到教学中。整个实践教学体系不断循环反复,既能够循序渐进地提高学生的商务实践技能,也能够让整个教学系统不断地得到优化。学生的商务实践技能依次经过课内教学实践、课外商务活动、校内虚拟商务实训和校外商务实践四种不同形式与层次的实践,从简单到复杂,从单项技能到综合创新,循环反复,螺旋式上升。学生在商务实践活动中把商务知识转化为职业能力,同时通过实践加深对商务知识的理解,理论知识和职业能力协同发展,形成一个良性的认知循环体系。商务英语专业实践的场地多维化如图3.2所示。

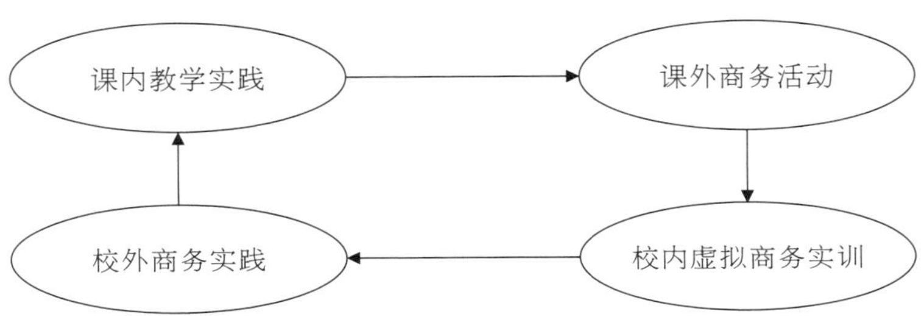

图3.2 商务英语专业实践的场地多维化

3.4.2 层次多维化

商务英语专业实践教学的层次多维化是指商务英语专业实践教学应遵循应用型人才培养的规律，按照整体性、应用性和递进性原则，科学地进行实践教学，加强综合性实践项目的开发和应用。在商务英语专业应用人才培养过程中，应按照理论教学夯实，实践教学强化，专业知识与专业技能结合的原则，根据人才培养规律和实践环节具体特点，以综合应用能力和创新创业素质为重点，结合一体化、渐进式的要求，构建以基础实践、专业实践、综合实践、创新实践四个维度为框架的商务英语实践教学体系，如图3.3所示。实践教学体系的这四个维度，由低到高逐级渐进，贯穿整个人才培养过程。

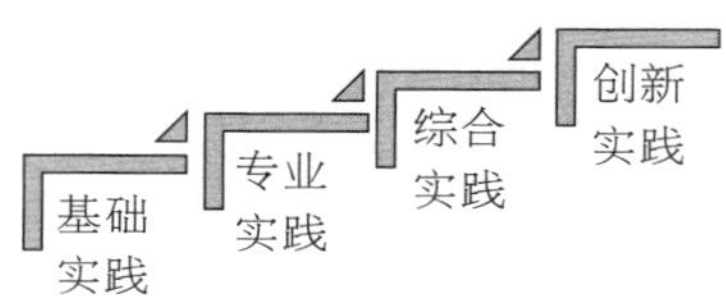

图3.3 渐进式实践教学层次

(1)基础实践

基础实践教学环节主要针对理论课程中附属于课程的实践环节，有助于学习者对专业理论知识的理解和掌握，是对专业的认知过程。基础实践包括随堂实验、专业认知实习、劳动实践、创业培训、军政训练，致力加深学习者对理论课程的理解，对相关实践操作规范的认识，以及对实践意识和安全意识等基础意识的培养。

(2)专业实践

专业实践教学环节主要是以专业核心技能训练项目为导向，采取“教、学、做”一体化教学模式，结合各种专业技能资格证书的要求进行技能训练。商务英语专业学生要走向专业岗位，需要具备综合的商务实践技能。而专业技能资格证书则是其实践能力的有力体现。因此，在进行专业实践的过程中，可将其与相关的专业技能资格证书结合，使专业实践成为学生获得资格证书的有效途径，最终让资格证书成为学生成功进入工作岗位的有力辅助。专业实践主要包括课程实践、生产实习等集中实践环节，以满足学生实际训练的需要，通过训练提高学生技能,使其初步实现技能向能力的转化。

(3)综合实践

综合实践主要是培养学生的综合商务实践能力,遵循“项目驱动、结合生产、针对岗位、按需施教”的原则。学校根据企业的生产项目制订实践教学方案,设定具体实践要求;学生按要求查阅资料、设计方案、进行论证、实施方案、检验效果等。通过综合商务实践能力的训练,进一步加深学生对国际商务理论知识的理解,锻炼学生解决企业实际生产问题的能力。为了提高商务英语专业学生的综合商务实践能力,可以根据专业特点和师生具体情况,有针对性地安排实战性强、综合性强的实践教学环节,如设置实践小学期或实践教学周,在相对集中的时间段强化对学生综合实践能力的培养。

(4)创新实践

创新实践环节主要是创新能力开发和创新思维训练,结合商务英语专业相关方案策划或学科竞赛等项目,借助学校实践中心平台,依托国家级大学生实践创新训练项目,培养和锻炼商务英语专业学生的创新能力。另外,采用学生自主实践和教师指导相结合的方式,以教师的科研项目为依托,科研反哺实践教学,因材施教开展课外商务英语科研实践训练,推进课内实践教学内容向实际应用内容拓展,使学生了解本专业的前沿知识和行业的发展趋势,为培养学生创新和科研开发能力奠定基础。综合创新实训可使学生初步掌握商务英语专业科学研究方法,学会撰写项目报告和有关论证报告等,激发学生的创新潜能。此外,可以在实践教学中引入商务英语相关岗位一线课题,让学生利用专长进行开放式的主动设计,充分发挥自身作用;同时,将商务谈判等学科竞赛、大学生创新创业项目、市场调查等社会实践纳入商务英语实践教学中,采用“产、学、研、展、赛”等多种形式,为学生自主学习和创新创业营造良好氛围。

由此来看,商务英语专业实践教学的层次多维化要求架构基础实践、专业实践、综合实践和创新实践内容。总的来说,结合课堂、课外、校内、校外、企业、线上等形式,实施商务英语实践教学,并结合“产、学、研、展、赛”等活动开展的综合实践,培育了学生的动手能力和适应社会的能力,尊重和鼓励创新,使教学实践具有开放性、实效性。

3.4.3 技能多维化

高校商务英语专业重点培养具有扎实的英语语言基础、熟练的国际商务技能和综合实践能力的应用型人才。实践教学则是培养商务英语专业学生实践能力的重要途径。商务英语的实践性和应用性决定了商务英语专业人才培养模式与实践教学模式的创新性。根据语言经济学理论，由于受市场上语言供求关系的影响，语言的经济价值有高低之分，商务英语的经济价值决定于市场上用人单位对商务英语的需求程度和商务英语人才自身的能力水平。一般而言，商务英语人才的语言和商务能力越高，其经济价值就越大。因此，商务英语专业人才除要掌握扎实的英语语言知识和技能外，还应具备较强的商务专业知识和技能。商务英语的发展必须适应市场的需求。为满足社会需求，从商务英语人才要求方面来讲，商务英语专业实践可从以下三个维度展开。

(1)重视学生基础语言应用技能的培养

商务英语作为一门专门用途英语，指的是商务领域中的英语运用，其在商务活动中扮演着极为重要的角色。要想实现其在商务活动中的价值，需以听、说、读、写、译等基础英语技能为前提。因此，英语语言应用技能的培养是商务英语专业的基础和重点，这也是商务英语专业学生需要掌握的重要技能之一，它体现了学生的能力优势。为此，商务英语专业实践教学要加强学生英语语言技能的培养力度，从实用性出发，重点培养学生职业岗位所需要的基本语言能力，包括听、说、读、写、译等各种语言技能。

在进行语言技能板块的实践时，需明确英语学习与商务英语课程之间的差异，针对低年级商务英语专业学生，应注重融语言与商务于一体，注重商务英语知识及商务英语语言运用技能方面的教学，并设计科学适宜的实践环节，注重培养学生的商务英语听、说、读、写、译等语言运用能力，为开展下一阶段商务英语实践活动奠定基础。

商务英语专业实践教学要加强学生英语语言能力特别是语言运用能力的培养力度，从实用性出发，重点培养学生职业岗位所需要的基本语言能力，包括听、说、读、写、译等各种语言技能，使学生具备英语语言优势，从而形成独特的就业竞争力。在商务英语课堂实践教学活动中，教师可以结合工作实际开展形式多样的培训，强化对学生商务英语语言实践能力的训练，重点加强对学生商务英语语言技能方面的实践演练，以提高学生的实际语言运用能力。针对用人单位更多地注重员工语言实际应用能力的现状，在商务英语专业学生英语语言能力的培养过程中，应更多地设置商务工作环境，进行真实场景的模拟，从商务英语听、说、读、写、译等方面综合训练学生的语言运用能力，使其具备能更好地适应未来岗位的能力。

(2)重视学生跨文化交际能力的培养

语言作为实现人与人交流沟通的桥梁及工具，也是实现文化交流的必要前提。商务英语专业学生在掌握基本的语言技能后，需要及时将其运用于真实或者仿真的国际商务环境中，向下一层级的实践技能延伸，进行跨文化交流。语言应用能力不仅包括语言知识及应用知识，还包括语言文化知识。因此，在商务英语实践教学中，应设置跨文化交际能力板块，开设国际商务沟通理论、国际商务礼仪等课程，以培养学生的跨文化交际能力。

(3)重视学生商务实践技能的培养

商务英语专业学生商务实践技能的培养，是将英语语言能力、商务操作能力与工作实践结合，根据企业需求及行业特点，加强学生商务实践能力的培养与训练，以满足外贸企业和经济社会对应用型人才的要求。在商务活动中，具备相应商务技能是从事相应工作的必要前提。

综观我国商务英语专业教学现状，当前许多高校与企业之间的联系不够紧密，商务英语专业的实践教学活动大都围绕课堂教学任务进行，由于教师对企业实践缺乏足够的了解，结合企业实际的实践教学开展得不够充分，因此形成了商务英语专业教学与企业实务之间的差距，导致学生的实践能力难以满足职业岗位的需求，许多毕业生必须在用人单位经过培训或一段时间的工作之后才能逐步胜任工作。

为此，一方面，在开展商务技能板块设计工作时，要结合市场发展情况，明确行业对学生商务能力的要求，逐步增设工商管理、国际贸易、商务谈判等专门的商务课程，并在课堂实践教学中合理运用典型商务案例，模拟真实具体的商务情境，在具体情境下培养学生的商务技能。另一方面，教师应深入企业内部，加强自身业务能力的学习和实践，在了解企业的运作与核心工作任务的基础上，合理设计实践教学环节，着力培养学生的职业能力。同时，教师应充分利用校内外实习、实训基地和学生社会实践等方式，为学生创造更多的实践环境与机会，提高学生的商务实践能力和岗位适应能力。

(4)重视学生综合商务技能的培养

商务英语专业实践教学要明确培养方向，加强基础和应用的相互结合，重视学生商务技能与语言技能的融合。英语沟通能力、商务知识和实际操作技能构成了商务英语专业人才的基本要素，其中英语沟通能力和实际操作能力是商务英语实践教学的重中之重。因此，加强实践教学与技能培训，突出实践教学，注重技能培训，是提高学生的综合素质和商务能力的关键。学生商务技能的实践活动、学生设计毕业方案均属于综合技能板块的内容。学生在接受专门的英语技能及商务技能教学活动之后，应科学设计综合技能板块，利用真实或虚拟的商务情境，增进各个知识点之间的衔接力度，让各方面知识实现科学整合及利用。增进校企合作，通过拓展学生实习、见习及参观的机会，增强学生的实践能力。商务英语专业学生的职业方向大多依托于某一行业或岗位，因此，学生的商务操作能力与语言能力同等重要，这就需要教师在设置实践教学内容时，为学生提供更多的实用的专业知识，通过构建合理的实践教学体系，突出专业特色，增强就业市场的针对性，将就业能力培养纳入其中，注重语言技能和商务技能之间的融合互补，强化培养效果，使学生的知识结构和能力结构趋于合理，从而使其能更好地胜任与商务英语专业对口的各种岗位。

商务英语专业实践教学多维化原则要求商务英语实践教学应以校内语音室、商务培训室等实验室以及校外实习基地为依托，教师可以以现代科学技术为手段，在模拟和真实的培养环境中，开展英语语言技能、商务专业技能和综合技能三大模块的培养，把“英语”与“商务”、“理论”与“实践”有机结合，通过模拟培训、商务实习、社会实践等，组织学生参加多种多样的商务英语实践活动，让学生既具有扎实的英语语言能力、广阔的视野，又拥有专业的商务素养，从而适应经济全球化的发展。因此，要求商务英语专业实践教学合理确定课内实践、课外实践与职业岗位的实践内容。学生在课堂上通过老师的指导懂得操作技能，在实践基地通过训练体验工作流程，通过岗位实习将所学内容应用于实际工作中，实现毕业即上岗。从实践渠道、场地、岗位、层次、技能等方面不断向外延伸，使课堂实践、课外实践、企业实践等实践内容有机结合,从多个维度实现对学生商务实践能力的培养。

3.5 国际化原则

21世纪以来,我国国际地位不断提升,逐步走向世界舞台中央,展现了大国的责任和担当。培养大批国际化人才也就成为适应新时代、新挑战的必然要求,而作为集英语语言学、管理学、经济学、法学等多领域知识于一体的商务英语当之无愧地肩负起了这一重大历史使命。2010 年发布的《国家中长期教育改革和发展规划(2010—2020年)》提出了国际化人才的概念,指出各高校应"培养大批具有国际视野、通晓国际规则、能够参与国际事务与国际竞争的国际化人才"。

《推进共建"一带一路"教育行动》明确提出要培养大批共建"一带一路"急需人才,支持沿线各国实现政策互通、设施联通、贸易畅通、资金融通。这为创新商务英语人才培养带来了重大的历史性机遇。

2018年1月教育部颁布的《外国语言文学类教学质量国家标准》进一步确定了复合型外语人才的培养目标,指出外语类专业旨在培养具有良好的综合素质,扎实的外语基本功和专业知识与能力,掌握相关专业知识,适应我国对外交流、国家与地方经济社会发展、各类涉外行业、外语教育与学术研究需要的各外语语种专业人才和复合型外语人才。

2020年5月,《普通高等学校本科商务英语专业教学指南》进一步指出,商务英语专业旨在培养具有扎实的英语语言基本功和相关商务专业知识,拥有良好的人文素养、中国情怀与国际视野,熟悉语言学、经济学、管理学和法学等相关理论知识,掌握国际商务的基础理论与实务,具备较强的跨文化能力、商务沟通能力与创新创业能力,能适应国家与地方经济社会发展、对外交流与合作需要,能熟练使用英语从事国际商务、国际贸易、国际会计、国际金融、跨境电子商务等涉外领域工作的国际化复合型人才,对商务英语专业人才培养的国际化方向提出了具体的要求,而商务英语专业教学实践正是培养国际化商务英语专门人才的有效途径。

全球一体化的深入发展,必然要求与之相配套的专业实践教育相关要素一同跟进。商务英语专业实践标准国际化过程，本质上是高等教育国际办学活动标准的各个要素与国外的教育先进标准逐渐对接的过程，但是这个过程并不是全盘接受现有标准与规则以适应他国的过程，而是一个从模仿到适应再到不断创新和完善的过程，最终形成“国际化”“开放式”的中国特色标准。实践教学标准的开发与实施要满足对现有标准与规则的适应和学习，做到概念和内容国际化、开发方法国际化和标准要素国际化。

商务英语专业培养的是应用型国际商务人才。商务英语本身具有国际性特征，商务英语教育是置于国际大背景下的教育种类，其教育教学的开展与实施，要具有全球化意识，将国际化理念贯穿在教育理论与实践中。（鲍文，2017:44）商务英语本身具有“国际”的内涵，是国与国之间的商务活动中使用的英语。国际商务活动指的就是跨文化、跨国的经济和商务往来与交流。因此，在商务英语专业实践中，不仅要向学习者传授包括国际商务礼仪、国际市场、国际规则及跨文化交际规则、方式、管理等内容，还要培养其全球化视野、国际化胸怀，使其了解东西方文化差异，世界各地风俗习惯、宗教信仰、思维方式、道德观等。这正是商务英语实践教学国际化的要求与体现。

商务英语专业实践教学的国际化原则，要求将商务英语专业实践教学置于国际大背景之下，充分融入全球经济一体化进程，其实践教学计划的制订、实践教学的实施须具备全球化意识，将国际化理念贯穿在商务英语专业实践教学的整个过程中。

商务英语专业应结合区域经济发展和国家发展战略，以及商务英语专业国家标准，培养掌握语言学、经济学、管理学、法学（国际商法）等相关基础理论与知识，通晓国际规则和惯例，具有国际视野和人文素养，具备行业实践能力的复合型、应用型人才，这已成为当前商务英语人才培养的目标和方向。因此，作为商务英语复合型人才培养的重要内容，商务英语实践教学要充分遵循国际化原则，从实践教学的内容、教学基地、师资队伍等多方面体现国际化元素，从多个方面促进国际化商务英语人才的高效输出。

3.5.1 实践教学内容国际化

与传统的商务英语专业实践教学模式相比，构建国际化的实践教学模式具有很强的创新性，其对实践训练内容与训练场地都有新的要求。因此，学校一方面要意识到实践对于商务英语专业人才培养和社会经济发展的重要性，另一方面要积极创新商务英语专业实践方式，注重从多个维度构建国际化的商务英语专业实践教学。其中最重要的，便是商务英语专业实践教学的内容要符合国际化原则。

商务英语专业学习者在进行商务英语实践时，其实践内容要面向国际，体现专业的对外特征。在校内实践阶段，学校应为学习者提供较为真实的虚拟仿真实践平台，让学习者能够进入模拟的国际商务环境，对国际商务活动的内容和流程有大概的了解与认知。这一阶段可通过校内商务英语专业实践教师的指导，对跨国企业的运营情况进行模拟，学习者可模拟企业各个部门的各个工作环节。其中涉及的税务、海关、国际商法等内容正是商务英语专业实践教学国际化的有力体现。

在校外实训阶段，学习者应进入国际化的企业，如跨国公司、国外企业，在真实的国际商务环境中检验自身的知识积累，提升自己的国际商务综合技能。商务英语专业学习者应在任何涉外岗位中积累国际商务经验。学习者应深入了解商务英语相关职业岗位需求，将已经学到的专业知识转换为职业能力，并通过国际化的实践，增强随机应变能力，使自己能够尽快适应社会环境。

3.5.2　实践教学基地国际化

商务英语是一门面向国际的独立学科，实践教学作为国际化商务人才培养的重要环节，其基地的选择也应具备国际化。国际化的实践基地可以为商务英语专业学习者提供一线的国际商业实务机会，同时还能拓展学习者的国际视野，与商务英语专业的育人目标相契合。

商务英语专业实践教学基地应面向跨国企业，在企业的涉外事务中了解国际企业的运营流程，在各个工作环节中积累相关的知识与经验。除国内的跨国企业外，近年来国际组织也成为部分高校商务英语专业实践教学新的基地。2016年，《教育部关于做好2017届全国普通高等学校毕业生就业创业工作的通知》指出：支持高校毕业生到国际组织实习任职；鼓励有条件的高校结合国际组织人才需求，开展培养推送高校毕业生到国际组织实习任职的工作；为毕业生到国际组织实习任职和参加志愿活动等,提供信息、咨询、培训等服务。国家相关部门建立国际组织实习信息平台,推动海外实习进程,助力各行各业国际化人才的培养。对于商务英语专业实践教学而言,也应鼓励学生尽可能地争取国际组织相关岗位的实践机会,丰富学习者的国际实务经验。此外,有条件的学校可以与国外企业达成实践基地相关协议,根据国外企业相关用人要求,适当调整专业培养方式,在学习者具备一定的专业素质之后,使其能够顺利地进入国际合作企业进行实践。这对于培养学习者的国际视野、国际商务综合技能具有极为重要的意义。

实践基地是实践教学的有力保障,直接影响到实践教学效果。学校建立国际化的实训基地,对学习者提出相应的要求。学习者需要在校内进行初级实践训练,在通过综合性实践训练之后,学校再为学习者安排高级实践训练。高级的实践训练将把学习者安排在企业或校外实训基地,也就是说,商务英语专业的实践训练,要将学习者的专业技能培养延伸到校外,这可以让学习者在企业岗位中得到锻炼,用国际化的实践教学方式进行检验。在商务英语专业实践教学过程中,教师要全面推行学校与企业合作的人才培养方案,让学习者真正受益于"商学结合"的实践模式。学校要让学习者在规定的时间内通过校内实践积累一定的商务英语专业知识,在学习者掌握基本技能后,再将其转移到真实的国际商务实践环境中,使学习者能够在专业教师的指导下进一步拓宽视野,掌握多方面的商务英语专业知识与技能。与此同时,教师应当参与到整个过程中,给予学习者适当的、及时的指导,结合学习者实践的实际情况,制订实习方案,对学习者在实习企业的工作情况等进行及时的记录与反馈,在增强学习者专业技能的基础上,为日后的实践教学工作提供相应的依据。

校际合作是推进高等教育国际化内涵式发展的主要抓手,是我国高等教育融入世界高等教育体系的关键路径。因此商务英语专业实践教学的国际化也需要在校际合作的过程中得到体现。首先,我国各高校间应加强合作与交流,在国家整体发展战略的基础上,找到各自的发展优势,整体布局并长远规划,开拓校际合作的重点学科和关键领域。当高校独立开展条件不足时,可以先集聚和整合国内相关高校的优势资源,协同加强与国外知名高校的合作。其次,各高校商务英语专业应在国家整体发展战略的基础上立足自身的发展理念和优势资源,进一步建立和完善实践教学国际化发展的管理体制和运行机制，保证各项具体工作的有序运行。最后，各高校应致力将校际合作的影响渗透到商务英语教师和学习者国际化素养的提升中。前期全面了解参与交流师生的学历背景、交流动机和交流能力等，全方位评估其发展潜力和交流效果，对每一名校际合作的师生设立个人贡献档案和个人成长档案，明确其在校际合作中的要求和任务，记录其在校际合作中的成长轨迹。对此，应设立专门的工作小组，负责前期的交流流程指导，在交流过程中加强与校际交流师生的联系和服务，及时引导和提供帮助；后期加强校际合作的影响力建设，不断优化和更新高校国际化发展方案。

另外，教师可以采取在线远程教学的方式，将工作的重心放在培养学习者的基本职业素养上，通过高级的实践培训，从根本上完善商务英语学习目标，不断优化工作流程，逐步培养出社会所需的高技能专业人才。同时，教师要单独编写各个企业的实习方案，对学习者的开放式实践训练过程进行管理，逐步构建完善的、国际化的基地实训实践模式，推动学习者的全面发展。

要想从根本上转变商务英语专业实践教学模式，就要加大对国际化实践教学的探究。学校在实践教学过程中，要结合学习者的基本特点，注重因材施教，进一步实现实践教学的绩效化与规范化，并在实施的过程中关注教育部门的重视程度，推动学习者的健康长远发展，使其能够更快地适应社会需求，成为创新型人才。

3.5.3　实践师资队伍国际化

教师是推动高校改革发展的主体和动力，只有在教师的思想中融入国际化元素，才能推动教学和科研工作的国际化变革。因此，高校商务英语专业应打造国际化实践师资队伍，激发教师推动商务英语专业实践教学国际化的轴心力量。一方面，学校的领导者必须增强国际化发展意识，将国际化理念融入商务英语专业办学理念和发展规划中，积极推动各项工作的国际化部署。另一方面，商务英语专业教师应增强创新意识和创新能力，根据时代发展需求，主动在日常的教学与科研中融入国际化元素，通过组织专门的研讨会或专题讲座，设置规划并有步骤地开发商务英语专业实践的国际化教材，更新实践内容，创新实践教学方法，全面提升国际化人才培养水平。

学校也应为教师的国际化素质提升和国际化工作的开展创造条件。为使商务英语专业教学具有国际化特色，高校可以优先选聘具备海外商务实践经验的人员，他们在英语水平以及商科专业方面都具有一定的优势。高校在招聘教师的时候，可以对语言类教师进行商科知识测试，对商科类教师进行英语能力测试，从而对应聘者进行综合性评估。与此同时，高校也应当拓宽人才招聘的渠道。本地企事业单位有不少专业型人才，他们不仅拥有丰富的商务实践经验，而且具有一定的教学能力，高校可以聘请这部分人员担任商务英语专业的兼职教师，也可积极引进国外知名学者、教授、专家参与授课、讲座和学术交流活动，吸取国外专家学者的建设性意见，从而为商务英语专业实践教学国际化建设营造开放、包容的氛围。再者，以合同制的方式聘请具有商务经验的优秀海外人士，以此来强化师资力量，使教师结构更具多元化。兼职教师既能在课堂中引入现代化企业的理念、技术与方法，又能使学习者接触到国内外先进的概念和思想，为学习者创造了解外界的条件，从而培养出兼具国际化与本土化的专业商务人才。

商务英语专业实践教学的国际化是一项系统工程，需要政府、高校以及社会共同推进。政府需着眼于未来，从建立与完善高等教育参与国际竞争的法律法规、建立促进高等教育国际化竞争的公共服务体系、推动高等教育资源整合集成、进一步落实高等教育办学自主权四个方面重塑政府角色，实现法治性、服务性、效率性以及有限性的统整与筹划。(吕霞，2015:44)高校应树立商务英语专业实践教学国际化内涵式发展的主体意识，把国际化放在商务英语专业建设的战略高度，成立指导委员会，根据学校的优势和特点明确实践国际化发展目标，统筹推进商务英语专业实践教学国际化的有关工作；相关职能部门应进一步下设科研中心，配备专职研究员，进一步落实到具体的学科、专业和课程设计与教学之中，针对具体工作过程中出现的问题进行研究，以便切实地指导和推动商务英语专业实践教学国际化的全面深入开展。社会各领域应深刻认识到国际化的时代要求，使高校商务英语专业的国际化发展能够为社会各领域的发展培养出具有国际化素养的人才。有国际化发展条件和潜力的组织应在发展规划中设置国际化发展指标，积极参与高校商务英语专业国际化项目的建设。同时，社会各界还可以设置公益投资，为高校商务英语国际化项目的开展打造融资通道，在高校的带动下不断推动社会各领域的发展趋向国际化。

4 商务英语专业实践教学内容

实践教学是完成对学习者知识传授、技能训练、能力培养、素质养成的综合性教学环节，是巩固学习者理论知识、提高学习者操作能力的有效途径，是培养学习者创新意识和职业技能的重要环节，对调动学习者的学习积极性，培养学习者的创新精神与创造能力，发展学习者的智力因素、非智力因素和优秀品格，具有重要的意义。商务英语专业实践教学是一个立体化、综合性的网络系统，包括语言技能、商务能力、跨文化交际能力、人文素养以及综合能力等多项内容，与商务英语专业学习者未来的就业有着紧密联系。因此，商务英语专业实践应充分满足目标就业岗位对学习者各项实践能力的要求，并且充分考虑工作岗位能力需求的多样性。当前，大多数商务英语相关岗位的招聘不仅要求应聘者具备出色的英语语言能力，良好的国际沟通能力，协调及谈判能力，规划、落实、提供现场支持技能和市场或公关经验等，还要具备商务能力以及跨文化交际能力等。

这便启示商务英语专业实践教学应随着时代的发展、社会人才的需求，通过科学规划，及时更新教学的内容，健全教学体系，创新教学方法，逐步建立以目标明确、内容科学、形式多样、开放包容、分层递进为主要特征的商务英语专业实践教学体系，使学习者能够通过实践教学提升自身的商务英语综合实践能力，对接未来的职业选择与发展。

4.1 实践教学语言内容

在国际经济全球化和国内经济新常态背景下，国家和社会对人才培养提出了更高的要求，应用型复合人才越来越受到人才市场的青睐。英语作为国际商务活动中使用最为频繁的语言之一，是从事国际商务活动的重要桥梁。因此，我国众多高校陆续开设了商务英语专业，旨在培养具备扎实的商务基础、较高的理论水平、广博的国际知识，能熟练掌握英语听、说、读、写、译技能的复合型、应用型人才，为国家外向型经济的发展输送强力军。因此，商务英语专业实践要将培养学习者的语音语调识读能力、词汇拼读能力、造句能力、谋篇能力，听、说、读、写、译技能，语用能力，纠误能力等纳入实践教学的语言内容板块，全面提升学习者的英语语言综合能力。

4.1.1 商务英语听力实践

听的能力是商务沟通与交流能力的重要组成部分，它既是商务英语教学的重要手段，也是商务英语教学的培养目标。美国著名语言教育家里弗斯(W. M. Rivers)通过对人们运用语言交际时听、说、读、写所占比重进行的统计，得出“听占45%”的结论(1981:43)，由此可见培养学习者听力的重要性。在当前国际贸易交流日益频繁的背景下，社会对商务英语专业学习者能够自然地听懂商务英语的能力提出了更高的要求，因此商务英语听力训练成为商务英语实践教学语言内容的重要方面。

商务英语实践教学中的听力教学具有渐进性。实践教学中的商务英语听力训练分为三个阶段，每个阶段的听力材料循序渐进、层层递进，以学习者能够听懂基本内容为前提。初级阶段的主要目标是训练学习者对商务英语语言的感应以及对棘手信号进行语音分析的能力。中级阶段的听力实践教学目的主要是训练学习者将尽可能多的词语、语法规则、句型与听觉建立联系，使之具有可感知性，培养学习者的记忆储存能力和猜测能力，使其能迅速利用储存信息对新感知的信息进行解码。高级阶段训练的重点是识别各类商务英语听力题材，并能通过理解整个语段或整个篇章的主要内容，概括总结中心意思，探究深层含义。

三个阶段的商务英语听力训练可以在校内外各种实践场所有序进行。传统的课堂实践教学是学生进行基础的听力实践的常规场所。通过课程实践教学，学生可以接触丰富的语音练习材料。学生在形成一定的听力基础后，在后期进入企业实习的过程中，通过接触大量的真实听力材料，获得国际商务英语听力的真实感，这对学生商务英语听力训练具有促进作用。

值得注意的是，在商务英语专业实践教学过程中，听力实践并非孤立进行的。在训练学生商务英语听力的同时，可能会涉及其他语言形式的实践，包括商务英语口语、商务英语写作、商务英语阅读等。商务英语听力教学中将听、说、读、写技能结合，采用以听为主，视听结合、听读结合、听说结合、听写结合的综合方法，以起到事半功倍的效果。

4.1.2 商务英语口语实践

作为商务英语实践教学语言内容之一的口语实践，内容广泛，既包括普通英语口语实践教学特征，又具有其自身的独立特征和内涵。

商务英语专业实践教学中的口语实践，其材料的选择具有真实性、实用性和趣味性。口语教学的真实性、实用性和趣味性能够从不同角度激发学习者的综合动机，促进商务英语口语实践教学效率的提高。

商务英语口语实践内容的真实性要求选用真实的商务活动素材，以增强学习内容的实用性和有效性，避免口语实践教学中"为交际而交际，为活动而活动"的问题，使得学习者自始至终对教学内容都有话可谈。同时，学习内容真实、有意义，学习者的参与度会提高，学习者进行商务英语口语实践训练时，也会兴趣盎然。除实践的真实性外，实践内容的实用、有效也是商务英语口语实践教学取得成效的重要因素。另外，现代心理学原理认为充满趣味的活动能在激发学习者学习动机方面取得立竿见影的效果。在商务英语课堂口语实践中，教师应选择有趣的话题或任务，加之各种手段使教学过程具有趣味性，可以使学习者充分发挥自己的能力，取得学习的成就感，从而激发更强烈的学习动机，形成良性循环。

除真实性、实用性与趣味性以外，商务英语专业实践教学中的口语实践还特别注重语境的构造。里昂斯(J. Lyons)认为语境是一个理论概念，构成语境的各种因素是语言学家从具体的情景中抽象出来的，这些活动对语言活动的参与者所产生的影响系统地决定了话语的形式、话语的合适性或话语的意义。(1977:574)商务英语口语实践教学具有很强的语境特征。第一,其话题具有语境特征。口语的部分话语范围具有许多日常谈话,以便缓和气氛,为后来的商务活动创造和谐的交际环境。这些话题的功能在于为商务洽谈等做前期服务,是一种谈话交际策略。第二,商务英语口语的话语方式也具有语境特征。商务活动需要进行信息调研,双方确定工作目标、方案和策略,准备大量的必要材料,以便随时引用、参考,有时还要架设若干议题,并针对这些问题进行预谈,设计出多种方案。所以,出现在交际现场的口语,还保留了书面语痕迹。第三,商务英语口语话语要旨具有语境特征。话语要旨反映交际者之间的关系,还包括在特定语境中所用语言的目的。

商务英语专业学习者口语表达的准确性,表达是否具有一定的深度,能否全面地分析一些现象和事物,不仅取决于其英语语言能力,而且很大程度上依赖于学习者对专业知识的学习和掌握,以及相关跨专业知识的掌握。因此,商务英语专业口语实践教学涵盖了管理学、营销学、经济学、金融学、会计学等学科的知识,通过口语训练,可以助力学习者真正成为一名懂商务管理的、精通英语的实用型人才。

4.1.3 商务英语阅读实践

商务英语阅读训练既肩负着培养学习者英语阅读技能的责任,又承担着传授国际商务知识的任务,因此成为商务英语专业实践教学重要的语言内容之一。

商务英语是英语与商务的有机结合,处理好国际商务知识和语言知识的关系在实践教学中至关重要,偏离任何一方都不称其为真正意义上的商务英语阅读实践教学。因此,语言实践教学要与专业知识的教学同步进行,两方面的内容要有机结合,互相依托,缺一不可。在具体的阅读实践过程中,英语语言与国际商务知识融为一体。教师以学习者最终理解所阅读的篇章内容为导向,以达到促进语言实践教学,提高学习者运用语言的能力为依据,以促进学习者获得商务知识为目的,设计和安排商务英语阅读实践教学。

商务英语阅读实践训练中的词汇具有专业性,这成为进行该实践环节首先面临的问题。词汇是构成语言的建筑材料,词汇知识是语言使用者语言能力的一部分。威尔金斯(D. Wilkins)曾指出:“没有语法,能表达的东西很少;没有词汇,则什么也不能表达。”(1972:111)商务英语文本包括其学科所涉及的各领域的文本,而各类文本中又包括专业术语和半专业词汇以及大量缩略语,这是商务英语的阅读训练中的难点,因此,扩充和积累商务英语词汇是阅读实践教学的重要任务。

除专业词汇以外,阅读训练还涉及丰富的商务背景知识。根据埃利斯和约翰逊的划分,商务英语的学习者分为三类:第一类是无相关职业经验的学习者;第二类是相关职业经验不足者;第三类是有相关职业经验的学习者。(2002:6-7)他们认为,对于前两者,商务英语的内容与语言知识都是学习的目标所在。目前,我国的商务英语学习者主要是从高中升入大学的在校大学生,属于上述第一类。这些学习者普遍缺乏国际商务背景知识,没有任何国际商务经验。维多森(Widdowson)指出,阅读是将文本中的信息与读者已有的相关知识结合的过程。(1984:86)在商务英语阅读实践教学中,只有积累广泛的商务背景知识,学生才能取得良好的阅读实践训练效果。学习者只有在了解一定国际商务话题相关知识的前提下,才能就所阅读的内容与作者进行思想交流。

4.1.4 商务英语写作实践

真实性与可操作性是商务英语写作实践训练的主要要求。商务英语实践教学与普通英语实践教学的一个重要差异表现在实践教学材料的选择上。真实语料应选自真实场合,并确定所选内容与将来学习者的使用目标和场合直接相关,以满足学习者今后的工作需求。商务英语写作实践教学材料可直接选自外经贸公司的主要业务活动,包括公司介绍、产品演示、报告撰写、市场调研、商务会议及询价、报价、运输、保险、支付等商务洽谈环节,以增强写作训练的实践性,让学生通过接触真实的语料,获得商务英语写作经验。

商务英语写作强调准确性。语言交际必然涉及交际的有效性和交际效率,有效性寓于准确性,效率寓于流利程度。因此,商务英语写作实践教学过程以英语为本,注重语言基础训练,把打好语言基础、培养学习者语言交际能力作为出发点和落脚点。商务英语写作最显著的特点是语言技能和商务背景知识的密切结合。这在客观上要求在实践教学中既要重视语言知识的学习和语言技能的训练,又要重视商务知识的传授。写作实践训练过程将这三个要素紧密连接在一起,使其互相支撑。

国际商务背景知识是商务英语写作实践训练的重要组成部分,涉及的内容广泛,包括国际贸易、金融、营销、法律等诸多领域的知识。语言技能是从事商务交际活动所必需的技能,有效的交际除受语言技能影响外,还涉及非语言因素,如交际策略、社会文化背景、交际双方关系等。因此商务英语专业写作实践训练尤其重视这些因素,并将其贯穿实践教学全过程。

4.1.5 商务英语翻译实践

商务英语翻译(英汉互译)是指在国际商务活动中交流和传达商务信息的汉语与商务英语之间的语言双向转换活动,即商务英语的英汉、汉英互译活动。(鲍文、梁芸,2019:112)商务英语翻译是商务英语专业实践教学重要的语言内容之一,其不仅能训练学生对中英文的阅读理解能力,还能提升学生的中英文写作能力。因此,翻译实践是集商务英语听、说、读、写等内容于一体的实践环节。

毕比(A. Beeby,2000)认为翻译能力主要包括语言对比、语言转换、语篇对比和非语言能力等。PACTE研究小组认为翻译能力包括双语交际能力、语言外能力、转换能力、职业能力、心理生理能力、决策能力。(2000:99)贝尔(Bell)认为翻译能力包括理想的双语能力、专家技能、交际能力。(2001:16)杨晓荣认为汉英翻译能力包括语言文本能力、策略能力和自我评估能力。(2002:16)李海军、李钢认为,一名合格的译者应该具有如下四个方面的能力——双语能力、百科知识能力、翻译策略与技巧能力、翻译技术能力。(2012:69)

由此可见,双语能力的培养对翻译水平的提高至关重要。不管是哪种对翻译能力的定义,都包含了源语解读与解构能力、信息获取与传递能力、译语重构与写作能力。而商务英语专业学习者的翻译能力除上述内容之外,还需要具备一定的商务背景知识,这也体现了商务英语专业学习者翻译实践课程的专业性。因此,商务英语翻译实践教学的教学方法、教学手段与教学侧重点也与普通翻译教学不同。

商务英语专业翻译实践教学将翻译理论与翻译实践紧密结合。商务英语翻译是注重信息传递效果的翻译,有观点认为商务英语实践教学应大量进行翻译技巧操练,而不用教授翻译理论知识。事实上,翻译理论的重要性体现在它对翻译实践具有指导作用,商务英语翻译是一种以信息传递为主要功能的翻译,它同样离不开翻译理论的指导。翻译教学活动实践性很强,翻译活动既是实践经验积累的结果,又是理论应用的充分体现。

商务英语的翻译理论教学旨在提高和加深学习者对商务英语翻译活动的认识,形成正确的商务英语翻译观。学习者在进行理论学习、了解一定的翻译规则的基础上进行翻译实践。同时结合翻译实践进行思考,将翻译经验上升到理论的高度,进一步创新和完善理论知识。从教学角度上看,学习者一方面学习、掌握理论,另一方面应用和发展理论。商务英语是一个崭新的学科,其翻译教学理论还有待发展和创新,商务英语翻译教学的理论与实践的结合和互动无疑也会促进和推动翻译理论的不断发展、完善。

商务翻译是以功能传递为中心的实用类文本翻译,涉及不同的商务素材,具有共性。(鲍文,2016:20)为了培养学生熟练应对各类商务文本的翻译难题,商务英语专业翻译实践教学将翻译知识与商务知识紧密结合。相较于普通英语翻译,商务英语译者除要精通两种语言、文化以及翻译技巧外,还必须熟悉商务英语所涉及的商务方面的知识。因此,商务英语的翻译实践教学注重教授学习者相应的专业知识,使其了解商务领域的语言特点和表达方法。

随着科学技术的进步,翻译能力还包括现代翻译工具的使用能力等。因此翻译实践教学也要注重培养学生现代翻译工具的运用能力。翻译技术能力是指在翻译工作中使用翻译工具来提高翻译效率的能力,主要涉及翻译职业能力和对各种翻译资源,如字典、术语库、平行文本以及各种电子资源等的合理使用。现代翻译工具包含数据库、术语库等一系列可以促进译者提高翻译速度和改善翻译质量的电子工具。娴熟运用各种翻译工具成为商务英语专业学习者提高翻译能力的必要条件之一。因此提高学习者翻译技术能力应成为翻译教学的一种趋势。商务英语专业翻译实践教学将使用翻译工具的方法融入其中,着重提高学习者对电子词典、电子百科全书、单语语料库、平行语料库、翻译语料库等的使用能力。

翻译技术能力的提高可促进学习者在翻译学习时更积极、更主动、更自信。例如英汉平行语料库的优势在于语料内容广、语料新且语境丰富,学习者不仅可利用语料库检索到许多词典上没有的内容,还可以利用双语平行语料库抽取原文及其对应的译文进行对比,可切身体会到译者采用的翻译技巧和策略,有助于提高理解原文并用正确流畅的目标语进行翻译的能力。将翻译工具尤其是语料库带入商务英语专业翻译实践教学,相当于将课堂与社会实践联系起来,可以改变单一的传统教学模式,在教与学上更有目的性和针对性。

4.2 实践教学能力要素

商务英语将与英语和商务相关的学科整合起来,跨学科地去探索教什么、用什么,以及如何教和如何用等问题。因此,商务英语专业从本质上具有跨学科的属性,即以外国语言文学、应用经济学、工商管理、法学(国际商法)学科等为基础,突出商务语言运用、商务知识与实践、跨文化商务交际能力的人才培养特色。基于商务英语人才目标,地方应用型本科院校应立足服务地方社会经济发展目标,致力培养服务区域经济社会发展的应用型商务人才。商务英语专业学习者必须具备相应的专业技能和素养,具备实践能力和创新能力。要实现这一目标,不仅要抓好理论教学,而且要抓好实践教学,全面锻炼学习者的语言技能、商务沟通技能、跨文化交流能力、人文素养和专业综合能力等。

4.2.1 商务英语实践教学能力内容构建依据

目前,教育部已颁布了多项文件,对商务英语专业学习者的能力要素做出了明确的要求。《普通高等学校本科外国语言文学类专业教学指南》指出:商务英语专业学习者应具有良好的商务英语运用能力和跨文化商务沟通能力;具有良好的思辨能力、量化思维能力、数字化信息素养;具有基本的商务分析、决策和实践能力;具有良好的团队合作能力,较强的领导、管理、协调和沟通能力;具有终身学习能力;具有良好的汉语表达能力和一定的第二外语运用能力;提出人才培养规格包含“素质、知识、能力”三要素,强调扎实的语言基本功,注重培养学习者的综合素质(特别是人文素质)、专业知识和专业能力,以服务社会发展需要。商务英语专业突出专业的复合性、交叉性和应用性特点,将外语技能训练和商务知识学习有机结合。(王立非、葛海玲,2015:5)

根据《高等学校商务英语专业本科教学质量国家标准》,商务英语本科专业旨在培养英语基本功扎实,具有国际视野和人文素养,掌握语言学、经济学、管理学、法学(国际商法)等相关基础理论与知识,熟悉国际商务的通行规则和惯例,具备英语应用能力、商务实践能力、跨文化交流能力、思辨与创新能力、自主学习能力,能从事国际商务工作的复合型、应用型人才。以上专业定位决定了商务英语专业的国际性、复合性、应用性等特点,也决定了商务英语专业实践教学要全方位、多层次、跨领域地培养学习者的各项能力与商务实践技能。

从现实需求来看,在世界经济飞速发展,国际交流日益广泛化和多样化的背景下,应用型和复合型商务英语专业人才前景光明。人力资源市场数据表明,当前紧缺的外贸人才分三个层次:外贸决策人才、外贸经营管理人才和一般外贸专业人才。(包红芳,2012:48)因此,市场对商务英语人才的能力要求是跨学科、多领域、全方位,这便要求商务英语专业实践要将能力培养作为实施基点,综合提高学习者的实操技能,以符合当前国家发展、社会进步的人才需求。

因此,商务英语实践教学应全面、系统地培养商务英语专业学习者的各项能力,包括通用商务实践技能和特定岗位实践技能等。通用商务实践技能是每个岗位所必备的技能,如外语技能、办公文秘技能、商务礼节礼仪技能等。特定岗位技能是该岗位人才应该具备的一些特殊能力,如国际业务结算技能、单证操作技能、商务谈判技能等。这些商务技能是应社会经济所需而产生的。商务英语实践教学要注重对学习者基础能力、职业能力、商务能力的综合培养,以满足社会对商务英语专门人才的需求。

4.2.2 商务英语专业实践能力的层次性

围绕商务英语专业定位和人才培养目标,商务英语专业实践教学具有多重教学目标:①教会学习者在国际商务中所使用的英语;②教会学习者通过英语从事国际商务活动。(Ellis & Johnson,2002)商务英语专业实践能力的培养具有层次性,应按照学习者认知发展及成长的客观规律,循序渐进,逐步提高学习者的综合商务实践技能。商务英语专业实践教学可参照以下三个层次,逐级进行:①商务英语语言能力;②商务实践能力;③商务英语实践综合能力。这三个层次的商务英语实践教学均以“能力”为主线,通过一体化实践教学来实现对学习者整体商务能力的培养。

商务英语专业实践教学应结合区域人才需求状况及学习者未来就业的岗位

能力要求，制定切实可行的实践教学目标，形成开放式的实践教学环境，确保学习者利用有限的资源，有效地提高国际商务实践技能，构建科学合理的商务英语实践教学体系。通过“层次化”的实践教学内容，按照学习者的认知能力，有计划地安排实践内容，实现学习者综合商务实践能力的螺旋式上升。

（1）商务英语语言能力

一般来说，商务英语语言能力作为商务英语专业学习者的第一层基本能力，通过听力、跨文化交际、视听说、笔译、口译、写作等校内课程的一体化实践实现，使商务英语专业学习者获得：①英语语言基本能力，基本达到相当于英语专业八级的水平；②商务英语应用能力，能够用英语进行国际商务沟通与交流；③跨文化交际与跨文化商务交际能力。

而学习者的商务英语语言能力要求学习者进一步掌握商务话语运用能力，即如何使用习得的商务英语语言进行国际商务活动。商务话语并不等同于语言系统本身，其不仅指语言的词汇语法系统，而且强调语言和商务语境的关系，强调商务语境中口头和书面语言的功能和使用，把语境化的语言作为概念的核心，更强调语言的交际属性。除话语的个人沟通属性外，商务话语更关注在商务组织机构中人们如何有效沟通（Bargiela-Chiappini，2013：4），艾里丝·瓦尔纳（Iris Varner）将这种能力概括为商务策略、交际策略、跨文化策略。因此，各类商务英语的听、说、读、写技能基础课程的实践教学目标应该是商务话语，重点培养学习者学会如何沟通，并掌握商务语域、商务体裁、商务认知、商务语用、商务功能、商务语篇等。商务英语语言能力可通过开设语音、语法、综合商务英语、商务英语听说、商务英语阅读、商务英语写作、商务翻译等校内实践课程来培养。

（2）商务实践能力

商务英语实践教学不仅要培养学习者过硬的英语技能，包括听、说、读、写、译的能力，还要熟悉国际贸易和金融知识，能用英语进行商务交流和贸易谈判，能正确书写外贸函电和独立进行国际贸易操作，以符合社会需求的应用型人才培养的目标。因此，商务实践与创新能力是商务英语专业学习者第二层级的重要能力。特别是学习者进入高年级后，在打牢商务英语基本功的同时，还要系统学习商务专业知识，掌握从事国际商务所需的经济学、管理学、商务法律、金融、贸易等专业知识，以提高学习者商务谈判、商务写作与翻译、商务沟通能力以及商务实践能力。

这一层次的商务实操能力通过商务英语专业一体化实践教学来实现，最终使学习者获得：①通用商务技能和专业商务技能；②经济、管理、国际商法等领域的商业管理能力；③领导与组织能力。

此外，习近平总书记强调："创新是引领发展的第一动力，是国家综合国力和核心竞争力的最关键因素，重大科技创新成果是国之重器、国之利器，必须牢牢掌握在自己手上，必须依靠自力更生、自主创新。"因此，培养商务英语专业学习者的创新意识和创新能力是商务英语专业实践教学的又一重要能力目标。应通过一系列的校内及校外实训实践，使学习者具备以下能力：①创新精神、实践能力和创造力；②人工智能与信息技术应用能力；③独立思考，分析问题、解决商务问题的能力；④自主学习能力和终身学习的能力。学校可以开设经济学、管理学、国际商法、国际营销、国际商务谈判等课程来培养学习者的商务实践与创新能力。具体而言，商务英语专业学习者的商务实践能力包括：第一，适应能力。高等教育培养的毕业生最终要走入社会，进入各行各业，为社会创造价值，成为社会经济发展急需的人才，这就要求其必须具备适应能力，尽快地适应社会环境、企业文化，使个人发展有良好的开端与基础。第二，动手能力。动手能力是体现实践能力的重要标准，实践是检验理论的重要途径，只有具备动手能力，才能将自己所学的理论知识转化为实践，在实践中不断提高知识水平，形成良性循环。第三，学习能力。当前社会，科技日新月异，新设备、新工艺不断涌现，这就要求所有学习者在工作中不断学习，不断进步，及时掌握新设备、新工艺，运用最新的科技知识提高生产率，创造更多的社会价值，通过不断学习为创新意识和能力的形成打下基础。第四，创新能力。在实践过程中，运用所学知识解决实际问题，在产品改良、工艺改进等方面不断创新，充分利用自己的能动性与创新能力实现自我价值。

除上述能力要素以外，要培养商务英语专业学生的国际商务实践技能，使其能够满足国际商务场合的工作需要，这对跨文化交际能力的培养提出了要求。语言作为实现人与人交流沟通的桥梁及工具，是实现文化交流的必要前提。语言应用能力不仅指语言知识及应用知识，还涵盖了语言文化知识。在商务环境中，要想实现良好的交流沟通，准确掌握相应语义，必须具备良好的跨文化交际能力。

跨文化交际能力是商务英语专业学习者国际商务实践能力的重要组成部分,包括跨文化交际商务礼仪、商务谈判中文化差异的把握能力等。要培养高素质的商务英语人才,使其在企业"走出去"过程中对海外的国别风险评估、海外市场开拓等发挥作用,就需要让学习者学会在国际商务环境中开展调研活动,广泛深入了解跨国贸易和投资对象国的历史、地理、政治、文化、宗教、艺术等区域国别知识,从而培养其跨学科、跨国别和跨文化的能力。通过商务礼仪、欧美概况、英美文化等校内课程一体化实践教学,以及举办欧美文化体验等第二课堂活动来实现学习者第三层次能力的培养。

(3)商务英语实践综合能力

《高等学校商务英语专业本科教学质量国家标准》指出商务英语专业学习者所应具备的五种能力,即英语应用能力、跨文化交际能力、商务实践能力、思辨与创新能力、自主学习能力,它们整体构成了商务英语实践综合能力。这五种能力之间层层递进,环环相扣,共同组成商务英语专业实践所应达到的综合能力要求。

第一,英语应用能力包括英语组织能力、英语运用能力和学习策略能力。英语组织能力指语音语调识读能力、词汇拼读能力、造句能力、谋篇能力等;英语运用能力指听、说、读、写、译技能,语用能力,纠误能力等;学习策略能力指调控策略、学习策略、社交策略等。学习者的英语应用能力为其参与商务英语实践训练做好语言上的准备,是商务英语实践综合能力形成的基础。只有在良好的双语基础上进一步习得商务话语能力,才能顺利开展其他商务实践活动。

第二,跨文化交际能力分为基本跨文化交际能力和跨文化商务交际能力。基本跨文化交际能力指跨文化思维能力、跨文化适应能力、跨文化沟通能力。根据商务英语是关于两种或多种语言文化之间的商务交流这一特征,商务英语专业学习者必须具备对不同文化或文明的包容和接纳能力,能够从优秀异国文化中吸收借鉴养分,同时,对不同文化应采取开放包容的态度。商务英语专业实践要培养学习者适应异国文化的能力,使学习者能够在理解不同文化的基础上快速接纳并融入异国文化,开展商务活动。跨文化商务交际能力指商务沟通能力、商业实务能力、跨文化能力。基于基本跨文化交际能力,商务英语专业学习者能够以包容的心态开展国际商务活动。在此基础上,要进一步培养学习者在跨文化环境下的商务实操能力，使学习者能够在兼顾两国及多国不同文化的前提下，自如高效地进行商务沟通、商务谈判等国际商务实践活动。

第三，基于商务英语人才培养目标，地方应用型本科院校应立足服务地方社会经济发展目标，致力培养服务区域经济社会发展的应用型商务人才。学习者必须具备相应的专业技能和素养，具有实践能力和创新能力。要实现这一目标，不仅要抓好理论教学，而且要抓好实践教学，全面培养学习者的商务实践能力和应用能力。商务英语实践教学，不仅要培养学习者具备过硬的英语技能，包括听、说、读、写、译的能力，还要熟悉国际贸易和金融知识，能用英语进行国际商务交流和贸易谈判，能正确书写外贸函电并独立进行国际贸易操作，以达到符合社会需求的应用型人才培养的目标。商务实践能力包括通用商务技能和专业商务技能。通用商务技能指办公文秘技能、信息调研技能、公共演讲技能、商务礼仪等，专业商务技能指商务谈判技能、贸易实务技能、电子商务技能、市场营销技能、人力资源管理技能、财务管理技能等。只有通过一系列国际商务实践，使学习者具备上述商务实践技能，才能与社会进步、国家发展、全球经济一体化的人才需求达成契合。

第四，思辨与创新能力包括认知能力和情感调适能力两个要素。认知能力指理解、推理、评价、分析、解释、自我调控、精确性、相关性、逻辑性、深刻性、灵活性等认知层面的技能与策略。情感调适能力指好奇、开放、自信、坚毅、开朗、公正、诚实、谦虚、好学、包容等个性特质。国际商务的开展是一项过程复杂的系统工程，不仅要求从事国际商务的人员具备良好的双语沟通能力、跨文化交际能力、商务实操能力、商务创新能力等，还要求其具备良好的认知能力，能够对国际商务进程中的事项做客观冷静的分析，做出专业的、科学的商务判断，能够对各种突发事项进行冷静处理，保障跨国商务活动顺利、高效地进行。同时，根据《普通高等学校本科外国语言文学类专业教学指南》，商务英语专业实践还应培养学习者终身学习的能力，使其能从各种商务实践中积累经验，不断更新自身的商务理论知识体系并逐渐提高商务实践技能，进而丰富自身的积累，促进其商务创新能力的培养。

第五，自主学习能力具体包括自我规划能力、自我决策能力、自我监控能力、自我评价能力。商务英语专业实践教学应培养学习者的自主学习意识，促进其自主学习能力的提高。商务英语学科的应用性极强，因此，商务英语专业学习者能力的获得一方面要靠教师专业的输入，做好语言上的充足准备；另一方面，学习者要在教师的引导下积极投身商务英语实践活动，在这一过程中，学习者应树立自学意识，在实践中积极探索，乐学好思。除教师和岗位相关指导人员的引导外，学习者还要自主钻研、科学规划，充分发挥自身的主观能动性，具备一定的自学能力、自控能力、自评能力、自省能力等。

商务英语实践综合能力是商务英语专业学习者的第三层级能力，也是学习者进入工作岗位最直接体现的岗位工作能力，是商务英语专业学习者综合能力的体现，通过商务实习、顶岗实习、企业工作站、双师工作室、创业训练、教学工厂、校外实践教学基地等各种途径的培养来实现。综合商务英语能力不仅对学习者的商务话语运用能力有要求，而且对其商务实践技能也有一定要求。因此，第四层级能力内容是对商务英语专业学习者包括理论与实践在内的整个学习过程的系统集合和展示。

由英语语言技能、商务专业技能和综合技能三个模块构成的商务英语实践教学体系注重“做中学”，具有情境性、全程性和整合性的特点。三大板块中所包含的四种能力的培养环环相扣、层层递进，通过课程理论实践一体化教学、综合实训以及第二课堂活动来实现，从而培养出既懂英语又具有强实操能力的复合型高技能商务英语人才。商务英语专业实践能力的层次性如图 4.1 所示。

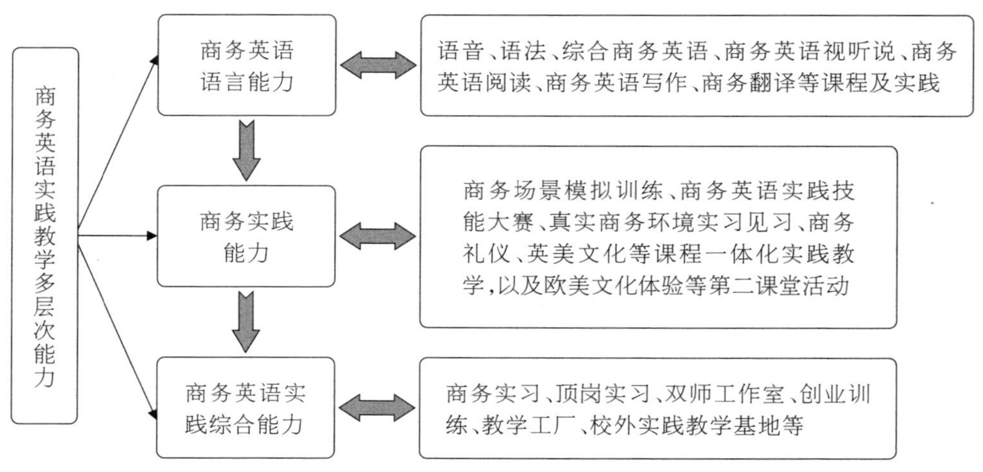

图 4.1　商务英语专业实践能力的层次性

4.2.3 商务英语实践能力的培养

商务英语是英语语言的一种社会功能变体,在教学中如何培养学习者在商务领域的实际工作能力和基本技能,已成为教学改革中的一大难题。要实现学习者能力的培养,须按照能力递进原则,分三个阶段完成。第一阶段是单项技能实训,即依据商务贸易单项技能训练要求,按学期、分层次设置实训项目,比如英语综合能力实训、商务谈判实训、单证实训、外贸函电实训等。第二阶段是综合实训,本阶段检查学习者在校期间各单项技能的综合应用能力,综合实训项目涵盖学习者在校期间的全部技术技能,项目制订有企业指导教师的参与,本阶段实训在仿真环境下完成。第三阶段是顶岗实习,学习者在真实企业环境下进行各项业务操作,积累实践经验,为更好地适应就业岗位打下基础。

(1)英语语言表达能力和商务实操能力

着重于技能培养的"能力四层次递进"商务英语实践教学体系首先是通过单项训练来培养学习者的语言基本技能。与听、说、读、写、译等相关的校内课程具有不同程度的实践性,对于学习者基础语言能力的培养具有奠基作用。商务英语语言听、说、读、写、译技能的培养除了依靠课堂实践教学与一体化实践,还需要通过第二课堂活动来训练并巩固技能。教师应积极组织安排学习者进行第二课堂活动如口语比赛、配音比赛、朗读比赛、翻译竞赛、写作比赛、英语短剧表演等,激发学习者学习英语的兴趣,提高学习者英语语言表达能力。外贸实操技能的单项训练也可以通过实践课程一体化、第二课堂活动、商务见习等途径来实现。外贸岗位认知、外贸跟单、制单、报关报检、商务谈判、函电写作等各方面能力除可通过课堂实践教学的单项训练方法实现以外,还可以通过外贸技能大赛、货代与报关平台操练、单证填写比赛、单证审核比赛等来实现,以赛促学。学习者熟悉岗位需要的单项技能操练,有利于降低企业培训成本,同时也能使商务英语实践教学达到效益最大化。

(2)提高双语表达能力和专业素质

"能力四层次递进"商务英语实践教学体系中商务实践与创新能力、跨文化交际能力以及商务英语实践综合能力的培养可以通过大型交易会、展会、博览会的模拟训练和现场实训或商务实习来实现。在国际商务活动中,具备相应商务技能是从事相应工作的必要前提。但是,我国商务英语专业教学在商务技能教学方面还存在不足,整体略显薄弱。为此,培养学习者的专业素质,就要结合市场发展情况,明确行业对学习者商务能力的要求,逐步增设工商管理、国际贸易、商务谈判等专门的商务课程,并在课堂教学中合理运用典型商务案例,模拟真实具体的商务情境,在具体情境下培养学习者的商务技能,如签订外贸合同、制作外贸函电等。

在校内,情景实训室、单证实训室、谈判实训室、外贸业务综合实训室等给学习者提供了良好的技能实训场所。校内生产性实训基地、跨境电子商务创业项目、校企合作双师工作室等更是直接给学习者现场实训提供了良好的平台。学习者通过这些校内实训平台动手完成外贸业务,赢得真实订单,促进了自我价值的实现。在校外,学习者通过广交会、博览会、企业工作站等多种现场见习和实习机会,提高英语语言表达能力,熟悉外贸业务工作流程,了解企业岗位设置和岗位能力的要求,清楚自己需要什么样的能力才可以胜任外贸工作岗位,为今后走上工作岗位打好坚实的基础。这样可实现零距离就业,减少企业培训成本,使企业聘用商务英语专业学习者的效益达到最大化。

(3)培养学习者职业岗位能力和职业素养

顶岗实习已是各专业必开的一门实践教学课程,对于培养商务英语专业学生的职业岗位能力和职业素养至关重要。目前商务英语专业的顶岗实习因为企业同时需要的人数不多,导致学生实习较为分散,实践教学的管理和实践效果受到了很大影响。为了优化实践教学管理,提高学习者在实践教学中的实训效果,应加强校企合作共建校外实训基地。首先要校企合作制定实践教学课程标准。其次,校企合作应根据工作流程设计教学内容,以工作过程为导向,按照真实的工作场景和工作任务设计学习场景和学习任务,选用来自企业一线工作岗位的真实材料和案例编排教学内容,缩短学习者参与企业顶岗实习的距离。

此外,学校应加强与产业或行业协会的合作。根据互惠互利、优势互补、共同发展、实现双赢的指导思想,学校或院系积极与企业及政府单位联系,建立合作关系,充分利用各种资源,积极为学习者提供顶岗实习实践机会。学校或院系可拨出经费成立校外实践教学基地建设专项基金,也可通过成立校友会促成一批企业及政府单位与学校或院系签订建设实践基地的协议,让学习者在走上工作岗位之前在实习基地完成一学期的顶岗实习。如果只是从书本上学习国际贸易流程、进出口商品运输、保险、检验、报关等外贸业务知识要点，学习者就会觉得枯燥乏味；而如果通过现场实习去学这些知识，学习者就会很容易接受，且事半功倍。这样也可以缩短学习者进入企业的适应时间或培训时间，使企业效益最大化。从语言经济学的角度看，校企合作建立实训基地，进一步深化商务英语专业实践教学是解决实践教学流于形式的关键。

4.3 实践教学素质内容

《普通高等学校本科商务英语专业教学指南》对商务英语专业学习者所应具备的素质提出了明确的要求：本专业学习者应具有正确的世界观、人生观、价值观，良好的道德品质，中国情怀与国际视野，人文与科学素养，合作精神，创新精神，创业意识和学科基本素养；具备良好的职业精神、商业伦理意识和社会责任感。学者王立非进一步对商务英语专业学习者的素质要求进行了论述，认为商务英语人才必须具备的五种素质包括思想素质、专业素质、职业素质、文化素质、身心素质。具体来说，就是具有高尚品德、人文与科学素养、国际视野、社会责任感、敬业与合作精神、创新创业精神、健康的身心，达到高等教育全人教育的目标（王立非，2015:4），这体现了商务英语专业实践教学素质要求的综合性。本研究将素质内容归纳为以下几个方面。

4.3.1 中国情怀、国际视野与跨文化交际素养

商务英语具有明显的基础性、实践性和综合性等特点。商务英语专业强调发展语言学习与语言应用的基础知识和基本技能，强调发展语言理解与表达的实际语用能力，强调发展语以寄物、文以载道、文理兼收的综合人文素养和科学素养。商务英语专业除具有一般语言类课程的育人价值之外，还具有一些不同于母语教育的育人功能。因此，商务英语专业实践教学除要培养学习者的爱国情怀之外，还要培养学习者的国际视野、全球意识、跨文化比较意识与文明互鉴意识，学习并汲取世界文化精华与文明进步成果的意识等，同时也应为学习者未来参与国际商务、传播中华文化、讲好中国故事、阐释中国特色、构建人类命运共

同体奠定必要的素养基础。

随着全球化趋势的不断深入，培养具有中国情怀、国际视野和跨文化沟通素养的时代新人成为商务英语专业的人才培养目标之一。在商务英语实践教学的过程中，要以全面贯彻党的教育方针为指导思想，以在商务英语实践教学中落实立德树人根本任务为育人使命，强化商务英语实践教学的育人价值，培养具有中国情怀、国际视野和跨文化沟通素养的社会主义建设者和接班人，培养新时代人类命运共同体的建设者和推动者。

中国情怀、国际视野与跨文化交际素养的培养，要基于学习者的文化意识。文化意识是对中外文化的理解和优秀文化的认同，是学习者在全球化背景下表现出的跨文化认知、态度和行为取向，是商务英语核心素养的价值体现。新时代背景下，商务英语实践教学不仅仅是语言知识和商务技能教学，还应加强人文教育和素养教育，进而培养学习者的中国情怀和爱国意识。著名学者王守仁曾指出："中国本土文化需要通过英语来实现'全球化'，如果中国学者不能用英语向世界讲述中国的本土文化，文化对话可能成为自话自说，在世界多元文化格局中听不到来自中国的声音。今天学习外语，还要用外语传播中国思想、学术和文化，开拓世界市场。"(2002:92)商务英语亦然。因此，商务英语教师应在商务英语实践教学中教会学习者立足本国文化，承担向世界传播、弘扬中国传统文化的责任，培养真正具有国际视野和本土情怀的新时代人才。

同时，商务英语专业实践教学还应帮助学习者树立人类命运共同体意识和多元文化意识，形成开放包容的态度，发展健康的审美情趣和良好的鉴赏能力，加深对祖国文化的理解，增强爱国情怀，坚定文化自信，培养国际视野，为商务英语专业学习者未来参与知识创新和科技创新，更好地适应世界多极化、经济全球化和社会信息化奠定基础。

在这个经济全球化、文化多元化的时代，随着世界经济一体化进程的不断发展，世界范围内跨文化的经济交流与合作日益频繁，国际商务沟通能力的重要性尤为突出。人类沟通的主要工具是语言，一种语言承载着一个国家的文化和一个民族的思维方式。一个国家的文化魅力、一个民族的凝聚力主要通过所使用的语言来表达和传递。掌握一种语言就是掌握了通往一国文化的钥匙。国际合作与交流、跨文化沟通与交际主要是通过共同理解和有效表达的语言来实现的。

学会不同语言，有利于了解不同文化的差异性。有效的国际商务沟通意味着良好的合作关系，而只有建立良好的合作关系才会带来源源不断的成果和利益。国际商务是不同文化背景下的商务合作活动。在国际商务活动中，交际双方都将不可避免地在不同程度上受到不同文化的影响和冲击。不同的文化因素在交流过程中往往会产生交叉和碰撞，此时交际双方往往会自觉或不自觉地借助母语的语言规则、文化背景、交际习惯以及思维方式来表达思想，这就可能会产生误解和冲突，甚至会直接影响到整个商务活动的有效沟通。

因此，培养对文化差异的敏感性，缩短文化距离、提高人们跨文化素养已经成为新时代的迫切要求。商务英语是英语与"大商务"的结合体，在商务英语专业实践教学过程中，应当培养学习者运用英语这一工具从事商务实践、进行跨文化沟通的素养，不仅要使学习者掌握扎实的商务英语语言能力，还要培养其跨文化交际意识，以培养并提高其国际商务沟通素养，使其能够客观理性地看待世界，理解包容，求同存异，友善相处，为毕业后成为外贸行业的高素质技能型人才做准备。

商务英语实践教学应凸显商务英语专业教育的育人功能，也就是说，使学习者通过商务英语专业实践，坚持中国基因、坚守中华底色、坚定文化自信；同时增强全球意识、多元文化意识和中外人文交流意识；发展和提升参与跨文化交流与合作的能力。总之，商务英语实践教学要重视帮助学习者树立正确的文化观，把他们培养成热爱祖国、崇尚中国优秀传统文化、精通中外文化的新时代新人。要让他们以良好的心理素质与他人积极合作，能脚踏实地做人做事，能继承并把优秀中国文化传播到世界，最终成为具有中国情怀、国际视野和跨文化沟通素养的新时代国际商务人才。

4.3.2 正确的世界观、人生观、价值观

"三观"教育即世界观、人生观、价值观的教育，其目的是使学习者品格高尚、人格健全。高尚的品格和健全的人格既是学习者全面发展的要求，又是培养中华民族伟大复兴的接班人的要求。我国社会深刻变革和对外开放进程不断加深，全球化、市场化、网络化大潮冲击猛烈，这必然带来思想领域的新变化。各种思想文化交流、交融、交锋日益频繁，人们的价值观念和价值取向日益多元、多

样、多变，人们思想活动的独立性、选择性、多样性、差异性也日益增强。

习近平总书记指出："要树立正确的世界观、人生观、价值观，掌握了这把总钥匙，再来看看社会万象、人生历程，一切是非、正误、主次，一切真假、善恶、美丑，自然就洞若观火、清澈明了，自然就能做出正确判断、做出正确选择。"(2014)世界观决定人如何认识周围的世界，人生观决定人如何选择人生道路，价值观决定人如何判断是非曲直、善恶美丑。"三观"决定着一个人的理想信念，规范着一个人的思想品德，影响着一个人的思想境界，指导着一个人的行为选择。

习近平总书记多次强调要解决好世界观、人生观、价值观这个"总开关"问题。"总开关"关键在一个"总"字上。它统领着人的思想，掌握着行动的方向。无论学习者是否自觉地意识到"三观"的存在，其人生道路的选择和问题的解决等，归根到底还是由其"三观"决定的。相应地，部分学习者存在的不同程度的政治信仰迷茫、理想信念模糊、价值取向扭曲、诚信意识淡薄、社会责任感缺乏、艰苦奋斗精神淡化、团结协作观念较差、心理素质欠佳等问题，固然有其具体的、复杂的客观原因，但与其自身因素密切相关，从根上说，还是在"总开关"上出了问题。"三观"的扭曲、思想认识的混乱，必将导致学习者走上歪路邪路。可见，只有把握好"总开关"，才能在大方向、大原则上不出问题。有了正确"三观"的指导，就能保持思想和行动上的定力，做到"千磨万击还坚劲，任尔东西南北风"。

因此，在商务英语实践教学的过程中，一方面要促进商务英语实践教学与思政教育交叉融合，要在商务英语专业课中有机嵌入"三观"教育元素，做到"润物细无声"，使学习者认识到"三观"的重要性，把树立正确的"三观"变成自身的内在需要。要引导学习者正确认识和处理个人与社会、奉献与获得、竞争与协作、享有权利与承担责任和义务等一系列关系，大力提倡遵纪守法、艰苦奋斗，鼓励他们关心社会、关爱他人，为人民多做好事，为社会多做贡献。在实践中引导学习者认识功利主义、个人主义等错误思想的危害，提高学习者的定力，在自觉抵制错误思潮中巩固和坚定自己积极向上的正确的"三观"。另一方面，要拓宽视野，帮助学习者增长见识、认识规律、尊重规律。商务英语专业实践中的"三观"教育重在引导学习者正确认识世界和中国发展大势，正确认识中国特色，并与国际比较，正确认识时代责任和历史使命，正确认识远大抱负和脚踏实地，将家国情怀和时代背景与世界眼光统一起来，客观看待当代中国和外部世界的关系，知晓个人知识、见识的增长对国家和社会的重要作用,增强提升知识、见识的自觉性与自主性。

总之,商务英语专业实践教学一方面要大力拓展学习者知识面,主动加强多领域交叉协同,让学习者在国际商务实践中提升运用商务知识的能力;另一方面要注重引导学习者形成正确的世界观、人生观、价值观。要丰富更新实践内容与形式,增长学习者的知识,提升学习者的综合商务技能,激发学习者的求知欲,帮助学习者掌握最前沿的商务专业知识,扎实掌握商务技能,让学习者通过商务英语专业实践,掌握事物发展规律,通晓天下道理,丰富学识,增长见识,塑造品格,培养自身的奋斗精神,努力成为德、智、体、美、劳全面发展的社会主义建设者和接班人,在潜移默化中坚定学习者理想信念,厚植爱国主义情怀,加强品德修养,培养奋斗精神,形成正确的世界观、人生观与价值观,提升商务英语专业学习者的综合素质。

4.3.3 专业素养

商务英语专业致力培养具有较强的商务语言应用能力和扎实的商务知识的复合型、应用型国际商务人才。为此,在商务实践教学内容的安排上应兼顾语言和商务知识及技能的操练,使学习者具备符合市场人才需求的商务英语专业素养,这不仅包括英语语言专业素养实训,还应将商务专项素养训练和商务英语综合素养训练纳入商务英语专业实践教学的过程中。

商务英语专业实践教学对学习者专业素养的培养首先是学习者英语语言的听、说、读、写、译基本专业素质的训练,即对应英语听力、口语、阅读、基础写作、翻译等课程,本部分实践可通过商务英语专业实践课程完成,作为课堂实践教学环节。需要注意的是,尽管与传统的理论课堂教学相比,此处仅多出"实践"二字,但在教学内容上千差万别。传统课堂上教师多以传授理论技巧为主,往往仅需要学习者通过视觉或听觉去获取文字材料上的信息,各种印刷材料上的解题"攻略"充斥着课堂,讲台上教师热血沸腾,座位上的学习者无精打采,课堂效果无从谈起。而作为课堂实践教学,教师应从根本上转变"一根粉笔、一块黑板"这种传统的教学方式,尽量给学习者提供丰富的媒体学习资源,调动其视觉、听觉、触觉等多感官共同协作获取信息,激发学习者的想象力,完成其对新知识的消化吸收。此外亦可丰富课堂形式，如增加互动环节、学习者展示、小组讨论等活动，让输入和输出形式更为多样，以此增强商务英语学习者对所学内容的内化度，提高内容记忆的持久性。

另外，商务英语专业实践教学对学习者素质的培养也体现在对学习者商务专项素质的培养上。商务英语专业实践教学要培养学习者将来就业所需要的专项商务从业技能与素质，包括跨文化商务交际与合作、国际商务会谈、国际贸易实务等专业实践素质。在商务英语专业实践教学过程中，可以通过商务谈判、单证操作、商务礼仪、计算机应用及国际贸易流程实训等项目培养学习者的商务素质。在商务英语实践教学中，针对课堂实践教学，教师应在传统教学手段的基础上增加投影仪、电脑、互联网、数码设备等信息传播媒介，或借助先进的商务软件平台、虚拟仿真平台，帮助学习者快速了解和掌握各商务流程的运作及具体操作方法。目前常见的商务英语综合实训软件有“SimTrade外贸实习平台”“IBES国际商务英语实训系统”“亿学3D仿真商务英语综合实训系统”等。其中，厦门亿学软件公司开发的3D实训系统的3D仿真技术为学习者提供了“准职场”的工作环境，使学习者置身于特定的商务场景之中最大限度地体会真实的工作，弥补因实训基地的缺失而给学习者造成的实践经验的不足。这种依托软件平台的实训项目让学习者兴趣十足，变以往的“被动式学习”为“主动式学习”，在“玩”中学，真正做到了“寓教于乐”，充分证明了虚拟仿真实践平台在商务英语专业实践课中的可行性及重要作用。

4.3.4 创新与创业意识

创新是人类特有的、具有开创意义的思维活动，开拓了人类的认知领域。党的十八大提出实施创新驱动发展战略，强调科技创新是提高社会生产力和综合国力的战略支撑。当今世界全球化趋势不断增强，给国际商务人才的培养提出了更高的要求，商务英语专业学习者就业面临着巨大挑战。只有勇于创新、善于创新的人才能成为时代的中流砥柱。创新意识作为一种当代学习者的必备意识，同时也是相关用人单位重点考察的部分，直接关系着学习者个人的长远发展。而创新实践课程建设和改革是满足当下国家对创新人才需要的必经之路。商务英语专业实践教学作为培养学习者综合素质的重要途径，在实践教学中应该重视培养学习者的创新意识，这既是个人发展的需求，也是国家与社会发展的需要。

创新是引领发展的第一动力，是建设现代化经济体系的战略支撑，也是实现高质量发展的必由路径。随着国家“双创”政策的不断优化和升级，新时代对应用型人才的培养有了新要求。商务英语专业人才培养目标要紧跟时代步伐，培养具备综合素质和创新能力，能够适应时代发展和解决实际问题的应用型、创新型国际商务人才。围绕这个培养目标，商务英语专业实践教学要突破原有教学计划的束缚，充分结合国际商务前沿知识，紧跟企业对创新型商务人才的需求，在商务英语专业实践中突出对学习者的创新意识与创业意识的培养，注重商务理论教学的基础性和商务英语实践教学的实用性，全面提高学习者创新实践能力。

另外，学习者在创新方面能否获得成功，教师发挥着重要作用。因此，作为商务英语专业任课教师，在具备商务理论教学能力的同时，也要求具备商务实践操作经验和技能，大力加强商务英语专业“双师型”教师队伍建设。商务英语专业“双师型”教师培养应着重从以下几个方面展开。第一，组织专业任课教师轮流对各类实践包括课堂实践、校外实训和实习等进行指导和讲授，加强自我学习、锻炼，提高商务实践技能。第二，进一步加强校企合作，定期组织教师进企业学习，加强和生产企业的交流，帮助企业解决国际商务相关难题，促进科研项目落地，提升产学研水平。此外，教师在商务英语实践教学过程中，还要注重学习者的个性发展，注重对学习者独立精神和创新意识的培养。结合商务英语专业人才培养目标和当前社会对商务英语人才的需求，在课堂教学实践中，教师通过练习、游戏活动等提出问题，启发学习者积极思考和想象，学习者正确理解和回答问题并提出建设性意见和办法；亦可让学习者参加课程执行和操作，提高他们的管理水平和操作能力，使学习者的个性在教学实践中得到发展，使得其独立思考和创新的能力得以展示。

与此同时，“大众创业、万众创新”从2014年被提出以来已经获得了巨大的发展。根据倍市得调研数据，2020年有自主创业想法的大学生约占总数的39.8%，与2015年相比提高了10.6个百分点。为鼓励学习者自主创业，商务英语专业实践教学还应通过各项商务实践培养学习者的创业意识，提高其创业能力。例如，开展创新创业相关竞赛，具体的竞赛项目有创业设计大赛、职业规划设计大赛等。通过竞赛，可以将创新创业的意识传递给商务英语专业学习者，提升他们的创新创业能力。除了竞赛，还可以设立创新创业项目，并且鼓励学习者积极申报，在学习者完成项目的过程中，创新创业理念可以渗透进他们的意识中，并且提升他们的创新创业能力。

注重学习者的个性发展，培养其独立精神和创新意识，提高其双创能力，这对他们在校期间的学习与实践，以及毕业后成为创新型国际商务人才具有划时代战略意义。要提高学习者的双创能力，需要社会各界的共同努力。

4.4　实践教学课程设置

以上几个小节中，我们探讨了新形势下，商务英语专业人才培养所要求的能力、素养等，而要实现这些人才培养目标，应该对高校商务英语专业的课程设置有新的认识。传统的商务英语课程设置容易将理论课与实践课混淆。换言之，传统的商务英语专业课程设置并未充分考虑到实践课程对商务英语专业学习者实践能力的特殊作用，通常情况下是将校内实践教学融合进传统的商务英语理论课程，对商务英语理论课与实践课没有清晰的划分。新时代的人才需求要求高校的商务英语教学设立明确的、独立的课程，为学习者后期顶岗实习、毕业实习、就业等做好准备。

在全球一体化背景下，国家对外发展、国际经济交流对国际商务英语人才的培养提出了新的要求。为满足新形势下社会对国际商务英语人才的需求，商务英语专业实践课程的设置也要紧跟时代，适时调整，不断革新。

为了符合人才成长规律，达到商务英语专业人才培养要求，商务英语专业实践教学课程设置应注意以下几点。

(1)以学习者兴趣为基点

高等院校商务英语实践课程设立的根本目标是提高学习者职业能力和综合商务素质。在商务英语专业实践课程的设置和实施过程中要摒弃传统教育中以教师为主导的观念，创立以学习者为本的创新教育，坚持以学习者兴趣为出发点的教学理念，充分调动学习者的思维积极性和语言表达能力，不断培养学习者发现问题和解决问题的能力。教师需设立特定的商务环境,运用生活化的实践语言来激发学习者的学习热情,使学习者真正融入商务环境,感受到实践教学的乐趣所在,从内心接受商务英语实践课程,从而高效地进行相关实践训练。当然,培养学习者探究性的思维方法也是十分重要的,这有助于学习者职业素养的养成。此外,对于学习者的想法和观点,教师要给予学习者充分的鼓励,使其善于进行思想上的创新,在学习中感受到乐趣,关注思想上的交流。

总而言之,不论是设立生动的语言环境,运用生活化的实践语言,还是开发有特色的商务专业实践教材,都要以尊重学习者的观点和想法为前提,激发师生之间的思想交流与共鸣,使他们获得较好的体验和感悟。

(2)以就业需求为导向

实践课程重点在于提升学习者的职业核心能力,因此商务英语专业实践课程应根据学习者预期的工作岗位群的知识、能力和素质需求来设置。一般来说,商务英语专业的岗位群可以分为三大板块:①外经贸板块(外贸业务员、外贸跟单员、商务单证员、报关员、报检员、货代员、外贸助理人员、企业营销人员等),这一类岗位对学习者的语言运用能力要求较高;②中外事业单位板块(接待员、业务谈判人员、涉外秘书、陪同翻译等),这一类岗位对学习者书面写作及口语交流能力都提出了较高的要求;③涉外企事业单位行政管理岗位和扩展岗位(外贸业务管理人员、办公室管理人员、人事专员以及其他工作人员等),这一类就业岗位聚焦商务英语的书面运用。以就业为导向的商务英语实践课程的设置不仅可以充分满足学习者的实际就业需要,而且可以为社会输送综合素质较高的全能型人才,实现人才培养与社会需求的有效对接。

为了使学习者的综合能力与社会人才需求之间达成有效对接,商务英语专业实践课程需综合社会发展需求、企业人才需求、学习者就业需求等能力要求,以职业能力为导向进行设置和优化。

(3)与专业特色结合

商务英语专业的实用性极强,商务英语实践课程的设置须体现商务英语专业特色。同时,结合学校的办学特色,充分考虑专业的应用性与实践性特征,将英语专业的优势与商务结合在一起,培养学习者的综合商务素质。通过对本地区经济发展进行调研,开展商务英语专业特色实践教学研究,结合学校办学能力和特色，逐步创立特色化的商务英语实践课程。引导学习者报名参加各类国际会议、论坛、比赛等，为学习者提供真实的商务实践机会，从中锻炼学习者的语言运用能力、跨文化交际能力、商务翻译能力、商务活动应变能力等综合商务技能。总之，要结合社会市场调研、企事业专家的建议、毕业生反馈等相关信息，将语言交际能力、商务业务能力和办公设备操作能力充分融合，通过现代化的信息沟通渠道，不断与时俱进，以培养复合型国际商务人才为目标，使每个毕业生具备较强的综合能力，为学习者毕业后顺利与社会人才需求接轨做准备。

(4)能力培养阶段性

为了对接社会用人需求与毕业生就业能力需求，商务英语专业实践要着力提升学习者的综合商务技能与素质，但能力的提高需要分层次、分阶段进行，要符合人才培养规律，这便要求商务英语专业实践课程的设置具有阶段性。

首先是语言应用技能。商务英语专业实践应将培养学习者的听、说、读、写等语言技能作为基础性任务，为后续实践难度的提升做好语言上的准备。而翻译和纠错能力则在下一阶段通过进一步实践来获得、提高，因此实践课程的第一阶段应注重对学习者语言能力的培养。

其次是商务应用技能。根据商务英语学习者的职业面向和专业培养目标，紧密结合专业新动向和企业新需求，加强跨文化交流能力和商务沟通能力的培养。商务英语专业实践应重视与外贸业务、跨境电商等岗位需求相符的实践能力培养，进一步面向翻译类岗位，强化学习者口译、笔译、跨文化沟通等能力的实践训练，在实践课程中将语言与商务实操技能有机结合。

再次是创新创业技能。作为人才培养的重要环节，创新创业教育的核心价值理念应当是启蒙创新意识、培养创新精神、培育创业能力(许爱军，2019:49)，这也是商务英语专业实践课程的重要内容。要培养学习者的双创意识，要先帮助学习者建立起对专业的初步认知，制订职业生涯规划，逐步培养创新精神，为学习者开阔视野，通过实践课程和技能竞赛等实践内容引导学习者拓展新思路、新方法，为创业打下基础。

最后是科研创新能力。对商务英语学习者，鼓励其利用学术讲座、学术会议等活动了解本专业的最新研究领域和研究动向，在更新专业知识、构建知识体系的同时，找到兴趣，参与各类科研实践项目，将知识转化为解决问题的能力，在完成项目的过程中培养科研实践能力和团队协作能力。

(5)层次原则

在原有的知识课程体系上，商务英语专业以实践为主线，以任务为中心，以企业为依托，围绕跨境电商产业，融合“外语运用、商务交际、创新创业、科研实践”等关键共性技术技能，坚持“英语＋商贸”的融合发展思路，依据“通英语、懂商贸”的高素质复合型技术技能人才培养目标，建立层层递进的实践课程体系。同时融入各项竞赛、企业项目、大学创新创业训练项目等内容，丰富实践教学的形式，激发学习者的实践兴趣和主动性。

第一层为基础层，遵循“由浅入深”的原则，在一体化课程中加大实践课时比例，充分保证学习者通过“做中学”“学中做”来掌握语言技能。在教学方法上，改革传统填鸭式教学，利用虚拟情境，创设场景，通过情景教学、角色扮演等方法引导学习者边体验边练习，帮助学习者打好语言基础。

第二层为模块层，根据商务英语相关内容设置实践教学内容模块，包括国际商务、国际贸易、国际会计、国际金融、跨境电子商务等模块。通过分模块教学，促进各模块主题内容的实践，加深对行业的了解。在教学过程中，授课教师针对不同模块的能力需求、工作任务，采用灵活多样的教学方法，如“案例教学”“任务驱动”等实践教学法帮助学习者掌握所需能力。

第三层为综合层，包含综合实训、竞赛项目和企业项目。其中综合实训是对模块层的专业技能的综合训练，如外贸业务综合实训即通过模拟实战演练，使学习者操作并完成国际贸易实务全流程，强化专业知识的综合实践操作；竞赛项目涵盖了英语类、国贸类、跨境电商等，学习者可以根据自己的特长和兴趣选择性地参加各级各类各项比赛，在比赛中积累实战经验，强化技能训练；企业项目指依托双师工作室和企业工作站，让有创业意识的学习者深入参与企业真实项目，重点训练学习者的双创知识和核心能力。

第四层为科研创新层，在解决了“商务英语专业是什么”“需要掌握什么能力”，以及“毕业后能做什么”的简单问题之后，还应进一步了解本专业的前沿领域和研究趋势，引导和培养学习者的科研热情和兴趣，提高学习者的基本科研素养，包括团队协作能力、写作能力、动手能力等。

通过以上四个层次的商务英语实践教学课程体系搭建、设计贯通人才培养全过程的实践教学课程体系，符合学习者的发展规律，有利于提高商务英语实践教学的效果。

(6)课证结合

职业资格证书是能够有效代表学习者的能力的证明之一。企业用人时将应聘者所持有的职业资格证书作为衡量方法之一，可以严格把控就业的准入资格，这是提高企业人员素质的一个措施。因此，商务英语专业的学习者要将考取职业资格证书作为目标之一，在取得毕业证书的同时取得能够证明自身能力的证书，体现自身的能力和素质，提高自身的就业竞争力。从人才培养的角度来看，在商务英语课程体系中嵌入剑桥商务英语、雅思和托福等的培训，可以有针对性地提高学习者的英语水平，突出操作性和技能性。

例如，可结合学校的工商办学特色，设立“ISO9001质量管理体系”特色课程。学习者通过这一课程可以获得商务知识，而且在课程结束后，学习者若通过课程考试，则可申领由国培互联技术培训(北京)中心颁发的内部审核员证书。因此，将职业资格证书的获得与商务英语专业相关实践课程结合，也是对学习者未来就业的促进手段。

时代的变化就是创新的要求。时代进步、国家发展、全球一体化对商务英语人才培养提出了新的标准，仅靠传统的教室已无法满足对商务英语人才培养的需求。商务英语专业的实践教学要想走入时代，彰显时代的特色，就要朝着时代对人才的要求方向发展，通过社会实践，激发学习者的创新思维，富含创新精神，自主地在实践中不断总结出新的想法，提高自身的能力。所以，商务英语专业要不断关注市场需求变化与时代发展，不断革新实践课程内容，用新手段、新方法来优化实践课程。

商务英语专业本身实践性、应用性较强，这决定了商务英语专业课程体系中实践课程占比较重。商务英语专业核心课程中，综合商务英语、商务英语视听说、商务英语阅读、商务英语写作、商务翻译等课程都涉及了商务英语实践。通过这些实践课程，同学们的听、说、读、写、译等语言能力得到了锻炼与提升，为后续的更高层级的商务英语实践做了基础准备。

在商务英语专业课程中，许多课程都需要开设课内实训课，例如，国际贸易实务课程需要学习者在课内模拟合同签订、对外报价、包装设计、租船订舱、货物投保、信用证审核等国际贸易实务的操作流程。通过这些流程的实训，学习者可以夯实所学的专业知识，增强对国际贸易实践操作的感性认识。国际贸易实务实践课就是通过实验软件让学习者上机操作，模拟在汇付、托收和信用证结算方式及不同的贸易术语下的国际贸易实践操作流程，以此强化他们对所学知识的掌握，提高其实践操作能力。

除基本的商务英语专业核心课程中包含实践内容以外，商务英语专业实践教学课程很大程度上还要依赖开设专门的、独立的实践课程来实现，如商务英语专业认知实践、商务英语专业体验实践、商务英语专业综合实践等。学校可以通过设置独立的商务英语实践教学课程，充分利用暑假短学期，安排学习者进入企业观摩、学习。

商务英语认知实践课是商务英语专业学生获得学分的特色课程。为了让学习者在国际商务工作一线通过观察，加深对自己专业的了解与认识，为学习者综合商务技能的获得打下良好基础，体现有效培养“学以致用、知行并进、三性结合(融合性、应用型、对接性)”的专业人才的理念，商务英语专业实践教学应最大限度地尊重学习者的主体性，同时充分发挥学习者的主导作用以及校外实践教育基地的作用，组织商务英语专业低年级学习者利用暑假短学期，以个人分散的形式进入企业观摩、学习。学习者到国际商务相关岗位参加实地实践，了解国际商务岗位情况，对未来工作岗位有初步认识，为未来的学习和工作打下良好基础。商务英语专业学生实习的单位包括外贸公司、星级宾馆、外贸(跨境)企业、银行、商贸市场、涉外旅行社及其他单位的涉外工作岗位等，实习的内容包括商务函电、企业宣传、商务接待、对外业务、市场调查、售后服务、会展服务、广告策划、商务翻译、办公自动化及日常办公事务等。通过认知实践获得的商务知识，有助于学习者形成对国际商务完整和成熟的认知，体验社会对相关专业的实际需求。学习者到国际商务各个岗位参加实际锻炼，了解相关专业知识、操作流程、市场前景；要对每一个见习步骤和知识环节做好记录，总结心得体会，得出启示；最后以实践报告的形式上交，并进行成果展示和交流活动。

认知实践使学习者将实践与学校课堂知识结合，促进学习效率和提升学习积极性，实现教学与社会接轨。认知实践总体上将实践时间分为四个阶段：第一阶段，安排实践讲座，为学习者提供实践指导和安排，提示相关注意事项，布置相关任务;第二阶段,认识实操流程,学习者深入了解相关专业知识、业务往来、市场前景、商务流程,教师做好指导和答疑工作;第三阶段,实地实践,学习者深入了解相关专业知识、业务、流程等,并进行实际操作;第四阶段,总结交流,撰写实践总结,相互交流经验和展示,教师做实践点评。

商务英语体验实践课程同样可以充分利用暑假进行。经过两年校内理论与课堂学习的积累,高年级的商务英语专业学习者已经对商务英语专业形成了较为完整的认识,并且有了一定的知识储备与能力积累。因此,高校商务英语专业可充分利用暑假短学期,安排高年级商务英语专业学习者以个人分散形式进入企业,到国际商务相关岗位参加实地实践,综合运用在校所学的知识,解决实际工作中所出现的问题,培养初步的实际工作能力;并在实践操作中提高分析问题、解决问题的能力,积累经验,为毕业后能够直接上岗,从事相关跨文化商务工作做好准备。这一阶段的实践同样给学习者提供了众多工作机会,涉及商务函电、企业宣传、商务接待、市场调查、售后服务、会展服务、广告策划、商务翻译、物流师、涉外导游、旅游产品设计师、银行助理、办公自动化及日常办公事务等。教师在这一过程中的主要职责包括:①搜集所负责班级学习者的实践相关信息,并填写、上交实践信息汇总表。②监控学习者的实践情况,确保其真实、有效和安全。③为学习者解决实践中的困难和问题,提供相关指导和帮助。④监督学习者完成如下内容:商务英语暑期实践全套表格;实习笔记;完成2000字的实习报告,实习报告需实习单位指导老师签名并盖章;完成并上交业务成果的相关佐证材料;上交实践照片和视频。⑤监督学习者准备好以小组为单位,用PPT形式汇报英语实习成果,教师予以评价。

实践课程体系的有效实施,还需要从制度层面制订一系列的具体措施。从校企合作、师资建设、考核方式三个角度入手,完善机制体制,为课程体系的有效执行提供全方位、立体化的保障。

第一,加强校企合作,满足实践要求。校企合作在商务英语专业实践课程的实施过程中扮演着重要角色。一方面要通过校企合作引入企业项目,满足学习者的校内实践需求。以共同开发实践课程、共同育人、共建校内生产性实训基地为主要合作内容,借助真实的企业项目帮助学习者实现理论知识与专业技能之间的有效连接,发展完整的职业技能。另一方面要通过校企合作共建校外稳定实习基地，满足学习者的实习需求。积极加强与行业、企业的联系，以双方有效合同和相关制度为保障，建立稳定的校外实践基地，作为专业实践课程的实施载体。稳定的校外实习基地是校、企、师、生四方联动，保障实习顺利开展的必要条件，企业在获得一定的人力支撑的同时可即时反馈用人情况和需求；学校和教师在跟进学习者实习的过程中，掌握真实的用人需求，了解行业、企业最新发展动向；学习者在专业实习中强化职业能力，提升竞争力。

第二，加强师资建设，保证教学效果。以学院评聘制度为依托，强化专业教师实践教学水平，提高教师社会服务能力，拓宽企业兼职教师人才库，打造一支“双师”结构合理、专兼结合、梯队优良、技能强、水平高、具有国际化视野的复合型专业实践教学团队，逐步实现实践课由高技能高水平兼职教师授课的新局面。

第三，改革考核方式，优化评价机制。首先，可借鉴国外教学考核体系的先进理念，优化职业能力本位的形成性评价和终结性评价相结合的教学评估体系，注重过程考核，采用多样化实践考核方式，如小作品、小论文、阶段性口语测试、调研报告等。其次，实行学分互换，鼓励学习者参加技能竞赛等实践活动，参加市级及以上竞赛活动获得奖励者可奖励相应学分，如参加全国外贸技能大赛、跨境电商创新创业大赛、全国英语口语大赛、商务英语写作大赛等。最后，进行海外实习的学习者可以由学校和实习单位共同认定，进行学分置换等。

在商务英语专业实践教学中，要注重有机地结合商务和英语，从而使学习者在掌握理论基础的同时，具备良好的国际商务实际操作能力。商务英语实践课程体系一定要具备合理性与有效性，要同等对待英语与商务知识的学习，注重二者与实践课程的有机结合，这对于应用型商务英语人才的培养起着重要的导向作用。

4.5 商务英语实践教学体系

形成科学合理的商务英语实践教学体系并随着时代的发展不断增添新的内容，是商务英语专业实践教学实现既定目标的有力保障。商务英语实践教学应遵循应用型人才培养的规律，按照整体性、应用性和递进性原则，科学设置实践教学，不断拓展实践教学的空间场地，丰富实践教学内容，构建起商务英语专业实践教学的“一条主线、两个平台、三个层次、四大模块”。

“一条主线”:要求合理确定课内实践、课外实践与企业岗位的实践内容。学生通过课堂得到老师指导,懂得操作技能;通过实践基地训练体验工作环节;通过岗位实习,将演练内容应用于实际工作中,实现毕业即上岗。

“两个平台”:商务英语专业可以借助各种资源,打造网络课程学习平台、计算机自主学习系统、专业实践课程虚拟仿真实训系统等信息平台。学习者通过各种信息资源,可以自主选修、研究等。同时,确定实践内容体系,以校内实验中心和校外实践基地等为依托开展实训活动。

“三个层次”:要求合理确定商务英语专业实践教学的单项技能实践、课程实践和综合实践内容。如语音单项实训,可以使学生掌握相关的单项技能。商务会话课程实践教学,以项目实战为主导,提升学生的实践能力。为了提高商务英语专业学生的综合实践能力,可以根据专业特点和师生具体情况,有针对性地安排实战性强、综合性强的实验教学环节。如设置实践教学周或实践小学期,在相对集中的时间段强化对学生专业创新能力的培养。

“四大模块”:要求架构基础实践、岗位实践、专业实践和综合实践内容。课堂外可以开设讲座或举办形式多样的第二课堂活动,指导学生进行自学、研究和实践,以提高学生综合素质和激发钻研兴趣;开设外贸函电相关岗位实践课程可以锻炼学生的操作能力,完善其岗位技能;外贸流程专业实践能够培养学生的专业精神,提高其专业水平;结合“产、学、研、展、赛”等活动开展的综合实践,培养学生的动手能力和适应社会的能力,尊重和鼓励创新,使教学实践具有开放性、实效性。

根据商务英语实践教学的目标和特点,可构建贯穿商务英语教育全过程的商务英语教育的实践教学体系,其内容包括:校内的课堂实践、实验室模拟实践、第二课堂实践,校外的企业实践、国外实践,以及校企联合下的校企联合课堂、校企联合项目和毕业设计。

商务英语专业实践教学体系如图4.2所示。

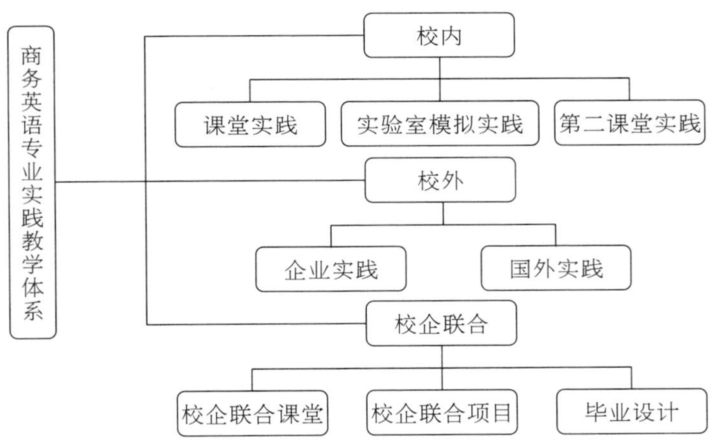

图 4.2 商务英语专业实践教学体系

商务英语实践教学要构建科学、完整的教学体系，实现教师、设备、信息和成果共享；要有机结合学校和企业优势，改善实践教学环境，创新性地构建校企双赢的实践教学模式，构建全方位、多层次、特色鲜明的商务英语专业实践教学体系。在国家产教融合的号召下，实践教学的场地不断向外延伸，通过开放与交换，生态体系间相互开放、相互渗透；通过创新实践教学模式，实践创新教育融入教学全过程，专业教育融入社会。教学内容的调整，提升了实践教学的质量，体现了商务英语实践教学过程的整体性、应用性和递进性。涵盖校内、校外、校企联合多类型的商务英语实践教学体系的构建能有效解决目前实践环境封闭、实践条件有限等问题，也能以点带面，为其他专业实践教学体系的建构提供借鉴。

5 商务英语专业实践教学模式

建立多种形式的商务英语专业实践教学模式是解决传统商务英语教学中课堂所学与企业操作脱节的一种有效手段。根据商务英语的学科特点，实践教学是商务英语专业发展的必要环节，其主要形式包括实验教学、专业实习、商务方案设计、学术活动和社会实践等（陈准民、王立非，2009:5），主要平台有课堂模拟实训、校内实训基地、校外实训基地、社会实践四大平台。根据实践形式和四大平台，商务英语实践教学应明确人才培养目标，增大实践教学比例，注重课堂理论学习与技能实践相结合，校内外实训与社会实践交叉进行，通过实践、实训，让学生既具有扎实的英语素养、广阔的视野，又拥有专业的商务素养，成为社会所需要的应用型人才。

5.1 课堂实践

课堂实践是指在课堂上进行的师生、生生、个体的实践活动。一般来说，课堂教学包括理论教学与实践教学，两者相辅相成，构成一个有机的整体。在实践教学体系中，课堂实践教学成为其他实践教学的基础，没有课堂实践教学做基础，其他实践教学就无从谈起。同时，课堂实践教学是连接理论教学与其他实践教学的重要桥梁，在实践教学体系构建中，商务英语教育必须重视这个起基础作用的部分。

5.1.1　常规课堂实践

商务英语是应用型专业，其培养目标是让学习者获得商务英语沟通与交流能力。目前中国的宏观经济环境及市场人才需求情况决定了高校商务英语专业应用型人才的培养方向，要求学生具备扎实的英语语言应用能力及过硬的国际商务职业能力。商务英语课堂实践在学生综合能力培养过程中起基础作用，是培养商务英语技能和素质的重要途径。商务英语课堂实践有多种形式，最传统的课堂实践是先由教师进行理论讲解，然后学习者根据理论进行相应的实践活动。或者是学习者先进行相关商务主题的实践，然后教师带领学习者归纳、总结出相应的理论、规则等。此外，还有“教学做”融合模式，即“混合型”教学模式。实践教学将商务英语理论与实践有机融合，寓理论于实践中，在实践中升华理论。

许多商务英语专业课程都含有不同比例的实践内容。如商务英语专业的听、说、读、写、译等课程。一般来说，根据课程性质和内容，不同课程所进行课堂实践的时间比重各不相同。教师应根据具体教学内容、学习者的实际情况，对理论与实践比例进行大致划分。在设计课堂实践时还应遵循语言习得规律，以商务技能培养为主导，遵循实践过程可监控原则，以达到学以致用、知行并进的课堂实践效果。

许多商务英语教学方法都包括相应比例的课堂实践活动，如商务英语技能课的交际法、认知法、任务驱动法、主题内容教学法；专业商务英语课（包括跨文化专业课）的情景教学法、体裁教学法、案例教学法、翻转课堂教学法、项目教学法，以及商务课程的研讨式教学法、问题导向教学法等。在此较为详细地讨论案例化实践教学、翻转课堂和项目教学法在商务英语专业课堂实践教学中的运用。

（1）案例化实践教学

案例化教学，最早由美国著名教育学家凯兹（L. G. Katz）教授提出，主要理论基础是构建主义学习理论、实用主义教育理论和情景教学理论，强调将学生作为教学活动的主体，提倡将知识和技能的获得与构建转化到具体工作项目中。案例化教学的主要教学模式是设计项目，再现工作场景，让学生在项目的“参与和实践”中主动获得并构建新的知识和技能。时任哈佛大学法学院院长的蓝得尔(Langdell)在1870年提出将案例化教学法应用于教学中,并自1919年起受到哈佛企管研究所所长郑汉姆(Doham)的推广。案例化教学是以真实的案例为基础,为学生创造情境,让他们在设定的情境下通过小组合作的方式发现问题、探索问题、解决问题。案例化教学的创新之处在于师生角色的转变——教师从课堂的主导者转变为引导者、协作者,学生从课堂的听众转变为主导者。

案例化实践教学模式在培养现代应用型、复合型人才方面具有明显的优势,因此在商务英语专业实践教学中占有一席之地。首先,案例化教学以学生为主体,关注学生的参与和实践,有利于培养学生自主学习和主动构建知识的能力。其次,教学活动围绕项目展开,由学生充当项目策划者、管理者和实施者,有利于提高学生的创新意识和创新能力。再次,项目设计紧密结合生产过程,再现工作场景,有利于提高学生的职业素养、职业岗位能力和职业核心能力。最后,案例化教学涉及生产、生活实践的方方面面,有利于提升学生的综合能力和综合素质,为学生的职业发展和可持续性发展打下坚实的基础。

商务英语专业培养“语言＋商务”“知识＋技能”“职业素养＋综合能力”的应用型人才,案例化教学融理论知识、实践操作、职业能力、综合素质于一体,与商务英语专业人才规格及要求一致。因此,商务英语专业采用案例化教学是实现人才培养目标的重要途径,有利于为社会输送优秀商务英语人才。

根据商务英语专业“语言＋商务”的特点,专业项目实践教学采用模块化设计,即语言应用能力模块、商务英语技能模块、语言及商务综合能力模块。语言应用能力模块主要以巩固学生的商务英语语言基础知识和应用能力为目标,专业基础课程,如商务英语视听说、商务英语阅读及商务英语写作等,为项目的主要来源。商务英语技能模块着重培养学生解决实际商务英语问题的能力,通过商务类课程实践的方式打下基础,如商务英语谈判、外贸英语函电与制单、国际贸易实务等。语言及商务综合能力模块主要培养学生在真实商务情景或仿真商务情景下运用所学语言知识和商务技能解决商务问题,处理商务活动的能力,每学期的专业综合语言实践活动、社团活动、毕业汇报演出等大型综合语言实践活动都是活动来源。

为了实现案例化教学效果最大化,商务英语专业课堂实践教学一方面需要围绕实践课程教学目标和教学内容进行项目设计,另一方面要突破实践教学教材的局限性,保证项目的拓展性。要做到这一点,首先要重构并整合教材,根据教材内容的内在联系和学生专业能力需求,将教材分为若干项目模块,使得实践课程内容符合项目化实践教学的要求。其次,项目设计应该在教材对知识和能力要求的基础上进行一定的拓展,不能让学生感到项目太过简单而失去兴趣,也不能用过于艰巨的任务打击学生,挫败他们的积极性和信心。只有可操作性强并有适度挑战性的项目才能够激发学生求知欲和迎接挑战的信心,进而促成项目圆满完成,达到提升学生综合能力和素养的目的。

(2)翻转课堂

"翻转课堂译自'Flipped Classroom'或'Inverted Classroom',也可译为'颠倒课堂',是指重新调整课堂内外的时间,将学习的决定权从教师转移给学生。"(杨公建,2019:215)翻转课堂是课堂实践的又一重要形式。在这种教学模式下,课堂上学生能够更专注于主动的、基于项目的学习,共同研究商务英语相关问题,从而获得更深层次的理解。商务英语实践教学的重点就在于提高学习者的语言能力、跨文化交际能力、国际商务实操能力等,而翻转课堂的运用则是理论改革以及实践应用创新融合的重要体现,这种教学模式可以脱离以往理论和实践相背离的弊端,让课堂实践愈加有效化、合理化。学习者通过课前预习找到学习过程中的困难和疑惑,通过课上的探讨和解答,实现书本知识到实践应用的有效转化。

翻转课堂兴起于中小学,如今,越来越多的高校教师将其应用到自己的教学实践当中。商务英语教学实践之所以可以和翻转课堂的教学理念结合起来,是因为商务英语教育本身和翻转课堂的教育理念不谋而合。商务英语教学的任务就是让大多数学生掌握老师所教授的东西,从而应用到实践当中。翻转课堂的教学模式不同于传统的灌输式授课方法,具有颠覆教学环节、颠覆教学角色、颠覆教学资源、颠覆教学环境的特点,能够帮助学习者在培养良好的语言运用能力的同时,掌握商务英语相关技能。翻转课堂模式的具体特点如图5.1所示。

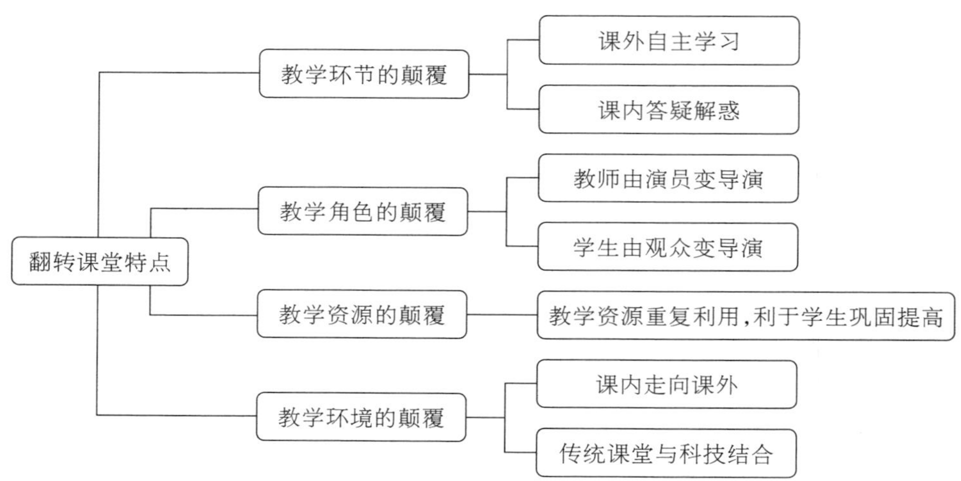

图 5.1　商务英语翻转课堂的具体特点

在翻转课堂的教学模式下,学习者的自主学习能力得到强化,课堂上教师可以结合 PPT、教学视频等对学生进行引导,学生可以通过教学视频预习、复习,完成知识的内化。商务英语的教学不再局限于课堂内部,而是实现信息化教学与课堂实践教学的深度融合。

翻转课堂教学模式在商务英语教学实践中需要借助多媒体,将其作为教学和学习工具。信息化教学手段的应用使得课堂教学更加现代化,也更有成效。在单位课时的教学中,教学目标、方法、任务、教学资源、作业、协助、互评、展示、反思等要素优化组合,依托数字化教学平台得以实现,形成了一体化的教学模式。学生要通过观看教学视频、查阅网上资料做好课前预习;要通过 PPT 展示、小组讨论、情景模拟等方式参与课堂实践;同时,还需要做好课后的复习和巩固。教师则要提前录制好教学视频,在课堂上对重点、难点进行讲解和答疑,并做好随堂检测。信息技术与课堂教学的融合,突破了传统的授课方式,让学生的个性化学习落到实处,信息化素养大有提升,课堂互动更高效,实践教学成效更显著。商务英语翻转课堂的具体实现方式如图 5.2所示。

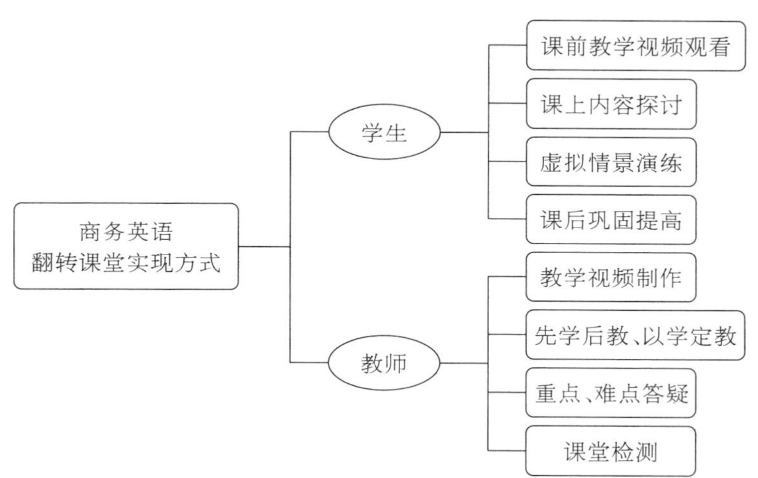

图5.2　商务英语翻转课堂的具体实现方式

(3)项目教学法

随着现代教育事业的不断发展,要体现商务英语实践教学的创新性与时代性,使商务英语专业实践教学真正做到为社会服务。商务英语专业实践教学除要注重英语知识的教授和学生能力的培养以外,还要不断创新实践教学方法,让学生更加积极主动投入到商务英语专业实践教学活动当中,达到更好的实践教学效果。项目教学法便是商务英语专业实践教学行之有效的方法之一。

项目教学法源自16世纪意大利建筑设计考试,后成为应用型人才培养的重要教学方法。项目教学法的发展及成熟使其成为企业和职业学校培养人才的主要方法。项目教学法极具实践性,因此成为实践课程教学的重要教学方法。项目教学法即教师引导学生完成一系列的项目活动,使学生在项目活动的过程中习得实际工作中所需要的知识、技能,培养学生的合作能力,将所学的理论知识用于解决实际问题。项目教学法通常分为项目设计、项目实施、项目展示、项目评价、项目总结,是典型的以学生为中心的教学方法。

在商务英语实践教学中合理运用项目教学法,有助于体现其实践性,充分锻炼学生的国际商务实践能力。教师通过采用基于商务英语实践教学内容所设计的国际商务相关工作项目,引导学生展开项目设计、项目实施、项目展示、项目评价、项目总结。在模拟真实的工作场景的过程中,项目组内各成员协作解决项目问题,共同完成项目活动,获得相关项目经验和体验,具体化其专业对应的职业要求。通过这一过程可以提升学生的实践能力、创新能力和合作意识等，为学生将来进入职场奠定经验基础。

项目教学法使得实践教学过程由传统的教师讲授转变为学生人人参与的创造性的实践活动，注重的不再是最终的考试结果，而是学生在教师的指引下完成工作项目的过程，因此对于提升学生的国际商务实践能力有极大的促进作用。学生组成的项目小组在项目实践过程中，能够真正理解和运用商务英语专业所要求的知识和技能，感受在解决工作项目过程中的困难与乐趣，培养分析、解决问题的思维和方法。在项目活动中，组内成员分工合作，以完成项目为最终目标，使所学的知识具体、生动、有活力，持续提升学生学习的兴趣和积极性。

5.1.2 实验室实践

实验室实践是商务英语专业实践对传统课堂实践的延伸。校内商务英语实验室主要有两大类：一类是训练商务英语语言技能的多媒体语言实验室；另一类是训练商务沟通与交流，模拟完成商务活动的商务技能实验室。

(1)商务英语语言实验室

商务英语语言实验室可以模拟情境，创设逼真的教学环境。通过数字化语言实验室，教师可以把与教学内容相关的内容展示给学习者，使学习者身临其境。在商务英语现代化语言实验室中，教师能够因材施教，开展个性化实践教学。此外，校内实验室的开放性使得商务英语学习者有充分时间进行实践，获得更多的实训机会，得到更为有效的锻炼。商务英语语言实验室是课堂实践的有效延伸和补充，学习者不仅可以在实验室中进行商务英语听、说、读、写、译等的训练，还可以在实验室中模拟各种商务技能考试，检验学习的效果，为进一步实践提供反馈。

多媒体语音实验室是传统实验室实践教学的典型代表。多媒体语音实验室所针对的，就是商务英语实践教学中语音和对话教学。语言学习的基础是语音，一方面，语音实践教学是商务英语语言实践教学的重要环节；另一方面，它也是商务英语语言实践教学的一大薄弱环节。学生虽积累了一定的词汇量，但语音上仍存在许多问题，而语音在商务环境中又极大地影响了谈判者的交流自信。因各地方言等因素的影响，各高校传统语音教学课时量难以满足学生的需要。

而对话是商务英语谈判的重要内容，谈话通顺度、信息量等都是决定谈判能否成功的因素。随着计算机网络技术的普及，数字化多媒体语音实验室得以广泛应用，为高校商务英语课堂实践教学提供了新平台。语音实验室建立在网络的基础之上，具有资源可共享的优势，数字化也可以拓展许多如对谈练习、阅读教材、无纸化考试等应用功能。同时，在商务英语课堂实践教学中应用多媒体语音实验室还能够激发学生的学习兴趣，体现其独特的优势。

多媒体教学内容丰富，教学手段灵活多样，现代网络信息资源庞大，使学生知识的学习不仅可以通过教师课堂书本知识的传授，而且可以通过多媒体语音实验室及其充分开发的网络英语教学资源。多媒体语音实验室可以利用校园网资源，模拟真实语言交流环境，提高学生的英语综合水平；可以制作下载多媒体课件，插播有关影像资料，使学生更多地了解英美社会文化背景，鼓励学生在网上大量阅读，了解国内外普遍存在的社会问题，讨论发表观点等，扩大学生学习的知识面，培养学生的口头表达能力，达到预期的教学效果。

语音实验室为学生提供了自主实践的平台、技术支持，以及学习实践情境。首先，语音实验室实践平台为学生提供了更为丰富的学习与实践资料。学生在数字化多媒体实验室可以通过声音、图像等多媒体信息获得多角度、大容量的实训素材。语音实验室具有丰富的教学资料，如音频和视频、文本教学素材，以方便课堂实践教学使用。其语言环境还可与校园网连接，把音像资料、课件等授课材料用以构建真实情景，打破时空限制，使学生接触到真实的商务谈话背景，激发学生学习兴趣。其次，学生可通过语音实验室实现自主学习，通过语音实验室的实践教学资源获得技术设备，按照需求安排学习，确定学习目标、方法，确定学习时间和进度，对学习质量进行评估。通过语音实验室自主学习，学生可以选择需要的学习内容，与老师、同学交流，纠正对话中出现的语音、用词等错误。与老师和同学交流可以促使学生改进学习方法、英语交流表达方式。此外，学生观看老师发布的在线课程，可以更有效地利用课后时间进行学习。

除传统的多媒体语音实验室以外，当前，随着前沿科技的不断发展，人工智能语音实验室进一步升级了传统的商务英语语音实验室。学习者可借助人工智能、大数据分析等先进技术，如人工智能语言学习区，清晰地了解自身的语言水平，通过系统智能打造的学习路径，从听、说、读、写、译全方位地进行语言能力训练，提升语言综合水平。这类实验室借助人工智能自然语言处理、语音识别、计算机视觉及大数据分析等先进技术，从听、说、读、写、译全方位搭建学习者智能学习成长平台，根据学习者的学习情况自动推送个性化学习内容，并且对学习者的学习成果自动纠错、智能批改、智能评分等，打造每个学习者最适合的学习路径，从而提升学习者的学习兴趣和学习效率。该实验室平台包含以下功能子系统。

①听力智能推送子系统。

听力智能推送子系统可根据学习者的英语学习情况从语料库中自动匹配适合每个学习者的听力学习资源。在听力学习过程中，将自动推送该类英语学习中的高频词汇，帮助学习者进行词汇学习。系统内提供不同难度等级的英语听力语料库，教师也可根据教学需要自行导入语料。

②智能场景口语对话子系统。

智能场景口语对话子系统内设置了多类难易程度不同的口语练习场景，学习者通过选择场景，了解训练目的，根据场景要求和智能系统进行英语对话。系统可对学习者的准确度、流利度等逐次评分。对话结束之后，系统还可设置场景中的相关问题对学习者进行考核，最终评定综合训练成绩。系统根据学习者练习情况智能推送匹配的练习场景。

③智能语音测评子系统。

智能语音测评子系统对学习者英语口语展开智能评测，提供语音识别、语音自动评分功能。从发音、流利度、准确度、完整度等多维度自动识别学习者的口语并进行评分，以不同的标记显示发音不清晰、不流利、不准确的句子，从而帮助学习者了解不足，有针对性地进行练习和提高。

④文本智能批改子系统。

文本智能批改子系统借助先进的大数据分析和自然语言处理技术，通过智能比对，对学习者的商务英语作文给出即时有效的反馈和客观评价；能在联系上下文的基础上，对文章词汇丰富度、句式变化、篇章结构、内容相关度等做出判断；可找出文章中的拼写错误、语法错误，并给出具体的修改意见；还可以对文章进行情感倾向性判断，自动判断文章的情感极性类别。

人工智能语音实验室包含的功能子系统如图5.3所示。

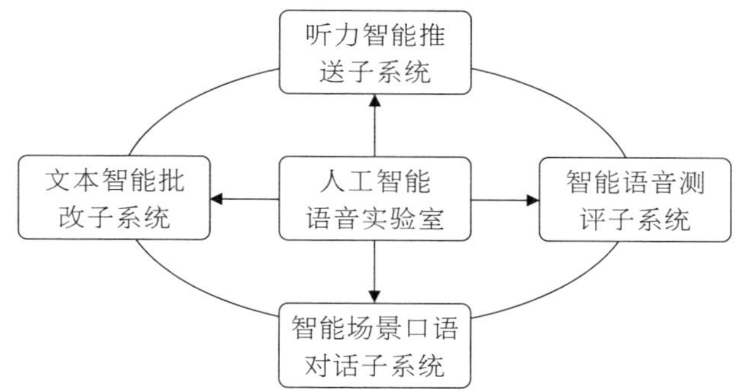

图5.3 人工智能语音实验室包含的功能子系统

(2)商务英语综合商务技能实验室

商务英语综合商务技能实验室旨在提升商务英语学习者的国际商务实践技能。在校内建立综合商务技能实验室,使商务英语学习者不出校门就可以在实验室里进行商务情景的模拟实践,学习者通过分散或集中的方式在实验室自主实践。校内的商务技能实验室可以从某种程度上解决校外的一些实践企业由于自身以生产任务和经济效益为目标等原因,而难以接纳大批量的商务英语学习者进行实习实践并给予辅导的问题,以及难以做到以学习者为主的能力训练而带来的问题。校内国际商务技能实验室的特色是仿真,模拟真实商务情景和商务流程,它将书本上单调、枯燥的概念与知识激活,形成一个真实、活跃和动感的贸易环境,充分调动学习者的学习热情,大大提高实践教学的效果。同时,商务英语模拟实验是一种全方位、互动式和渐进式的教学项目,有利于培养学习者的实际操作能力,提升学习者的创新意识和综合素质。模拟实验室或者实验基地会给商务英语的教学工作带来更多的便利,使学习者有更多的机会和场合把所学的知识运用到实践中去,以便把学到的知识与实际工作很好地衔接起来,为将来走上商务工作岗位打下良好的基础。当前高校商务英语专业使用较多的商务技能实验室包括以下几类。

①商务谈判实验室。

商务英语专业建设的国际商务谈判实验室通过模拟真实谈判场景,提供真实的、完整的谈判案例,融理论与实践为一体,学习者可组队扮演谈判中的某一方进行模拟谈判,完成从谈判前的准备、谈判过程中多回合的角逐,到最终完成谈判并签订协议的全过程，从而在谈判中获得成长。同时通过录播可完整记录整个谈判过程，借助VR设备可沉浸式观摩整个模拟谈判过程，以便于后续的学情分析。

商务谈判实验室从"理实一体"出发，按照商务谈判的流程，将理论学习与谈判实务实操结合，辅以丰富的企业案例进行自主训练或课堂讲评。并围绕项目投资、国际进出口贸易、经销代理权设计相关谈判模拟互动平台，学生可通过系统提供的互动实训场景进行谈判场景模拟，教师也可根据教学需求在系统内设计谈判场景。通过一系列流程化、案例化、情景化的实训任务，学生可掌握谈判理论知识，熟悉谈判流程，提升谈判实务技能。

此外，该实验室搭载人工智能语音评价系统，借助人工智能语音识别和图像识别等技术，可识别参与谈判人员的发言内容，并对谈判人员从语速、流利度、完整度等多维度进行智能评分，让学生更加客观地了解自身在谈判中的表现。在此过程中通过3D全景摄像终端，360度全方位录制、全声景捕捉，打造专业级全景影像。学习者在完成模拟教学后，可通过VR设备沉浸式观摩录制后的视频。

②跨文化交际与商务礼仪实验室。

跨文化交际礼仪与国际商务礼仪是商务英语专业实践教学的重要内容之一。建立校内跨文化交际与商务礼仪实验室，通过不同类型的情景模拟，让学习者体验商务往来中各贸易国家和地区的文化礼仪，包括接待礼仪、餐桌礼仪、面试礼仪、会议礼仪、谈判礼仪等。该实验室可配套活动桌椅，使学习者可以根据实训任务自行搭建模拟场景。通过场景化的模拟实操，促进学生掌握各类商务礼仪。该区域将进行录播，学生可以通过VR设备观摩视频，分析模拟实操表现。

国际商务礼仪实验室以"理实一体、实践为重、具象展现"为设计思路，提供单项技能、互动实训、考试测评模块，通过职业形象礼仪、面试礼仪、办公礼仪、会议礼仪、商务通信礼仪、拜访与接待礼仪、餐会礼仪、谈判礼仪、涉外客户关系礼仪等技能训练，以及视频学习、自我测试、案例任务、角色扮演、场景演练、分组竞技等实训模式，帮助学生掌握规范的商务礼仪，塑造良好的商务形象，提高综合商务素质，以满足今后职场及商务活动的要求。

跨文化交际实验室从"理实一体"、自主学习和翻转课堂教学理念出发，将丰富的案例与跨文化交际理论知识结合，并融入不同国家的文化知识，设计了解文化差异、感受各国文化、体验跨文化交流、考试测评四大模块。系统以跨文化沟通为主线，结合跨国管理、产品研发、市场营销、品牌建设、广告策划、商务礼仪、商务会议、商务谈判、商务通信、招聘与面试等内容，将跨文化沟通与实际商务情境紧密结合，不仅有助于学生系统而深刻地理解跨文化交际基础理论，了解不同国家文化尤其是商务文化特性，提升跨文化意识和思辨能力，掌握应变各种文化冲突的技巧和方法，而且有助于培养学生在不同文化商务情景中的沟通甚至策划能力。此外，系统通过互动实训模式，将线上线下、课堂内和课堂外的教学活动有机结合，能够进一步提升学生的综合商务素质、自主学习能力和团队合作意识，同时也能丰富教师教学手段，提高学生的课堂参与感，真正体现翻转课堂的核心教育理念。

③商务演讲实验室。

商务演讲实验室通过搭建真实的演讲场景，让学生可以实时进行演讲实战演练和实战观摩，掌握融资路演、工作汇报、产品介绍、营销计划、竞职竞聘、获奖感言、激励团队、新闻发布会等不同功能的演讲技能。同时该实验室还可以作为学科竞赛前的集中训练基地，仿真模拟竞赛场景。

商务演讲实验室包含大量商务演讲案例资源，将通用的演讲策略与商务情境结合，着重演讲结构与内容设计的方法和策略，注重非言语表现力的训练。通过各种演讲素材的演示与分析，帮助学生全面了解商务英语的演讲策略与方法，提高学生的商务英语语言应用能力、商务知识应用与演讲能力、思辨与评判能力、团队合作能力和自主学习能力。

同时，商务演讲实验室还搭载国际商务沟通实训系统，遵循“理实一体”的设计原则，采用案例教学法和任务教学法，将组织沟通、公共关系沟通和人际沟通等国际商务沟通核心理论融入真实的企业案例和多样的实训任务中，并借助各种多媒体数字技术，模拟国际商务沟通环境，为学生打造综合的国际商务沟通实训平台。该平台系统包含知识点睛、实训中心和考试测评三大模块，旨在通过教、学、练、考全方位的训练，帮助学生全面理解国际商务沟通理论基础，熟悉相关的应用场景，掌握各种国际商务沟通实践能力，为将来从事相关涉外工作奠定坚实的基础。

5.1.3 云实践

所谓云实践，是指学校通过计算机仿真技术搭建校内虚拟实践平台，该虚拟平台完全模拟国际商务工作流程，通过环境模拟教学法，增强学习者实践的体验性与真实性。

虚拟仿真实践是云实践的典型代表，其将商务英语知识与3D虚拟仿真技术融合展开实验教学工作。虚拟仿真技术在实践教学中占据重要位置，学生能够通过虚拟现实环境达到口语场景训练的效果。当前学校教学实训更多以传统纸质、电子文字信息等方式传递内容。外语模拟实验教学中，由于机房机位有限，搭设口语环境的硬件成本高、占用空间大，学生无法做到人人皆可模拟实训；组织学生开展企业实训时，由于企业岗位数量的限制，且实训环境较复杂，具备一定风险性，这使得整体实训质量无法得到保证。

因此，以3D虚拟仿真技术模拟机场客户接待、接待下榻酒店、参观工厂、商务谈判、观光旅游、文化交流体验、送别客户等实务环节，可以使学生快速适应职场环境，加强对国际商务环境的认知。学生通过虚拟仿真商务场景可以弥补传统实训的不足，提高专业教学实训效率。

商务英语虚拟仿真实验教学能提高商务场景的真实性，改善商务英语的情景化教学，促进教学内容的更新和教学方法的改革，着力提高教学效果，以此改善和推进商务英语情景化教学。3D虚拟仿真角色扮演的实训模式，可提升学生国际商务英语综合实操水平。结合虚拟仿真场景设计，可提升学生对国际商务情景的认知，提升其商务技能和跨文化交际能力。虚拟仿真实践教学能够充分弥补因实训场景不足引起的学生实践能力不足的问题，提升学生将专业知识应用于实际工作中的能力。

英国语言学家威廉·利尔特伍德（William Littlewood）认为，培养学习者的交际能力，最有效的方法就是把学习者置于具体的交际场合中去，让其使用所学的语言成为工具来满足交际需求。商务英语虚拟仿真实践教学通过引入国际业务接待与洽谈虚拟仿真场景资源，在理论教学和商务接待与洽谈模拟实验之间搭建了一个互联共通的平台，有效解决了传统教学商务场景缺失的问题，提升了学生将口语融入模拟场景的学习效率，优化了学生的学习体验。该云实践平台集合了实训任务与案例，并将国际商务场景、独特语言、教学中的“练、考、赛”融为一体。学生通过该平台能够模拟场景对话，能够专项提升个人口语发音准确度。学生通过平台能够进行试验测试、训练，提交试验报告，实现教学过程中“理实一体”的效果，充分体现出虚拟仿真融合教育信息的发展方向。基于虚拟仿真技术，该实验平台内置三维环境场景，颠覆了传统教学模式理念。平台集合了3D虚拟仿真场景，学生结合关卡和系统知识点提示，形成有章节、有故事的流程体验，将中外传统文化交流、语言评测、知识学习融为一体。在国际业务接待中通过与客户展开接待全流程的模拟实训，让学生充分体验国内外客户接待的差异化。

云实践利用虚拟仿真技术，通过国际商务活动所需的业务流程构建3D场景。在实验过程中，让学习者在3D场景中进行沉浸式体验，充分将当前人工智能、虚拟仿真技术融入商务英语专业实践教学之中。

5.2 第二课堂

为了更好地辅助学习者吸收课堂中的学习内容，便于学习者进一步掌握所学知识，将理论运用于实践，丰富学习者的课外活动，增强其表达能力、实战能力、心理素质，提升学习者的自信心等，学校及教师有责任、有义务设计各种各样的活动，丰富学习者的课外实践。尤其是商务英语专业的学习者，在将来走入职场时需要较强的实战能力，商务英语作为一门新兴的应用型学科，其实践教学也应突破传统课堂的限制，积极拓展商务英语专业实践教学的第二课堂。

第二课堂是指：“在教学计划之外，引导和组织学习者开展的各种有意义的课外活动，包括政治性的、学术性的、知识性的、健身性的、娱乐性的、公益性的（或叫服务性的）以及有酬性的活动等。”（朱九思、蔡克勇、姚启和，1983：308）也就是说，第二课堂是除课堂教学以外的由学习者自愿参加的多种多样的教学和科研活动，以及各种各样的文娱活动。这是广义上的第二课堂的内涵。而狭义上的第二课堂是指以提高学习者专业能力为目的的课外教学和科研活动。在此主要阐述狭义上的以培养学习者专业能力为目的的商务英语第二课堂。

第二课堂是相对于第一课堂而言的，又可以称为“课外活动”，它是在教学计划规定的必修课程之外由学习者自愿参加的、有组织的各种有益活动，是对课程实践教学内容的补充和深化，是为了提高学习者的综合商务技能、丰富学习者的课余生活而开展的一系列活动的总称。第二课堂活动是以育人为宗旨，以提高学习者的基本技能和基本素质为重点，以丰富的资源和空间展开的一系列活动；与第一课堂共同构成完整的教育整体，既是第一课堂的有益补充和延续，又是提高学习者综合素质与能力的有效途径。与第一课堂相比，第二课堂具有时间的灵活性、内容的新颖性、形式的多样性和参与的实践性等特点。

第二课堂是商务英语人才培养的有效途径，也是商务英语专业实践教学体系的有机组成部分。作为商务英语实践教学的有效手段，第二课堂能够在教学大纲规定的范围之外，有目的、有计划、有组织地引导学习者利用课余时间开展各种商务英语学习和实践活动，全方位提高学习者的商务英语知识的运用和实践能力。具体来说，开展商务英语专业第二课堂实践教学活动具有以下积极意义。

(1)有利于商务英语语言能力与运用能力的培养

商务英语专业第二课堂突出实践与应用环节，所开展的活动、赛事与模拟实训项目使学习者把课堂上所学的知识运用到实际中，大大提高学与用的交互性，也有效增加职业技能实践，提升学习者的职业技能。商务英语语言能力指较好地掌握英语语言知识，如专业词汇和基本句型等。教师可以利用每天的晨读时间，鼓励学习者背诵商务英语经典句型和文章，并通过商务英语口语竞赛来提高学习者对英语语言能力的重视和训练。运用能力指适时地使用各种语言形式的能力。每学期期中可举行口语相关比赛，一方面对学习者的语言能力和交流能力进行检验；另一方面使学习者将所学的知识再应用于实践，锻炼运用英语语言的能力。

(2)有利于商务对策能力与行为能力的培养

商务对策能力指有良好的心理素质，并能在各种商务交际场合运用语言和非语言技能应对和修复交流渠道。对策能力和行为能力的培养同样能够通过第二课堂活动来实现。首先，以商务社的英语辩论赛拉开序幕，考察学习者的语言能力和知识面；其次，在每周的“英语角”讨论中设置明确的主题，内容涉及政治、经济、文化、历史等各个领域，使学习者在相互交流讨论中扩大知识面，提高商务素养；最后，鼓励学习者自编自演商务对话或商务情景剧，由学习者自己设计形象、台词、手势，在编排过程中，发挥自主性和创造性，通过比赛的准备、策划等活动锻炼交际中的对策能力。行为能力指一个人运用英语与异域文化人交流时所表现出的合适的语言和非语言行为。一个普遍的现象是，学习者在使用语言交际时容易产生“文化错误”，即在语言交流中所表现出的不适当的语言或行为。为了成功的交际，除有必要的语言能力之外，还需要正确判断交际场合、交际目的，了解和掌握对方的文化背景等方面的能力。为此，可通过举办一系列商务讲座、展览，邀请外教和商务人员参与第二课堂活动进行示范、交流。有针对性、有计划的第二课堂活动，不仅可以挖掘一批在英语上学有专长的学习者，起到以点带面的作用，而且可以培养商务英语学习者在使用英语进行跨文化交际时应具备的能力。

(3)有利于商务实践能力的培养

与普通大学英语第二课堂存在较大差别，商务英语专业第二课堂不仅要培养学习者的语言基本功、交际能力、表达能力，而且要培养商务操作实战能力。这也契合了商务英语本科专业国家标准对培养目标的设定，即应具备英语能力、商务能力、跨文化交际能力等。通过开展第二课堂，充分尊重学习者的个性化特点和特长，创造更加丰富的实践手段和内容，实现育人目标。商务英语第二课堂具有实践性强、载体丰富、形式多样等特点，能满足人才培养目标的需要。在商务英语的教学实践中，须不断强化学习者的商务能力。一是商务实操能力。商务英语以其在工作中的强实用性而闻名。商务英语更多地被认为是应用于商业、贸易、管理及商业发展等方面的英语知识，有其相应的范畴，商务英语紧紧围绕的是工作者的日常工作语言，包括商业信函、商务谈判等。二是跨文化交际能力。一般来说，商务英语所针对的人群多有机会参加层次较高的社交活动，有的同学毕业后需经常活跃在国际场合。针对这种情况，第二课堂需包含相关的内容，如参加宴会、酒会等场合时需要注意的商务礼节等，以提高学习者的商务素养。

(4)有利于因材施教，实施个性化教学

因材施教就是根据学习者的具体情况而实施教育，其核心就是在认识到学习者之间存在的个别差异的基础上，进行有区别的教育，最终使其成为有用之才。学习者间的个体差异是客观存在的，尊重学习者的个体差异，有的放矢地进行有差别的教学,才能使每个学习者扬长避短,获得最佳的发展。由于学习者人数较多,第一课堂教学难以照顾到每个学习者的具体情况。第二课堂活动的开展可以丰富学习者的课余生活,为商务英语专业学习者拓展多渠道的学习方式,提高学习者的学习兴趣。学习者根据自己的兴趣特长选择适合的第二课堂活动,使自身的潜能能够得到充分发挥,同时教师可以根据学习者的具体情况进行指导,使实践过程更具针对性。

总而言之,商务英语专业第二课堂不仅注重学习者英语综合应用能力与职业技能的培养,而且注重职业核心能力与创新能力的培养,并把这些培养目标渗透到每个活动的细节之中。通过一系列专业活动、赛事与模拟实训,培养锻炼专业学习者的自主学习能力、信息收集与整理能力、发现问题与解决问题的能力、团队合作能力、人际交流能力、组织策划能力、创新能力、领导力、执行力等,提升学习者的职业素质,增强商务英语专业学习者的就业竞争力。

5.2.1 第二课堂的设置

商务英语专业第二课堂实践平台可以培养学习者的职业核心能力与创新能力,提升专业学习者国际商务综合素质,助力培养符合社会需求的商务英语高素质应用型人才。为了充分发挥第二课堂在应用型国际商务人才培养中的作用,在设计商务英语第二课堂时,需要注意以下几个方面。

第一,体现以人为本。无论是活动内容、活动方式还是活动形式等,都应发挥学习者的主体作用,彰显学习者的主体精神,体现出学习者的自主性、自由性和自觉性,同时要尊重学习者的个性,不能越俎代庖。

第二,体现统筹兼顾。商务英语第一课堂是主,第二课堂是辅,第二课堂是第一课堂的有益补充与延伸。因此,设计商务英语第二课堂活动内容时,既要突出特殊,又要兼顾一般,合理处理普通商务英语课程和专业商务英语课程以及商务技能课程之间的关系。在注重普通商务英语语言课程的基本技能训练的同时,还需强化专业商务英语课程的实践性,善于发现具有发展潜力并能提高学习者实践能力和创新精神的商务英语专业内容,以满足商务英语学习者共性和个性发展的需要。

第三,商务英语第二课堂应注重教学的趣味性。第二课堂的趣味性体现在应根据商务英语学习者的特点,以贴近学习者、贴近生活、贴近实际为原则来设计课外活动,还要融教育性、趣味性为一体。

第四,体现创新精神。实践教学的内容设置应具有创新性,它是社会对商务英语人才所需能力素质结构的要求。创新是第二课堂活动的灵魂,商务英语第二课堂活动须在活动设计中注重理论与方法的创新,尊重学习者的首创精神,树立全面、协调、可持续发展的第二课堂活动发展观念,使科学的活动体系与规范的活动内容、灵活的活动方法和手段相统一。

第五,体现商务特色。商务英语第二课堂与传统意义上的普通英语第二课堂有一定的区别。传统的英语第二课堂主要关注的是学习者语言能力的提升,主要形式有英语演讲比赛、英语写作比赛、英语辩论比赛、英语话剧比赛等。这些形式的共同点是借助某种比赛手段,把学习融入活动中,激发学习者的竞争和合作意识,以提高语言能力为目标。商务英语第二课堂不仅仅要有普通英语第二课堂活动的内容和形式,还要有自身的专业特色。这是由商务英语专业的复合型特点,即“英语语言+商务知识”决定的。在商务活动中,语言很大程度上是作为解决商务问题的工具而被使用的,因此,商务英语第二课堂必须彰显其商务特色。

5.2.2 第二课堂的类型

商务英语第二课堂实践的载体多样,有商务英语课外活动、各类商务英语社团、商务英语专业模拟工作室、商务英语网络平台、商务英语校报等等。具体来说,商务英语专业第二课堂可开展以下活动。

(1)学术科技与创新创业类课外活动

学术科技与创新创业类课外活动包括商务英语学习者课外参加的各类学术科技和创新创业活动以及各类学术科技创业等竞赛活动。专业技能竞赛是融学、练、赛为一体的综合活动,是培养和选拔优秀人才的重要手段,是提高学习者素质、促进高技能人才成长的重要途径,是传统课堂教学的拓展与延伸。竞赛是促进学习者自主学习、提升第二课堂有效性的助推器,有助于激发学习者的参与意识和竞争意识。参与各级专业技能竞赛,可以培养学习者的动手能力、信息处理能力、写作能力、创新思维能力以及团队合作能力。学习者参与的竞赛可以是多层次、多级别的,如专业级竞赛、院系级竞赛、省级及国家级竞赛等。商务英语专业学术科技与创新创业类课外活动主要包括与商务英语专业相关的研究、发明、学术理论研究、科技创新、学科竞赛等,新产品、新工艺设计及撰写的科研论文、调查报告等,参与教师负责的有关课题组的科学研究、科技开发、科技服务项目及科研助学活动等。

(2)社会实践与志愿服务类课外活动

社会实践与志愿服务类课外活动是学习者运用所学知识组织或参加的校内外的商务英语实践与各种志愿服务活动;是学习者运用所学知识施展才华、服务社会的大课堂;是加强学习者思想政治工作,引导学习者健康成长成才的重要举措;是学习者深入了解社会,检验自我、锻炼自我的最佳途径。社会实践与志愿者服务类课外活动是培养学习者综合素质、积累社会经验的有效形式,有助于学习者提高实践能力,增强社会责任感和使命感。

(3)商务英语社团活动

商务英语社团活动包括:①商务主题“英语角”活动。社团活动是高校第二课堂活动中不可缺少的组成部分。学习者社团是广大学习者依照共同的兴趣、爱好自发组成的群众性业余组织,是校园文化的重要载体,也是高校第二课堂的重要组成部分。随着教育体制改革的不断深入,学习者学习、生活方式的不断变化,学习者社团已日益成为高校中具有重大影响力和凝聚力的群体,在完善学习者知识结构、丰富学习者校园文化生活、锻炼学习者实践能力、拓展学习者综合素质等方面发挥着越来越重要的作用。商务主题“英语角”活动是商务英语社团组织的,以商务主题为导向的训练商务英语口语的主要途径之一,能有效地提高学习者的商务英语口语水平。②商务英语专题知识讲座。讲座是开拓学习者视野最为有效的途径,可以提高学习者各方面的综合素质,也是第二课堂活动的一项重点内容。商务英语专题知识讲座是学习者获取商务英语知识的非常重要的第二课堂。学校可邀请企业精英走进学校课堂,为商务英语学习者开设涵盖商务英语学习和商务工作内容的讲座,成为商务英语课堂教学的有益补充、延伸和拓展。

(4)课外商务模拟工作室

“模拟工作室”的概念诞生于20世纪50年代。模拟工作室和前文的商务技能实验室相似，主要是建立模拟商务活动的工作室，让学习者在第二课堂进行仿真实践活动。与模拟商务技能实验室的不同之处在于，这个实践是发生在第二课堂活动时间，以学习者为主，更强调学习者的主体性、自由性、选择性与灵活性。商务英语专业模拟工作室通过国际商务软件，能够真实地模拟国际商务活动过程中的各个工作环节。它在传统教学模式的基础上加入了实务场景模拟，吸收了实例教学的方法，逼真地模拟各个商务流程，让学习者身处其中。通过亲身实践、分析案例、深入记忆和熟练操作各个环节，使得以英语语言交际为媒介的商务流程贯穿于教学活动的始终。此外，可创办网上模拟外贸公司，让学习者亲身体会外贸公司的各个岗位角色。模拟的场景包括一般公司场景、工厂仓库场景、货运码头场景、海关场景、银行场景、商检场景、保险公司场景、货代船代公司场景等商务场景。模拟的业务范围涉及国际商务谈判、签订合同、工厂跟单、质检验货、包装运输、报关报检、租船订舱、发货收款、开立汇票、信用证议付、索赔仲裁等主要贸易流程。涉及的单证有商业发票、包装单据装箱单、重量单、商检证书、原产地证、保险单、提单、汇票、装船通知、受益人证明书、客户交单联系单、出口报关单证、进口报关单证、出口货物许可证、出口收汇核销单、进口货物许可证等。在各种“实景”模拟的软件配合下，教师把外贸商务活动系统地串联起来，让学习者亲身经历，用英语填制各种单据并应对和解决流程中各环节出现的问题，让学习者在实践中体会如何更好地用英语达到商务交际的目的；利用商务实训软件和网络资源，向学生呈现各种真实的商务英语信函和业务单证，让学生反复学习单证缮制规范和操练信函拟写；通过呈现和列举商务活动中常碰到的问题，如抱怨与索赔、追款等实际案例，使学习者了解贸易运作的基本程序，并学会处理相关商务问题。通过模拟实训，学习者学会如何使用得体的商务用语明确表达意图，完成交易任务。课外商务模拟工作室有助于商务英语专业的学习者为以后走上工作岗位从事相关工作做好相应的职业准备。

(5)商务英语各种竞赛和商务主题晚会或晚宴

学校、学院或系部可以开展相关的商务英语语言和商务技能竞赛活动，同时，还可以组织学习者自编自导内容新颖、富有强烈时代气息的商务主题晚会或晚宴。学习者不仅可以欣赏到许多丰富多彩的文艺节目，还可以充分感受浓厚的商务英语文化气息。

(6)商务英语刊物的编辑和发行

商务英语学习者社团可以组织编辑和发行自己的社团刊物。这不仅锻炼商务英语学习者的语言运用能力,而且能够促使其主动思考国际商务活动相关事项,提高自身的思辨能力。

商务英语第二课堂强调活动的主体性、内容的广泛性、形式的多样性、参与的实践性,能够有效地补充和深化课堂教学的内容,为培养学习者的个性和促进其全面发展提供更为广阔的平台和空间。商务英语第二课堂作为实践教学的重要组成部分,实现了教与学的课上、课下交流和互动。教与学共同参与和共同设计的第二课堂,有助于拓展学习者的视野,提升学习者的学习兴趣,培养学习者的专业能力,提升学习者的综合素质。因此,高校应充分重视第二课堂对社会所需的应用型国际商务人才培养的积极作用。

5.3 企业实践模式

根据教育部提出的高等教育目标,高校需培养具有较高素质与技能的生产、建设、服务和管理一线需要的技术技能型人才。技术性、实践性和职业性的特点决定了高等教育必须与企业、社会和行业密切结合。因此,工学结合成为新形势下高等教育应用型人才培养模式的创举,是高等教育理念的重大改革,体现了高等教育的价值取向和生命力。在这一背景下,高校商务英语专业发展也亟待一个科学的企业实践教学模式,理论结合实践,把企业精神与课堂理论教学更好地融合在一起,为社会培养政治合格、专业过硬的高素质技能型国际商务人才。

实践基地是学生实践的载体,提高实践教学质量,培养创新人才离不开实践基地的建设。实践教学基地建设对于地方本科院校提高应用型人才培养质量和学校教学管理水平,带动创新创业,促进社会服务具有重要的意义。

企业实践教学是培养应用型人才的关键教学环节,是按照人才培养方案的规定,在完成本专业通识教育课程,掌握一定的基础知识和专业知识,具备基本实践能力的基础上,在企业现场进行的实践性教学活动。商务英语企业实践是开展这一教育活动的重要途径,其主要目标是培养商务英语专业学生的综合素质和综合能力。通过企业实践,学习者能够快速、有效、创造性地解决实际工作中的问题,并对商务英语相关领域的新动态、新业务有较强的适应能力,从而获得具有可持续发展潜力的商务英语专业能力。

商务英语企业实践是校内实践的拓展和延伸,具有多重优势:首先,学习者能接触到真实的商务环境。到企业实践学习,做的是商务英语行业的真实工作,完成的是真实的商务任务。学习者如果没有做好相关的工作,对企业就会产生负面影响,甚至影响企业效益。学习者必须认真对待工作,促使自身效率的提升。其次,企业实践基于真实的工作环境,可为商务英语学习者提供真实的商务英语相关工作任务。在企业实践过程中,企业给学习者分配的都是真实任务,让学习者跟着做、学着做企业需要的工作,可增强学习者的体验感,在真实任务中提高其专业能力。最后,学习者在真实的企业岗位上,对职业岗位有直接的接触与感知,能够直接学习商务操作技能、方法,提升专业技能。在企业实践学习中,学习者承担的是真实任务,身处真实环境,面临各种情景,所以学习者不仅可以深化其商务知识,而且可以获得在学校课堂里学不到的商务领域的默会知识,从而获得职业能力、综合素质的提升。

5.3.1 企业实践类型

企业实践类型丰富多样,为学习者增强专业认知、积累真实商务经验、提高自身商务综合素质提供了宝贵的机会。商务英语企业实践主要包括专业实践、海外实践、毕业实习等内容。

(1)企业专业实践

企业专业实践是商务英语实践教学的重要方式,是学习者将理论知识同生产实践结合的有效途径。一方面,商务英语学习者在企业工作现场,在实际岗位上按照企业要求和流程进行实践,以“做中学”和“学中做”的方式巩固、加深专业知识。另一方面,学习生产与管理知识,进行技能训练,达到实际岗位操作的能力要求。通过专业实习丰富学习者的知识结构,提高学习者理论联系实际的能力,培养学习者从事国际商务交流与沟通的行为能力和做事能力。通过企业专业实践,让学习者了解社会和接触生产实际,增强社会交往能力和团队协作精神。同时,企业专业实践还能够起到培养职业品德的作用,商务英语学习者在企业实践教学过程中,能够了解企业文化及相关规章制度,逐步了解相关法律法规和行业规范，成为具有良好职业品质和道德的职业人。

根据学校、地域等的具体情况，商务英语企业实践可安排在大一、大二、大三的暑期实践，也可安排在第四、五、六、七学期集中实践，时间为2—4周。为加强对企业实践的重视，可以设立单独的学分。实践的内容包括商务函电、企业宣传、商务接待、市场调查、售后服务、会展服务、广告策划、商务翻译、货物代理、物流管理、银行理财、商游策划、跨境电商服务、办公自动化及日常办公事务等。

根据实践内容和要求，商务英语企业实践可以分成不同类型、不同层次。

笔者将所在学校的商务英语企业实践开设在大二、大三的暑期，大二为企业“认知实践”，大三为企业“体验实践”。每班(25人左右)设一个指导教师，设立独立学分(2学分)。

大二暑期的实践为“认知实践”，其目标是：

①学习者了解社会，接触实际工作，对未来工作岗位有感性认识。

②学习者在事件中运用学到的语言技能和商务知识，对未来工作岗位有初步认知。

③开拓学习者的国际化视野，在实践中提高跨文化交际能力。

④以团队形式参与实践工作，希望学习者能够在实践中强化团队合作精神，相互学习、取长补短、互助共进、发挥特长。

大三的“体验实践”的目标是：

①学习者亲自参与商务工作，置身于商务环境和商务工作中，培养职业素养和责任感。

②学习者到国际商务相关岗位参加实地实践，综合运用在校所学的知识，解决实际工作中所出现的问题，培养初步的实际工作能力。

③在实践操作中提高发现问题、分析问题、解决问题的能力，积累经验，为毕业后能够直接上岗，从事相关跨文化商务工作做好准备。在完成规定的任务后，如企业和学习者双方同意，可延长实践时间，获得更多的经验和更好的效果。

商务英语企业实践课由3—5名学习者组成团队，下派到本专业的校外商务英语实践基地，或学习者自行联系实践单位。实践时间为两周，如实践单位和学习者双方同意，可延长实践时间，最多至整个暑期8周。岗位为：外贸公司、外企、星级宾馆、物流公司、银行、商贸市场、电子商务公司及其他单位的涉外工作岗位。一般情况下，学习者都会在两周后延长实践时间，以获得更多的锻炼和更好的效果。

实践归来要求完成以下材料：①商务英语暑期实践全套表格；②实习笔记；③完成2000字的实习报告，实习报告需实习单位指导老师签名并盖章；④上交实践照片和视频；⑤监督学生准备好以小组为单位，以演示文稿（PPT）的形式用英语汇报实习成果，返校后在实习报告会上展示。要求具有团队合作精神，团结协作，相互帮助，注意安全，并学会在认知实践和体验实践中学习。

（2）海外实践

商务英语教育培养从事国际商务工作的一线人才，具有国际化特征。将实践基地设立在国际商务领域，让学习者在海外公司、企业参与国际商务活动，无疑能够更有效地提升学习者的国际商务技能和跨文化国际商务行为能力。

上海外国语大学的海外实训体系值得借鉴。上海外国语大学生涯发展教育中心开展了一个“国际化生涯发展视角下的海外实习、实训体系建设项目”，该项目以当前美国高校海外实习的培养目标、运作模式和管理服务模式为关注点，分析美国高校开展海外实习的通用模式，并建设性地提出了在操作层面上开展海外实习的框架。该项目通过问卷调查发现：海外实践的指导思想多为开拓学习者的国际视野；高校海外实践项目拓展渠道呈多元态势，主要有建立校级专业实践实习，与国外企业或国际组织直接建立实习联系，以及与非政府组织建立联系，等等；海外实习项目设计形式多样，时间上从3周到12个月不等，有长期的专业实习、短期的专业实习；海外实习项目的机制保障力度一般；海外实习项目的服务与管理相对简单；海外实习项目的风险控制形式较为单一；学习者对海外实习具有较高的认同度；相关配套政策并没有完全跟上国际化、海外实习的大发展。

研究发现，海外实习在校级合作的官方背景下运作，海外实习根据学习者的实际需求量身定做，海外实习经历与国内企业实习经历等同，学习者可以通过海外实习学习相关课程，项目狠抓机制建设，团队建设融入育人理念。目前该项目下已有多名学习者进入美国当地的知名企业，如Morgen Stanley、American First Bank、Athens Chamber、Holiday Inn等公司进行实习，已取得良好的效果。

上海外国语大学的海外实践项目，为商务英语专业海外实践的开展打开了思路。目前对于普通高校的商务英语专业来讲，要开展国外商务英语实践教学，实践基地建设是关键。商务英语实践基地可以是国外公司、企业，以及一切与国际商务相关的工作，也可以是国外的一些以技能培养为主导的学校。首先要充分利用学校的地域优势，建立校外实践基地。如广西可重点开发在东盟国家的实践基地，黑龙江可开发在俄罗斯的实践基地，江浙地区可开发在中东、东亚等国家的实践基地。其次，应依托本学校的教育特色、背景和原有资源，建立国外实践基地。再次，发动教师资源。很多商务英语教师都有留学和国外商务工作的背景，充分利用这些资源，可以建立专业针对性强、实现双赢的海外实践基地。最后，学习者也是一个很好的资源，有些学习者的家长就在海外开公司经商，通过学习者可以将实践基地建在这些海外的公司里。

鉴于国外实践是一个新型的具有前景的商务英语实践模式，对实践时间、实践教师等都有特殊要求，所以有许多值得探索和实践的地方。建议商务英语教育管理者解放思想，锐意改革，创新实践方法，如可以顺延寒暑假的实践时间，可以采取分散和集中相结合的方式，也可以采用更为灵活的方式进行实践管理等。总之，创建一个既能让学习者在国际商海中亲自体验实践，拓展学习者的国际化视野，又能让学校进行有效管理，全面提高学习者的商务英语专业能力、职业能力和综合能力的海外实践渠道，是目前商务英语教育者的一个重要的开拓性任务。

(3)毕业实习

商务英语毕业实习是一门主要的实践性课程，是商务英语学习者巩固和深化所学知识的有效途径。毕业实习主要培养商务英语学习者的综合能力，是其综合运用所学的基础理论、专业知识和基本技能，解决生产、建设、管理、服务一线实际问题的过程。通过毕业实习，商务英语学习者进一步完善知识结构，进一步提升理论联系实际的能力以及思维能力、创造能力、实践能力、管理能力等各方面综合能力，为顺利走上工作岗位打下良好的基础。毕业实习综合性强、就业目的性强，在设计这类实习时，应针对学习者不同的学习背景、意向，因材施教，采用分散实习的模式。在实习实践的这个学期，可以让学习者自己选择实习单位，选择对自己日后工作更加有利的岗位。这样不仅可以在一定程度上减少实习基地的负担，还可以促进学习者本人日后的就业和发展。

笔者所在学校的商务英语专业的毕业实践分为两个部分，一个放在第七学期，为期两周；另一个放在第八学期，为期六周。第七学期的两周毕业实习，采取将校外专家请到校内的集中实践形式，这将在下面的“校企联合”中继续阐述。第八学期的商务英语专业实习是专业知识与专业实践相结合的重要环节，是专业教学计划的重要组成部分，也是全面培养学习者能力的有效途径，其主要方法是基于认知实践和体验之后的顶岗工作。这要求学习者通过实习，了解和熟悉社会主义市场经济条件下国际贸易的基本情况，熟悉党和国家对我国外贸工作的各项方针政策。通过参与和实践，熟悉外贸工作各个环节的具体操作程序，加深理解在课堂上所学的商务英语专业理论知识，为今后顺利走上社会、参加工作打好基础，同时，也可以参加一些与商务英语专业相关的实践活动，如商务英语教学、外事旅游等各项工作，成为能够适应社会需要的高级专业人才。

商务英语专业毕业实习岗位包括：

①“大商务”领域中的工作，即学习、熟悉和参与国际商务各个领域中的国际商务工作，包括外贸、物流、营销、电商、银行等。

②外事旅游，即熟悉外事外宾接待等涉外工作。

③英语教学工作内容，包括学习、熟悉、参与外语教学的各个环节，如备课、课堂教学、第二课堂活动；学习、熟悉与实践有关的外语教学法和语言测试理论，实践语言技能、语法、词汇、课文等内容的教学方法。

校外企业实践作用重大，但由于是在校外，不像校内实践容易监控，所以为确保校外实践教学不流于形式，抓实、抓牢校外实践，教师应根据商务英语校外实践特点，注意以下几方面：

①做好周密的实践计划和安排；

②确定具体实践目标；

③拓展实践教学形式，建立企业实践教学基地；

④提高企业实践资源的利用率；

⑤制定企业实践教学考核评价指标，确保企业实践教学的质量；

⑥创设企业实践教学的支撑条件，让企业实践教学得到有效保障。商务英语企业实践主要包括专业实践、毕业实习、海外实践等。

5.3.2 企业实践基地的建设

国内高校针对商务英语专业实践教学基地认识不足、设施投入不足、标准不统一、师资实践能力不强、实践教学方法缺乏、基地利用率低等问题进行了富有成效的改革探索。在新文科战略背景下,需要建设一流实践基地,满足一流专业建设的需求,应从以下方面建设商务英语专业企业实践基地。

(1)设施配套

实践基地的基础设施齐全是选择基地的必备条件。实践基地的选择与建设要遵循布局合理、就地就近、因地制宜的原则。交通通信便利,实现“一小时圈”,便于师生在学校与基地来往,教师能够给予学生及时的指导;基地办公设施齐全,食宿、生活、卫生、文化、学习设施完善;劳动保护、后勤服务、安全有保障;具备一定的实验场所和相应的仪器设备、教学设施;周边环境安全。

(2)专业匹配

实践基地的选择首先要考虑商务英语专业人才培养目标的定位和实践教学大纲规定的内容,结合地方经济特色与优势,选择能彰显当地经济优势与特色的企业作为实践基地,为商务英语专业学生提供与专业特点基本相符的实践岗位,使学生在实践基地安心踏实工作,以培养实际工作岗位所需的基本素质和能力,提高分析和解决问题的能力,实现商务英语专业企业实践教学的效率最大化。

(3)目标定位原则

实践教学基地要突出教学、科研、生产三大功能,教育与生产相结合是选择基地的基础,基地以科研开发、经营为载体,是企业创新竞争的核心,有助于实现“教学、科研、生产”的有效结合,构建高标准的实践教学基地。实践教学基地不仅为学生提供了完成实践环节的场所,还让学生参与企业生产过程、科研和示范推广,培养了学生的创新意识和创新能力,既达到了学校以实践教学为主的目的,又为企业提供了人才支撑和生产经营服务。

(4)稳定性

实践基地的稳定性是基地保持良好运行的基本条件。其稳定性表现在双方合作关系的稳定性、资源稳定性、实践基地管理协调的稳定性、提供实践教学服务的稳定性。这有利于高等院校向实践基地提供持续的技术支持,有利于高校与基地单位间的沟通与信任，是增强人才培养能力的有力保障，体现了实践基地培养人才的能力，体现了校企合作共建的实力。

（5）互惠互利原则

选择实践基地要突出互惠性、实践性、共享性、灵活性、发展性。互惠互利是企业实践的基础，互惠性体现在人才培养、技术开发、科技培训、技术咨询、信息交流、开放实验室、人才需求等领域；实践性是指突出高校培养学生的实践能力；共享性是指双方利用资源共享，提高实践基地的利用率；灵活性是指双方依据需求和实际情况合理调整合作内容、方式；发展性是指根据国际商务的实时发展以及商务英语专业的发展，拓展实践基地的规模、服务方式、企业实践方式等。

（6）考核评价

制定科学有效的考核评价体系，是精准衡量基地水平和检验商务英语企业教学实践质量的有效措施。参照基地建设评价标准，以基地建设本身为评价对象，全面评价基地建设效果，为高起点、高标准基地建设提供可参考的依据。

5.4 校企结合

校企协同培养模式的实践最早起源于美国，20世纪50年代斯坦福大学开始大学与企业协作培养模式，其基本原则是优势互补、双向参与、互惠互利。

经济全球化的不断深入，带动了国际市场的发展，特别是在当前各国经济文化交融的大背景下，英语作为世界上使用最广泛的语言，对于促进国家地区间的商务合作关系有着举足轻重的作用。“在新的环境下，高等教育面临着新的机遇与挑战，肩负着新的历史使命，在竞争与发展大潮中，培养创新型、应用型人才成为高等教育的重要目标之一。”（朱士中，2010：149）如果依然沿用传统的教学模式在各高校中展开商务英语实践教学，将商务英语人才培养活动束缚在传统的校内进行，势必会严重制约人才的培养质量。

《国家中长期教育改革和发展规划纲要（2010—2020年）》指出：要更新人才培养观念，改革人才培养模式，加强实践教学，大力推行“工学结合、校企合作”培养模式，突出实训环节教学。随着国际贸易的繁荣以及我国制造业的快速发展，国内各种不同类型、不同规模的制造业和零售业企业不断开拓海外市场，加入对外贸易行业中,尤其是在经济较发达的东南沿海地区。涉外就业岗位的激增加大了对既懂英语又擅长国际商务的高层次商务英语人才的需求,同时也对涉外商务人员的专业素质提出了更高的要求:既要拥有系统的国际商务理论知识和较强的英语沟通能力,又要熟悉商务活动流程,具有较强的外贸实践操作技能。可见,高校商务英语专业加强实践教学既是贯彻教育部办学要求,也是顺应社会及市场需求。

商务英语专业的学习者毕业后通常与外国企业接触,中国市场在对商务英语人才需求量不断增长的同时,对人才的质量要求也越来越高。校企协同培养模式能够充分发挥企业和学校的优势,全面提高学习者的综合能力与就业竞争能力,既能让学习者在毕业后直接进入一线岗位工作,更好地服务生产,又能让学习者在真正步入社会前做好自身的职业规划,学有所得、学为所用。校企协同培养模式有助于实现学校、学习者以及企业之间的互利共赢,达到共同培养适合不同用人单位需要的、素质全面与具有创新能力的人才的目的。通过搭建校企合作的平台,与企业共同构建联合人才培养的机制。

将校企合作模式引入高校商务英语专业人才培养已是大势所趋,这一实践教学形式能够促进学校与企业多元化、多层次、多方位的合作交流。校企合作的方式灵活多样,有订单合作与工学合作交替模式、顶岗实习模式、共建校外实习基地模式、现代学徒制模式、校企联合课堂模式、社会服务模式等。

5.4.1 工学交替模式

对于商务英语应用型人才的培养而言,企业和学校的通力合作是实现人才培养目标的重要途径之一。工学交替模式指企业和学校共同制订人才培养方案,学习者的教学场所在企业和学校之间反复交替。此模式有利于将学习者在校学习的知识及时、有效地运用在企业的实际工作中,同时将工作中遇到的问题引入理论的思考探索,促进两者的有机结合。此外,这一实践教学形式极具灵活性。当企业生产任务饱和时,让学习者到企业实习;当企业生产任务较少时,则让学习者在校进行文化课的学习,最大限度地降低企业的人力成本,所以它比较适合在合作企业离学校较近的情况下实施。

工学交替模式实现了“学”和“做”的有效对接,将学习和工作有机融合,模糊了理论教学和实践教学的边界，使学习者的语言能力更偏向应用性、实用性，贴近商务工作需求，有利于提升学习者的综合商务实践能力。该实践教学形式使学习者、企业和学校各司其职。在整个“三位一体”的系统里，企业和学校还应制定对应的评估体系，比如学习者的考核制度、教师的考核制度、人才培养质量第三方考核制度等。

这种实践教学形式为学习者提供了接触、了解企业和就业岗位的机会，学习者通过上岗实习、参观学习、实践操作、专家讲座等形式的实习实践活动，充分了解了企业文化、企业价值观、企业运营流程、企业对毕业生能力素质的要求，强化了实际动手操作能力，大大提高了对企业文化的认识。学习者通过在企业的实践积累真实的国际商务经验，有利于职业技能的形成，同时能够感受到工作的职业氛围，了解和接触到企业对岗位的要求和规范，有利于培养工作态度、职业道德和企业精神。学习者、学校和企业对应的“三位一体”职能具体如图5.4所示。

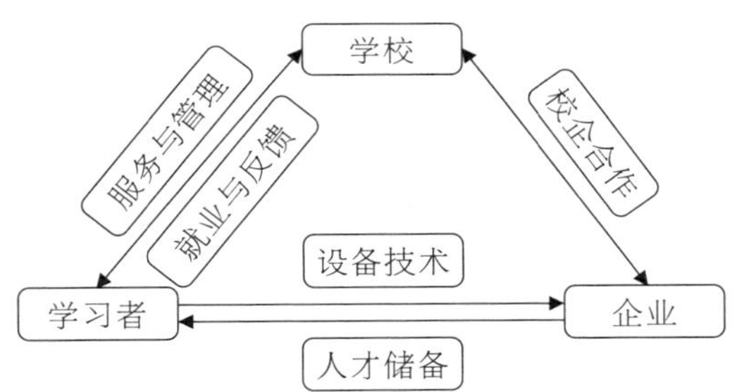

图5.4 学习者、学校、企业“三位一体”职能图

5.4.2 顶岗实习模式

顶岗实习是高等院校有计划、有目的地安排在校学习者到相关企业生产操作一线从事生产性劳动的一种实践方式，是高校商务英语专业实践教学改革的一项重大措施，也是适应社会市场经济发展及促进学习者顺利就业的必然选择。这种实践模式以训练商务操作技能为载体，可以使学习者充分融合语言和商务知识，对学习者的综合职业能力进行强化训练，增加其社会工作经验，增强其岗位意识和岗位责任感，使学习者顺利对接未来的工作岗位。

与校内实施的单项技能训练和综合技能实训相比，顶岗实习有明显不同，因为商务英语专业学习者分散在不同的单位，在多样的岗位上更广泛地与社会接触，能够有效地强化岗位技能。校内实践虽然具有专业性突出、系统性较强的优势，但在商务环境的真实性上有较大的不足。学习者校外顶岗实习实际是学习者在陌生却又真实的商务环境中从事业务工作，更需要重视人际交往的和谐和专业技能的灵活应用。学习者需要让企业人力资源部门尽快了解自己的特长，较好地实现人岗匹配，从而圆满完成岗位业务，赢得企业的信任，为自己今后的就业增添砝码。

顶岗实习已经成为高校人才培养过程的重要组成部分，这一实践方式能帮助学习者在步入社会前快速掌握对应岗位技能，适应相应岗位角色。顶岗实习是学习者在学校系统教育之后的延伸，是系统化的实践总结。学习者在顶岗实习过程中，接触的不只是教材中的知识和案例，还会真实感受到自身专业技能的不足之处。比如商贸谈判，在校学习者无论经过多少模拟训练，都不如深入企业聆听或参与真实的商务谈判获益更多。有的学习者通过企业顶岗实习参加了广交会，接触了大量的客商，切实地提升了商务谈判的技巧和策略应用能力。学习者完成顶岗业务实习后回校与教师沟通，将进一步深化自己的理论知识和业务技能，拓展岗位所需的各种知识，打造良好的职业素养。总之，顶岗业务实习使商务英语专业学习者充分利用企业的资源和环境，促进自身专业技能和职业素养的零距离对接。

虽然顶岗实习不是在校内完成的，但是学校作为学习者教育的主导者，仍然承担着重要角色。学校教育对于顶岗实习作用的体现，不仅是在顶岗实习期间，而且应贯穿始终，从学习者入学开始，就应明确教学内容、教学标准，同时应明确学生在顶岗实习过程中的责任和义务。学校要在日常教学中，将商务英语专业的教学过程与商务英语岗位群的工作过程统一，将校内教学内容与职业标准对接；学校要选择有资质的实习单位和对口的实习岗位，为学习者安全、有效的实习提供保障；学校要委派专门教师担任学习者顶岗实习期间的学校指导教师，指导学习者的岗位工作，关心学习者在实习期间的生活、学习及心理活动；学校要完善顶岗实习的管理制度，如与企业、学习者签订顶岗实习三方协议，从而在整个顶岗实习过程中，有效地监管、维护三方的权益；学校要从学习者、企业及教学实践角度出发，制订合理的顶岗实习计划，如明确顶岗实习的目标，组织工作，以及拟定一些规范化文件，如顶岗实习的任务书、实习报告等；学校要对学习者的实习表现以及企业的各项任务完成情况进行考核和评价，了解学习者是否获取了相应的知识和职业能力，也可为顶岗实习单位的遴选提供依据。

对于企业来说，通过顶岗实习，可以减少对准员工入职培训的时间成本与人力成本。同时，人才是企业保持竞争力的关键因素，企业应当认识到积极参与顶岗实习，能有效提升自身的核心竞争力。另外，企业在商务英语学习者的顶岗实习过程中责任重大，要接受学校对企业自身的资质和应承担的义务进行的监督。相关合作企业需要按照标准开展顶岗实习工作，确保顶岗实习能够高质量完成。

企业要提前做好学习者来本企业进行顶岗实习的各项安排和计划的准备，要将本企业的工作过程与学习者的实习过程结合起来，真正尽到实践育人的责任；要编制顶岗实习任务书或实习计划书，用来规范整个顶岗实习过程；要提供外贸、管理人员，或由具有丰富工作经验的一线业务人员担任学习者顶岗实习期间的企业指导教师，指导学习者工作，关心学习者在企业的生活；要给学习者提供相应的岗前培训，让学习者了解实习岗位要求，带领学习者熟悉企业环境，了解企业章程、管理制度、工作流程、公司文化等；要给学习者购买顶岗实习期间的劳动保险或提供其他安全保障措施，保障学习者的人身安全；要给学习者提供在顶岗实习期间的相应薪资，保障学习者在顶岗实习期间的各项权益，如工作环境、工作时间、住宿条件、休假制度等；要对学习者的实习工作做出及时指导、及时评价和及时更正；要对学习者的实习工作和学校的监管工作进行评价和考核，帮助学习者了解其在真实工作场景中的不足，以及对学校教学提出真实、有效的建议。

顶岗实习有助于拓展学习者的英语和商务贸易知识，提升商务实操能力，促进整体能力素质的提高，也在一定程度上推进了校企合作的深入开展。

5.4.3 共建校外实习基地

共建校外实习基地是指学校根据商务英语专业育人目标和实践教学需求，与有发展前景的相关企业基于“优势互补，互惠互利”的原则进行深度合作，共同建立校外实习基地。这些基地不仅可成为师生接触社会、了解企业的重要阵地，而且学校可以利用基地的条件培养学习者的职业素质、实践能力和创新精神，增加专业教师接触专业实践的机会，促进专业教师技能的提升；同时，基地也可以从实习生中优先选拔优秀人才,满足企业日益增长的人才需求,达到“双赢”。学校和企业共同创办校外实训基地,企业可以派实务导师到基地对学习者进行指导,这样不仅可以打破企业空间的局限性,又能让学习者和企业实务导师实现充分的交流和沟通,帮助学习者培养学习动机。因此学校的教学任务,不应该仅以学科为主,而是要采用以工作内容为导向的教学模式。例如,可以按照国际商务谈判的实际流程来进行国际商务谈判模拟课程的实践教学。学习者在了解了典型的商务活动之后,可以按照由简单到复杂的工作任务进行重构,为每一个工作任务确定具体内容及完成工作需要具备的能力和相关知识。企业可以利用学校实训设备、场地和实习学习者,减少生产成本,获得更大利润,降低企业培养员工的成本与耗时;学校可以借助企业的生产投入和技术指导,减少教育成本;学习者可以提前接触生产过程,更早、更好地由学习者向职业人的角色转变,实现学校、企业、学生三方共赢。

通过共同建立校外实习基地的方式,学校与人才需求单位联合培养社会所需要的商务英语人才。这种互动方式不但可以有针对性地强化学习者直接为区域经济服务的商务实践能力,还可以加强人才需求单位对学校的了解,为校方与人才需求单位之间的长期合作奠定基础。

5.4.4 校企联合课堂模式

校企联合课堂有两种形式,通过“请进来”和“走出去”的方式将能力培养延伸到社会,建立起学校与社会的桥梁和连接。“请进来”是指,学校从企业请来有专业工作经验的专业人才,给商务英语学习者就某个专题授课,即实务精英进课堂。授课形式可以是一堂讲座,也可以是某个商务英语专题的系列讲座。很多学校开展的“企业精英进课堂”的教学活动就是“请进来”的教学模式。也可以专门请企业专家给学习者讲授一门商务英语实务课程。笔者所在的商务英语专业开设了一门ISO9000质量认证体系管理课,聘请业界专家给学习者授课。同时,该门课结束后学习者可参加考试,考试合格就可直接拿到ISO质量内审员职业证书。由于内容真实、案例丰富,并且“课证”结合,该课程受到学习者的广泛欢迎和认可。

“走出去”课程是指将培养方案中的一门课程在学校和企业分别授课,该课程的亮点在于企业授课的部分是在真实工作环境下由企业专家进行。

笔者设计并实施了商务英语专业"综合商务技能"课程,该课程开设在本科第七学期(大四上半学期),主要训练学习者的综合商务英语技能,是商务英语专业的选修课,是商务英语理论课的延伸,是商务英语实践教学的重要组成部分。该课程采用"多模块教学+移动课堂教学(On-Class Theory Teaching to Off-Class Practice,O2O)"模式。"多模块教学"就是根据商务英语这一学科内容多元化、商务英语专业学习者未来职场涉猎面广的特征,选取当前主流商务主题,分模块设置教学内容,主要包括金融英语、旅游英语、营销英语、跨境电商英语四大主题,紧握时代脉搏,以适应未来职场对商务英语专业复合型人才需求。"移动课堂教学模式"能帮助学习者实现商务知识与实践的接轨,拓宽专业视野,提高专业思考能力及商务英语的实际运用能力。

高校与人才需求单位的互动过程还包括邀请行业专家来校上课或开办讲座,或作为副指导教师共同指导学习者完成毕业设计。邀请行业专家来校上课或开办讲座,可以帮助学习者更直观地了解社会需求,可以更有效地激发学习者的学习热情,明确学习目标。邀请行业专家共同指导学习者的毕业设计,一方面可以使学习者的毕业设计选题针对性更强,更加聚焦区域经济发展中出现的实际问题的分析或解决,毕业设计成果直接应用于商务实践的可能性大大增加,现实意义更大;另一方面,与区域经济发展直接相关的毕业设计不但可以使学习者理论联系实践的能力得到大幅度提升,还可以深化学习者对自身社会责任的认识,更加明确自身的职业发展方向。

校企联合课堂一方面可邀请实务精英走进课堂,另一方面也可以让商务英语专业教师利用假期时间进入企业一线,提高自身的商务实践技能,将最新的商务实践经验带到课堂。建立教师进企业的互动机制,商务英语教师可以定期到本区域内人才需求单位挂职或兼职,参与商务实践。在这种互动模式中,教师发挥着联系学校与人才需求单位的纽带作用,促使学校与人才需求单位之间双赢合作机制的形成。高校教师直接参与区域内人才需求单位商务实践的方式,一方面可以保证高校教师的商务实践能力与时俱进,使教师直接了解区域内人才需求单位的具体要求,进而为学校教学资源优化建设提供第一手的资料和信息,保证学校的教学资源具有可持续发展性;另一方面,高校教师作为掌握相关商务理论、具备商务实践能力的高级应用型商务英语人才，直接参加人才需求单位的商务实践活动，可以为人才需求单位带来经济效益，实现校企双赢。

5.4.5 社会服务模式

社会服务是高校的社会功能和角色，与学校的办学理念、教学质量、师资队伍以及文化影响力紧密相连。它是指以各种形式为社会经济发展所做的经常性的、具体性的、服务性的活动。

商务英语专业的社会服务可采取为社会提供语言翻译（笔译、口译）服务的方式。在上级部门的支持下，建立翻译服务社，选拔商务英语专业优秀学习者，承接或主动寻找企业、政府、校内团体或个人的翻译项目。翻译社可以以团队的形式组织翻译工作，成员之间可以联合翻译，互通有无，优势互补，较好地完成各种材料的翻译。在翻译服务社的运作中，建立企业需求与解决方案网络对接平台（网站），建立译员工作实训平台等，以保证业务的发展。商务英语学习者在为社会提供翻译服务的过程中，加强了商务英语技能的训练，从整体上提高了综合商务英语能力。

商务英语实践教学的社会服务可拓展到以企业为依托，建立商务英语专业相关的跨境电商公司、外贸公司、广告公司等，学习者以主人的姿态，真实组织、参与、运作公司业务，为创新创业打下基础。

商务英语专业的社会服务还可以体现在社会教育培训方面。商务英语专业的优秀学习者可以尝试为社会提供商务口语课程教学，基础商务翻译教学，四、六级考试培训，翻译能力考试培训等。同时，很多企业需要对员工进行职场英语培训，商务英语学习者还可以深入涉外企业、单位，为员工培训职场英语。教学相长，在实际教学中，学习者能够迅速提高对商务英语知识、技能的认识，巩固和提高商务英语能力。学校在这方面需要搭建平台，主动出击，多方联系，了解供需情况，并及时为学习者提供一些准备材料和帮助等。

5.5 五方联动

随着全球经济一体化的迅猛发展和改革开放的不断深入，我国在国际商务活动大舞台上的重要作用日益凸显，频繁的对外经济往来和活跃的涉外商务活动催生了对各类各层次商务英语人才的大量需求。由于经济增长方式的转变和产业结构的优化升级，当前我国对应用型人才的需求旺盛，商务英语专业人才培养也随之面临重大的机遇和挑战。如何创新人才培养模式，更好地服务产业升级，为经济发展提供更为有力的人力资源支撑，已经成为商务英语实践教学研究的一个重要课题。德国、美国、日本等发达国家成熟的职业教育模式，无一不是通过政府的扶持政策，经过长期的探索和实践而形成的。在我国，高校、企业、行业、社会也只有在国家政策的指引和政府的宏观调控之下，才能形成强大的集群效应。

根据《普通高等学校本科专业目录(2012年)》，普通高等学校本科商务英语专业的培养目标是"能在国际环境中熟练使用英语从事商务、经贸、管理、金融等工作的复合应用型涉外商务的专门人才"。2020年，《普通高等学校本科商务英语专业教学指南》指出，商务英语专业旨在培养国际化复合型人才。因此，与其他语言类专业不同，实践教学对商务英语专业来说至关重要。由于其相对独立性，如何实现实践教学模式向应用型转变变得尤为重要。而推行应用型转型，就是要更好地发挥高校专业建设服务经济，为国家外向型经济发展培养优秀人才的作用。其关键是要正确定位，在政府的支持引导下，建立"政府引导、行业指导、高校主体、企业参与、社会支持"的人才培养模式，实现五方联动，达到商务英语专业服务地方区域，培养商务、经贸、管理、金融等行业一线紧缺的复合式、高素质、应用型人才的目标。

5.5.1　五方联动的意义

政府是"政、校、行、企、社"人才共育体系的推动者、扶持者和引导者，主要职能是搭建平台，完善政策，建立机制。学校是办学的主体，应在政府允许的框架内全面推进教育教学改革和社会服务。行业是连接教育与产业的桥梁和纽带，履行实施职业教育的职责，全面参与教育教学的各个环节，发挥行业指导委员会的作用。企业是"政、校、行、企、社"人才共育体系的主要载体，全面参与教育教学各个环节。社会(指社会力量)通过多种方式参与到办学当中，如投资或捐资建校及实训基地，参与学校生活后勤保障和校园安全保障，共同治理校园周边治安环境，开展学生军训，支持学校融资，设立优秀学生奖学金等。在商务英语应用型国际商务人才的培养过程中，实现“政、校、行、企、社”的五方互动具有以下积极意义。

(1)有利于推动校企合作深度融合

加强商务英语专业学生的国际商务实践能力的培养，是高校商务英语实践教学随社会人才需求进行改革的出发点和着力点。大力推进工学结合、校企合作就是提高学生的实践能力和职业技能。企业需要的是综合能力强、能熟练掌握职业技能、能很好地参与国际商务的复合型人才。“政、校、行、企、社”五方联动能使企业深入介入高校商务英语专业人才培养的过程，围绕企业文化、企业战略、职业生涯规划、岗位技能、服务礼仪等方面展开授课和实践，有效提高学生对企业的认同感和对职业的认同感。同时，高校具有教学、科研和社会服务三大功能，因此商务英语专业建设的一个很重要的目标是为地方经济的发展服务。由于经济发展对高素质应用型人才的现实需求，专业建设的人才结构需要与经济结构相互耦合，这就决定了商务英语专业实践教学需要从经济发展的现实需求出发，直接面向整个行业和企业，有行业企业的深度参与。“政、校、行、企、社”五方联动使企业有针对性地提前挑选企业所需的综合素质和综合能力出色的储备人才，减少了企业招聘和培养的成本，降低了企业用人风险和人才流失率。

(2)有利于推动商务英语专业人才培养的创新和改革

商务英语专业人才培养的最终目标是培养高素质的综合性国际商务人才，使之适应国家对外经济发展的需求，同时能提高学生的就业竞争力。专业人才培养是指培养生产、建设、管理一线的高素质技能型人才，而高素质应用型人才是指经过专门的培养和训练，掌握了当代较高水平的应用技术、技能和理论知识，并具有创造性和独立解决关键性问题的能力的高素质劳动者。技能是无法在封闭的学校内部获得的，只用通过开放式的平台，即“政、校、行、企、社”五方联动平台才能获得。

(3)有利于实现“政、校、行、企、社”五方共赢

在我国，应用型高校的办学定位是服务于地方经济社会。学校的利益诉求是培养被市场认可的高质量“人才产品”；政府的利益诉求是学校培养出“用得上、留得住”、能够振兴地方经济的高素质人才；企业的利益诉求是能够获得懂管

理、懂技术、善经营的人才，从而为企业创造更多的利益价值；行业的利益诉求就是行业要不断发展壮大；而社会的利益诉求则是促进社会经济等各方面的进步。因此，“政、校、行、企、社”协同育人实际上就是政府、学校、行业、企业和社会合力打造的一个利益共同体。在这个利益共同体理想模型中，高校按照企业的需求，与企业共同制订人才培养方案、共享办学资源(师资、设备、场所等)，使学校教学与企业现场教学相结合，企业为学生提供实习和就业机会，为学生成长助力；行业负责提供行业指导和搭建校企合作的桥梁平台；政府作为协调和主导的一方，被赋予更多职责，如宣传校企合作的意义，规定企业在校企合作中的义务和责任，为校企合作立规，进行校企合作顶层制度设计，为校企合作企业提供税收优惠等；而社会的职责便是做好监督工作，并为各方提供各种资源。“政、校、行、企、社”在协同育人模型中分工明确，各司其职。

通过“政、校、行、企、社”协同育人，学校、企业实现了资源共享，实践教学和人才培养方式实现了创新，学校、企业、行业、政府和社会实现了多赢。因此，以政府、学校、行业、企业、社会五方协同参与为机制，搭建“政、校、行、企、社”联动平台，是实现高校商务英语专业链与产业链对接、人才培养与市场需求对接、学校发展与区域服务功能对接的有效途径。

5.5.2 五方联动各司其职

为提升商务英语实践教学效果，培养国家和社会需要的应用型国际商务人才，政府要在宏观政策上进行引导，行业协会应制定行业标准，企业要全面参与，社会应通过多种方式参与到商务英语实践教学当中，在运行机制上实现政府、学校、行业、企业和社会的紧密互动，从而有效促进专业建设，提高商务英语实践教学的质量。“政、校、行、企、社”五方联动的商务英语实践教学模式，坚持“政府引导、学校主体、行业指导、企业参与、社会支持”的共建模型，五方联动实践机制如图5.5所示。

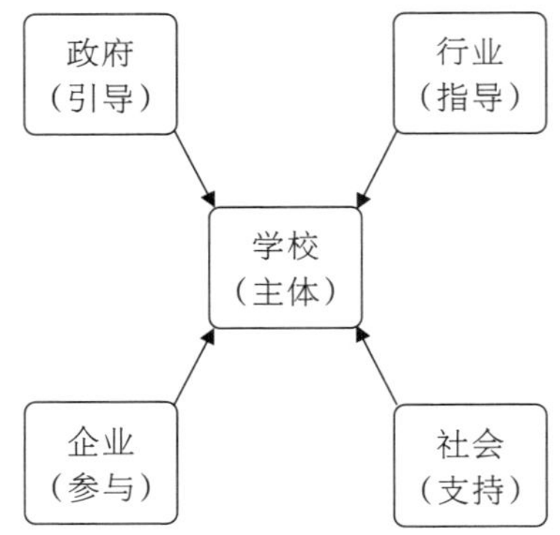

图5.5 “政、校、行、企、社”运行机制图

总体而言,政府引导是指宏观的指导,制定相关政策措施,引导各方资源,各方利益合理构架,搭建平台实行市场化运作,切实为区域产业转型升级培养适用人才。学校主体是指学校发挥自身优势,提供场地、设备和师资,吸引行业企业参与校企合作,促进合作培养高技能专门人才。行业指导是指行业参与学校制订人才培养方案和规范标准等,发挥在校企合作中的牵线搭桥作用,推荐行业龙头企业与学校合作,提供行业最新咨询和合作项目等,指导校企合作,全面参与教育教学各个环节的工作。企业参与是指企业通过多种形式参与到商务英语实践教学的过程中来,共同开发课程,共建共享实践基地,共享校企人才资源,共同开展应用研究与技术服务等。此外,社会的支持对于商务英语专业人才的培养也具有不可替代的积极作用。在“政、校、行、企、社”五方联动的商务英语实践模式下,政府、学校、行业、企业和社会多元互动,各司其职,具体如下。

(1)政府主导,建立“校、政、行、企、社”合作长效机制

第一,政府对商务英语专业实践教学安排具有前瞻性把握。各地政府可以根据地方经济社会发展对人才的需求,为院校实践教学设置把握好大方向。仅仅适应当前社会需求的教学内容设置不能称为合格的教学设置。高校商务英语专业实践教学设置应该具有一定的前瞻性,在适应当前社会需求的基础上有所超越,反映未来社会的发展趋势。如果仅仅关注市场的短期需要,忽视长远规划,不仅容易导致教育资源的极大浪费,而且会造成毕业生就业困难。而对实践教学设置前瞻性的把握纯粹依靠学校力量是无法完成的,很大程度上取决于政府层面的调控。譬如,长三角地区是我国集成电路产业发展的龙头,集成电路出

口相关职业岗位，如海外市场拓展、海外法务、翻译等国际商务人才市场需求较大。高校应适当调整人才培养方案，实现国际商务人才供需对接。但若政府转变经济社会发展目标，调整产业结构，劳动力市场的需求必然发生变化。在这种情况下，政府需要及时通过教育发展规划、人才发展规划等提供的信息对教育系统的运行进行调节，促使高校实践教学设置更加理性、灵活，以符合社会人才需求。

第二，政府是牵线学校与企业的桥梁。政府能够建立有效的激励机制，鼓励一些企业、机构等参与高校商务英语专业的育人过程。在市场经济条件下，这些企业作为经济实体，其出发点和归宿是获取最大化的利益。政府的举措可以保证学校、行业、企业、社会的全面、持久、深度的合作，在遵循市场规律的前提下，激发其内在的原动力。比如，对育人培养模式过程中经济效益和社会效益良好的机构给予税收优惠或贷款优惠；对积极参与联动育人的企业进行表彰和宣传，帮助其树立良好的企业形象，提高其社会知名度；敦促一些协会定期邀请资深专家举办论坛或者研讨会，参与修订院校人才培养方案，为联动育人提供系统的指导意见；牵头组织院校与机构、公司共同成立合作委员会，扎实推进专业建设与改革，为教育教学改革提供智力支持，实现互利共赢、协同发展。

第三，政府通过搭建平台，推动产教融合，为商务英语实践教学提供新思路。由政府牵头、中国国际贸易协会国际商务英语研究委员会主办的各类校际专业实践大赛，如“亿学杯”商务英语实践技能大赛便实现了商务英语专业办学思路、模式上的新飞跃，促进了商务英语教学一体化内涵式发展。“政、校、行、企、社”协力举办，搭建广阔的校际师生交流平台，以人才培养对接用人需求为切入点，促进专业与产业、岗位与技能的对接，推进了全国高等院校商务英语及其相关专业的建设和教学改革，全面提高了人才培养质量水平。

政府要保证商务英语实践教学中“政、校、行、企、社”合作长期有效的运行，必须建立长效合理的机制。各级政府和教育主管部门应将产教融合贯穿应用型商务英语人才开发全过程，形成政府、学校、行业、企业、社会协同推进的工作格局，通过制定相应的具体可操作的政策和激励制度，充分调动相关行业参与产教融合的积极性和主动性，构建校企合作长效机制。同时，在推动“政、校、行、企、社”长效合作的过程中，政府机构要扮演好三大角色：一是扮演好主导者角色，从立法、制度建设和金融财政入手，搭建“政、校、行、企、社”合作平台，清晰界定各方主体的职责边界，明确各自的责、权、利，落实支持企业参与举办联合育人教育的各项优惠政策，对进入产教融合型企业认证目录的企业，给予“金融＋财政＋土地＋信用”的组合式激励，确保五方共赢；二是扮演好调解员角色，建立专门部门机构，协调好学校与企业合作过程中的双方利益和矛盾纠纷；三是扮演好监督者角色，尤其是教育主管部门和地区政府相关机构要督促与指导学校与企业根据培养应用型人才的目标各自分工、各司其职、各尽其责、共同育人，并做好相应的评价考核。

第四，政府牵头建立信息共享系统，及时了解企业用工需求，指导学校合理调整培养目标，为商务英语实践教学与企业合作提供政策、法律保障。各地区应结合当地的地方性法规，以促进教育体系和发展目标为宗旨，促进校企合作共赢的健康发展，有效地促进企业、行业组织、社会的综合合作，为培养高素质、高技能的国际商务英语人才奠定基础，打造增强人才服务共赢的社会形势。

第五，“政、校、行、企、社”五方联动的创新人才培养模式的建构是一个复杂的系统工程，要使每个要素都最大限度地发挥作用，沟通机制是重要的保障。高校如何获取行业、企业的用人信息及专业需求倾向，行业、企业应该为学生提供何种实习岗位等都需要各个主体沟通与协调，这就需要建立一个以政府为主导的能够汇集各方意见的沟通机制，通过成立校企合作委员会等机构，沟通需求方与供给方，实现学校、政府和企业的紧密对接。

(2)学校牵头，组织实施高素质应用型国际商务人才全过程培养

应用型本科高校要根据商务英语专业学生的特点和培养目标要求，细化应用型人才能力素养要求，深入行业，共同制订培养方案、实践教学设计和分工安排等工作，着力针对学生专业能力、实践操作能力等方面进行培养。具体来说，五方联动实践模式下，学校要做好以下几个方面：一是牵头建立高校、行业、企业共同参与的学科专业指导委员会，并接受政府的指导，为“政、校、行、企、社”五方联动合作育人实践教学模式的实施提供有力支撑；二是完善管理制度和运行机制，创造灵活机动的“政、校、行、企、社”合作条件和激励机制，提高教师参与产教融合、校企合作的积极性；三是做好人才培养顶层设计，根据商务英语教学培养目标，优化整合教育资源，加强“产、学、研、用”一体化培养模式建设；四是针对

相关行业用人需求，找准专业合作方向，共同开发课程、教材、案例、实践教学标准要求和师资建设，实现对应用型人才的联合培养；五是与行业对接，充分利用合作单位资源，通过应用驱动，“产、学、研”融合，广泛开展课题研究。做到以研促教、教研结合，通过吸引学生参与解决实际商务问题的课题研究，加强学生创新能力和应用能力的培养。

（3）行业组织充分发挥监督功能

在推进“政、校、行、企、社”五方联动实践教学时，行业组织应充分发挥自身的监督职能，监督各方责任主体的实践教学职责履行情况，满足高校商务英语人才培养需求，并让合作企业在行业组织的约束下，积极为高校提供教育投入，保证高校商务英语应用型人才培养工作的顺利进行，营造“政、校、行、企、社”深度合作的协同教学大环境。

在参与校企合作项目的同时，行业内应处理好商务英语相关职业技能的鉴定和管理工作，不断强化行业内的工作指导和协调服务，把行业内服务职能发挥到最大化。行业协会加入几方共建的实践教学合作阵营后，将改变以往简单的校企合作局面，如从之前与一家企业打交道到现在多家企业形成协会后的模式，很多协会会根据企业的用人需要成批量地到学校中来，让行业成为“中介”。这样，校企合作模式就从点对点到点对面，大大提高了商务英语专业学生的就业率。

（4）企业参与

校方以培养面向社会需要的人才为基本目标，需要与企业合作。学校向企业提供科技成果与人力资源，企业为学校的人才培养提供实践支持并参与学校的实践教学过程。首先，高等院校商务英语专业通过深化校企合作，根据企业需求，有重点地提高商务英语专业学生的商务操作能力，面向市场找出路，为学生就业提供有力保障。在人才培养的过程中，教育教学始终与产业发展保持同步，从而保证专业设置的方向精确、课程设置的新颖实用、教学资源的随时更新，以及个人素质的全面提升。其次，通过顶岗实习促就业，实现在教学上和就业上的融合。通过外派学生到企业进行顶岗实习，使学生在校便积累了一定的工作经验。学生通过顶岗实习能看到自己的长处和不足，可以实现有针对性的学习。

此外，企业参与高校商务英语专业的实践教学过程也有利于企业自身的发展。企业要发展,关键是人才,企业要加强与学校的联系合作。在人员成本加大、物价上涨较快、原材料成本增加等市场变化的前提下,企业能否适应变化,跟上变化,随变化而变化,人才是关键。企业应根据自身发展情况制定长远人才战略,根据不同层次的人才需求,与不同的院校建立合作关系,促进学生就业。企业应为大学生搭建一个专业实践平台,通过将人才的工作实践反馈给学校,形成量体裁衣的人才培养模式,为学生搭建稳定的供求渠道,实现校企资源的共享。对于企业来说,积极的合作能够产生共鸣的效果,校企合作已经形成最为传统的人才定向培养模式,这使得企业达到人力资源储备的同时,最大化地提高了知名度和影响力,更能为人才培养提供切实可行的帮助。

(5)社会力量支持

社会力量对于商务英语人才的培养而言也必不可少。首先,高等教育的发展在一定程度上基于社会提供的稳定的教学环境和良好的治学氛围。其次,对于商务英语专业实践教学而言,社会力量可为实践基地的建设等提供物质上的支持。最后,商务英语专业人才的培养也需要得到社会的认可,只有培养出社会发展需要的商务英语人才,才符合高校商务英语专业的办学初衷。

除以上主体各司其职、通力合作外,为保证协同创新深层次的良性发展,还需要建立一个独立于政府、高校、行业和企业的第三方评价机构,对创新创业型人才培养模式进行客观公正评估,发现创新创业人才培养过程中的问题并及时予以解决,从而推动协同创新的深入发展。西方很多国家都已建立由社会团体机构组成的第三方评价机构。通过建立科学合理的第三方评价机制,保证评估的有效性及相对公平性。

简而言之,"政、校、行、企、社"五方联动的实践模式要发挥多部门共同建设与共同管理的作用,形成政府、高校、行业、企业、社会五位一体的实践教学体系。政府部门通过宏观规划,出台合作共建基地的优惠政策,支持实践基地建设;行业部门在技术、指导教师、资金及信息交流等方面给予大力支持;企业、高校联合建设,签订基地建设协议,明确各自权利、职责,规范合作;学校投入适当资金完善基地生活设施,参与基地管理,确保基地可持续发展,顺利完成实践教学任务;社会应对高校商务英语专业人才培养提供多方面的支持。五方联动,共同促进高校商务英语专业实用型国际商务人才的培养。

6 商务英语实践教学评价

教学评价与教学活动紧密相关，是教育教学中一个不可或缺的环节。商务英语专业实践教学亦是如此：为了判断和衡量商务英语专业实践教学的实施是否符合或在多大程度上达到预定的实践教学目标，必须对其实施的条件、过程和结果等方面进行科学评价。研究商务英语实践教学评价具有重要的理论与实践意义。本章从商务英语专业实践教学评价的意义、特点、终结性教育评价、表现性评价以及档案袋评价等方面，探索针对商务英语实践教学的评价模式与方法。

6.1 实践教学评价概述

2020年10月14日，中共中央、国务院印发《深化新时代教育评价改革总体方案》，强调针对不同主体和不同学段、不同类型的教育特点，改进结果评价，强化过程评价，探索增值评价，健全综合评价。这份纲领性文件对高校教学评价改革有重要的指导意义。

实践教学是提高学生实践能力、培养学生敏锐思维的重要途径，把提高实践教学质量落到实处，是教学的重要环节。教育活动的意义在于引导学生全面发展，而贯穿于教学过程始终的教学评价便是促进学生发展的重要手段之一。教学评价是一种价值判断的过程，它反映了教学活动的价值取向。科学视角的教学评价是实践教学成功的重要保证，是激发学生学习主动性、积极性，调整学生实践方式，改进实践方法，优化实践安排，提高实践效率的有效手段。加强高校商务英语专业实践教学质量评价体系建设是提高实践教学质量的有力措施，有利于推动商务英语专业实践教学规范化、制度化和特色化建设。

6.1.1 教学评价的定义

教学评价或称教育评价，与教学紧密相关，是高校各专业教学不可或缺的环节。实践教学管理制度和评价标准的制定是确保实践教学效果，使实践教学规范化、科学化的重要手段。评价是一种价值判断的过程，它既是教师获取教学反馈信息、改进教学管理、保证教学质量的重要依据，又是学生了解自己的学习情况、调整学习策略、改进学习方法、提高学习效率的有效手段，它可以及时对师生教与学的状况做出价值判断和量化评估，对教学效果具有直接的导向作用。因此，全面、客观、科学、准确的实践教学评价体系是实现实践教学目标、优化实践教学质量的重要保证。

科学客观的教学评价能够反映教学质量，是指导教学规划变更的关键依据，有助于引导学生优化学习方式及策略，提升教学效果。“教育评价”或“教学评价”这一理念最早由泰勒（F. W. Taylor）在他的 *The Principles of Scientific Management* 一书中提出：“主张用考试的手段来了解学习者学习上的进展和进步情况。”（转引自：王华、富长洪，2006：67）现代教学评价的概念则“由美国俄亥俄州立大学教育科学研究所教授泰勒于1930年开创，他认为评价的核心是评估教学目的的完成，而不是区分、鉴别学生”（王华、富长洪，2006：67）。其后，中外学者们从不同层面对教学评价进行解释和定义，不断发展教育评价的内涵与内容。

理查兹（J. C. Richards）和纽南（D. Nunan）从课堂教学行动角度将“评价”定义为：“评价是通过一系列的过程对学习者的水平和知识的判断（Assessment refers to the set of processes through which we make judgments about a learner's level of skills and knowledge）。”（Richards & Nunan，1990）

尼科（A. J. Nitko）和布鲁克哈特（S. M. Brookhart）认为教学评价是指对学习者学习过程和学习结果进行有价值的解释、分析的过程。（Nitko & Brookhart，2014）

布莱克（P. Black）和威廉（D. William）将评价宽泛地定义为：教师与学生从

事的一切旨在获得信息并诊断性地利用信息以改进教学的活动。(Black & William,1998)

海恩(G. E. Hein)和普瑞斯(S. Price)则主张学生课堂上从事的任何活动都可以用作评价。(Hein & Price,1994)

《朗文语言教学及应用语言学词典》则将“评价”解释为“对一个人的能力或一门课的质量或效果的衡量。”(理查德 等,2005)

我国学者也对教学评价进行了深入分析和研究,刘本固认为教育评价是指按照一定的价值标准,对受教育者的发展变化及构成其变化的诸种因素所进行的价值判断。(2000:45)教育学者沈玉顺认为:“评价是指通过系统地采集和分析信息,对教育活动满足预期需要的程度做出判断,以期达到教育价值增值的过程。”(2007:2)金娣和王刚则从更高的视角对教学评价做出解释,他们认为教育评价是在“系统地、科学地和全面地搜集、整理、处理和分析教育信息的基础上,对教育的价值做出判断的过程,目的在于促进教育改革,提高教育质量”(2002:2)。王红艳、解芳从建构主义角度将“评价”解释为“强调教师在教学过程中,以获取信息,反馈信息,了解学生,指导下一步学习为宗旨,持续综合地使用各种评价手段,给学生提供足够的机会,展示他们的理解、分析、评价问题的能力”(2004:40)。

通过分析上述定义,我们可以看出,教学评价就是采用测量的工具和方法,描述学生的学习结果和学习过程的量化,并对量化的结果做出及时的判断的过程。教学评价至少涉及三个层面:从学习者层面来说,评价是指对学习者的整个学习过程的考察和测量,是对学习者在一段时间内所获取知识和完成学习任务能力的考察和测量。从课程层面来看,评价是通过系统分析,对课程教学满足预期需要的程度,即对课程的教学质量和效果进行的考察和测量。从教师层面来说,评价是教师在教学过程中,收集、综合、分析信息的过程,是教师了解学生及其学习需要、学习进展状况,决定和调整教学方法与手段,以提高课堂效率,实现课程教学目标的重要手段。

6.1.2 商务英语实践教学评价的内容

教学和评价是一个有机整体,不可分割。面对教学方式的转变,新的评价模式也需要建立起来。针对商务英语实践教学的专业性,应该有专门的商务英语实践教学评价体系,以充分、全面地体现商务英语专业的独立性、实践性等特征。商务英语专业是一门应用型学科,所以实践教学对提高其教学质量起着不可或缺的作用。

评价是教学过程的重要组成部分和不可缺少的环节。布鲁姆等人提出教学评价的三阶段理论,它提示人们要把具体的评价实践运用于教学过程的各个阶段,在教学前、教学中、教学后分别进行诊断性评价、形成性评价和总结性评价。对于商务英语专业实践教学而言,教学过程与评价的有机结合一方面可以促进教学目标更加明确、具体并有可操作性;另一方面,教学和评价的有机融合,还有利于形成规范、制度,促使学生保持旺盛的学习积极性,促进教学效率的提高。

商务英语是一门新兴的交叉学科,它从英语脱胎而来,又与商务(经济、管理、商法)交叉,与传统的英语专业有较大不同。因此,商务英语专业实践教学评价体系也与英语专业的评价体系有所不同,需要建立不同于英语专业的评价体系,来检测、反映和评估商务英语专业实践教学的开展情况。建立商务英语专业实践评价体系是保证商务英语专业实践教学顺利实施的必要条件和基本保障。

构建商务英语实践教学评价体系,深入探讨商务英语专业实践教学评价方法,能够对商务英语专业实践教学质量的信息进行综合、全面的反馈,使商务英语专业教学人员能够根据反馈信息对教学方式及教学条件进行不断改进和优化,提高实践教学质量;还可以在教育部门开展教学评估的时候做参考。具体来说,科学的教育评价对于商务英语专业实践教学而言具有以下意义。

第一,从宏观上来讲,当前我国商务英语教育处于发展的起步阶段,如何办好商务英语教育还在进一步的探索中。而商务英语专业实践教学更是如此,尚未形成成熟的体系。因此,尽快制定专门的商务英语专业实践教学评价体系,对指导和促进商务英语专业实践教学更具专业性、针对性与规范性,对促进实践教学效果的提升,无疑具有重要的反馈作用和未来发展的导向作用。

第二,商务英语专业实践教学评价体系能够确定商务英语专业实践教学目标在学习者身上的实现情况。商务英语专业实践教学是一个持续提升学习者国际商务实践技能的过程,而科学的商务英语专业实践教学评价可以及时检验学习者的实际发展情况,并做出更精细的分析,了解学习者哪些方面的发展达到预期目标,哪些地方未达到预期目标。教师可以根据这些分析,发现未达到目标的地方并进行补救,从而弥补学习者发展过程中的不足和缺陷。商务英语专业实践教学评价有助于教师因材施教,了解学习者的原有基础、现实水平及发展趋势,教师可以在坚持商务英语实践教学目标的情况下,对学习者提出具有针对性的不同要求,对实践教学计划和安排做出适当调整,使学习者都能得到充分的发展。从学习者方面来说,通过商务英语专业实践教学评价,学习者可以更加全面地认识自己,积极地进行自我调整,从而保证商务英语专业实践教学目标的有效实现。

第三,商务英语作为一个新兴的学科,其教育教学有许多地方需要教师不断地探索,商务英语专业实践教学更是对"双师型"教师提出了更高的要求。实践教学评价体系能够为教师的正确施教提供反馈信息。美国著名教育家泰勒曾说:"教育目标的分析、教育的评价和教育计划,是不断地循环的,当你在评估教育评价的效果时,便会屡次对那些建立在教育前提的目标发生改良修正的联想,同时也会提出教授法或指导计划的修正方向。"商务英语专业实践教学是对学习者不断施教的过程,在这个过程中,教师可以一边施教,一边改进和完善,以尽量减少失误,尽快达到商务英语专业实践教学目标。也就是说,商务英语专业实践教学评价可以提供确定、必要、准确的信息,为教师改进和完善商务英语实践教学安排提供必要依据。

第四,商务英语专业实践教学评价为优化专业实践教学构成要素提出具有针对性的建议。商务英语专业实践教学评价不仅包括对实践教学实施者、实践对象、实践过程的评价,还能够反映出与商务英语专业实践教学活动相关的实践计划、实践方案、实践教学条件等各种教育构成要素的情况,对这些要素的形成和改进都发挥着积极的作用。换言之,商务英语专业实践教学评价能够使教师获得很多与实践教学条件和实践教学构成要素相关的问题,从而进行修正和改进,注重优化商务英语专业实践教学的各种教学条件和要素,以使最终的实践教学效果最优化。

第五,商务英语实践教学评价对商务英语实践教学的施教方和受评方都具有导向和激励的作用。在评价过程中,受评者不管是学习者,还是教师,都致力满足评价标准的要求,评价标准就是受评者努力的方向,促使受评者不断努力以接近标准。同时，商务英语专业实践教学评价能够激励受评者，激发成就动机，促使他们追求更好的评价结果，创造更大的成就。

第六，商务英语专业实践教学评价有利于管理和监督实践教学质量，是提高商务英语实践教学管理水平的重要举措。商务英语实践教学评价具有多种功能，是实现教育管理科学化、现代化、制度化的有效机制。随着商务英语专业实践教学的不断深入，实践教学管理中的一些新情况、新问题也日渐增多，需要有效地运用科学、合理的实践教学评价体系开展商务英语专业实践教学工作。同时，通过鉴定实践教学方案或个体对象等在商务英语某些方面或整体水平的优良程度，衡量其是否达到了应有的标准，是否完成了目的和任务，科学、公正、合理地评价所区分的等级，对商务英语专业实践教学决策和实践教学实施的科学化，对商务英语专业实践教学体系的建设与发展有重要的作用。

因此，有必要在剖析影响商务英语专业实践教学质量各因素的基础上，构建科学的实践教学质量评价体系，并对评价方法进行探讨，为高校商务英语专业实践教学水平的不断提高提供更多的理论指导。实践教学评价可从以下指标展开。

①实践教学的硬件设施，包括实践基地建设、实训基地建设、资料室建设、网络建设等，这些为实践教学的开展提供了必备的物质基础与客观支持。

②实践教学保障措施。实践教学需要保证有充足的实践经费，制订科学严谨的实践教学大纲，加强对实践教学过程的指导，不断改善实践教学环境。同时，要建立科学的实践教学管理体制，对实践教学进行监督管理，使实践教学管理工作规范化、透明化、制度化；对相关文件资料进行归档；加强与实践基地的联络与交流；严格遵守各项规章制度。

③实践教学中的学生活动。对学生活动进行评价，要以学生的商务实践技能的发展为评价中心，同时要求对学生在实践教学中是否得到了认知、情感等综合发展和进步进行评价，它以学生在实践教学中的行为表现为基础。

④实践教学的实施过程。实践教学不仅要重视对实践结果进行评价，还要重视对实践教学的过程进行评价，对实践教学实施过程中的各项要素进行考核，如对教师、学生、实践教学方法和实践教学环境等进行评价。实践教学课程的安排应当符合商务英语专业教学规律；实践教学进程的安排应当科学合理，应该有

利于引导学生消化和拓展所学知识，有利于培养学生发现问题、分析问题、解决问题的能力，有利于培养学生独立思考、灵活应变的能力。在实践教学进程中，指导教师应时常对学生进行指导，发现问题应及时提醒和解决；学生应按阶段汇报实践进程中的问题和收获。评判实践教学内容时应注重实践教学内容的多样性与实用性，以及是否有利于学生专业技能的获得，与将来就业实现有机对接；实践教学方法是否科学，是否能够根据实践教学的实时发展灵活调整；实践教学是否具备严谨、周密的考核制度等。

⑤实践教学效果。实践教学效果是实践教学评价的显性指标，其对实践教学整体效果的反映最为直接明了，首先便是学生实践能力的习得，这正是实践教学的初衷，即通过实践教学，了解学生是否具有较强的商务英语专业实践能力，是否具有较高的综合素质及其在实践教学过程中所体现的改革和创新能力程度，以及学生及院校社会认可度是否得以提高，等等。对实践教学效果进行评价，主要考查专业实践教学是否有助于学生对商务英语专业的了解，是否提高了学生对本专业的学习积极性，是否锻炼了学生运用知识的能力，是否增强了学生分析问题和解决问题的应变能力，是否培养了学生细心观察分析的习惯。同时，也检验理论教学的效果，帮助教师不断完善实践教学内容，改进实践教学方法，提高实践教学水平。

实践教学的考核不同于理论教学考核，不能简单地按最终考试结果衡量，而应该突出对运用知识、分析问题和解决问题的能力，应变能力，协调沟通能力，总结归纳能力等综合能力的考评。要减少仅凭一份汇报、一份总结而定成绩的主观判断占比，增强对整个实践过程考量的客观表现占比（如出勤、态度、操作能力、与人相处的能力、学习能力等）。商务英语实践教学评价也是如此。由于商务英语实践教学内容涉及较多、时间跨度较大、影响因素复杂，因此不能依靠传统的测评方式对实践教学效果进行评价，而应充分考虑实践教学过程中的各影响因素，丰富商务英语实践教学的评价指标，合理、科学地对商务英语实践教学的过程及效果做出评价。

就具体商务英语专业实践教学而言，要客观全面地评价商务英语实践教学，充分考虑以下构成因素。

首先是对目标的考虑，包括总体的商务英语专业实践教学目标与各实践教学项目的目标,其目标是否明确清晰、科学合理,以及各实践教学项目的开设目标是否与总体实践人才培养目标契合等,都是商务英语专业实践教学评价的重要指标。

其次是实践教学的环境,包括软硬件设施与师资队伍两个二级指标。从软硬件设施来看,商务英语专业实践教学的校内实训室、校外实训基地、校企合作情况、各基地设备情况、开设实践项目情况、实践教材、实践教学体系的开发以及实践教学大纲与计划的制订都纳入其中;而对实践教学师资队伍的考评主要分析"双师型"教师比例及数量、教师进修情况、企业导师比例及数量,以及专业教师到企业实践的情况等。

再次是实践教学过程,这是实践教学评价形成的重要考量指标,要突破传统的以终结性评价为主的实践评价体系,必须对实践教学过程给予更多的关注。考评商务英语的实践教学过程包括两个方面:一是实践教学,包括实践教学教态、实践教学准备、实践教学内容、实践教学方法以及实践教学效果;二是实践教学管理,包括实践教学组织机构、实践教学管理手段、实践教学文件制度建设情况、实践基地建设管理情况和校企合作制度情况等。

最后,实践教学成果是实践教学评价的显性指标,包括实践实训考核情况、实践报告质量、毕业论文成绩、职业资格证书比例及数量、创新及创业人数、就业率及升学率等。

科学的实践教学评价模式是提高实践教学效率的重要保证,是激发学生学习主动性、积极性,调整学生学习方式,改进学习方法,提高学习效率的有效手段。商务英语实践教学应突破传统的单一评价模式,充分考虑实践教学的复杂性与过程性,全面客观地评价实践教学。

6.2 终结性评价与形成性评价

教学评价多种多样,如测试、问卷调查、面谈、讨论、课堂观察、日志、成绩档案等。对于商务英语实践教学而言,采用多样的评价适时地对商务英语实践教学进行评价,有利于教师及时掌握学生的实践情况,对下一步的实践教学工作安排有积极的导向作用。

国内外学者根据不同评价目的对教学评价进行了划分。美国心理学家、教育家布鲁姆(1981)把教学评价分为诊断性评价、形成性评价和终结性评价三大类。

诊断性评价指对问题的诊断。(Airasian,1991)在实践教学的开展过程中,诊断性评价帮助教师了解学生商务技能的掌握情况和实际操作能力,发现实践教学中存在的问题,进而适当调整实践教学活动,满足学生需求。

而布鲁姆特别强调与终结性评价相区别的形成性评价。形成性评价又称为过程性评价,是在某一项教学计划、方案或活动的实施过程中,为使教师和学生都能及时地获得反馈信息,改善教学进程,提高教学质量而进行的评价。在评价手段方面,形成性评价常使用非正式观察、作业、工作任务列表、学生商讨等形式。

终结性评价又称为结果评价,它指在一段时间的学习之后,为了解学生的成绩和对知识等的掌握情况展开的评估,此种评估的形式更为固定。它属于分等鉴定,了解学生的整体情况,评定学生的发展水平。对于商务英语实践教学而言,终结性评价主要注重学生的实践结果,更惯于使用正式考试的形式。终结性评价应以评估学生的商务英语综合能力为主。

中国学者罗少茜从宏观上将教学评价分为六个基本类型,即诊断性评估、形成性评估、终结性评估、起点评估、教学性评估和正式评估。她在布鲁姆的研究基础上,增加了起点评估、教学性评估和正式评估。起点评估指在学期或学年刚开始时,为了解学生的知识水平和能力而进行的评估。教学性评估指对教师的备课进行评估——教什么、何时教、用什么教、用什么材料交,并实施评估,强调课堂进度,对准备好的教案和计划好的课堂活动做相应的调整。正式评估指要求教师完成上级教务部门交给的成绩评估任务,如评分、评语、家长座谈会。(2003:14)高校商务英语实践教学可根据罗少茜的起点评估,在实践教学开始之前对学生的商务实践能力展开评价,具体地了解学生的真实能力。

目前学术界将教学评价概分为终结性评价和形成性评价两大类。终结性评价和形成性评价作为一对相对概念由斯克里芬(M. Scriven)在其1967年所著的《评价方法论》中首先提出。

终结性评价侧重定量分析,而形成性评价更侧重性状的描述(Airasian,

1994),它们分别强调了教学评价的不同侧面,在商务英语专业实践教学中具有同等重要的地位。过去我国教学评价过分强调鉴别与选拔,过多关注对书本知识的掌握的评价,过于重视终结性评价(董奇,2003),这种传统教育评价成了学校控制教师、教师管理学生的主要手段。这种功能上的偏颇引发了一系列相关问题,教师将考试和测验作为学生评价的唯一形式,忽视了对学生的全面评价;学生过分追求分数,导致"应试教育"模式的产生,影响了学生评价的积极作用的发挥和对学生的全面、整体、准确的评价。

商务英语实践教学不能唯终结性评价独尊,要全面、客观、长远地评价学生的实践效果。商务英语实践教学评价应将形成性评价与终结性评价结合,评价的内容也应扩展为对学生全面、综合的评价,而且要让学生参与到评价过程中来,不仅要重视实践结果,还要注重实践过程。

对于商务英语实践教学而言,终结性评价和形成性评价反映了实践教学的过程和结果两个方面,将终结性评价与形成性评价结合起来,建立全面的、多样化的商务英语实践教学评价体系,实现对实践教学全过程的整体监控和评估,是当前商务英语实践教学的重要任务。

6.2.1 终结性评价

终结性评价是在某一教学活动完成以后,对教学活动的最后成果做出相应的价值判断,以便做出各种决策或决议作为教学的依据。终结性评价是在教育活动发生后对教育效果的判断(陈玉琨,1999:12),侧重定量分析,其评价者主体是教师。在商务英语实践教学中,如学生实操考核等,就是终结性评价的一种。这种评价具有客观简便、易于实行的特点。终结性评价在商务英语实践教学评价的实际操作中普遍受到人们的重视。

商务英语实践教学要培养学生运用英语进行国际商务活动的综合实践能力,其既要重视语言基本技能的训练,又要重视商务环境。作为专门用途英语的一种特殊种类,商务英语学习不仅包括对商务英语听、说、读、写、译基本能力的学习,还包括对商务技能的学习。这就决定了商务英语实践教学评价具有商务英语专业的特征。

第一,商务英语专业实践教学评价具有行业针对性。商务英语实践教学的目标是培养学生的综合商务实践能力，其教学评价的行业针对性十分明显。学习者通过商务英语实践教学，获得商务英语的实际应用能力。第二，商务英语实践教学评价具有综合性特征。商务英语是语言与经济、管理、商法等领域相交叉的学科，其实践教学内容涉及语言知识、商务知识和商务技能，而学习者将来要在国际商务工作中用英语从事国际商务活动，其综合素质和能力的培养也十分重要。实践教学中，应培养学习者的批判性、创新性和思维能力。因此在对其进行评价时，评价内容就要具有综合性特征，能够检测学习者的思维能力、创新能力、实操能力等，促进其综合技能的提高。

具体来说，商务英语专业实践教学的终结性评价包括以下几个方面。

（1）学生实践成绩评价

学生实践成绩是其实践成果的最直接的体现，校内实践课成绩的评价通常是由考试成绩和平时成绩两部分组成，考试多以笔试形式进行。校外实践评价由于其管理层面的复杂性，不能采用传统方式进行，不能只注重最终结果，而更应该对过程进行评价，这就要求学校根据校外实践性质制订一套科学合理的评价方法，如有关企业管理人员或企业导师的考核表、实践成果评定表等，同时制定成果预警机制，对实践成果不理想的学生及时提出预警，警醒学生在后续实践过程中努力提高实践成绩。

（2）用人单位评价

长期以来，我国高等教育专业结构与市场需求的结合不够紧密，培养的人才满足不了用人单位的需求。对于商务英语专业这一应用型学科而言，学校应积极与用人单位建立顺畅的信息反馈渠道，获得用人单位反馈的第一手资料；并根据反馈的信息主动应对，使培养出来的学生快速适应工作岗位，持续提升学校的教学质量，进而提高学校的知名度，最终培养出社会需要的国际商务应用型人才。

（3）毕业生本人及家人评价

学校培养学生的目的和学生学习的目的都是希望在毕业后能顺利融入社会，并进行下一步的人生和事业规划，这一切的基础都取决于学生在学校学习期间获得的各种知识、形成的各种能力，学生走向工作岗位后对学校、所学专业、所学知识的评价更有价值。建立毕业生及其家庭联系制度对于学校来说是很有必要的。毕业生根据自己的就业情况,对在校期间的商务英语实践教学安排做出客观的评价,有利于学校及时了解专业实践设置与学生就业能力需求之间是否形成了有机的对接,进而适时调整之后的商务英语实践教学工作。

6.2.2 形成性评价

商务英语实践教学终结性评价方法虽然能够测量学生的最终实践结果,具有事后验证的性质,但它对被评者本身的改进、完善作用不大,也无法体现某些不可比的因素,容易出现与事实不同的虚假现象。同时,终结性评价的客观标准是预先设定的目标,容易因目标的难以检测或不够实事求是而影响终结性评价的可靠性。因此,过度依赖终结性评价不利于建立科学合理的评价系统及反馈机制,无法充分发挥实践教学评价对进一步提高实践教学效果的反哺作用。

形成性评价与终结性评价相对,是"在教学过程中为了获得有关教学的反馈信息,改进教学,使学生知识达到掌握程度所进行的系统评价,即为了促进学生尚未掌握的内容进行评价"(Bloom,1981:167)。也就是说,形成性评价是在学生的知识、技能、态度等形成过程中,对学生的学习进展进行监控、评价与判断,为教师和学生提供反馈,同时将评价中收集到的信息用来调节之后的实践教学活动,提高实践教学质量,确保商务英语实践教学目标的实现。例如,在完成与国际商务谈判相关的实践教学后,可模拟国际商务谈判,以检查学生对国际商务谈判方面语言知识点的掌握情况、跨文化商务礼仪的习得情况以及国际商务谈判的技巧获得情况等,及时发现并调整相关实践教学中的某些不适的环节,对学生进行及时的指导。

形成性评价的优势首先是它能及时地获取实践教学情况的反馈信息。适时的形成性评价通过诊断实践教学方案和计划、实践教学过程中存在的问题,为正在进行的实践教学活动提供反馈信息,以提高实践中正在进行的活动质量的评价。(陈玉琨,1999)其次,形成性评价不以区分评价对象的优良程度为目的,不对被评对象进行分等鉴定。它主要检查学生的进步情况,为师生提供连续性的有关教学情况的成功和失败的反馈信息,利于师生不断加强成功之处,纠正失误之处,达到改进教和学的目的。此外,形成性评价主体多元化,评价者除教师外,也包括学生,使学生由被动的评价客体变为积极主动的主体,这有利于培养学生的主动性和积极性。

形成性评价能够及时探寻影响实践教学质量及目标实现的原因，以便适时采取措施予以纠正，其实践教学意义及管理作用是显而易见的。形成性评价的效度虽好，但也存在一定的局限。第一，由于不同教师评价以及学生自评互评时掌握的标准可能不一致，评价的结果客观性不强，缺乏比较性；第二，即使是同一教师，也可能因为学生的性别、能力及其与教师的亲疏度等，导致评价带有个人的主观因素和偏好；第三，教师容易过分看重学生的已有能力或过分看重学生付出的努力，而不是以学生在学习上取得的成就和达到的能力水平为依据。另外，这种形成性的评价活动不宜设置得太频繁，以免造成对正常的实践教学活动过程的影响与冲击。

相对于传统的终结性评价，形成性评价通过对学习者日常学习过程中的表现、所取得的成绩，以及所反映出的情感、态度、策略等方面的发展做出评价，是教育评价的另一种有效途径。形成性评价注重对学习者知识技能“形成”的过程和进展情况进行监督与评价，其贯穿学习者实践的整个过程，为教师与学习者提供反馈，以便调整实践教学内容，改进实践教学方法，满足学习者的需求，提高实践教学的质量与效果。因此，形成性评价是有效学习的必要成分，它提供给教师和学习者及时有益的反馈信息，促进教学目标的实现。（王华、富长洪，2006：68）

形成性评价的目的是激励学习者学习，帮助学习者有效调控自己的实践过程，使学习者获得成就感，增强自信心，培养合作精神。形成性评价具有评价主体多元化、评价内容多样化、评价形式多元化等特征。评价主体多元化强调学习者的主动参与，使学习者由被动评价的客体变为积极评价的主体，加强评价者与被评者之间的互动，鼓励学习者进行自我评价或与同学的互相评价，促使他们对自己的学习过程、方法进行回顾与反思，从而提高学习的主动性与积极性。评价内容多样化强调形成性评价的内容是全方位的，评估的是学习者实践的全过程，包括内容以及所反映出的情感、态度、学习策略等。形成性评价不仅注重评价学习者对知识的掌握情况，包括学习者日常学习过程的表现、所取得的成绩，还十分重视对学习者的实践态度、实践策略及情感因素等方面的评价。

商务英语实践教学形成性评价重视教师对学习者在实践教学过程中的表现进行的观察，可采用的方式有多种。

(1)实践过程观察

观察是评价教学行为和技巧的基本方式。它是指教师观察学习者在实践过程中的行为并对其评价的一种实践教学评价活动。商务英语应用性和实践性强,实践过程中含有商务英语的听、说、读、写、译基本技能的实践内容以及大量的商务技能内容。教师对学习者实践操练与训练的观察,可以以日常记录、评估表或评价表的方式进行。通过观察,教师可以了解到学习者学会了什么,哪些实践策略对学习者有帮助,哪些实践教学策略最有效,学习者更喜欢哪些活动与材料等信息。

杰纳西(F. Genesee)和厄普舍(J. A. Upshur)认为,外语教师的课堂观察有四个步骤:①确定为什么要进行课堂观察,是评价学生的成就,进行个别指导,依据学习者成就来调整教学,还是评价本课、本单元教学的有效性。②确定从观察中获得的哪些结果可以服务于上述目的。如学习者的语言使用、学习习惯、学习策略、对所教材料和活动的反应以及课堂互动等。③制订能够获得理想观察信息的观察方法。首先确定观察的对象,是一个学习者,还是一组学习者;要确定观察的频率,是一次,还是多次;确定在课上什么时候、什么场合下观察。④选择具体的方法记录观察结果,是采用事件记录法(Anecdotal Records)、评价项目单(Checklists),还是等级量表(Rating Scales)。事件记录法是指教师对重要个体学生事件和表现的记录。评价项目单是指教师依据公认的或事先设定的标准来评价学生是否达到要求。等级量表是指在两个标准连续统上进行选择。(Genesee & Upshur,2001:83)

这四个步骤同样是商务英语教师观察实践教学过程的操作依据和参照。在对具体实践教学过程的观察中,要充分注意商务英语实践教学的特征,观察的目的在于评价学习者的实际语言应用能力等综合商务实践能力。

(2)访谈、座谈

形成性评价中的访谈、座谈就是师生之间就学业展开对话或讨论。(Genesee & Upshur,2001:68)商务英语实践教学访谈评价方法可以在教师与单个学习者之间进行,也可以在教师与一组或一群学习者之间进行,还可以在教师与全班同学之间进行。师生间的访谈、座谈有利于对学习者个人成就和需求做出正确和积极的评估。其访谈内容可以包括:

①你喜欢这个商务英语实践项目吗?

②你喜欢这个实践项目的哪些方面?

③你认为这个实践项目实现起来有困难吗? 困难在哪里? 怎样克服困难?

④你认为你在商务英语实践的哪方面做得比较好?

⑤本次实践有哪些进步? 请说明进步的方面和原因。

以此类推,与商务英语实践教学中的"教"与学习者的"学"相关的种种问题都可以提出。学习者对这些问题的回答可以使教师知道学习者实践策略的使用情况,以及哪些策略能够促进学习者的实践,还可以了解学习者的需求,对实践教学做出适时的调整。同时,教师可以发现学习者对自己进步的感觉和看法。访谈可以在商务英语实践教学中随时进行。教师与学习者可以以这些内容进行较为正式的访谈,教师与学习者共同获得反馈,促进教与学的改善和提高。

(3)学习者自评/互评

学习者自我评价和同学间的相互评价能够展示学习者的认识、判断和鉴别能力,在商务英语实践教学评价中意义很大。学习者自我评价是指在实践教学中学习者依据评价原理,对照一定的评价标准,主动对自己的学习进行评价。评价内容主要包括:实践动机、实践态度、实践策略、实践行为和实践效果。自我评价注重学习者个体的参与,而参与评价会让学习者产生不同程度的压力,由此进行自觉的内省与反思,使其认真总结前期行为并思考下一步计划,这将促进学习者的自律学习,培养"反思—总结—自我促进"的良好学习习惯。从某种意义上来说,学习者进行自我评价是在不断接受自我监控能力的培训,以促进自主学习与实践。自我评价为学习者提供了一个不断反思、不断提高和不断自我完善的机会,最终得到全面、正确的评价。实验证实,那些通常能给自己确定目标,并进行自我评价、自我奖赏的学习者在学习活动中比那些不能做出这样安排的学习者更有成效。

学习者互相评价是指在实践教学过程中,以划定的实践小组为单位,依据评价标准相互对实践条件、过程及效果所做的评价。可以让几个学习者评一个学习者,每一个学习者对被评价的学习者的实践行为写出评语,指出优点和缺点并提出改进建议。被评价的学习者根据同学和教师的评价做总结,确定自己的改进目标。学习者通过互评活动,既加强了与同伴之间的沟通,又有机会检查自己和他人的学习情况，从而更明确自己今后实践学习的目标。在这一过程中，学习者学会相互信任，学会诚实、公平地对待自己和他人，从而提升团队意识、合作意识以及综合素质。

实施商务英语实践教学自评和互评时，可由教师先制订好评价表，让学习者按照标准进行打分，或由学习者与教师一起制定具体的各项评价标准。由学习者按照标准单独或与他人合作完成评价过程。评价过程既是系统化的，又是个人化的。学习者在这个过程中，检查自己和他人的实践效果，从而对自己的实践目标有一个更明确的认识。

自评和互评以学习者为中心，学习者可以系统地评价自己各方面的实践表现。学生参与评价，不仅能使学习者了解商务英语专业实践要求、目标，并真正了解自己的实践进展、现有的水平和存在的问题，设定奋斗的目标，还可以培养其正确评价自己和他人的能力。开展学习者之间的互评能鼓励学习者自学，增强责任意识，培养同学之间的互助合作精神。商务英语实践教学中的形成性评价注重对学习过程的评估，采用的评估手段广泛、多样，可以在很大程度上改变“一次考试成败定终身”和“以考分定优劣”的评价方式给学习者带来的负面影响，提高学习者的学习自信心和自控力，从而达到最佳学习效果。

对学生的实践过程进行评价只是商务英语实践教学形成性评价的一个方面，即“学”的方面。另外，还应对学校开展商务英语实践教学的情况进行评价，即“教”的方面。对学校实践教学安排的形成性评价应包含以下几个方面。

①实践教学比重。改变以往的重理论、轻实践的做法，增加商务英语实践教学的学时、学分比重。

②师资队伍建设情况。师资队伍建设情况对于任何一所学校来说都至关重要，生师比小于18∶1、职称结构及年龄结构合理是最基本的要求，对于商务英语专业来说，更应该注意双师双能型教师比例、企业人员任教情况、教师的技能培训情况等。

③校内外实践教学基地建设情况。对于国际商务人才的培养而言，校内外实践教学基地可以起到如校内语音实验室等发挥不了的综合培养商务实践能力的重要作用。因此，高校商务英语专业应加强本单位的实践教学基地建设。实践教学基地的建设不仅要注意基地建设的数量、规模，还要注意实践教学基地评

价标准的建立，规范实践教学基地，最大限度发挥基地的功能。可以从基地建设的指导思想、基本功能、组成框架、指导队伍、场地与环境、仪器设备与经费投入、教学文件、教学实施、教学体系、教学改革、组织管理机构、规章制度、实践教学质量和效益及社会反映等方面进行评价。

④实践教学质量监控体系建设情况。以产出为导向，依据地方经济对应用型技能人才的要求，建立适合高校商务英语专业的实践教学质量监控体系。聘请其他高校专家和校企合作人员优化人才培养方案，重新梳理实践体系，分别建立理论课程和实践课程质量标准及评价标准，形成以“产出为导向”的实践教学质量监控体系。建立毕业生跟踪体系，通过多种方式了解用人单位的反馈信息，根据学生就业率、用人单位的有效反馈信息和社会需求的变化不断调整及优化学校的商务英语实践教学安排。对高校商务英语实践教学的开展情况进行形成性评价时，其实践教学质量监控体系建设情况是必要的考量因素之一。

6.3 实践教学评价原则

实践教学是商务英语教学中的重要组成部分，而教学评价一直是高校教学研究的重点。在高校中对实践教学质量进行评价要根据评价指标体系，合理的评价指标体系才可以对实践教学进行正确的评价，达到引导的作用，提升教师的实践教学能力和质量，提高实践教学评价的有效性。构建适合高校商务英语专业实践教学特点和情况的评价体系，可以全方位地反映出实践教学的质量。而实践评价的体系构建必先基于一定的评价原则，这对提高实践教学质量具有重要意义。

6.3.1 发展性原则

商务英语教育评价的发展性原则是指商务英语教育评价关注学习者的全面发展、教师素质的提高、教学实践的改进。其核心是跨越多个时间观察、评估学习者的进步与发展情形，从而了解学习者的动态发展历程与能力变化的特点和潜能。商务英语实践教学的目的在于培养在国际商务领域用英语进行商务沟通与交流的人才，强调全面提高学生的综合商务技能。因此，其实践教学评价应注重调动学习者潜能的发挥,促进学习者持续发展的能力。动态性评价注重诊断、激励、调控和改进功能,重视学习者的主体地位并强调学习者参与评价。发展性原则下的商务英语实践教学评价是一种综合性的评价,内容不仅包括学习者的最终实践成果,也包括综合素质和能力的发展,其着眼点是以学习者为本,关注过程,善于反思,倡导适合学习者的全面发展以及综合素质的提高。

商务英语实践教学评价的持续发展原则强调通过综合性的评价,更加客观地对实践教学过程进行全面、系统的评价。此种评价方式为形成性评价模式,既对教师的实践教学过程进行关注,又强调未来的发展方向和发展趋势。

持续发展原则主要包括两个方面的内容。第一,有利于学生的发展。实践教学评价的基本目标之一就是通过切实的评价与诊断,帮助教师积极自主地构建和应用新的实践教学策略,不断调整实践教学的组织方法与过程,从而促进学生在综合商务技能方面的全面发展。第二,有利于教师的专业发展。商务英语实践教学评价的重点是关注实践教学过程,而这个过程的实践效率和师生间的互动交流直接关系着实践教学目标的完成。因此,评价时需要考虑如何通过评价来进一步提高实践教学的效率,找到实践教学中的不足之处。同时还强调,商务英语实践教学评价主体之一就是教师自己,实践教学评价本身也应该是教师对实践教学过程与行为的批判性反思,是教师与同行、专家交流与分享的过程,因此,通过实践教学评价能有效促进教师的专业发展。用发展的眼光去评价教师的实践教学思想,发挥实践教学评价的导向、反馈、激励等功能,用客观的、动态发展的眼光去评价实践教学,这对于商务英语实践教学活动的进一步开展至关重要。

同时,影响实践教学效果的各种要素和各种条件也在不断变化,因而与之相应的评价指标体系也应不断改进,以确保实践教学质量的提高。要坚持以持续提高实践教学质量的发展观来评价商务英语实践教学。

6.3.2 系统性原则

根据系统论,整体性是系统的最为鲜明、最为基本的特征之一。系统是由各要素相互关联而构成的有机整体,各要素通过有序组合、相互协作、组织优化,就会产生在独立状态中所不具备的性质和功能,并形成系统的新功能,出现"1+1

>2”的现象。基于此，要对商务英语实践教学展开科学的评价，首先要健全实践教学评价系统的各个要素，如评价主体、评价内容、评价指标和评价环境等，并不断优化要素之间的关系，使之结构合理、相互衔接，进而达到提高教学评价质量的目的。例如，要根据商务英语专业实践教学的性质和特点，选择专业对口的评价主体设置评价内容和评价指标，避免出现外行评价内行的不适宜现象。评价的整合系统原则要求采用多元评价体系，进行全方位评价，切实提高实践教学评价水平。由于学生评价、专家评价、同行评价以及教师自评各有优势，所以要树立整体意识，将其作为一个整体系统，加强对实践教学评价的管理和指导，把不同评价模式有机结合起来，把对理论学习的评价与对实践技能的评价有机结合起来，取长补短，发挥整体作用。教育部印发的《关于深化高校教师考核评价制度改革的指导意见》明确指出：“学校应实行教师自评、学生评价、同行评价、督导评价等多种形式相结合的教学质量综合评价，要通过完善的教学质量评价制度，多维度考评教学规范、教学运行、课堂教学效果、教学改革与研究、教学获奖等教学工作实绩，让高校教师回归教学本位。”另外，要根据相关性和整体性原则，科学构建全面的评价指标，使指标能够准确反映评价内容和评价要求，不遗漏任何一个重要指标，既有定量指标又有定性指标，既有知识方面的指标又有技能方面的指标。（倪永贵，2019:65）

商务英语实践教学评价指标体系是根据多个指标组成的一个体系，指标间都有潜在的联系，可以全方位地体现实践教学的内容和实践教学的质量。与此同时，每项指标都具有独立性，评价的内容也不会雷同，从而避免出现评价内容不符导致评价结果不真实的现象。

6.3.3 客观真实原则

商务英语实践教学评价的客观真实原则要求通过给学习者提供与现实生活中相关领域类似的任务，让每个学习者充分应用相关知识、技能、态度及智慧，展现其理解水平和对已有知识的驾驭能力。根据巴克曼(L. Bachman)和帕尔默(A. Palmer)的语言测试理论，语言测试的真实性是指受试者在测试中使用目标语完成测试任务与其在现实生活中使用语言交际活动的相似程度，也就是语言测试与语言交际的一致程度。(Bachman & Palmer, 1996:23)商务英语专业实践教学的评价真实性具体体现在:①商务英语受评者在教育评价中完成任务的真实性,如在测试或评价中完成的外贸合同与现实商务活动中的一致程度较高;②商务英语受试者与实际工作的角色具有相关性;③商务英语的情景真实性来源于测试中或评价中的情景模拟,受评者在真实情景中的互动;④测试或评价材料真实性指测试材料或评价资料与商务活动中需要处理的材料相似或一致。

高校商务英语专业实践教学评价指标应该是具体的、可测的和可操作的。在评价指标体系建立的过程中,要综合考虑各种影响因素,将其作为评价指标,并根据每个因素的重要程度赋予权重,尽量做到考虑全面、评价指标客观。

6.3.4 科学合理原则

科学合理原则是教育评价的普适性原则。商务英语实践教学评价的科学合理原则是指商务英语实践教学评价必须按照客观规律进行,包括评价方案的制订、评价体系的建立和评价的实施。在评价中,科学化要求有正确的评价指导思想,有正确的评价指标体系和具体的评价标准,有正确的评价方法和技术,有科学的态度和科学的精神。首先,评价体系中的指标既要反映商务英语专业人才培养的内部规律,又要符合其适应经济发展、社会需要的外部规律。这体现在商务英语实践教学评价指标的确立与分解、层次与等级的划分等都要根据教育科学和实践教学评价学理论的基本原理,反映并遵循商务英语实践教学规律、商务英语管理规律、商务英语实践教学原则。商务英语实践教学评价的科学性原则强调科学地使用一种或几种教育评价方法,真实、准确、有效地反映受评者的真实水平与真实能力。同时科学性原则要求评价要结合实际情况,所选用评价方法的技术操作性要强。

构建实践教学评价指标体系是需要以实践教学理论为基础的,每一项评价指标都需要科学论证,适合实践教学的特点,可以从不同的角度来反映实践教学的情况。评价的科学性要求每一项评价指标都要具体,避免一些因素的影响,采取多标准、多目标、多内容、多形式、多方法、多主体、多时段的多元化考评方式,这样才能保证评价体系可以准确地对评价对象进行科学的评价。实践教学评价指标体系从理论上做到完整是比较容易的,但在实际操作过程中遇到的影响因素较多。因此,科学的实践教学评价要力求做到指标的项目内涵明确、精练、重点突出、易测，并尽量降低操作难度，有较好的可测性和可操作性。

6.3.5 过程动态原则

商务英语实践教学评价的过程动态原则是指在实践教学评价与学习者的知识、技能、态度等地形成过程中，对学习者的学习进展进行监控、评价与判断，为教师和学习者提供反馈，同时将收集到的信息用来调节实践教学活动过程，以便更好地形成适合实践教学对象特点的实践教学手段与实践教学方法，提高实践教学质量，确保实践教学目标的实现。动态的商务英语实践教学评价能及时地获取教学反馈，适时的过程性评价通过诊断实践方案和计划、实践教学过程与活动中存在的问题，为正在进行的实践教学活动提供反馈信息，以提高实践中正在进行的对活动质量的评价。

全面考察商务英语实践教学体系在商务英语人才培养中的作用，科学有效地验证实践教学体系运行的实效，全面、客观地评价学生在实训中的表现，注重过程考核。传统考核方式主要以指导教师的考核为主，以实践报告考核为主，忽视了过程考核，忽视了对学生沟通能力、团队合作能力等客观能力的考核，而这些能力在工作中是非常重要的。为此，可以采取学生互评的方式，建立互评指标体系，增强评价体系的全面性。在教师的评价指标中也需要有学生的实训态度及创新能力等过程考核指标。在顶岗实习中，除学生互评、指导教师考评外，要引入企业指导人员的评价，在考核体系中占适当的比重，从企业对员工的角度进行评分，客观判断学生适应企业的能力。同样，对校内实践课堂教学评价不能只看学生的最后表现，评价的重点不在于鉴定教师课堂实践教学的结果，或把课堂实践教学结果作为奖励、评定教师专业水平的唯一条件，而是诊断教师实践教学的问题，调整教师发展的目标，满足教师个人专业发展的需要。因此要把评价的目光放在实践教学的全过程。

6.3.6 多元丰富原则

(1)多元的实践教学评价标准

对于商务英语专业实践教学而言，要制定多个评价标准，以便对学生所获得的知识、技能、情感等进行有针对性的评价；同时要考虑设置针对不同表现方式的评价标准，供学生选择使用，以便照顾学生的个体差异，帮助学生充分挖掘和展示其个人潜能。

(2)多元的实践教学评价目标

商务英语专业实践教学评价的目标具有多元性。我们开展商务英语实践教学评价可以测验学生掌握的商务技能，这是传统意义上教学评价的主要目标。除此之外，我们还要把职业能力作为教学评价的核心目标之一，其中应包括英语交际能力、专业技能和社会能力等。

(3)多元的实践教学评价内容

商务英语专业实践教学多元化评价内容应包括：商务英语听说能力、商务英语演说能力、商务英文资料的演示能力、商务英文信函与报告的编写能力、商务英语知识的建构能力、网络商务英语沟通能力、商务业务操作能力、商务项目管理能力、办公管理能力、办公设备操作能力、团队合作能力、解决问题能力、自我评价能力，以及英语语言知识、商务知识、国际文化知识等。只有对上述能力、知识采取积极有效的方式开展评价，才能保证对学生商务职业能力的全面、客观的评价。

(4)多元的实践教学评价方法

商务英语专业实践教学的评价方式多元化，即将动态评价与静态评价结合，定性评价与定量评价结合，过程评价与结果评价结合，纸笔测验与能力表现评价结合，主观评价与客观测评结合，自评与他评结合，诊断性评价、形成性评价及终结性评价结合，从而使评价的结果更加客观、公正、科学，使评价更具形成性、开放性和灵活性，充分发挥专业教学评价的诊断、定位、激励和导向等多重作用。目前，可供采用的商务英语专业实践教学多元化评价方法主要有：课堂观察、英语面试、短剧表演、课堂讨论、英语辩论、商务英语演讲、商务案例分析、课程学习档案袋、英语周记、商务专题调研、问卷调查、学期论文、项目报告、团队活动、论文答辩、单元测验、阶段测验、期末测验、英文能力证书、商务职业资格证书等。各专业教师可根据商务英语专业课程的特点、学生的情况和自身所掌握的评价技巧与策略采用相应的评价方法，从而提高实践教学的效率和质量。

(5)多元的实践教学评价时机

在商务英语专业实践的多元化评价中，我们应该在实践前、实践中、实践后等不同时段，对学生实施准备性、形成性、诊断性及总结性评价。在实践前对学生进行评价有利于把握实践教学的方向与具体安排，有助于有针对性地开展商务英语实践教学活动。在实践中加强对学生学习的过程评价，使学生及时发现自身的问题与不足，找出与相关标准的差距，激励学生持续性地、有的放矢地开展全面的专业学习，提高学习的效率，培养学生自我评价能力和自我完善能力，促进综合职业素质的培养与提高。在实践完成后，对学生开展评估可了解学生的实践成果，并结合之前的评价，得出实践教学中存在的优劣，积累实践教学经验，促进商务英语实践教学方案的不断发展与完善。

(6)多元的实践教学评价主体

在传统评价体系中，教师往往是唯一的评价主体，学生是被动的被评价者。而新评价模式采取评价主体多元化的形式，强调学生是学习与评价的元主体，通过增设自评和同伴互评环节，给予学习者评价的权力。

教师规范评价标准、规则和步骤，引导学生对实践教学进行自评和互评。自评使学生真正参与到评价当中，提高对自我的认识，化被动为主动，成为实践教学的主人；而互评则能够引导学生学会团结合作并欣赏他人，取长补短，拓展思维，增强自己的纠错意识。

例如，设计“自评—互评—师评—自评—师评”这样的评价系统，让学生及时地意识到应在实践过程中不断提高自身的综合商务技能，给同学和老师呈现最好的实践成果。这一评价模式增强了学生的自我效能感和实践积极性，同时也在一定程度上减轻了教师的实践教学负担，也使评价更加全面、客观、高效。

在商务英语专业实践教学多元化评价体系中，评价主体由任课教师、同行教师、社会专家、学生本人、学生团队、社会团体、英语能力认证机构、商务类职业证书认证机构等组成。评价主体的多元化，可以从多方面、多角度对教学活动进行更全面、更科学、更客观的评价。在多元化评价体系中，学生处于一种积极主动的参与状态，这有利于学生发挥主观能动性，从而对自身的实践学习情况进行自我调控、自我完善、自我修正，不断地提高实践教学的质量和效率。

具体来说，商务英语实践教学的多元评价主体应包括：

①学生。

学生作为实践教学活动的直接参与主体，既了解实践教学活动的整个过程和具体情况，又切身感受到自身能力和综合素质在实践中的提升情况，是实践教学考核最直接的评价主体。在具体操作上，可以由学生填写有关表格通过自我量化来评价，也可以让学生通过写总结、写收获的形式进行自我评价。

②实践基地。

作为实践活动的提供单位和接待单位，实践基地是学生实践活动的第一线，其熟知实践活动的要求和操作规程，最了解学生在实践活动中的表现，在对学生的实践活动进行考核时最具发言权。

③同伴。

各专业班级或专业小组学生，对本班或本小组成员的专业实践表现进行互评，并给出成绩，最后的平均成绩是该学生的互评成绩。此种评价方法便于班组成员的相互督促、相互学习。

④指导教师。

实践指导教师深入实践教学第一线，作为组织者、指导者和学生直接接触，最了解学生在实践活动中的表现，是实践教学考核中最主要的评价主体。实践指导教师对学生的实践过程、实践效果进行评价，对学生是否遵守实践课纪律，实践态度是否认真，实践报告和总结是否按时提交及写作质量进行考核，并给出实践成绩。

⑤专业指导小组。

专业指导小组评价教师在实践教学安排、教学思路、教学方法等方面的设计及实施情况，重点对实践指导教师的业务素质、组织能力、管理水平，以及对实践教学的准备与落实情况等进行考核，包括教师是否制订了切实可行的实践教学大纲和实践教学计划，是否有详细的实践教学活动方案，是否对学生提出了明确要求，是否对学生进行了耐心细致的指导，是否对学生进行了客观认真的考核，是否尽职尽责，等等。

⑥教学督导小组。

教学督导小组通过教学文件资料检查、材料调阅、现场抽查、教师座谈会、学生座谈会等多种形式，对专业实践教学环节的教学准备情况、实施情况和教学效果等进行综合评价，找出优点和不足，分析影响实践教学质量的问题所在，提出整改意见。

6.4 实践教学评价系统

《普通高等学校本科外国语言文学类专业教学指南》对商务英语专业学习者的实践能力提出了明确要求,而要使学习者通过实践教学获得分析问题的能力、动手操作的能力和商务英语专业相关综合技能,从而使商务英语专业的学习者把学到的理论知识熟练地运用到工作中,科学合理的实践教学评价系统是必不可少的。

6.4.1 商务英语专业实践教学考核评价系统现状

实践教学必须配套科学合理的考核评价系统,对学习者的实践过程和成果切实监控并进行质量评价,促进学习者对行业实践经验进行总结、反思。目前商务英语专业的实践教学评价方式多为教师对学习者的作业、实践报告、实习手册等进行评分,存在较大的主观随意性。学校和专业没有形成科学系统化的评价标准,教师由于缺乏实践经验,无法对学习者实训的过程给予针对性的指导意见和评价参考。这些因素都导致实践效果大打折扣,也无法充分调动学习者参与实践的积极性。

商务英语专业实践教学传统的评价虽然在一定程度上有助于教学质量的提高和对教学的指导,但也有其不足:实践教学本身重理论而轻“实践”,评价方面也做得不完善、欠科学和脱离实践,如“评价标准含糊,评价手段单调,评价内容片面,评价主体单一,重结果轻过程,重理论轻实践,重师评轻自评”(黄玉龙 等,2015:238),“指标评价系统不合理,以教学评价为主,评价目的在于考核和审定,而非诊断和促进”等。当前商务英语专业实践教学传统的评价普遍存在多元化评价主体不够充实,评价的标准主要依赖学校的教学质量监督系统,未引入企业的评判标准,在一定程度上存在与企业工作实际脱节的现象。从各学校教学研究情况综合来看,基本上在评价方面都存有不足。总的来说,当前的商务英语专业实践教学评价系统尚存在以下问题。

(1)考核评价流于形式

商务英语专业实践教学一般应包括校内专业课的教学实训、校外实习基地的专业实习和预就业实习三个阶段。而目前大多数学校的实践教学口号虽喊得轰轰烈烈,但全面涵盖三个阶段且有效的实践教学内容几乎没有,仍没有脱离本科理论教学的藩篱。有些学校对校内实训的安排是在理论课结束后进行一周的实训,但在实践课堂上,指导教师只是给学习者一些操作练习,没有足够的时间去强化学习者的技能,对学习者的考核也只是让学习者提交一份实习报告,指导教师根据实习报告的优劣给出相应课程的实训成绩。校外实习更是弱项,指导教师根本不了解学习者实习的真实情况,只是根据学习者实习结束后的实习报告来考核学习者的实践效果,考核评价的结果大多不真实。

(2)考核评价主体不全面

当前,大多数院校商务英语专业对学习者实践教学的考核只局限于任课教师或指导教师的考核评价。这种考核评价的主体具有单一性、片面性,不能从多角度、多层面、多渠道对学习者的实践教学进行全方位的考核评价,无形中增加了指导教师对学习者考核评价的分量。校外实践的考核评价随意性更强,不检查学习者的实践情况,没有企业指导教师的考核,单单根据指导教师自己的主观判断和学习者的实践报告进行考核,考核结果不客观。

(3)考核评价内容不全面

针对实践教学的考核评价,有的学院只局限于校内实践,有的局限于校外实习,有的学院虽兼顾校内实践和校外实习,但考核评价的内容都很简单,只是根据实习报告给出考核成绩,忽视了对学习者动手操作能力的考核,缺乏对学习者综合职业素质的考核,对学习者的个性化发展没有关注。

(4)考核评价过程不到位

对于商务英语专业校内实践教学,很多任课教师按照给学习者布置作业做练习的方式,以"作业一答案"为主线组织课程实践教学,实践内容对技能的强化不突出,教师监管松散,学习者思想上不予重视。考核只注重结果的静态评价,不管学习者上课与否、表现如何,教师一般都会给学习者及格、良好、优秀等成绩。而校外的实习,大多数学院虽然都会安排指导教师,但是有的指导教师根本不到现场指导,只以电话或短信遥控指导,对学习者的这种考核与评价只停留在机制运作的基本层面,以学习者的实习报告决定学习者的实习成绩,没有深入地考核评价学习者。

总而言之，许多院校在开展商务英语实践教学时还伴随着一些其他问题，例如部分教师存在态度不够认真、能力不足等问题，评价指标系统不够健全，实践基地不够稳定，随意性比较大，院校重视度不够，教学反馈不及时、效果差等。不论这些问题是出在教学环节的哪一个方面，都反映出一个问题，那就是实践教学质量评价的缺失。因而，各高校应建立高效率、全方面、多层次的评价机制，从而对错误方法进行纠正，促进商务英语专业实践教学有序、有效开展。

6.4.2 商务英语专业实践教学评价系统的设置要点

商务英语专业实践教学评价的目的在于使被评价者能够不断认识自我，发展自我，完善自我，逐步实现不同层次的发展目标，优化自我素质结构，自觉改正缺点，发扬优点，不断实现最终的发展目标。商务英语实践教学评价应将学习者自身商务实践技能综合素质的提高作为评价标准，对学习者在一段时期内的实践成就与过去状况进行比较，衡量其进步情况，以发展为导向，鼓励学习者挖掘潜能，不断提升，从而调动其积极性，做到全员参与，全程参与。具体应做到如下几个方面。

(1)关注学习者的可持续发展

商务英语专业实践教学评价既要考查学习者当前的实践能力水平和状态，又要关注其可持续发展的能力和未来发展趋势。在对学习者的实践情况进行评价时，要坚持用发展的、动态的眼光看待学习者，充分考虑学习者的实际情况，始终看到学习者是不断发展变化的，根据学习者过去的基础和现实表现，注重激发学习者的主观能动性，对学习者的优势和不足给予激励或具体的改进建议，使学习者认识到不足，找出差距，明确进一步实践的方向。商务英语专业实践教学评价的着眼点应放在学习者未来的发展上，注重对学习者成长过程的评价，以保障评价的经常化、真实化、动态化。

(2)关注学习者的个性差异

商务英语专业实践教学评价的目的是创造条件使每个学习者达到他可能达到的最高实践技能水平，而不再是对学习者过去的绩效进行简单的优劣鉴定或评比。这就需要关注学习者的个性差异，要以诊断、激励和改进为主，针对学习者自身的不同特点，正确地分析评价每个学习者的发展潜能，为学习者提出适合其发展的有针对性的建议,进而使学习者达到发展的最佳状态。这有助于学习者树立自信心,并给学习者以弹性、人性化的发展空间。

(3)强调评价主体多元化

商务英语专业实践教学评价的主体应该是参与活动的全体成员。不能只依靠教师对学习者的单向评价,要提倡评价主体间的多向选择、沟通和协商,加强学习者自评、学习者互评、小组评价、指导教师和管理者等共同参与的多向交互活动评价。这有利于加强学习者学习与实践的主体意识,增强主观能动性,使学习者心悦诚服地接受和认同评价结果,并分析自身优势和差距,改进对策,明确努力的方向。这对学习者的学习与实践有积极的意义。

(4)自我评价是整个多元考核评价的重心

商务英语专业实践教学评价注重学习者未来的发展,多元化评价主体中的自我评价超出了以往评价的范畴,使学习者由消极被动的被评价者转变为积极主动的评价者,这种转变体现了考核评价重心的转移,增加了自我评价的比重,确立了学习者诚实守信的评价态度。自我评价要贯穿校内外实践教学的各个环节,其运行程序为"自我诊断—自定目标—自求发展—自我评价",使学习者不断认识自我,发展自我,优化自我,逐步实现不同层次的发展目标。

(5)考核评价侧重实践教学的动态全过程

实践教学的结果是静态的,但是教学过程是动态的。实践教学的考核评价更要致力动态评价,将形成性评价和终结性评价有机地结合起来,将评价渗透到每一个实践教学的环节中。这要求每个学习者备有一本实习记录本和一个档案袋,将平时的实习作业、实习报告、查阅的资料、实习大赛、校外企业的实习表现和企业指导教师的反馈信息等材料放在档案袋中,通过学习者本人、实习小组组长、指导教师、企业专家等多方评价,把评价结果记录下来。针对学习者不同实习阶段的真实表现,教师再有的放矢调控学习者的实践行为,使学习者积极主动地、不间断地修正并建构自身的实践技能。

(6)考核评价要求能够促进学习者的持续发展

考核评价要关注每个学习者的特长,从学习者的实际出发,既要重视学习者的过去和现在,又要重视学习者的未来。在考核评价的整个过程中要注重学习者的个性差异和个性化发展,切勿过多强调共性。根据每个学习者的个体差异,确定不同的起点和标准，依据每个学习者进步的程度对学习者实行分层次的考核，不可实行“一刀切”。这有助于挖掘学习者的潜能，使其建立自尊、自信、自强，以及持续发展的心理状态，充分调动其学习与实践的积极性，从而较好地发挥通过评价促进发展的功能。

(7)考核评价力求做到客观全面

实践教学的考核评价要力求把实践教学的知识与能力、过程与方法、职业素质与发展目标等内容尽可能地纳入评价系统中，要把实践笔试与实践操作、校内实训与校外实习、实践技能大赛与学习者的日常表现有机结合，要体现共同参与、交互作用的多元化评价主体，要突出学习者评价的主动性，强调以发展为核心的综合功能，发挥评价结果的反思与导向作用。这种评价不仅能提高学习者校内外实践操作的技能，使其掌握专业技能，还能提高其综合素质，使其学会做人做事，从而为其积极主动、全面和谐的发展创造良好的条件。

6.4.3 商务英语专业实践教学评价系统的设置要素

要全面客观地评价商务英语专业实践教学，必须建立健全完整的、包含所有实践在内的评价机制，具体包括以下几个方面。

(1)校内实训

①单项技能。

校内实训分模块化单项技能和系统化综合技能两部分，单项技能实训要按照课程的有序化进行，以商务英语实践技能为主线展开。低年级学习者侧重商务英语听、说、写等基本技能的实训，高年级学习者侧重国际商务实务专业技能的实训。单项技能的实训可以在理论课讲授过程中或结束后进行，但是对单项实训技能的考核一定要细化。要制定考核细则，明确考核评价的方式、内容和主体；制定分阶段的考核标准，对学习者不同时期的实训作业、实训操作、实训探究、学习态度、进步程度等方面进行细节量化考核和定性考核；建立学习者成长考核档案，把不同阶段的教师评价、学习者互评、学习者自评记录下来一并存入档案，针对每个学习者的特点以及存在的问题及时予以纠正和完善；单项实训结束时举行单项技能大赛，把在大赛中获得的成绩等以一定的比例计入实习总成绩中。这样，既可把模块化的单项实训成绩与理论考试成绩以适当的比例计入相关学科的期末成绩中，又可把实训成绩作为一门实践课单独列入学习者的期末考核中，增加了实训成绩在期末考核中的比重，有助于引导学习者加强对技能实训的重视与操练。

②综合技能。

综合技能实训是以国际商务活动的工作流程为主线，建立一个拥有完整工作场景的模拟商务工作室，通过模拟商务活动情境和真实商务活动任务对学习者进行专业的综合技能训练。在这个商务活动的工作过程中，按照由简单到复杂的工作任务进行实训，注重各个环节的知识衔接以及关联性，确定每一个工作任务的具体内容，制定学习者完成工作任务后需要具备的能力和相关知识的标准。在综合实训过程中，指导教师对学习者进行动态管理，制定综合技能标准，针对每个学习者的特点给予相应的改进建议，要求各小组实训结束后以小组形式进行综合技能大赛，以检测学习者的综合技能水平。这有助于培养学习者理论联系实际、新旧知识有机衔接的能力，训练学习者能独立系统地完成商务场景中的各项工作任务，并能初步掌握外贸工作的技能和全部工作过程的思路。综合技能大赛要以指导教师评价、学习者自评、小组互评的方式考核各小组的成绩，这能培养学习者从“评价”中悟出如何“操作”的道理。综合技能的考核要关注学习者的起点、平时的表现、努力进步的程度、最终的大赛表现情况，从而考核学习者最终达到的技能标准。

(2)校外实训

①学习者的专业技能。

校外实训是学习者与职业技术岗位“零距离”接触，巩固理论知识、训练职业技能、全面提高综合素质的实践性学习与训练的平台。在企业工作具有一个真实的、复杂的工作环境，让学习者在不同的岗位上轮训，使学习者有机会参与企业的经营管理、市场营销、业务函电、贸易洽谈、商务资料翻译、国际商务单证制作、报关报检表格申报等业务，亲身体验真实的企业氛围，学会处理、解决企业生产及企业实务中遇到的各种实际问题。学习者的职业技能也只有通过校外实习这个大课堂才能得到锻炼。在职业场所中，学习者既能实现单项技能的熟练运用，又能综合应用一系列相关的职业技能，因此校外实习是综合的、整体的、系统的，要重视学习者职业技能的考核评价，以考核促发展。

校外实训要以学习者的自我评价和企业的考核评价为主，考核评价的主体由学习者本人、企业技术人员、学校的骨干教师以及各实习小组组长组成，主要针对校外专业实习和顶岗实习。校外实训考核要注重过程评价，企业的指导教师在实习过程中要随时随地对学习者出现的问题给予引导，注重实习全过程，以促进学习者持续发展的动态考核为主，采取平时工作考核和最终职场考核相结合的方式。实习期结束后，企业要以职场规范为依据，针对不同学习者的不同实习任务进行随机的职场考核以评价学习者的实习效果，再根据学习者平时的实习表现进行量化评价。除此之外，学习者也要对自己进行真实的评价，学校也要通过各种渠道获悉学习者的表现而兼顾各种评价，给学习者一个客观、公平的考核成绩。

②学习者的职业素质。

实践教学不仅关注学习者国际商务实践技能的提升，还注重对学习者品德的培养。“德”意味着一个人的品质，也就是一个人的职业素质。由此可见，职业素质是衡量学习者是否成才的标准。一个学习者仅仅掌握专业技能的操作还远远不够，对目前大多数是独生子女的学习者来说，职业素质的培养与考核尤其重要。职业素质的考核通常要考虑到以下方面：是否具有吃苦耐劳的精神，是否具有与他人合作的团队意识，是否有组织纪律性，是否有诚信观念，是否有勤俭节约的习惯，是否具有环保意识和安全意识，是否有良好的专业认知，是否有承受挫折的能力，等等。这些与学习者的专业技能关联不大，但这是培养学习者处事能力的标准，也是衡量学习者全面发展的标尺。

无论是校内实训考核还是校外实习考核，都要确立各项指标的考核标准和评价方式，由企业指导教师、学校指导教师、学习者等评价主体参与，以发展的观点建立学习者评价档案，通过考核结果获悉反馈信息，结合每个学习者自身的不足，指出努力的方向。

6.5 实践教学评价手段

商务英语实践教学评价体系是对实践教学效果的及时检验、反思与总结。教师通过这一评价体系可以较为准确地掌握学生的实践技能获得情况和实践教学效果，并为以后的实践教学工作提供更为明确的教学方向与生动的教学素材。商务英语立体化实践教学模式采用多层次的评价标准、多样化的评价方法与多元化的评价主体进行构建。

实践教学的评价手段直接影响评价目标的实现和评价工作的效果，良好的评价手段能够客观真实地反映实践教学的效果，公正地考量学生的各种实践能力和教师的实践教学能力。反之，传统单一的教学评价方式则无法反映实践教学的真实情况，无法对学生和教师进行客观评价，可能会影响下一步实践教学的顺利进行。在对商务英语实践教学进行评价时，应充分重视自评与他评相结合，评学与评教相结合，形成性评价与终结性评价相结合，惩罚性评价和发展性评价相结合，以避免单一评价所导致的不全面、不客观的情况，以促进商务英语专业实践教学评价体系的不断完善。

在商务英语专业实践教学评价手段中，不少院校仍沿用传统英语教学评价模式，以期末考试成绩作为主要评价指标，但这种评价方式难以客观地显示学生的实际运用能力。(蔡华鑫，2017：91)传统评价体系往往是以终结性评价作为评价学生学习的最主要的标准，这样的评价方式容易使学生产生“为考而学”的思维定式，造成学习目标不明确，容易使学习者产生倦怠情绪。为此，商务英语专业实践教学可在传统的评价方式上进行变革，使教师不再将终结性评价作为单一的评价方式，推动教学评价方式逐步优化，采用多样化评价措施，采用集知识、能力、素质于一体的考评体系，并将评价内容进一步细化(如细分为语言知识类及商务英语技能类)，客观、全面地评价商务英语专业教学情况。

6.5.1 评价量表法

评价量表又称“评比量表”“评价量规”，其作为一种评分工具对某项任务的具体期望进行描述。评价量表是使用最为广泛的评价方式，被评价的人数不论多少，都可以通过这种方法进行评定，并且这种方法的评价结果较为全面，可以大大加强评价的客观性、统一性、公平性。2008—2009年，哈特研究协会对全美学院及大学联盟进行了通识教育评估调查，其中，最常用的评估方法就是量表。(黄海涛、张华峰，2014：1)美国波特兰州立大学课程与教学系教授丹奈尔·D.史蒂文斯和日本近代史教授安东尼娅·J.利维合著《评价量表——快捷有效的教学评价工具》(*Introduction to Rubrics: An Assessment Tool to Save Grading Time, Convey Effective Feedback and Promote Student Learning*)一书,他们在书中指出评价量表是"继黑板发明之后最方便的教具之一",并在后记中指出"评价量表的核心是一次重大的权力再分配,也是学术界对教育方式的一次重要界定和指导","评价量表是学生和教师进一步了解自己共同价值观的一种方式,因此赋予他们更大的能力与整个社会和教育界分享这种愿景"。(转引自:王芳,2017:78)

20世纪70年代以来,随着对课程改革运动的深入反思,传统的评价手段在美国受到强烈抵制,标准化测试因只重视事实性等低等级知识的测量,在测量如批判性思维和问题解决能力等高级知识方面无效被诟病,传统测试只重视教师对学生的评价而缺乏学生的自评与互评,只呈现评价结果而难以显示出学习的优缺点,这导致学生难以获得有效反馈,不利于今后的改进。20世纪80年代以来,在建构替代标准化测试评价方式的过程中出现了诸如替代性评价(Alternative Assessment)、表现性评价(Performance Assessment)、真实性评价(Authentic Assessment)等一系列新型评价方式。虽然名称有所不同,侧重点有所差异,但都尝试从固定反映、机器评分转向让学生构建某种通过人的主观判断来评分的任务。新的评价方式——评价量表法应运而生。

21世纪初,评价量表进入中国学者视野。20世纪90年代以来,信息全球化兴起,以教育信息化带动教育现代化成为中国21世纪教育改革发展的浪潮。以现代化教育技术为基础的信息化教育带来了教育全领域多方位的深刻变革,"以学生为中心",注重培养学生的综合实践能力和创新精神。《基础教育课程改革纲要(试行)》中明确提出"改变课程评价过分强调甄别与选拔的功能,发挥评价促进学生发展、教师提高和改进教学实践的功能",评价理念和评价方式的转变促成了评价量表在教育领域中的兴起。

在设计课堂教学评价量表时,首先应遵循可行性、公平性、向导性原则,同时根据具体课程的特点,遵循教育规律。

评价量表具有多样性,在国外大学中包括课程、论文、项目、实践活动评价等几乎所有领域都有应用。评价量表可以评价整个团体,也可以单独评价每一个学生;可以评价学生的表现与成绩,也可以用于评价教师的教学大纲、课程计划、教学活动等教学工作。在设置商务英语专业实践教学评价量表时,可以根据实践教学的具体需求选择侧重点。评价的主体十分灵活,既可以是“教”也可以是“学”,可采取师生互评、学生自评、同学互评等多种形式;评价的对象也十分灵活,包括对实践报告等书面材料的评价以及实践成果的展示等。此外,评价的内容也可以多种多样,可以针对实践前内容、实践过程情况、实践后任务等设置。

评价量表还具有客观性,可信度高。量表主要由四部分组成,包括任务描述、评价标尺、评价维度,以及对每种表现水平的具体描述。总的来说,评价量表可以根据需要设置评价内容,在保证所有人对评价标尺理解相同的情况下,使结果更加客观、可信。此外,评价量表的格式更加规范明了,更易于量化,易于控制、规范。

评价量表对于学生而言,最大的好处在于可以获得即时的反馈。评价量表可以帮助学生培养批判性思维。在实践教学开始之前,教师将制定好的实践教学评价表交给学生,并和学生讨论评价表,帮助学生了解评价标准的含义。学生在实践开始前全面了解实践教学目标、评价标准以及教师的期望,可以更有目的性地调整自己的实践计划,以符合实践期望。换言之,学生如果在实践教学开始前就清楚了解实践教学的目的和评价标准,就可以更加能动、有方向性地进行实践安排,减少在实践过程中出现实践目标不清晰的情况。教师也可以鼓励学生参加评价量表的内容制定,让学生主动思考自己希望在实践中收获什么,希望将什么作为实践教学的目标,怎样考核自身的实践情况,考核的标准如何设置得更加科学、合理。通过讨论,可以将教师的目标和标准变为学生的目标与标准,这有利于调动学生学习的主动性与积极性。在不影响公平前提的基础上,教师可以帮助个别有需要的学生单独制定实践目标、考核方式以及评价标准,做到因材施教,满足学生特定的学习需要。如此,评价方法从单纯的评价工具成为激励学生学习的工具。给学生评阅的权力,可以让学生自己进行评阅。学生通过互评与自评,可以发现自身学习中出现的问题,可以深化对实践内容的理解,发展审辨思维能力,更好地理解实践教学的目标、标准,思考自己在实践中的问题及其原因,从而更有效地促进学习。此外,评价量表的制定虽然复杂,但受用面广,可以反复修改使用。

对教师而言,评价量表第一可以帮助教师明确实践教学目标与任务,并以此优化实践教学设计,促进实践教学任务的完成,对把握学生的实践进度提供系统的参考,从而提高实践教学质量;在与其他教师协同制作评价量表的过程中,还可以互相交流,分享心得体验,促进专业发展,提升实践教学水平。第二,能节约大量时间,减轻教师负担,避免了简单打分导致的模糊性,也减少了写评语导致的烦琐性,通过及时反馈提高工作效率。第三,可以保证客观性,通过运用评价量表,能够保证评价结果的前后一致性,评价标准的公开化也能确保评价过程的公正性,避免"暗箱操作"。此外,通过统计评价量表,教师可以看到学生的进步和遇到的困难,并完善自己的实践教学理念及方式等。

总的来说,评价量表的核心是一次重大的权力再分配,也是学术界对教育方式的一次重要界定和指导。这种权力再分配始于课堂,其中教师使用评价量表赋予学生权力,让他们更好地了解教师的期望,并让他们进一步参与自身学习以实现这些期望。从个人层面上看,这种再分配也能帮助教师记录自身的进步。

6.5.2 网络教学评价系统

随着网络教学逐步发展成熟,网络教学平台逐渐受到教师的青睐,被应用于教学实践中。在网络教学不断普及的情况下,网络教学评价系统也需要不断优化,应利用网络优势发挥其在实践教学过程中形成性评价的优势,增强网络教学的针对性。部分商务英语专业实践教学的内容可以充分利用网络平台,形成一目了然的实践教学评价。

(1)网络实践教学评价特点

在通过网络在线平台开展实践教学工作的过程中,线上实践教学不仅可以打破传统课堂教学中空间与时间上的局限,也有利于学生对实践教学内容进行更深层面、更为及时的探讨。网络实践教学有一大特点,即在线教学和学习过程中的相关数据都会被准确保存。实践时长、在线讨论参与次数、互动情况、缺勤情况等数据都会在后台被,成为学校教学评价的参考。同样,实践数据也是网络实践教学中一项直观的评价内容,不仅能用来评价学生的兴趣变化,教师也可以通过数据分析找到实践教学过程中存在的问题,并提升实践教学效率。

网络实践教学虽然发展迅速,但其评价体系一直缺乏研究认知。传统评价体系一般以考试成绩作为衡量标准,而网络实践教学评价不仅可以通过考试成绩衡量,也可以对实践教学过程中的各要素进行评价,因此,需要建立一套系统的实践教学评价体系对网络实践教学进行科学、系统、客观的评价。网络实践教学评价应利用其优势对学生进行全面综合评价，既要评价学生的知识掌握度、技能熟练度，又要评价其实践态度、实践策略、创造性思维、团队合作等非量化因素。

(2)网络实践教学评价类别

网络实践教学评价系统可以分为三个主要类型：学生实践评价、教师实践教学评价、实践教学平台评价。

①学生实践评价。

学生是网络实践教学评价的主体，其学习实践情况和效果是评价在线实践教学质量的基础。学生评价的数据支持主要来自实践教学资源的利用情况、实践参与度、讨论情况、答疑情况、任务完成度、测试完成情况等，将评价情况及时反馈给学生，可促进学生更高效地进行实践。实践资源的利用情况包括实践本身，还包括互联网资源。教师可以通过查看学生在线实践学习时长、实践内容浏览次数、资源下载量等各项数据了解学生对实践教学资源的利用是否充分，从而了解他们对网络实践教学平台资源的使用情况。

互动情况即学生通过网络实践教学平台进行交互的情况与程度。其评价指标主要包括实践过程中的回复次数、提问的次数、回答提问的次数与质量、回答同学疑问的次数与质量、小组讨论参与情况等，这些评价指标可以反映学生对知识理解的程度及主动实践的情况，最终促进学生之间、学生与教师之间的互动交流。学习成果评价，主要包括学生平时项目(作业、任务、活动等)的完成情况和考核情况。平时项目的完成情况是对学生平时的学习进行的检验，以了解学生对知识的掌握情况。评价系统可以根据学生实践数据，进一步帮助教师与学生了解平时的学习情况。考试情况则是对学生的阶段性或整体性的评价，有助于教师了解学生整体实践内容的掌握情况及存在的问题，并为下一步实践安排提出建议。

②教师实践教学评价。

教师作为网络实践教学评价的主体之一，对其进行督促评价是在线实践教学质量评价的根本所在。对教师的实践教学评价应建立在教师的职能之上，以促进教师提升实践教学能力为目标。

科学的网络实践资源设置是网络实践教学有效性得到保证的前提。实践资源主要围绕以下几点:实践内容是否具有合理性,实践教学重点是否突出、是否有新的前沿知识,实践过程是否有趣味性、典型案例、多媒体的应用等。

网络实践教学活动是为促进学生远程学习而设计的,良好的设计有利于学生根据自身特征对实践过程进行实时调整和把握,加深对实践内容的理解和掌握。对实践教学活动设计的评价主要包括活动目标是否明确,针对的活动对象是否准确适当,活动内容安排是否合理,活动参与方式是否多样化,活动组织过程中是否对学员做到了有效引导等。

③实践教学平台评价。

在现代网络实践教学中,无论是对教师还是对学生,实践教学的后台支持、技术支撑以及网络平台维护等的重要性都不言而喻,这也是实践教学能够顺利完成的基础。教学支持服务体系评价主要从教师、学员、网络实践教学平台等方面进行。对于教师而言,主要是以提供的硬件支持、技术支持、操作难易度为主。平台操作越容易,教师的学习成本相对越低,越易于实现网络实践教学以及教学评价。对学生而言,虽学习成本相对较低,但对实践教学相关资源的要求更高,同时学生群体也是实践的主体,诉求表达较多,因此,在线实践资源和评价投诉机制是其主要的评价指标。于实践平台自身而言,安全性、可靠性、稳定性、保密性则至关重要,资源下载速度、人性化设置都是在线实践平台长远发展的重要因素。

6.5.3 档案袋评价

档案袋评价是近年西方兴起的一种注重学习者学业发展和进步的新型教育评价方法。档案袋,又称成长记录袋,是指用于显示有关学生学习成就或持续进步信息的一连串表现、作品、评价结果以及其他相关记录和资料的汇集。(周卫勇,2002:61)档案袋的内容选择与评判标准的确定需要教育者和学习者共同参与,其还包括学习者自我反思的内容。档案袋评价是通过档案袋的制作过程和最终结果分析,对学生的发展状况进行评价,这种评价注重通过有目的地收集学生的作品,展现学生的努力、进步与成就,使学生体验到自身的进步和成功的愉悦。(施章清,2004:24)

档案袋的内容应包括一段时期内与学习者实践学习有关的全部资料,这些资料能显示学习者的实践态度、努力程度,以及学习者在实践过程中取得的发展与进步。学习者档案将评估与实践过程紧密结合,通过建立自己的实践档案,可以不断回顾自己档案中的内容,研究自己所采用的实践策略,并不断改进,从而摸索出适合自己的实践方式。档案袋评价法具有内容的目的性、多样性和学习者的自主性、发展性等特点。

档案袋的定义可以追溯到1996年,Genesee & Upshur认为档案袋就是对学生一个时间段内的表现进行有目的性的收集,并用于展示学生的学习态度、进步和成绩。但这一定义过于强调细节,魏格尔(Weigl)认为档案袋仅仅是对学生作业的收集。档案袋评价具有形成性,自20世纪90年代兴起以来,受现代信息技术的影响和在语言学领域的应用,其从纯手工制作发展到如今的高效率电子档案袋。

档案袋的存在有利于教师更加全面地评价学生的进步及成绩。Dckwort指出,建构主义关于教学的理念就是档案袋评价的基础。近年来,档案袋评价也在语言学领域得到广泛应用。而档案袋的创建需要遵循一定的原则才能更加高效、有信服力。

(1)有效性

根据赫布利(A. M. Hubley)和赞博(B. D. Zumbo)的研究,在所有的考试概念中,有效性是最基本的要求,连这个要求都达不到的话,后续的任何推论想要成立都难以找到支撑点。有效性是指考试是否能够得到考试计划的测试数据。道格拉斯(Douglas)指出档案袋的有效性与基于考试的表现做出的正确推论有一定关联。档案袋评价应用于学生实践时,学生在任务截止日期前可以重复完成任务,直到得到满意的结果。与传统考试相比,档案袋评价渗透的教学可以让学生进行自评,在得到同学评价和教师评价的过程中有更多时间和空间调节自己和达成学习目标,从而提高学生自我学习与实践的能力。

(2)可信度

卡耶特(Patrick Le Callet)的可信度指不同环境、不同时间和不同评分人打分的连贯性。休斯(Arthur Hughes)阐述了影响考试可信度的两大因素:学生的临场发挥和分数的可信度。对于考试的学生来说,档案袋评价考试标准更清晰,考试时间更长。进而,时间弹性更大,学生对学习内容的选择更具多样性。此外,这样可以使学生避免由心理、身体因素导致的发挥失常的情况。

（3）真实性

Bachman & Palmer 将真实性定义为语言考试中所用的试题在内容和相关性特征上符合现实生活或者适用某个专用领域。如同汉语也有专业术语一样,教师应该对商务英语词汇进行分类研究。

（4）影响

影响在语言学术语里又被称为“反拨”。休斯认为反拨就是考试对教学相关因素产生的影响。合适的考试方式能对教学带来正向反拨。档案袋评价方式在期末时进行,可以有效消除考试中的焦虑作用,还有助于提高教师的实践教学水准。

（5）可实践性

可实践性定义为某种考试方式相对于师生来说的可行性。时间和成本是关键。使用档案袋评价方式需要花时间做各种计划,包括实践计划、设计相关图表和评价方式、分时段督促计划和评估计划。对于教师来说,档案袋评价方式在消耗教师额外的时间和工作方面是个大问题,亟待解决。而对于学生来说,档案袋评价方式产生的额外费用该如何处理也是个问题。当然如果校方愿意支付教师额外的工作报酬和负担档案袋评价应用时的所有费用,那档案袋评价方式的可实践性就增强了。

应用型商务英语人才的培养是一个综合工程,而实践教学的灵活运用是培养应用型商务英语人才不可或缺的手段。对实践教学进行评价是调动师生参与实践教学的积极性、督促师生重视实践教学的重要保证,是知识转化为能力的催化剂。建立一套科学合理的实践教学评价机制,对于提高实践教学水平、改进实践教学方法、保证实践教学质量具有重要意义。(赵晓宁,2016:71)

商务英语实践教学档案袋评价是商务英语实践教学评价的有效形式,有利于学习者评价功能的多元化。商务英语实践教学档案袋评价有许多优势。

第一,商务英语实践教学档案袋评价通过档案袋的制作过程和最终结果的分析,对学习者的发展状况进行评价。这种评价注重通过有目的地收集学习者的实践作品,展现学习者的努力、进步与成就,使学习者体验到自身的进步和成功的愉悦,具有激励功能。学习者更多地需要在教师的指导下对档案袋中的材料进行自我反思、自我评价。正是在这一过程中,学习者的自我认识能力、自我判断能力、自我调控能力获得显著提高。

第二,商务英语实践教学档案袋评价有助于反映学习者的发展与进步。评价内容不仅仅要考查学习者的商务英语知识和技能的掌握情况,还要综合考查学习者情感、态度、价值观、创新意识等方面的进步与变化。商务英语实践教学档案袋评价在注重学习者的实践成果的同时,还应注重对学习者政治与思想品德素质、心理素质、身体素质等综合素质的全面评价,以及对学习者运用所学知识分析及解决实际问题的能力、创新能力和实践技能的评价。商务英语是跨学科专业,这种评价对培养学习者的专业知识和跨学科知识以及综合商务英语能力与综合素质的培养都有巨大的促进作用。换言之,商务英语实践教学档案袋评价以学习者的发展为导向,其目的是促进学习者的全面发展,主张建立以个体为主的评价标准,突出正向的鼓励性评价。

第三,商务英语实践教学档案袋的评价主体是学习者、教师、同学、家长等,有助于学习者主体的自主化。传统的评价模式由教育者实施,学习者是被动接受评价的对象,学习者被动地执行教育者发出的指令,这不利于学习者心理的正常发展。而在商务英语实践教学档案袋评价中,学习者亲自参与评价,有利于学习者主观能动性的发挥,以及创新精神、创新能力的培养。同时,在这一过程中,教师能够准确地发现问题,发挥评价的调节、激励、改进、教育功能。在档案袋评价中,学习者成为选择档案袋的内容的参与者,甚至是决策者,从而拥有了判断自己学习质量和进步的机会。学习者档案袋的建立过程体现了收集、选择和反思的过程,即信息收集的过程是学习者体验学习的过程,信息选择的过程是学习者展示自己能力的过程,反思过程是学习者自我了解的过程。通过以上过程,学习者对自己在国际商务环境下的语言运用能力以及自己的综合素质与能力的增强产生强烈的自豪感和自信心,建立起对未来职业的信念和信心,从而会自觉地把握方向,体验成功,逐渐培养自主学习的习惯,掌握反思学习的技能以及决策技能。

商务英语实践教学档案的收集可采用罗少茜教授搜集学习者档案的六个步骤:收集(Collecting)、反思(Reflecting)、评估(Assessing)、精选学习作品(Documenting)、思考(Thinking)和评价(Evaluating)。学习者通过建立自己的学习档案,对自己的学习成绩有一个正确的态度和评价。(罗少茜,2003:37)同时,学习者在这一时期有机会不断回顾自己档案袋中的内容,不断改进自己的学习方式,从而摸索出适合自己的学习方式。

商务英语档案袋评价的目的不单单在于量化学生的实践所得,还在于学习者和教师的发展和提高。在档案袋的评价过程中,商务英语学习者和商务英语教师在实践教学中获得共同成长和进步。

7 商务英语实践教学监控

教学评价是及时反馈学习者实践情况的有效途径之一。而要全面地对实践教学的过程进行把握,发现实践教学中存在的问题并做出适当调整,还需要建立一个完整的实践教学监控体系,以及时改进后续的实践教学安排。本章讨论商务英语专业实践教学监控问题。

7.1 实践教学监控概述

教学监控是指高校为了达到预期的教学目标,在教学的全过程中将教学活动本身作为意识的对象,不断地对其进行积极主动的计划、检查、评价、反馈、控制和调节。高校的教学监控是管理教学工作的主要形式,能客观、及时地发挥监督作用,促进教学质量的提升。对商务英语实践教学过程进行监督、控制与调整是及时发现实践中存在的不足之处并加以改进,进而提高实践教学效果、完成人才培养目标的有力手段。但是由于传统教学对实践教学的重视不足,当前商务英语实践教学尚未形成完善的教学监控体系,这正是当前商务英语实践教学亟待解决的问题。对于新兴的商务英语专业而言,建立健全的、科学的商务英语实践教学监控体系,及时改进实践教学中存在的问题,才能保障实践教学有序进行。

7.1.1 实践教学监控的理论意义

实践教学是高校教学中不可或缺的组成部分，对于培养学生的实践能力至关重要，具有理论教学不可替代的作用。实践教学不仅是衡量高校整体教学质量的关键指标，而且是培养学生创新能力、从业能力和实践能力的一个重要途径。随着我国经济发展转型，实践教学对于培养社会急需的应用型、复合型人才发挥着越来越大的作用。高校实践教学是巩固理论知识、加深理论认知的有效途径，是对大学生所学理论知识的印证过程，是理论转化为实践能力的重要手段，是教学工作的关键环节和重要组成部分。近年来，随着我国教学质量的提高和高质量发展的大力推行，特别是对大学生创新意识和能力培养的重视，实践教学的地位和重要性也不断提升。为了规范实践教学，确保实践教学质量，实践教学的监控体系建设显得尤为重要。许多高校提出并制定了相关教学监控制度和体系。由此可见，构建科学的、合理的、符合高校实际的实践教学监控体系，已经成为实践教学管理研究的一项重要课题。

教学质量是评价专业教学效果的根本依据，而保证教学质量是高校各专业人才培养达标的重要保证。对高校的育人过程实施教学监控是高质量培养人才、维持社会声誉的重要保障，也是教学管理部门和教学管理人员的义务与责任。教学监控是指按照科学标准，采用恰当的方法手段控制和监督教学准备、教学过程和教学结果，保证及提高教学质量的有效控制，以确保人才培养目标的实现。

《国家中长期教育改革和发展规划纲要(2010—2020年)》明确要求强化实习基地建设，提高实践育人环节质量，发挥实习实践在提高人才培养质量、提高教学效果中的重要作用。(张丙辰，2012:53)以国家教育政策为导向，建好抓好商务英语实践教学质量监控，提高人才培养质量，培养学生满意、家长满意、社会满意的高素质国际商务人才，是商务英语专业不断发展和完善的重要命题。为贯彻落实新时代高等教育精神，培养更多的实践型国际商务英语综合人才，需要进一步完善商务英语专业实践教学监控制度与方法，有力支撑实践教学效果和人才培养目标的实现。

高校商务英语专业所培养的商务英语人才已经成为服务我国地方经济社会发展的重要力量。基于商务英语专业实践教学的特点与规律，实践教学监控是指使商务英语专业实践教学处于全过程有效、动态调整的持续监督和控制，它贯穿实践教学设计、模拟实践、基地实践、毕业设计等环节。科学完善的实践教学监控体系能促进商务英语实践教学活动有序进行，推动实践教学的发展与改革，提高实践教学质量，为实践教学保驾护航。因此，建立健全实践教学监控体系是提高高等院校商务英语专业实践教学质量的必然要求。

7.1.2 实践教学监控的目标

实践教学质量监控的主要目的是及时发现实践教学过程中的问题，并通过对这些问题的科学分析和诊断，帮助教师积极调整实践教学方案，针对其中的不利因素及时进行有效的干预，从而提高实践教学的质量和效果，促进人才培养质量的提升。

(1)助力实现人才培养目标

高校商务英语专业人才培养目标在于培养理想信念坚定、品德优良，具有扎实的专业理论基础、较强的商务实践能力和创新精神，适应生产、建设、管理、服务一线需要的德、智、体、美、劳全面发展的高素质应用型国际商务专门人才。应用型人才培养目标的实现需要科学制订人才培养方案，加强人才培养过程管理，构建评价反馈改进机制。只有建立科学有效的实践教学监控体系，对人才培养的全过程实施有效监控，及时发现实践教学存在的不足之处并加以改进，才能确保应用型国际商务人才培养目标的实现。

(2)提升实践教学管理水平

实践教学监控体系建设聚焦影响实践教学的关键因素和重要环节，坚持问题导向，实施过程监控，进行质量分析研判，寻求改进对策，进而推动实践教学质量持续提升。实践教学质量监控往往从课堂实践教学、企业实践、毕业设计等实践教学主要环节入手，既考核实践教学行为的规范性，又考核实践教学管理制度的落实及各类教学保障资源的配置情况。对问题的分析反馈，可以促进实践教学管理部门进一步改进相关的管理制度，促进教学资源供给部门进一步加强实践教学保障。

(3)建设高校校园文化

实践教学监控体系建设的重要内容之一就是开展质量文化建设。质量文化是学校文化的重要组成部分。学校文化是一所学校在长期的历史发展过程中积淀而成的价值观念和行为准则,而人才培养是一所学校的主要职能,人才培养的质量观是学校文化的核心。建设高水平的应用型本科院校必然要求坚持以学生发展为中心,从物质、精神、行为、制度等层面构建完善的实践教学监控体系。质量文化是其他学校文化子系统的基础,在把握发展方向、提升内涵水平方面具有重要意义。

(4)提高实践教学质量

科学的实践教学监控体系有利于建立健全商务实践教学体系,提高商务英语实践教学质量。商务英语实践教学是一个长期的、持续的、渐进的、前后有机衔接的过程。在这一过程中,前一环节的实践教学效果对后续的实践教学工作的安排及实施有着直接的影响。因此,实践教学过程中的问题应得到及时的反馈,实践教学监控便有助于对实践教学过程的把控,及时获得教师实施实践教学的情况以及学习者在实践教学过程中的真实实践情况。例如,当学生走出学校进入企业实习时,学校通过科学的监控制度,对企业导师教授学习者商务实践能力的情况以及学习者在企业遇到的实践困难等情况进行把控,有助于学校及时帮助学习者解决在企实习的难题,调整企业实习的下一步实践教学安排,提高实践教学的整体教学质量。

(5)辅助教师开展实践教学

教师在传统的商务英语教学中,一般采用理论教学,学生上课多是掌握相应的知识,但是当落到实践教学的时候就会发现自己的能力不足。为了解决这一问题,教师可参照过程监控结果及时制订调整教学计划。根据每个学生的学习情况,有针对性地教学,让学生能够更好地进行商务英语专业实践,使整个商务英语实践教学能够有步骤地进行。在商务英语实践中,教师可以合理地给学生安排实习岗位,提高专业实践教学的质量,指导学生学习,促进学生的全面发展。同时,教师通过实时监控学生的实践进程,能及时了解实践情况和进度,了解学习者对商务实践技能的掌握情况。基于对学习者实践情况的实时把握,教师可针对普遍存在的问题及时进行解惑答疑和指导,针对个别问题及时进行针对性的辅导,激发学习者的实践热情。实践结束后,可根据学生的实践技能掌握情况进行评价,客观地反映学习者的实践成果。这样基于数据进行实践教学整体质量评价，可以使过程考核与结果考核更加科学、全面、客观，使教学监控为教师下一步实践教学的实施提供参考。健全的实践教学监控体系有利于辅助教师实践教学。

(6)促使实践教学评价体系与管理系统融合

在科学的商务英语实践教学监控体系下，教师有利于把实践教学的评价体系与管理系统结合起来。实践教学管理者基于对监控数据的有效利用，可以对整个管理系统进行评价，合理地对每一个学生的学习情况进行分析，针对学生掌握知识的多少对其进行管理。这样使得学生的评价和管理处于同一数据系统之中，从而对每一个学生开展行之有效的实践教育工作。而监控体系当中细致的层次划分，又可以对学生的学习情况及完成实践作业的能力进行评估，让学生能够清楚地认识到自己身上的不足，及时监督学生进行实践学习，合理利用评价系统和监控系统的资源。这不仅能促进整个实践教学管理系统完备运行，也使得商务英语实践教学更加完善。

商务英语实践教学监控目标如图7.1所示。

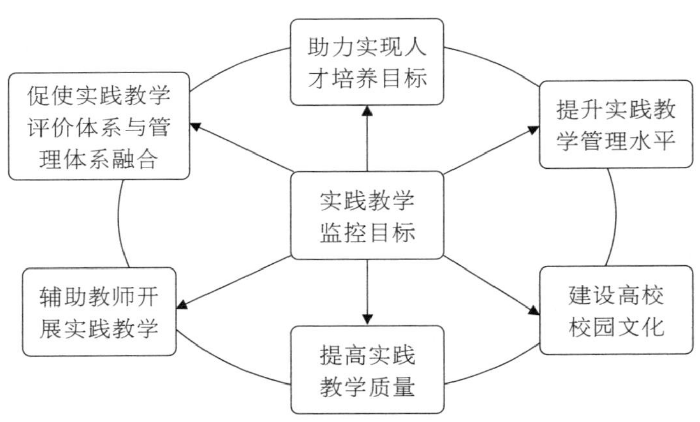

图7.1　商务英语实践教学监控目标

7.2　实践教学的现状与问题

为保障实践教学的效果，建立健全高水平的高等教育实践教学监控体系必不可少。新时代中国高等教育面临新的挑战与机遇，进入提质阶段。国家建立了本科教育“五位一体”的评估制度，构建起具有中国特色、世界水平的高等教育质量保障体系。（俎媛媛、李亚东，2019：8）这展现了国家对教学质量的重视。实践教学作为应用型人才培养的核心，其质量直接影响到高校的人才培养。但新时代背景下实践教学监控体系构建还处于探索阶段，且存在很多问题和挑战。实践教学有课堂实践、第二课堂、企业实践等多种形式，形式的多样性使得实践教学质量监控难度大，且不能全然用传统的理论教学监控手段对实践教学进行监控。目前商务英语专业实践教学质量监控存在以下不足。

（1）缺乏有效性和针对性

目前高校商务英语实践教学监控工作没有系统的、规范化的规章制度，对教学监控工作重视不足。学校在开展商务英语专业实践教学工作时，多是发布关于实践教学流程及内容的通知，少有过程考核相关文件或是明确规定实践教学完成后应达到的教学目标与效果。没有对过程的及时把控与调整，导致实践教学工作只是按流程展开，其效果难以把握。在现有的教学监控工作中，也多是限于常规性的教学评价工作，监控结果和数据缺乏科学的处理和管理，有效利用率更是不高。再者，单一的监控方式及零散的监控组织造成教学监控体系不能真正发挥作用。没有形成全过程的监控体系，导致监控过程随意零散，监控的数据也无法得到及时反馈与充分利用，因此监控工作流于形式，并没有为实践教学工作的下一步开展起到应有的导向作用。另外，商务英语专业实践监控应突出专业特色和专业侧重点以及商务英语专业办学的特色，而当前的实践教学监控方式手段等不精细，或借用其他很专业的监控手段，没有突出商务英语专业的教学特征。同时，实践教学监控体系尚未与理论教学的监控区分清楚，缺乏实践教学的针对性。

（2）缺乏整体性和客观性

商务英语实践教学从校内实践到校外实践是一个系统过程。但由于当前高校商务英语实践教学鲜有系统的实践教学体系，所以要形成基于全过程的实践教学监控体系难上加难。从教学监控范围来看，商务英语专业实践教学的监控一般而言局限于两方面：一是对教师的评价和监控；二是对实践教学设施等硬件方面的监控。事实上，影响实践教学质量的因素远不止这两个方面，许多相关因素直接或间接地对实践教学质量产生影响。因此可以看出当前监控体系的范围缺乏整体性。此外,实践教学监控体系中由于规章制度和监控组织不到位,监控部门各行其是,难以形成全面的监控体系,大大影响了监控数据和监控结果。由此可以看出,当前的教学监控片段化、零散化问题较为严重。同时,由于监控过程人为因素过多,定量分析不足,定性结论过多,监控体系存在片面性和偶然性。

此外,监控内容也缺乏整体性。部分高校商务英语实践教学监控内容仅限于传统的课内实践,毕业设计,毕业实习实施的检查、评定和管理。随着应用型大学的转型,商务英语实践教学所涉及的深度和广度都在不断发展,比如实训基地、校外实践、跨专业实践。这些实践场所设施质量的高低,直接影响学生实践能力的提高和实践教学质量的好坏,这就要求对实践教学进行教学监控不仅需对实践效果进行评价,还需对教学条件进行评价,也使实践教学监控的难度增大。如何将实践教学环节全面纳入实践教学监控体系,是当前实践教学普遍存在的问题,也是亟须解决的问题。

(3)缺乏多样的监控主体与客体

就监控主体而言,一方面,目前商务英语专业实践教学监控主要由高校各级教学管理部门负责。但很多管理人员不了解商务英语专业实践教学内容,只能对实践环节的时间、地点和教师情况及实践环节形成的文档情况进行监控,而无法对实践过程和真实的实践效果进行根本上的监控和评价,更加无法发现问题,不能有效促进实践教学质量的提高。而且由于管评未分开,评价工作缺少独立性和客观性。此外,监控主体单一,导致缺乏对实践环节全面性的评价和反馈。另一方面,就监控的客体,即被监控对象而言,目前的实践监控较多地以学习者为监控目标,主要关注学习者实践技能的获得情况。但科学的实践教学监控体系应该兼顾学生和教师且包含校外实习时的企业实务导师。忽视教师的主体地位,会影响教师的参与性和积极性,使得监控体系失去激励和导向功能。只有将教师与学生的主观能动性都调动起来,才能达到双赢的效果,切实提高实践教学质量和实践教学水平。

与此同时,监控体系除了要发挥其正面的监督、评价和质量保障作用,还应该加强其总结和预警的功能。当发现实践教学质量的不足和危机时,应积极面对并加以总结和改进,使得信息能够上下通达,做到及时、有效地监控。很多院校的实践环节安排缺乏系统性,目标不明确,更缺乏相应的实践环节监控,导致实践环节并没有发挥将理论知识转化为能力的重要作用,使得学习者缺乏实际应用能力,毕业后不能较快地适应社会经济发展的需要。

(4)理论监控与实践监控平衡性欠缺

商务英语专业具有应用性的特征,目的在于为国际外向型经济发展培养实用的复合型国际商务人才。这便决定了在商务英语专业人才培养体系中,实践教学的学分占比较大。但是,与较为成熟和完善的理论教学监控相比,实践教学环节的质量监控相对薄弱。提高实践教学质量,进行内涵式发展是所有高校的目标,但长久以来大部分院校商务英语专业将教学监控的重点放在理论教学上,也就是课堂教学上,而忽视了实践环节质量监控的重要性。

除了认识层面的原因,实践教学的过程管理和监控难度较大也是客观原因。例如,在商务英语专业实践过程中,受条件限制,不能实现所有学生的集中实习,多分散实习,因此管理和监控难度大;个别教师重视审查学生递交的书面实习报告,而疏于对学生实习实训过程的管理;对质量标准的落实不够到位,实践教学考核评价方法不够科学规范。

(5)质量标准不完善

实践环节与理论环节相比,形式多样,有课堂实践、第二课堂、企业实践、毕业设计等多种形式,实践内容随专业、年级、课程的不同也具有差异性,因此要求考核方式、考核主体等也具有多样性。实践环节的多样性和复杂性导致很多高校在实践环节的安排上随意性较强,没有形成如理论教学一样规范的监控标准和体系。实践环节与理论环节之间巨大的差异决定了商务英语专业实践环节不能简单套用理论环节的监控标准和评价体系。没有明确的监控体系,导致高校不能准确把握商务英语专业实践环节的效果,不能确保学生是否掌握了应该掌握的实践能力和创新能力,是否达到了商务英语专业人才培养目标的要求,是否能让用人单位满意,是否能满足地方经济发展的需求。

另外,很多高校商务英语实践教学监控集中在了监督上,而忽视了评价与诊断、反馈与改进。监督能保证实践环节按计划进行,而评价与诊断能反映出计划执行过程中出现的问题,反馈与改进才能真正促进实践教学质量的提高。实践教学质量监控自身是成体系的,应该是一个闭环的、螺旋上升的质量提升系统。

(6)实践教学数据利用不足

大数据是时代发展的产物,其与实践教学的深入融合能够有效推动实践教学质量监控朝着数据化、科学化方向发展。在传统的教学监控过程中,受技术水平限制,收集和反馈教学信息的渠道单一,实践教学活动中产生的海量数据不能够及时共享,缺乏有效的干预机制等现象长期存在,难以挖掘这些数据背后蕴藏的真正价值,影响实践教学质量的提升。

商务英语实践教学可利用的在线实践平台较多,这也说明商务英语实践教学监控可充分利用各实践平台的数据,对商务英语实践教学的过程进行实时在线监控。但由于高校商务英语专业开展数据采集工作时间不长,对教学基本状态的数据的认识还不全面。数据采集平台建设主要依靠评估的外力推动,而没有转化为学校的自觉行为;平台数据的认识还停留在统计汇总和反映教学运行现状的浅层面上,没有认识到它是学校管理的重要手段和途径;数据采集工作重结果而轻过程,对信息渠道的建设工作认识不到位。因此,目前商务英语实践教学监控并没有给予实践平台的数据足够的重视,忽略了这些数据所反映的实践教学的实际开展情况。而数据不充分的深层原因在于其信息化水平不高。实践教学质量监控要实现效率最大化,必须采集大量的监控数据与信息,同时,要实现对包括校外实践教学基地在内的教学质量的全过程、全方位的监控,必须建设高水平的教学质量监控信息系统。

当前,商务英语专业实践教学监控还主要依靠人力,信息化建设水平不能完全适应应用型办学的需要。因此,为了紧跟时代,全面提升实践教学质量,高校商务英语专业实践教学管理人员和广大一线教师应积极地解放思想,摒弃传统的教学理念,树立大数据思维,将大数据作为一种资源,用现代化的信息技术武装自己,并将其融入商务英语专业实践教学监控中,不断整合和优化实践教学资源,提高实践教学数据资源的共享度,以提升数据建设质量和服务能力,从而提高实践教学监控的精准预测和科学决策。

除在线平台的实践数据以外,常规的实践数据也得不到及时反馈,这导致后期不能基于真实数据加以改进。在商务英语实践教学监控体系运行过程中,许多学校都将工作重心转向监督检查环节,对反馈改进环节重视不足。问题记录在各类检查资料中,而实践中许多问题却反复出现。一些被检查单位,对问题缺乏深度的分析研判，没有找准问题的症结，提出的改进措施效果不佳。对反馈改进环节的督导检查不力，激励机制不够健全，对违反制度的行为的处理追究有时不够及时，导致实践教学质量监控的效果大打折扣。教学监控中必不可少的部分是信息的有效反馈。没有专门的信息反馈机构，监控组织便只能通过深入一线收集各项教学信息，这导致收集的信息不全面，反馈信息滞后，实践教学中的问题不能及时有效解决。所以，要想及时有效地了解教学实时动态，发现问题，解决问题，有效的反馈机制必不可少。

(7)组织机构与规章制度不够健全与完善

目前，绝大部分学校的商务英语实践教学监控体系主要针对的是理论教学，且很大程度上被实践教学沿用。现行的实践教学监控组织大都针对的是理论教学，评价主体由学生、教学督导、同行等构成。实践教学在时间、地点以及内容上与理论教学大不相同。比如校企合作，是实现应用型转型的有效途径，为了适应转型需要，各高校纷纷与相关企业签订校企合作协议。学生到企业实践，教学质量的监控需有企业、学校、校企合作管理部门参与。而当前实践教学监控组织机构不符合实际，只停留在审查的形式上，导致质量监控效果不好。

同时，实践教学环节很多工作仅停留在落实完成工作任务、保证正常教学上，在此过程中，各学校均出台了管理文件，然而由于实践教学的多样性和复杂性，在实践教学实施过程中，有很多问题需要更全面、更细化的处理。比如学生外出实习的安全保障、学科竞赛的信息传递、硬件设备设施的评价、校企合作实施办法等。要保证实践教学的深入开展和实践教学的质量，现有的实践教学管理制度是远远不够的。

总之，当前商务英语实践教学的监控工作还不够完善，尚不足以匹配实践教学对商务英语人才培养的需要。如何解决上述实践教学监控环节中存在的问题，构建一个科学的、健全的商务英语实践教学监控体系，成为当前商务英语专业发展面临的难题之一。

7.3　实践教学监控的原则

高校商务英语专业按照评估监控方案对实践教学工作进行监督和控制，并对监控数据进行充分利用，发挥实践教学监控的导向、促进和激励作用，对进一步改进商务英语专业实践教学具有积极意义。通过实践教学监控，可以及时了解学生实践情况，及时发现实践教学中所存在的问题，适时调整实践教学安排，进而提高商务英语专业实践教学质量。为了充分发挥实践教学监控对于商务英语专业实践教学质量的重要作用，实践教学监控工作的开展必先基于以下原则。

(1)现代教育原则

完善和发展中国特色社会主义制度，推进国家治理体系和治理能力现代化是新时代我国全面深化改革的总目标，这为推进高等教育现代化营造了良好环境。在2014年召开的全国教育工作会议上，教育治理现代化原则正式提出。此后，推进教育治理体系和治理能力现代化成为深化教育领域改革的首要目标。教育现代化是以现代信息为基础，以先进教育观念为指导，运用先进技术的教育变革的过程，是传统教育向现代教育转变的过程。(顾明远、薛理银，1996:208)与此同时，当前我国高等教育正处在向以提升质量为核心的内涵式发展转型的时期。伴随着高等教育向内涵式发展的转型，加快推进高校治理体系和治理能力现代化已成为内生需求。教学监控作为高校治理的重要手段之一，也应从监控内容、监控方式等各个方面体现现代教育原则，以助力新形势下现代化高素质人才的培养。

在当前我国外向型经济不断发展的情况下，社会对既懂英语又能用英语作为语言工具，且顺利进行国际商务活动的应用型国际商务高素质人才的需求越来越大。商务英语专业本身就是一个随时代发展而不断革新的专业，为体现时代精神、满足时代需求，高校商务英语专业主要以应用型国际商务人才为培养的核心和目标，注重培养学生的创新创造能力、实践应用能力，旨在培养出具有特色的高级商务英语应用型人才。在人才培养的过程中，应该注重应用能力的训练和培养，使应用性贯穿整个教学活动中，重点培养学生的实际操作能力。构建实践教学质量监控体系，必须遵循现代教学的理念和要求，不断创新评价机制和实践教学监控机制。

(2)“以人为本”原则

“以人为本”是马克思主义中国化的理论成果，是一种超越任何非自然属性的价值观，其核心是尊重人，尊重人的特性和人的本质。“以人为本”中的“人”是指人民群众,“本”则代表着一种科学内涵与价值观的呈现,可作为利益与价值的一个判断基准。它作为党和国家在新的历史时期提出的治国方略和执政理念,要求人的全面发展,而培养全面发展的人,正是教育所面临的理论命题和实践命题。“人既是教育的原因,也是教育的结果;人既是教育的主体,也是教育的客体;人既是教育的主题,也是教育的灵魂。”(李枭鹰、阮红梅、唐德海,2020:12)

素质教育作为“以人为本”教育的灵魂,赋予了学校教育以新的内涵,强调人性化的教育,切实关注学生作为“整体的人”的发展,引领学生学会认知、学会做事、学会合作、学会生存,培养学生适应信息化社会的能力和素质。从教育的主体来看,学生是教育活动的前提和出发点,是教育真正的“主人”。学习者作为完整、独立的个体,有自己的思考方式、行为习惯、个性爱好,有自己成长的环境和轨迹。教育过程不仅仅是传授知识的过程,也是生命活动的过程。

在商务英语专业实践教学中,主体是教师和学生,教学质量监控工作的开展也主要围绕这两个主体进行,只有在主体理解、认同和配合的条件下才能顺利进行。因此,实践教学监控必须坚持“以人为本”的基本原则,能够站在教师的立场考虑问题,让他们在工作中感受到理解和尊重,激发他们的工作热情,从而更好地配合和落实质量保障与监控工作。同时,也不能忽视学生的主体作用,应将其充分纳入教学监控的各个环节,使其在获得参与感的基础上,自愿地、积极地参与到实践教学的监控环节当中。

(3)科学可行原则

建立科学合理的实践教学监控体系是充分发挥实践教学监控作用的前提条件。只有坚持用科学的手段对实践教学的整个过程进行监督和控制,才能保证监控的结果具有可参考性。“科学,就是在于用理性方法去整理感性材料。”(马克思、恩格斯,1975:763)“科学是人类主观世界对自然、社会、人类思维领悟客观规律和本质的认识和反应。”(冯永潮,2002:1)科学性是教书育人的根基,只有在科学思想的指导下不断追求真理,才能保持高等教育的办学初衷。作为商务英语专业实践教学的重要环节,实践教学监控工作更要体现科学性原则。

商务英语专业实践教学监控体系包含的内容烦琐,受到多种因素的影响,设置指标体系必须切实考虑到自身的实际情况,坚持科学合理的原则,切勿盲目模仿,避免过分追求表面形式,以保证其具有较强的可行性。随着办学规模不断扩大，师资队伍不断壮大，学生的数量也在不断增多，这无疑加大了商务英语专业实践教学质量监控工作的难度，所以，必须尽可能优化监控指标，减少一些不必要的工作环节和内容，在确保指标完整性的前提下，使质量监控的可操作性得到有效的落实。与此同时，在大数据和移动互联网的助力下，开放型实践教学模式应运而生，受到了高校管理者、教师和学生的高度认可，构建基于在线实践教学模式的实践教学监控体系也成为当前高校商务英语专业实践教学工作开展的重要内容。为保障实践教学监控工作达到既定的实施目的，可行性原则成为设计商务英语专业实践教学监控体系的重要原则之一。

当前，由于高校扩招，教师和学生的发展规模都大幅度扩大，而且由于实践教学环节本身涉及的内容繁多，特别是大数据时代带来的信息过剩，这些无疑都给开放型实践教学质量监控带来了很大的挑战。因此，商务英语专业实践教学监控体系必须坚持科学可行的设计原则，其框架和内容以及监控制度的制定要符合科学规则，要建立在客观、适度、公正的基础上。同时，要注重监控体系及监控制度在实际运用中的可行性，做到既适合高等教育实践教学的特点，又能反映商务英语专业特色，符合商务英语专业实践教学要求，每项指标要既科学又便于操作，从而准确、全面地反映出商务英语专业的实践教学水平。

（4）激励性原则

实施实践教学监控的根本目的在于及时发现实践教学过程中存在的问题，并采取恰当措施进行调整，以促进学习者后期的实践顺利进行并最终实现实践教学效果的最大化。通过实践教学监控及时对教学工作进行调整，采用恰当方法鼓励学习者以更加端正的态度、刻苦的精神参与到实践中，符合教学监控的实施目的。激励性原则指导下的商务英语实践教学监控目的不能仅停留在发现问题、解决问题上，还要在各级教学管理部门的严格监督和管理下，对开展实践教学的成果进行全面的检查，及时发现存在的不足，通过建立指标考核，使学生能够保持积极的学习态度，有效激发学生的学习动机，使学生之间形成良性的竞争氛围。另外，教师也可有效利用监控数据，更加专注于实践教学工作，从根本上提升商务英语专业实践教学的质量。

（5）多主体参与管理的原则

开放型实践教学的质量监控应该坚持多主体参与的管理原则，应该让学校、院系、教师、学生等共同参与到质量监控环节中来。同时针对不同的管理主体，制定不同的考评指标。面对大数据带来的变革，无论是学校的教学管理部门、教学部门，还是教师，都应以积极的心态迎接大数据带来的这些挑战，在商务英语专业实践教学活动中，明确各自的监管职责，做到资源共享，相互协调配合。学校教学主管部门应充分利用大数据技术，借助多种渠道收集和反馈实践教学信息，制定出科学全面的实践教学质量标准，实现对实践教学环节全方位、全过程的监控。在实践教学质量监控体系中，教学部门承担着实践教学和教学管理的双重职能。教师在整个监控体系中，由于既要接受学校、院系、同行和学生的监控，又要从自身角度出发，监控学校和院系的实践教学管理工作，既是被监控者又是监控者，因此教师应提高自我监督意识，积极主动地参与到实践教学监控工作中去。

(6)闭环监控原则

由于技术水平的局限，在传统的实践教学质量监控过程中难以及时收集和反馈实践教学开展情况，导致实践教学管理过程中存在很多的盲区和不足。为此，基于大数据技术的开放型实践教学质量监控须坚持闭环反馈的监控原则。通过借助智能化信息管理平台，收集实践教学活动中的数据，并对其进行加工、处理和分析，构建科学的反馈机制，这样有利于拓展反馈渠道，及时发现实践教学活动中的问题，并及时进行干预和改进，不断优化和完善监控体系，全面提高实践教学质量。通过个别谈话、学生座谈、过程检查、问卷调查等多种交流形式，强化信息反馈机制，及时收集实践教学信息，并将收集到的信息及时向教学管理人员、指导教师和学生反馈，以便有针对性地解决问题，调整实践教学内容，进一步改进实践教学方法。实践教学是理解知识、运用知识、形成创新思维、培养创新能力的重要环节，实践教学规范管理，实践教学质量监控闭环良性循环是实践效果的重要保障。在实践教学环节上要不断探索和创新，主动应变，建立相对完整的实践教学质量监控体系，完善监控环节，关注整改情况，开展后续跟踪工作，对整改的过程和效果进行监控，并将整改情况作为调整监控体系的重要依据，保证学校教学管理水平和商务英语专业实践教学质量的持续提升。

创新实践教学质量监控是一项系统工程，需要以科学发展观为指导，以全面的质量管理理论为基础，以健全的组织机构为保证，以科学的规章制度为准则，需要教学管理人员不懈努力，全体师生积极参与。只有在教学管理实践中不断创新和完善，才能形成切合实际、执行有力、保障有效、具有校本特色的商务英语专业实践。

7.4 实践教学监控途径

作为实践教学整体质量提升的重要保障，完备的实践教学监管系统是不可或缺的。从学校的整体管理来说，实践教学管理系统包括许多实践教学要素和实践教学设施等，包括师资力量、生源等教学资源，多媒体等教学仪器，还有一些管理手段和评估、奖惩机制等。通过对管理体系中的各级人员明确分工，可以促进商务英语实践教学的有效开展。为实现整个实践教学中的全程管理和监控，实践教学监控可从以下方面展开。

(1)组建实践教学监控组织管理机构

实践教学管理机构是实践教学监控的组织实施者，为实践教学的有序开展提供了保障。为保障商务英语实践教学工作的有序开展，应根据既有的高校实践教学监控工作经验和校外实地考察交流，以及教学督导提出的相关意见和建议，构建商务英语专业实践教学监控与评价体系，实施“校一院一系”三级管理体制。在教务部等校级管理部门的宏观指导、质量监控下，确保实践教学工作的规范化、科学化、有序化；学院、商务英语系对专业实践教学的特点进行全面的分析，通过运用科学合理的管理手段，严格监控、指导、检查实践教学的各个环节，保证实践教学的规范化；学院成立教学监控与管理小组，定期委派专人对实践教学的具体情况进行检查。商务英语系属于实践教学开展的基本教学单位，是保证实践教学质量的关键。

(2)多元主体共同实施实践教学监控

①学校各级教学监控管理部门。

学校层面的教学监控管理部门是商务英语专业实践教学监管工作开展的一级部门，对整个监控工作的进行起着总领作用。在实践教学开展之前，要根据实际情况制定总体的实践教学质量标准等文件，对实践教学工作做出总体的安排，并督促各学院制定符合专业特色的相关文件。二级学院则根据学校实践教学相关文件，根据商务英语专业特色，制定可行的商务英语专业实践教学标准、质量保障、各阶段考察表、期中考评记录、终期反馈表等，对商务英语专业实践教学实施全过程进行监控与管理。同时，商务英语系也可以根据学校和学院相关文件精神，制定实践教学开展细则、实践教学开展的具体计划等，以使实践教学的过程更为细致和规范。同样，在实践教学开展的各个阶段，可通过由上到下形成"校—院—系"三级反馈渠道，对监控数据进行及时有效的利用，以提高下一步实践教学工作的开展质量。如图7.2所示。

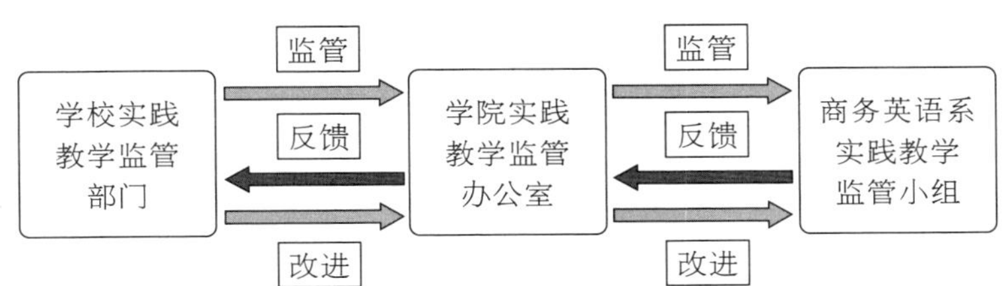

图7.2 "校—院—系"三级实践教学监控工作流程图

②教师同行监控。

商务英语专业教师是实践教学开展的一线实践者，对实践教学质量的把控有着最为敏锐的感知力，也承担着教学监控工作的重担。一方面，教师可以通过自我总结的形式对自己的实践教学过程及效果进行总结，及时发现不足之处并加以自我调整改进，促进自身实践教学能力的提高。另一方面，可实施教师之间的互评制度，促进教师之间的相互学习。教师通过观摩其他教师的实践教学过程，不仅可以学习其他教师的实践教学方式和手段，吸收精华形成自己的实践教学风格，提高实践教学能力；还可以从更加客观的视角对其他教师的实践教学进行考评，指出其不足之处，共同探讨更为合适的实践教学方式，以提升整个商务英语实践教学的质量。

③学生监控。

学生是实践教学工作开展的重要对象，开展实践教学的目的就是提升商务英语学习者的综合商务实践能力。因此，学生也成为商务英语专业实践教学监控工作的重要实施主体。学习者可以通过评教制度、院长信箱等多种渠道，对商务英语专业实践教学的开展情况表达意见，提出建议。由于学生深入各项实践教学的一线，是实践教学最真切的感知者，所以可以根据自身的实践能力获得情况等，表达关于实践教学的最为真实的感受。由于学生反馈的真实性与客观性，其他各级监管主体应对学习者的建议、意见给予足够的重视，对可行的建议及时采纳，充分尊重学习者在实践教学工作中的主体作用，保障他们的监控权益。

④行业专家。

实践教学监控还可以聘请商务英语行业专家，以增强实践监控和评价管理力量，使得商务英语专业实践教学与生产实际、行业市场紧密联系，为实践教学质量的监控管理提供人力保障。在积极引进人才的同时，也要注重教师“走出去”工作的建设。商务英语是一个实践性很强的专业，教师必须具备一定的综合素质和水平。教师不仅要在校内做好教学工作，还要积极探索研究新的课题，时刻站在市场最前沿，充分了解社会和行业动态，不断将最新、最科学和最规范的行业标准带入实践教学。高校商务英语专业应该注重企业实务人才的引进，培养和考查教师的实践教学能力和水平，从而做到较全面而准确地评价现阶段的实践教育质量。

(3)加强实践教学监控制度建设

①建立实践教学质量常规检查制度。

相比于传统课堂理论教学，实践教学的开展不及理论教学成熟，因此更需要建立基于全过程的常规制度，对实践教学的过程进行全程把控监督。通常新学期开始，学校教务部制定和安排各个学院的实践教学工作，可由各级领导以及教学督导听课，专家随机听取实践课并打分，随机抽查学生的实践技能操作以及实践报告，学生通过网上评教为教师打分。对于毕业设计，学校主要通过阶段检查、答辩抽查、抽查毕业设计等流程实施质量监控，为了严格落实检查的力度，还应特别针对学院进行中期检查，进一步规范答辩流程。

②建立实践教学考评制度。

第一，加强学生评教的力度，鼓励学生积极参与到实践教学监控体系中来，尊重学生的主观意愿。每学期组织学生对实践教学进行质量反馈，学生自行填写相关的表格，选聘学生信息员，主要了解学生对实践教学的设施、实践教学过程、实践教学方法以及实践教学内容等提出的意见或建议，并将学生反馈的信息进行归类和整理，将这些意见及时反映到实践教学管理部门，以便于其及时地对实践教学活动进行调整,更好地满足学生的学习需求。同时,也应加强建立商务英语专业毕业生对实践教学的考评制度,充分了解学习者的实践效果,为下一轮实践教学工作的开展积累经验。

第二,建立相应的实践教学课程考核制度,监控实践教学效果。检验教学质量的重要指标就是对实践课程的考核和评价,实践课程的考核不能仅凭一张试卷就做出结论,而应取决于学生的综合成绩,主要包括平时的课堂表现、在实践中的创新创造力、专业基础知识以及实践应用能力等。考核要依据这些方面全面展开,也要随机抽查和检查学生的实践技能、实践报告以及教师的批阅情况,为实践教学提供可靠的质量保证。

第三,建立实践合作企业监控制度,对合作实践单位也要展开调研。虽然稳定性是商务英语实践教学选择合作实践企业的考量因素之一,但稳定性并不意味着背离与时俱进的要求,与既有的合作单位一直保持以往的育人方式,可能会忽视其他影响实践教学效果的因素。为了保障实践教学安排符合新条件下的育人需求,应建立合作企业考评制度,对实践合作单位定期展开调研考评与监控,其岗位安排、工作内容、工作环境、实践时长、设施配备等都是对合作企业关于实践教学相关工作进行监控的重要方面。通过对实践企业的过程监控,及时对存在问题的实践企业提出相关建议或选择更为合适的实践教学合作单位,以保障商务英语实践教学的针对性和有效性。

③制定科学的管理制度。

在大数据时代,实践教学监控体系的构建离不开科学完善的管理制度的保障。首先,在规章制度层面,要结合大数据的发展策略,制定并完善相关实践教学管理制度。要充分利用现有的大数据资源,不断创新制度建设和质量标准建设,制定科学合理的实践教学监控规范,不断完善实践教学监控管理制度、实践教学内容等,确保各项制度的可操作性和科学性,以有效的制度落实保障实践教学质量。其次,在组织架构层面,应构建学校、院系和校外实践企业"三位一体"管理体制,并明确每一级别管理机构的职责,做到主体明确,职责明确,从而能够对实践教学监控进行全程管理、分级指导。学校教务主管部门负责对实践教学监控工作进行宏观指导,确保实践教学活动的规范化、科学化和有序化。院系是推动实践教学活动开展的关键保障,因此可以成立专门的实践教学监控和管理小组，亲临实践教学一线，对实践教学的各个环节进行严格的监控和科学化的指导，保障实践教学监控工作的有序开展。实践教学合作企业作为校外实践教学的第一线，是实践教学质量的重要保障，因此也应积极参与到实践教学管理工作中来，加大对实践教学监控和保障工作的投入力度，为实践教学活动的开展提供多样化、个性化的环境。实践教学管理制度体系如图7.3所示。

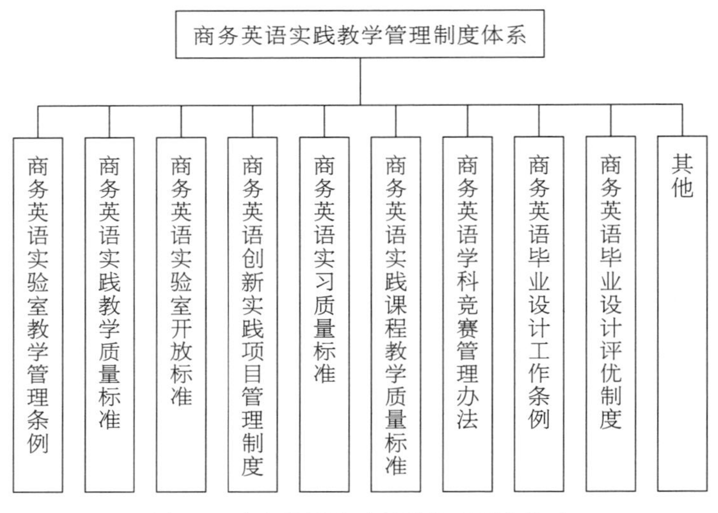

图7.3　商务英语实践教学管理制度体系

(4)大数据理念与智能化平台

现阶段，绝大多数高校的质量监控工作主要涉及理论教学环节，而在实践环节中，受多样化的教学模式和教学方式等的影响，该环节的监控工作中还存在很多的问题和不足。在大数据技术的驱动下，智能化、个性化的教学平台如雨后春笋般涌现，越来越多的实践教学活动能够借助这种开放式的实践平台开展，为实践教学监控创造条件。因此，通过针对当前开放型的实践教学监控体系的研究，从大数据视角出发，对学习者的能力、态度、学习实践习惯与成绩建立数据挖掘模型，从多个角度进行综合分析，从而构建有效的反馈机制，实现对实践教学资源建设、实践教学安排以及教学模式全过程的实时诊断和改进，这样有助于形成教学监控的闭环化，从而有效缓解实践教学监控工作中长期存在的教学质量评价量化困难、教学诊断与改进困难等问题。为此，商务英语实践教学管理部门必须合理利用大数据资源，通过对实践教学环节中的数据资源进行加工分析，充分挖掘这些数据在高校商务英语专业实践教学中的价值。这样不仅能够激发学生的自我学习能力，为学生创设个性化的实践环境，而且可以帮助管理者利用翔实的数据对实践教学环节进行科学的评价与指导，打破传统建设过程中单纯依靠主观需求分析的弊端。要通过数据说话、数据管理、数据决策，将零散式的教学监控整合为系统化、科学化的教学监控系统，构建适应时代发展需求的实践教学监控体系，全面提升高校商务英语专业实践教学的质量和管理水平。

除对大数据的有效利用之外，建立智能化的监控平台对于商务英语实践教学监控也至关重要。在传统的教学监控体系中，管理者和教师往往凭借主观经验对实践教学效果进行评价和分析，缺乏可靠的数据依据。而大数据和移动互联网技术的迅猛发展，打破了传统监控体系的弊端，为实践教学监控体系的构建提供了更加快捷、更加高效的软硬件设施，对于实现实践教学质量的精细化、智能化和可视化监控具有重要的意义。现代实践教学监控体系的构建必须符合时代的发展特征，搭建智能化的监控平台是大数据环境下提升实践教学监控质量的必要途径。通过对监控平台中收集的实践教学数据进行加工、分析和建模，使之对应到实际的教学活动中去，从而能够利用翔实的数据为实践教学活动的开展提供科学的参考和指导，实现对实践教学各个环节的实时监控，做到监控过程的有理可循。应该积极引进大数据技术，加大对以大数据为核心的智能化监控平台的投入力度，为实践教学管理者和教师提供开放共享、多样化的监控管理平台，实现对实践教学过程的实时把控，全面提升实践教学质量和管理水平。

(5)建立实践教学质量反馈机制

做好科学规范的实践教学监控，对于提升商务英语专业实践教学水平具有非常重要的作用，而建立科学高效的反馈机制、对监控数据进行充分利用，是确保实践教学监控发挥应有价值的必要内容。全面系统地了解和掌握实践教学的真实情况，将所采集到的信息进行整理和归纳，建立实践教学状态数据反馈制度是实践教学监控的关键一环。因此，应在各个部门、组织的共同配合和协调下完成反馈，积极发挥各级组织的重要作用，把握工作的重心，将监控数据及时反馈至实践教学工作相关管理部门，为进一步改进实践教学安排、调整实践教学计划、提升实践教学质量蓄力。学校通过实践教学反馈系统对教学监控的结果进行分析，然后对教学效果不理想的教师实施追踪检查，将反馈的结果告知每个教师，以便于其对自己的教学情况进行适应性的调整。

在商务英语专业实践教学活动中，监控数据信息的及时收集和反馈对教学质量的把控起着举足轻重的作用，是实践教学监控工作中不可或缺的环节，有利于督促监控体系的不断优化和完善。实践教学监控工作的开展必须重视实践教学信息处理及反馈机制的建立，特别是建立以大数据技术为核心的科学高效的反馈机制。实践教学监控的主要目的就是及时发现实践教学过程中的问题，分析影响实践教学质量的相关因素，并通过对这些问题进行科学的分析和诊断，帮助教师积极调整实践教学方案，针对其中的不利因素及时进行有效的干预，从而提高实践教学的质量和效果，促进商务英语专业人才培养质量的提升。当前的信息化教学平台已经能够完整地记录和保存实践教学活动中的各类数据，这大大拓宽了实践教学信息的收集和反馈途径，使得基于这些数据进行教学监控和评价成为可能。对平台中所采集到的数据进行加工、处理和分析，充分挖掘出这些数据所蕴含的潜在价值，积极发现实践教学过程中存在的问题，构建科学有效的反馈机制，有助于全面系统地了解和掌握实践教学的真实情况，积极推进实践教学监控质量的提升。实践教学监控方法如图7.4所示。

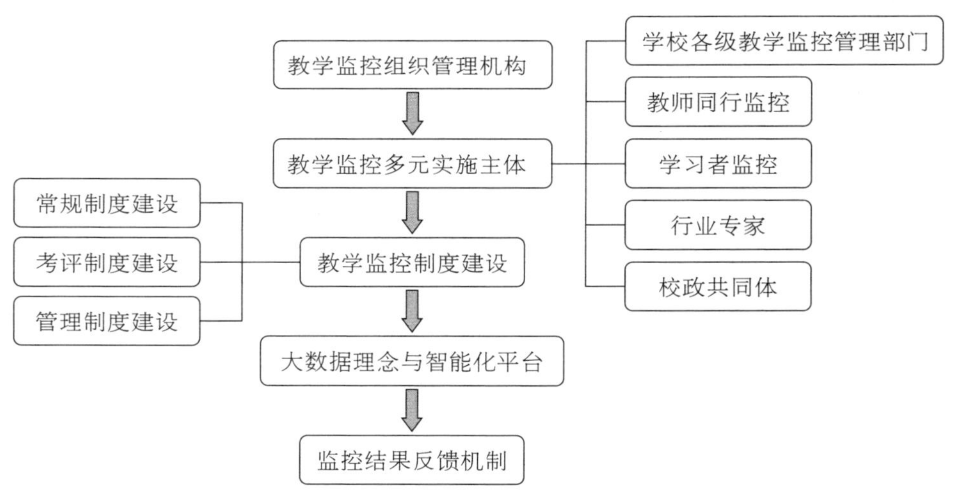

图7.4 实践教学监控方法

教学质量是高校商务英语专业办学的生命线，而科学、完善的实践教学监控则是确保教学质量不断提高的重要管理环节。以多元的实践教学监控方法做好实践教学监控工作，完善商务英语专业实践教学的功能定位和教学设计、质量要素体系和质量控制点以及运行机制，将大大提高商务英语专业整体办学水平，增强专业竞争力，确保教学质量向着更全面、更完善和更科学的角度发展。

7.5　实践教学监控体系

实践教学是学生获取知识、锻炼技能，将抽象的理论知识转变为具体岗位技能的有效途径，对于学生实际动手能力的培养尤为重要，在人才培养中意义非凡，被视为考量高校本科办学水平和特色的关键性指标之一。因此实践教学质量也成了大多数院校教师关注的话题。2018年，教育部颁布的《普通高等学校本科专业类教学质量国家标准》重点强调了以下原则——要突出以学生为中心，要突出产出导向，要突出持续改进，并明确指出：要把质量监控机制和持续改进机制相结合的方式运用到专业类的本科教学中，做到常态性监测与定期性评估的有机结合，不断提高本科人才培养质量。

随着教学评价和教学监控概念在高等教育界出现和使用的频率越来越高，如何保障和提高高等院校的教育教学质量成为大家日益关注的一个问题。教育部、各省（市）教育主管部门和各高等院校都意识到加强对教学质量的监控和建立有效的教学质量监控体系已经刻不容缓。而实践教学作为高等教育的一个重要组成部分，其质量监控体系的科学构建无疑具有不可替代的作用。

由于实践教学时间相对较短，实践地点不固定，内容相对丰富，实践教学考核相对烦琐，教学组织形式也有别于理论教学，因此，如何保证实践教学质量，做好实践教学质量监控并完善相应的监控体系，也成了当前商务英语实践教学研究和探讨的热点。有效的实践教学质量监控体系的构建需要从建立质量标准、细化与落实、检查与反馈、改进与提升等环节加以落实，实现质量监控的闭环运行，不断提高实践教学质量，从而推动复合型国际商务人才培养目标的实现。

7.5.1　实践教学体系的组成要素

科学合理的商务英语实践教学质量监控体系必然包括三个关键要素，即监控目标、监控组织、监控方式。三者主要说明监控什么、由谁监控、怎样监控，并构成一个有效的运行系统。具体来说,教学质量监控体系包括目标的确定,各主要实践教学环节质量标准的建立,信息的收集与分析(统计与测量)、评估、反馈、调控等环节。建立实践教学监控体系的目的就是将对实践教学质量产生重要影响的教学管理和运行活动有机地联系起来,形成一个能够保障和提高实践教学质量的有效和稳定的体系。体系的功能是对实践教学环节进行监控,使教学环节实现实践教学目标。

(1)多元的监控组织机构

建立商务英语实践教学监控体系的关键是要设立实践教学监控组织机构,以确保监控有效并长期运行。成立专门的实践教学质量监控组织机构,承担学校的实践教学质量监控职能,统筹全校的实践教学质量管理工作,不但有利于厘清教学与监控的关系,而且有利于教学质量监控长效机制的建立。

实践教学质量监控组织机构是实践教学质量稳定和提高的组织保障。一定要严格划分组织机构间的职责,规范实践教学质量监控实施流程,做到实践教学全过程、全方位监控。依据实践教学目的和教学过程,可以将实践教学质量监控大致划分为实践教学准备监控、实践教学过程监控、实践教学评价与反馈监控三个模块。

教学质量监控的主体从来都不应该是单一的行政管理人员,形成多元的监控主体是实践教学质量监控体系的重要一环,基本教学单位应该是监控的基础,教务处是管理和调控中心,质控办和教学督导组为监督和指导性机构。此外,就业处、实验/实训中心、学生工作处、实习基地、在校学生、毕业学生、合作企业、用人单位以及学生家长等也是监控的主体。多元化的监控主体有利于从不同的侧面、不同的角度全面收集、反馈、评价教学质量。商务英语专业实践教学面对的是商务英语专业学生,服务的是社会。因此应构建一个以学校实践教学监控组织为主导,学生和高校同行及社会企业等利益相关者都参加的多元主体的实践教学质量监控体系和实践教学质量评估过程;另外,应改进实践教学质量评估方式,采取定性评价与过程评价相结合,采用多种评价方式,使每个利益相关者都成为质量监控的参与者和实施者,广泛听取校友、用人单位等的意见,让实践教学更符合社会岗位的需求。

健全实践教学管理组织,建立由校长、主管教学工作副校长、教务处处长及学院主管教学副院长，以及教学指导委员会、教务处、学工部、督导团等共同组成的教学管理组织系统。发挥各级领导干部、各职能部门在实践教学工作决策中的宏观指导、论证和咨询作用；发挥基层教学组织功能，依托系、教学团队、实验教学中心等基层教学组织，以学科建设为纽带，加强教师实践教学能力的培养，强化实践教学规范，完善实践教学考核评价，在全校范围内形成协同配合、联动运行的质量监控保障格局。

（2）实践教学监控运行机制

畅通的信息渠道是实践教学监控体系良性运转的重要保障，信息渠道包括校内和校外两大方面，校内信息可以通过学生座谈会、教师座谈会、学生信息员等多种方式获得，校外信息通过实习、实训基地、合作企业、用人单位和学生家长及已毕业学生的反馈获得。这些信息的获得和利用对实践教学质量的提升有着重要意义。通过学生信息员制度、教学检查制度、校院两级督导制度、毕业生反馈制度、用人单位反馈制度等保障线，充分利用现代化信息手段，可快速、及时、准确地捕捉全过程、全方位的实践教学信息，做到及时发现问题、及时整改问题，注重信息的时效性，形成有效的闭环循环。

（3）反馈机制

动态监控，重在反馈。建立集中监控与日常监控相结合、校内监控与校外监控相结合、教师考评与学生考评相结合的多维监控检查机制，有利于对实践教学质量进行全过程把控。集中监控检查是指学校层面开展的全校性的检查，包括教学实践基地专项检查、毕业实习中期巡查和毕业设计抽查等主要实践环节的专项检查，以及学期初、学期中和学期末教学检查等。日常监控检查主要是指日常对实验、实践教学过程的监控等。校内监控主要是指以校院两级督导团为主，教务处、学工部等职能部门协同联动的质量监控工作。校外监控主要是指合作企业和用人单位等第三方对实践教学过程及成效进行监控反馈。教师考评制度主要包括专家考评、同行考评和自我检测。学生考评制度包括学生评教制度、学生课程满意度调查等。这些监控和考评制度都是实践教学行之有效的反馈渠道，应推进信息技术与实践教学监控的深度融合，利用大数据、云计算等技术手段，构建多层次反馈体系。除上述渠道以外，还可通过学校层面的教学例会制度、教学基本状态数据库等，学院层面的党政联席会议、教研室活动等，学生层面的教学信息员制度、毕业实习座谈会制度等多渠道收集实践教学相关信息，分析实践教学的开展状态、诊断教学顽疾、反馈教学问题。

(4)质量提升机制

实践教学监控的目的并不停留在问题的发现上，而在于问题的解决与后期的提升，可以说，改进与提升实践教学质量是质量监控的根本目的，决定着实践教学监控体系的闭环性、循环性和有效性。因此，建立行之有效的问责机制和奖优扶弱机制必不可少。“增强问责体系有效性是提升高等教育质量，促进高校推行教学改革，提高人才培养质量和实现高等教育强国的重要保障。”(朱守信、杨颉，2014:62)实行教学事故约谈问责机制，增强学校各主体的问责质量意识，最大限度实现问责驱动力源自各反馈主体及客体的主动思变而不是被动应付。结合教学工作考评和十佳教学实践基地、十佳毕业设计评选等活动，对于表现突出的单位或个人给予表彰奖励，充分发挥其在实践教学质量建设中的示范引领作用；针对检查评价环节反馈的问题和薄弱环节，持续监控，加强帮扶，限期整改，改后复评，督促各类主体及时解决问题，共同推进实践教学质量的持续改进，推动应用型人才培养质量的不断提升。

实践教学监控流程如图7.5所示。

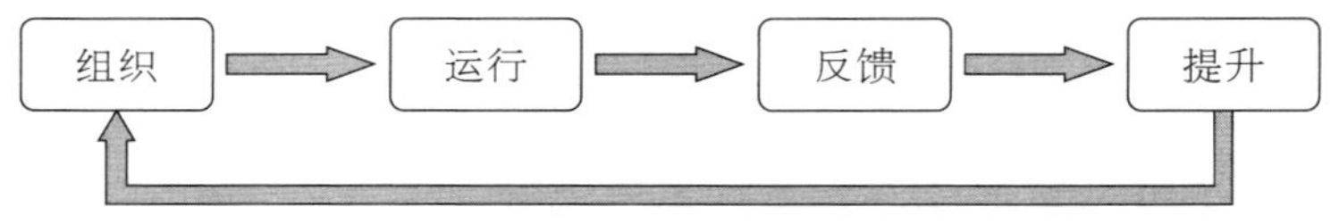

图7.5　实践教学监控流程

7.5.2　PDCA实践教学监控模式

PDCA是质量监管的一种重要管理模式，是美国管理专家戴明(W. E. Deming)首次提出的，它包括计划(Plan)、实施(Do)、检查(Check)、处理(Action)四个环节。参照PDCA管理模式，商务英语实践教学监控体系的构建可分为如下四个步骤。

(1)做好目标设计，制定好质量监控标准

PDCA管理的第一步主要包括分析目前商务英语专业实践教学中存在的问题，分析产生问题的原因和影响因素，针对商务英语专业人才培养的目标定位制订出科学、可行的商务英语专业实践教学计划，具体到实践教学类型、教学方法、教学内容、教学学时和学期安排。在此基础上，由包括教师、学生、基地依托单位在内的各方共同制定评价标准，保证对实践教学环节的各个方面实现全覆盖。

具体而言，商务英语实践教学是一个涉及校内及校外的系统过程，因此其教学目标的设定应包括校内实践课程的教学目标，以及校外实践企业的综合商务技能训练目标等。就实践教学方法而言，针对课堂实践部分可灵活采用任务型教学法、项目化教学法等，增强学生的专业认知。校内实践教学的监控可通过课程授课大纲、课程考评、在线实践平台数据等方式，对学习者基础的实践效果进行监控与评估，及时把握学习者对商务实践技能的掌握情况。而在企业实践部分，可采用企业导师制。企业实务精英在教授学习者国际商务实操技能的同时，对学习者的整个实践过程进行监管考评，并及时向学校实践教学监管组织反馈监控数据信息，共同促进后期实践教学质量的提高。

（2）加强平台建设，推进计划落实

开展商务英语专业实践教学监控的目标在于提高实践教学质量。基于这一目标，应建立相对应的教学监管平台，包括线上监管平台与线下监管制度等。应将现代信息技术引入商务英语实践教学质量监控中，实现全方位、立体式的质量监控。充分利用现代信息技术，建立信息共享平台，对监控信息实现及时采集、汇总，注重运用信息技术开展教学质量的大数据分析。建设信息反馈改进平台，着力解决信息反馈滞后问题。利用最新的计算机网络信息技术建设教学质量管理监控信息系统，信息平台的模块设置要与教学质量标准与评价体系衔接。对于商务英语专业云实践，如虚拟国际商务实践等，应充分利用平台数据，将其作为教学监控的一手资源。这些平台数据具有及时、清晰、客观等优势，对教学监控工作的开展提供了很大便利。除在线平台以外，对于常规课堂实践、第二课堂、企业实践等实践教学部分，应完善制度建设，确保实践教学工作有序、有效的开展。为规范实践教学，加强过程监管，还应制定并完善相关实践教学管理办法，如考勤制度、实践教学督导制度、实践教学企业考评制度等，确保商务英语专业实践教学任务明确、职责清晰、落实到位，通过制度建设发挥出实践教学在商务英语专业人才培养中应有的作用。

(3)加强督导检查,规范实践教学进程

构建商务英语专业实践教学PDCA质量监控体系,目的是通过质量监控判断是否实现了人才培养目标,用数据说明在实践教学过程中取得的成绩、形成的特色和存在的不足。在数据监测反馈环节,基于人才培养目标,对实践教学制度建设、师资队伍、实践教学条件、培养过程以及实践教学效果进行检查和评估,特别注重教学督导、教师、学生、实践企业多方对实践教学情况的反馈,并对反馈结果进行梳理,最后反映给学校、学院和授课教师。

(4)推动持续改进,促进实践教学质量的稳步提高

持续改进环节是指在前期开展质量监控的基础上,对获取的质量信息进行归纳和分析,根据前面的监测结果,全面总结成绩、梳理问题,这是决定质量监控体系闭环性、循环性和可靠性的关键一环。在持续改进环节,不仅要符合人才培养目标的定位,而且要促进人才培养质量。制度改进是指对不适宜的制度进行完善,制定适宜的制度。

7.5.3 商务英语专业实践教学质量监控体系的构建

(1)加强实践教学管理队伍建设

加强商务英语实践教学管理队伍建设首先要开展教学管理人员的业务培训。围绕立德树人的根本任务,向实践教学管理人员传输新时代高等教育实践教学理念;加强对高等学校实践教学管理人员关于管理政策、制度的培训,将先进的质量管理理论引入教学管理领域,不断提高其理论素养和业务能力;加强对应用型人才培养理论的学习研讨,组织实践教学管理人员深入实训实习基地考察、学习,推动实践教学管理人员以应用型培养理念为指导,探索新的实践教学管理手段和方式;将实践教学监控的理论与校情、学情有机结合,促进实践教学监控能力与水平的不断提升。其次是开展商务英语专业实践教学管理研究。设立实践教学管理研究专项课题,组织教学管理人员针对教育教学新理念和新要求,结合岗位工作性质和特点,开展实践教学管理研究,提升理论水平,提高发现问题、分析问题和解决问题的能力;建立实践教学监控信息的分析研判制度,构建教师、教研室、二级院部和学校四级教学质量分析的常态机制;定期召开专项工作会议,集体讨论有关问题,形成建议方案,提供给领导决策参考。

(2)加强对实践教学质量标准的执行监控

一是加强过程监控。商务英语专业实践教学的目标在于培养学生运用理论解决实际问题的能力以及综合国际商务素质的提高。对学生实践能力的评估不应该只关注学生实践完成时提交的书面实践报告,还应该关注学生在实践教学过程中的行为表现。同时,对于商务英语专业实践教学过程中的实践教学行为和教学条件的运行情况也应该重点关注。二是实施多元监控。商务英语专业实践教学环节涉及课堂实践、第二课堂、校外实践和毕业设计等多种形式,实践教学场地涵盖了校内、校外,要对实践教学实现全方位监控必须整合校内外教学资源,构建全方位、立体式、多元化的教学监控模式。特别要注重发挥校外指导教师和现代信息技术的作用。三是实施动态监控。商务英语专业实践教学环节教学周期较长,教学监控既要在关键时间节点开展集中检查,又要建立有效的信息沟通渠道,实现对实践教学的动态监控。

(3)实现由数据采集向数据管理的转变

强化数据管理的理念,充分发挥数据采集平台在学校管理中的重要作用。一方面,要依托数据采集平台,对数据进行统计汇总,了解实践教学运行现状;另一方面,通过对数据的进一步分析,把数据信息转化为管理决策信息,为改进下一步实践教学工作提供依据。同时,数据信息要成为管理者的案头材料,在日常管理中让数据“说话”,不断提升管理的精确化水平。要实现校内各类数据资源系统的信息融通,消除技术壁垒,实现信息共享,构建实践教学管理信息的大平台。要建立健全数据定期分析制度,把撰写数据分析报告作为一种管理制度予以固化,对平台数据要认真分析,通过数据及时发现问题、提出对策,同时为领导决策提供依据和数据支撑。

(4)不断完善实践教学监控闭环系统

首先是完善实践教学监控流程和实施办法。要围绕主要实践教学环节,明确监控的评价标准、时间节点和工作流程。要坚持统一标准与注重个性相结合,既要遵循质量监控的一般规律,又要突出学科特色。其次要注重对反馈信息的及时处理。注重反馈信息渠道的建设,通过专题会议、工作简报、教研活动等渠道分层次、分类别向相关部门反馈,对反馈结果要加强跟踪督导。再次要注重监控结果的运用。教学质量监控部门要将考核结果与教师、教学单位的绩效考核挂钩，以考核促进实践教学改革和质量的提升。最后要建设实践教学质量持续改进机制。对实践教学质量监控与实践教学建设和改革进行一体化设计，将教学监控中发现的重点难点转化为教学建设、改革和研究的课题，构建商务英语实践教学质量持续改进的有效机制。

(5)加强质量文化建设

商务英语专业实践教学质量保障体系从制度建设走向文化建设，既是适应高等教育变革的要求，又是质量保障体系建设不断完善和持续发展的要求。质量文化建设能够潜移默化地影响实践教学管理者和师生的价值观念和行为习惯，有利于全体师生树立质量意识，自觉改进实践教学管理方式、实践教学方式和实践方式，于无形中推动实践教学质量的提升。要开展质量文化建设的大讨论，深化对高校质量文化内涵的理解，充分认识质量文化建设对应用型人才培养的重要意义；加强学校质量文化建设的顶层设计，从物质层、精神层、行为层、制度层等层面构建质量文化整体框架；完善教学质量管理规章制度；积极开展质量文化宣传，让“教学质量就是学校生命，学生发展决定学校未来”成为学校质量文化的底色；积极开展质量文化的校本化研究，通过质量文化建设，让学校的质量保障从外部监督转化为内在自律，构筑教学质量保障的长效机制。

高校商务英语专业实践教学监控是完善整体教学监控体系、落实教学质量和教学效果的重要保障。新形势下商务英语专业面临转型发展，实践教学监控也在持续建设与完善之中。实践教学质量监控面临的问题多且复杂，需要依据高等教育实践教学规律，分析实践教学监控各环节的内在联系，以科学性为原则，不断探索、实践、修订并完善实践教学监控体系。

8 商务英语专业毕业设计

毕业论文(设计)是实践教学的最后一环,也是检验学习者专业实践能力极为重要的一环。根据《普通高等学校本科商务英语专业教学指南》,商务英语专业毕业环节可采用毕业论文和毕业设计两种类型。商务英语专业毕业论文在笔者的《商务英语教育论》(2017)中已有论述,且该类型的方法与普通英语专业的毕业论文有异曲同工之处,而商务英语专业毕业设计是新类型,能够更加客观清晰地反映学习者的实践能力,更具有应用性与实践意义,因此毕业设计是实践教学极为重要的内容。本章将着重讨论商务英语专业实践教学的毕业设计部分,探讨毕业设计对于国际应用型商务人才培养的重要作用及其构建原则与实施方法等。

毕业设计是教学过程的最后阶段采用的一种总结性的实践教学环节,是实践性教学的最后一个环节,旨在检验学习者综合运用所学理论、知识和技能解决实际问题的能力。(顾明远,1998:35)在教师的指导下,学习者就选定的课题进行工程设计和研究,包括设计、计算、绘图、经济论证以及合理化建议等,最后提交一份报告。通过毕业设计,学习者可以综合应用所学的各种理论知识和技能,进行全面、系统、严格的技术及基本能力的练习。毕业设计也是展现其理论知识和实践能力的有效平台。

商务英语专业采用毕业设计,对"大商务"领域某一项目做专门深入系统的实践设计,以考查商务英语专业人才培养所要求的各项能力的获得情况,可以总结、检查学习者在校期间的学习成果,完成专业教学任务与育人任务,达成商务英语专业顶峰成果。

8.1 毕业设计构建依据与现状

商务英语专业毕业设计是培养和检验商务英语专业学习者综合运用所学理论知识分析问题、研究问题、解决问题的能力的重要手段,考查重点是语言基本功、专业知识应用和思辨创新能力。毕业设计是商务英语专业实践教学的最后一环,也是商务英语专业人才培养的核心环节之一,它能全面反映和检验学习者的实践能力与综合素质,对商务英语专业人才培养极具意义。近年来,高校商务英语专业毕业设计工作受到了更多高校的关注与重视,正在走向普及化。但由于毕业设计对于文科专业来说是新生事物,是一个崭新领域,从计划到完成,从选题到实施再到答辩各个环节内容复杂,因此在毕业设计工作的开展过程中,也存在一些问题。

8.1.1 毕业设计构建依据

《高等学校商务英语专业本科教学质量国家标准》规定:商务英语毕业成果可采用论文形式,也可采用实证性和实践性较强的设计类型的实践报告和调研报告两大类型。毕业设计着眼于通过多种形式培养和检验学习者综合运用所学理论知识研究并解决问题的能力和创新能力。毕业论文重点考查学习者商务英语和专业知识的综合运用,以及实践与创新能力。商务英语专业毕业论文可采用实践类或学术类两种形式。实践报告要求符合行业规范,学术论文要求符合学术规范,两类论文都要求用英语撰写,正文不少于5000个单词。实践类包含项目报告(如商业计划、营销方案、案例分析、翻译及评述等)和调研报告(如企业、行业、市场调研分析等)。

为贯彻落实全国职业教育工作会议和高等学校本科教育工作会议精神,培养更多高素质的应用型人才,多省份相继发布了促进本科高校加强应用型建设的指导意见。国内许多高校也陆续提出了应用型建设的指导方针,在教学培养方案、课程设置等方面更偏重实践性。商务英语专业侧重培养学习者商务方面的英语应用能力,与经济、管理、法律(国际商法)相交叉。许多高校的商务英语专业将原先的“毕业论文(设计)”改为“毕业设计(论文)”,突出了以“设计为主、论文为辅”的应用型人才培养设计,进行从“学术论文”走向“实践报告、学术论文并重”和“以实践报告为主、学术论文为辅”的改革。

2020年发布的《普通高等学校本科外国语言文学类专业教学指南》指出:商务英语专业毕业论文(设计)一般用英语撰写,正文不少于5000个单词,形式可为学术论文、商务计划书、商务研究报告和商务案例分析报告等多种形式。按教育部有关文件要求,实践教学环节的学分应不低于商务英语专业总学分的15%,其中毕业论文(设计)的学分不低于总学分的3%,进一步确立商务英语专业毕业设计的形式,成为商务英语专业人才培养方式的特色之一。

商务英语毕业设计的优势在于理论实践相结合、校内校外相结合,能够检测和训练学习者本科阶段的整体学习状态,检查和训练学习者对“大商务”领域某一专门课题做深入系统的研究,考查学习者的英语语言能力、实践应用能力、问题处理能力等。商务英语专业学习者可结合本专业教学实际开展相关选题,或结合本土志愿者活动开展选题,或就本土外贸公司的商业营销方案进行设计,这对学生来说操作性更强,设计架构与写作过程也能够更加顺利。

8.1.2　当前毕业设计存在的问题

毕业设计是商务英语专业人才培养计划的重要组成部分,是学习者进行专业综合训练,强化专业技能的重要教学环节,也是学习者获得毕业证书的必要条件,对提高学习者综合职业素质,确保人才培养质量具有重要意义。然而,综观当今高校采用商务英语专业毕业设计的情况,笔者发现还存在诸多问题。

(1)选题方面存在不合理性

目前,高校商务英语专业毕业设计存在的首要问题就是选题不当,主要包括三方面:一是选题来源不恰当。由于学习者对所学专业毕业设计缺乏全方位的认识,所以学习者根据手头现有资料确定选题,倾向于那些可以参考的或网上相关资料丰富的选题,对所占有的材料缺乏足够的了解,仅凭占有资料的多少轻易决定选题方向,这样在写作过程中很容易出现问题,将商务英语专业毕业设计做成经管类的学术论文,缺乏实践性和应用性。二是设计选题陈旧。商务英语本身具有时代性,但许多学习者设计选题时没有做到与时俱进,选题与现阶段的

"大商务"领域发展脱节,使得项目选题没有实际应用价值和现实意义。三是设计选题缺乏新意。学习者未能深入了解市场,只能人云亦云,选择将已经取得丰硕成果的老旧的经管类的选题改成商务英语的实践类的设计方案,结果不伦不类,缺乏创意。

(2)选题与社会实践脱节

选题与社会实践脱节,无实际价值,也是当前商务英语专业毕业设计面临的一大窘况。理论结合实际一直是需要解决的基本问题,也是课题研究的目的和意义,然而很多商务英语选题脱离社会实践,缺乏新意,无实际意义。有些选题不像是研究论文或者是毕业设计,更像是教科书里的内容,例如像"商务英语信函的语言特点"和"国际商务谈判的语言特点"这样的选题可以在相关教科书上发现完全一样的内容。另外,有些研究是已经没有必要进行的。例如,随着高等教育的全民化,进出口行业从业人员一般都已具备直接阅读和撰写外贸函电的能力,因此,没必要研究类似"英汉外贸函电翻译"和"论商务函电翻译"的选题,更何况这方面的研究成果也非常丰富。

(3)目标不明确,评价随意

一方面,很多院校商务英语专业对于毕业设计多是格式、字数和内容上的要求,对于质量并无具体要求,目标不明确,毕业设计的质量管理缺乏规范性和系统性。而另一方面,学习者的毕业设计通常都由指导教师一人负责,有些教师由于工作任务繁重,对学习者的毕业设计听之任之,不予及时的批阅和反馈,教师最终的评价和给分多是印象上的分数,较为随意,毕业设计和过程指导流于形式。此外,毕业设计考核方法简单,只关注对毕业设计成果的考核,忽略对毕业设计过程的考核,且答辩过程往往只是走过场,学习者收获甚少。

(4)毕业设计时间段设置不合理

商务英语专业毕业设计一般都安排在毕业前的第七和第八学期,第七学期通常要完成论文选题、开题答辩、撰写初稿等工作,第八学期完成定稿及毕业论文答辩工作。但这两个学期正好是学习者忙于实习、找工作或者考研升学的时间,多数学习者不在学校,导致毕业设计指导教师与学习者沟通困难,指导教师很难面对面地与学习者交流并指导学习者修改论文设计,最终导致毕业设计质量良莠不齐。

(5)毕业实践管理工作存在问题

虽然各高校均制定了毕业设计工作规程,规定了检查和评定标准,但仍存在职责不明、执行不严,要求不规范、不具体、不完整等问题。如:学校对学习者的毕业设计质量没有提出全面的要求和合理的成绩评定办法,对部分明显不符合要求的毕业设计采取宽容迁就的态度,造成学习者本人对毕业设计不重视。院系没有制定对毕业设计工作具体的管理措施。即便院系在布置毕业设计工作时要求严格,如果没有认真检查,缺乏监督措施,缺少对教师指导情况、师生交流情况、答辩形式以及资格审查等机制,也会使毕业设计管理工作流于形式。

(6)毕业设计过程监管不严

目前,商务英语专业的毕业设计缺乏系统科学的监控体系。高校商务英语专业学习者毕业设计需经历选题、开题、中期检查、终稿、论文答辩、成绩评定这几个流程,但此期间也正好是学习者找工作、顶岗实习的时间。由于毕业设计时间段设置不合理,导致学习者毕业设计流程监管存在一定空白。指导老师与学习者不能定期见面,无法定期与学习者进行沟通,无法准确了解学习者毕业论文撰写情况。到了提交阶段性材料的时间点,只能匆忙应付,导致毕业设计质量无法保障。

同时,部分学习者对毕业设计的重视程度不高。而教师虽重视毕业设计,但是由于指导的学习者过多,所以精力有限。学校虽从整体上把握全局,但是没有采取必要的毕业设计监控措施,没有进行及时的检查和评估,导致毕业设计的管理和监控力度不够。此外,在平时的教学过程中,缺乏对学习者文献检索、毕业设计规范等的相关训练,导致学习者在毕业设计的过程中困难重重。

从以上问题来看,目前的商务英语专业毕业设计各个环节还存在较大的改进空间。为了抓好商务英语专业实践教学的最后一环,毕业设计的选题模式、毕业设计管理、毕业设计评价体系、毕业设计考核制度等各个方面都需要进一步规范提升。

8.2 毕业设计特点

商务英语专业是一个交叉性、应用性专业,与普通英语专业相比,商务英语专业采用毕业设计这一形式更能体现商务英语专业人才复合性、创新性、实践性和学术性相统一的特色。毕业设计是衡量教学质量的重要工具之一，不仅考查学生的语言基本功，也考查其综合素质、创新能力等方面。对商务英语毕业设计的特征进行深入的了解与归纳，有助于更好地安排商务英语专业毕业设计工作，提高商务英语专业学生毕业设计工作的质量与效率。

8.2.1 目的性

《教育部办公厅关于加强普通高等学校毕业设计（论文）工作的通知》指出，学生的毕业设计要与所学专业及岗位需求紧密结合，结合工作实际确定训练内容和任务要求。《高等学校商务英语专业本科教学质量国家标准》中明确指出了商务英语专业的毕业论文（设计）应重点考查学生商务英语和专业知识的综合运用，以及实践与创新能力。这都反映出毕业设计要结合岗位需求，训练、检验和提高学生的专业核心技能。商务英语专业培养的毕业生的主要就业岗位都要求学生具有在商务的平台上用英语进行沟通和从事商务活动的能力，因而其毕业设计任务就应该紧紧围绕着此目标设定要求、范畴和查验标准。

商务英语专业毕业设计直接对接商务英语专业人才培养目标，包括人才培养规格、人才培养知识与能力要求。商务英语专业的培养目标是培养应用型国际商务人才。因此，商务英语专业的毕业设计应能全面检查学生的综合素质与国际商务实践能力培养效果，学生能通过毕业设计检验自身商务英语基础技能、商务英语听说读写译交际能力，强化分析和解决实际问题的能力，提高自身的国际商务综合素质。

根据《高等学校商务英语专业本科教学质量国家标准》，商务英语专业旨在培养语言基本功扎实，具有国际视野和人文素养，掌握外国语言文学、应用经济学、工商管理、法学（国际商法）等相关理论知识，掌握国际商务的基本理论与实务，具备较强的跨文化能力、商务沟通与创新能力，能适应国家与地方经济社会发展、对外交流与合作需要，能熟练使用英语从事国际商务、国际贸易、国际会计、国际金融、跨境电子商务等涉外领域工作的国际化复合型人才。这一商务英语专业育人目标要求商务英语毕业设计要为实现人才培养目标服务，体现商务英语人才培养宗旨。

商务英语专业毕业设计具有明确的实施目标，与专业育人目标相一致。商务英语毕业设计要为实现人才培养目标服务，体现商务英语人才培养宗旨，即商务英语专业毕业设计要从知识传授、技能训练、能力培养、素质养成等多个方面与其专业育人目标相契合，提高学习者的英语语言应用能力、商务实践与创新能力、跨文化交际能力，培养学习者的爱国情怀、国际视野，以及人生观、价值观、世界观等。

8.2.2 综合性

商务英语专业毕业设计具有综合性的特征，它是指毕业设计应综合体现不同学科的知识，是商务英语专业学生学习成果的最终呈现。同时，商务英语专业本身即是跨领域、多学科组成的应用型学科，在当前“大商务”背景下，商务英语专业的跨领域特征越发明显。因此，商务英语毕业设计将考查与训练相结合，综合考查和检测商务英语专业人才培养目标所规定的各种能力。综合考查的内容为商务英语语言应用能力和跨文化商务沟通能力，良好的思辨能力、量化思维能力、数字化信息素养，基本的商务决策和施行能力，良好的团队合作能力和较强的领导、管理、协调和沟通能力，终身学习能力。也就是说，除语言质量与行文格式以外，还应将学生的逻辑思维、创新意识、选题价值等各方面纳入学生毕业设计的生成及考评过程，体现商务英语跨学科、多领域学科特色的同时，也能对学生的综合素质进行有效评估。

商务英语专业毕业设计可以全面地考查商务英语学习者的学习成果，对学习者校内外学习及实践情况进行综合评估。通过毕业设计，可以将考查与训练结合，因此毕业设计的成果展示具有全面性和综合性。

8.2.3 实践性

商务英语实践教学强调培养学生在国际商务领域和活动中的行为能力，其终极目标是使学生走上工作岗位后能熟练应用英语开展国际商务活动，获得与其社会目标相关的国际商务沟通与行为的综合能力。而这一目标的实现需要商务英语专业学生在积累商务英语理论知识的同时，尽可能多地走上商务英语相关的实践岗位，积累实践经验，提高实践能力。

毕业设计作为商务英语专业实践的最后一环,要求学生自主设计方案、自主调查研究、自主撰写毕业设计,在充分调研、考察的实践基础上,完成自己的毕业设计。学生从中掌握了对商务活动中特定主题下问题的分析能力,能结合自身在专业核心课程和各门实践课程中所学习的技能,解决这些主要问题,掌握并锻炼了更多商务翻译和商务写作的应用能力,进一步熟悉了国际商务交际的策划过程,这充分体现了商务英语专业极强的实践属性。毕业实践设计具有很强的岗位实践性,突出了以高等教育培养学生能力为主线的教学理念,有利于培养学生的职业能力,提高职业素养。

商务英语专业毕业设计要求学生深入企业和市场调研,收集相关资料、图片、数据和样本等,深入分析和探讨,选题表述力求明确。在真实的商务实践环境中发现问题,有了明确的问题概念,毕业设计行文逻辑上自然围绕"问题一解决"模式展开。商务英语专业毕业设计的实践性,正是区别于常规毕业论文的最大特征。学习者要完成毕业设计,从选题方向、方案设计、调查研究到撰写等各个环节均需要学习者自主完成,在过程中要形成自己的独立思考与见解,通过在实践中发现研究创新点,对其进行思考,最终完成毕业设计。因此商务英语毕业设计必先基于学习者的亲身实践,在实践中发现问题、积累经验,才能保障所完成的毕业设计具有现实意义,所设计的方案具有应用性。

8.2.4 创造性

大学生创新思维培养是当代高等教育体系人才培养的根本要求,也是实现创新发展的内在规律,有助于推动社会的全面高效发展。对于毕业设计而言,基于较高语言质量上的创新点是商务英语毕业设计强调的内容之一。从创新角度看,毕业设计应体现问题意识,题目撰写应遵循一定的原则要求。"大商务"环境日新月异,毕业设计要求学生在充分调研的实践基础上,找到创新点,做到观点创新、自主创意,使得产品创新、市场创新、方案创新,使毕业设计的主题、观点、方案等与时俱进,以提高毕业设计的现实意义和价值。

商务英语毕业设计创造性地将商务实践报告或者调研报告引入毕业设计模式。鼓励学生发挥主观能动性,充分利用实践实习阶段,立足地方产业结构与区域经济特点,融合前期商务专业学习的理论储备,将理论融合于实践,完成与实践实习有关的商务报告或调研报告。着力考查学生在专业课程上的专业思维以及学科交叉渗透能力，并最大限度地调动学生的创新性和整体参与度，提高学生的专业敏感度和对行业及市场的整体意识与研究能力。学生基于真实的商务实践经验完成毕业设计，这样的创新探索与地方区域经济相关。与实习实训环节紧密对接的毕业设计阶段同样也应在调研内容上体现与地方区域经济的交互性与针对性。地方区域经济的产业类型、地方经济中需求较大的行业领域及人才类型等问题在学生的实际调研中都能有所体现，让毕业设计更有实用性与启发性。

在毕业设计撰写过程中，要让学生有步骤地在专业教师和企业导师的指导下，开展实习、调研、分析等工作，解决实际问题，在实践中发现创新之处，最终形成一定的研究成果，并在毕业环节呈现。这一过程能够加强学生商务专业知识与英语技能知识运用的融合性与灵活性，提高行业敏感度以及商务意识，促进产教融合，有助于学生进一步明确职业定位及就业目标。

创新能力培养是"新国标"中的重要指标，学生必须参与一定学分的创新创业实践，包括制订创新创业实践计划，参与学科竞赛，进行创新创业项目，等等。创新创业意识、思辨创新能力是重要的素质体现。商务英语专业毕业设计不应要求理论知识创新，而应通过考察企业、行业或市场内部和外部现象，通过梳理、筛选、调研、辨析、甄别、推理、借鉴等，发现问题本质，提出有效解决特定问题的新思考、新见解、新建议、新对策、新方案。

创造性是商务英语专业毕业设计的特征之一，也是完成毕业设计的重要要求。毕业设计的选题、观点、方法等各个方面要有所创新，其中包括观点创新、自主创意，这样才能体现自身研究的意义所在，才能不断提高商务英语专业毕业设计的质量。

8.2.5　专业性

商务英语专业毕业设计的选题应该遵循人才培养方案的要求，其内容必须与所学的专业相关，符合专业培养目标和专业学科特点。毕业设计是实现本科培养目标，提高学生能力和素质的重要环节，是进行综合训练的教学阶段。做好毕业设计工作对培养学生的开拓精神、创新意识、综合素质都具有重要的作用。

毕业设计要求学生立足企业和社会经济的可持续性发展，关注社会热点，深入企业调研，学习和总结企业成功的经营理念和管理模式，激发创新思维，探索商业难题的创新解决方案，体现了较强的“学以致用”的专业性。通过毕业设计工作，商务英语专业学生能实现对英语基本知识、基础理论、基本技能的运用，深化所学知识并培养运用所学的专业知识和技能，研究、解决本专业实际问题的综合能力，培养正确的思维方法、严谨的学习态度和科学的研究能力，同时加强了文献检索能力以及文化素质、思想品德素质、业务素质的训练。

毕业设计是大学培养阶段教学质量的综合训练和检验。因此，商务英语专业毕业设计的制作要符合商务英语专业规范，体现商务英语的专业性。在撰写时，应严格遵照商务英语毕业设计的行文规范，保证要素不缺失、信息无遗漏，选题/设计项目、资料查阅、调研考察、数据分析、提纲撰写、初稿、修改后定稿等所有步骤须具有专业性，如商务计划书、营销创意方案、商务案例分析、市场调研报告，都应符合各类文书的专业规范。

商务英语专业毕业设计是商科实践报告和英语语言的协作，两者结合形成了商务英语专业毕业设计的专业特征。教师需充分认识到这一特征，并指导学生在毕业设计中实现其专业性。

8.2.6 时效性

商务英语专业毕业设计的时效性是指学生的毕业设计选题和任务的开展都具有时间性。商务英语专业实践需要与国家政策、社会需求、现代技术等实践实时对接，这便决定了作为其重要环节之一的毕业设计也具有时效性特征。从选题来说，每一年的选题都需要时效性，都应与当时的社会、经济发展所出现的情况、问题紧密结合。学生做出的商务报告（商务计划书、营销创意方案、商务案例分析、市场调研报告）也要针对当时的具体发展情况。只有在选题、内容等各个方面与时俱进，才能保证学习者的毕业设计具有现实意义。

商务英语专业毕业设计的时效性还包括毕业设计的过程要按阶段、按计划进行，以及毕业设计从选题、要求、答辩等都要按照社会进步、国家政策等最新发展要求及时更新，以保证商务英语专业毕业设计符合当前社会发展的最新要求，使学习者的毕业设计更具现实意义。

为了保证毕业设计的时效性，可将商务英语专业毕业设计过程分为三个阶段实施：第一阶段通过课程、讲座等形式解决一些毕业设计规范问题及工具性知识问题，如文献查阅方法、数据分析方法、市场调查等，让学生根据自己的情况和兴趣点发现问题，确定设计选题。第二阶段在毕业实习中，让学生结合实习过程针对毕业选题尽力找到解决问题的思路和方法，做到有的放矢。第三阶段，让学生在教师的指导下不断修改并完成毕业设计。在指导毕业设计的每个阶段，教师都要加强监督和检查，在加强过程管理的基础上，保证毕业设计的质量。为保证商务英语专业学生按阶段、按要求高效完成毕业设计，学院应结合以往经验，制订毕业设计指导方案，规定完成毕业设计每一个具体环节的科学时间节点，为学生提供时间参考，并督促学生按计划准时完成毕业设计。

商务英语专业毕业设计作为一个重要实践环节，在增强毕业生对行业和企业的认识，培养和增强学生的科研能力、发现问题和解决实际问题的能力，为毕业上岗从业做好准备等各个方面都起着重要的作用，也是教育和职业、教育和产业相结合的重要表现。在深入了解商务英语专业毕业设计的特殊性后，才能进一步科学地安排商务英语毕业设计流程，整体提高商务英语专业学生毕业设计的质量。

8.3 毕业设计构建原则

毕业设计是将所学的专业理论知识与实践联系起来，在实践中发现问题、解决问题的一种有效形式，能综合地检验和提升学生大学期间的专业知识的掌握能力以及分析能力、逻辑分析能力等，是本科实践教学的重要环节之一。毕业设计是在教学过程中的最后阶段所采用的一种总结性实践教学环节。商务英语专业毕业设计旨在总结和检查学生在校期间的学习成果，指导学生对商务领域某一课题做专门深入系统的研究，对学生各种实践及问题处理能力进行考核，对商务英语语言水平进行考查。为达到商务英语专业实践教学的目的，与商务英语专业育人目标实现统一，毕业设计要遵循以下原则。

8.3.1 选题来源多样原则

毕业设计的选题来源应体现多样化,以突破传统选题的限制,丰富商务英语毕业设计领域,提升其创新性。

首先,商务英语专业毕业设计的选题可源于学校的专业课程,例如“国际物流英语”“国际贸易实务”等,通过课程获得一定的理论知识,并启发学生对相关问题进行思考,形成自己的认识,最终将自己的创新之处体现在自己的毕业设计中。如图8.1所示。

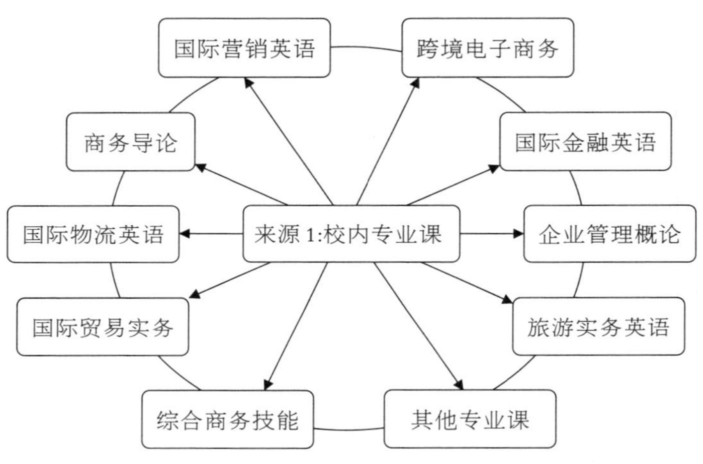

图8.1 毕业设计选题来源1:校内专业课

其次,可源于校内外实践课,如短学期企业实践、校企联合实践、志愿活动等,引导学生通过真实的实践经验发现问题并找出解决问题的办法,提升学生解决实际问题的能力,这在一定程度上能够避免学生毕业设计选题空泛、无实际意义的情况。创新型的毕业设计可与毕业生企业实习紧密联系。顶岗实习是工学结合的重要手段,毕业生不但可以通过顶岗实习发展职业素养,提高职业技能,还可借助这一实践完成毕业设计。在实习的过程中,学生能对企业的运营有真切的体验,了解具体岗位对他们的专业技能和职业素养的要求,清楚某项工作的具体操作流程、某项任务的重点难点以及某个项目的开展方法等。这些实践经验尽管有限,但十分宝贵,都可以成为毕业设计的素材。创新型的毕业设计要求学生以自己实习工作的经历为基础,选题要与顶岗实习工作任务或项目有直接关联，着力解决与实习岗位业务相关的实际问题或对工作岗位相关的问题进行思考。这类选题结合了所学专业和实习就业岗位，在国际商务实践工作过程中对现状及存在的问题进行探索，在任务执行的过程中有助于积累相关的专业知识和经验。如图8.2所示。

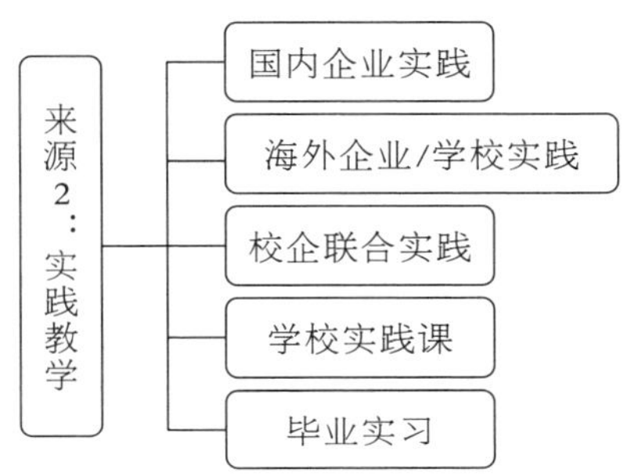

图8.2　毕业设计选题来源2：实践教学

最后，毕业设计的选题也可源于指导教师的启发，从社会热点现象与问题入手进行设计。如图8.3所示。

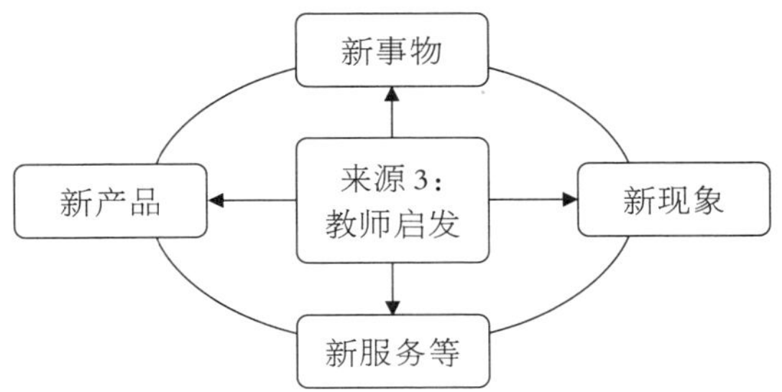

图8.3　毕业设计选题来源3：教师启发

8.3.2　专业课程支撑原则

专业课程支撑原则是指商务英语专业毕业设计的选题、评价等要与商务英语专业课程相联系，使商务英语专业的课程成为学生顺利、高效完成毕业设计的有力支撑。因此，应设置相关课程对学生的毕业设计进行全方位、全过程的指导，例如“商务英语专业毕业设计写作”课程等。

“商务英语专业毕业设计写作”课程面向本科商务英语专业高年级学生，旨在帮助学生掌握撰写毕业论文的基本技能，如选题/设计项目，查阅资料，调研考察，数据分析，列参考书目，作引语、注释，以及写提纲、摘要和撰写项目本身。通过专业的毕业设计课程，要求学生掌握毕业设计的方法与写作规范。商务英语专业毕业设计是学生运用大学四年所学知识，提高科研能力和创新能力的重要途径。商务英语专业毕业设计课程通过以教师课堂授课为主，学生自主思考为辅的方式，帮助学生了解本科毕业设计的步骤和方法。通过专门的毕业设计课程，学生要熟悉毕业设计的选题、研究方法、资料查阅、论证阐述等方面的要求，还要掌握毕业设计写作的规范和特点，其中包括正文、文体特点、引语出处、注释方式、参考书目等。

具体来说，专门的毕业设计课程可以从以下方面对学生的毕业设计提供支撑：

①通过相关的专门的毕业设计课程，学生掌握完成毕业设计的基本技能，如选题/设计项目，资料查阅，调研考察，数据分析，列参考书目，做引语、注释，以及写提纲、摘要和撰写项目本身；

②专门的毕业设计课程可培养学生发现问题和解决问题的商务英语科研能力，通过真实的商务案例等，让学生对其进行思考并形成自己的见解，为自己的毕业设计打下基础；

③专门的毕业设计课程可使学生并熟悉并掌握毕业设计撰写过程中资料的收集与整理、文献检索、提纲撰写、初稿、修改后定稿等步骤方法；

④培养学生的规划能力和自身学习能力；

⑤提高学生的毕业设计创新能力。

8.3.3 过程控制原则

过程控制主要指的是高校商务英语专业应该建立从设计选题到最终答辩一系列环节顺利进行的保障体系来监管、控制学生的毕业设计写作情况。重点应该放在选题、开题、写作、修改和答辩等环节，从而构建立体式、全方位的质量监控体系。选题是高质量地完成毕业设计的关键，好的选题是毕业设计顺利完成的前提和保证。在设计选题时，学生应根据自己的兴趣和专长进行选择。商务英语专业的毕业生，应注重将所学到的知识应用到自己的设计中，注重实践性和应用性。另外，在选题方面应将理论与实践结合，使其具有一定的应用价值和现实意义。

开题报告是做好毕业设计不可缺少的环节。选题确定后，学生必须开始收集资料，使自己对所要研究的内容具有更深入的了解，从而确定自己设计的大致框架，对自己的时间进行全面的安排。开题报告可以培养学生自主研究的能力，提高学习的积极性，避免学生到最后期限才开始准备。另外，提交开题报告以后，指导老师可以通过审阅开题报告来确定学生的设计结构是否合理，内容是否恰当，并提出建设性的意见，从而使学生的毕业设计过程更加顺利。在毕业设计的过程中，指导教师可以用各种方式，如电话联系、走访的形式交流反馈存在的问题，并提出解决方法。同时，应督促学生的写作进度，要求学生定期对写作中遇到的问题进行汇报交流。另外，学生必须提交三稿。一稿为初稿，检查学生设计的完成情况，发现问题，并提出解决方案。二稿是对初稿的修改，主要检查是否有遗漏的问题。三稿为终稿，按照所要求的格式提交给评审委员会进行评审。

要根据目标多元、方式多样、注重过程的评价原则，科学合理地设计并构建毕业设计评价体系。学生毕业设计的成绩由指导老师评阅成绩、主审老师交叉评阅成绩及答辩成绩三部分组成。对不合格设计要采取严格的态度，责令退回，进行二次答辩，延迟毕业时间。同时，设计质量高低，也要作为对教师设计指导能力和教学工作业绩进行评价、惩罚或奖励的标准，这有助于监督教师指导学生提升毕业设计的质量。

8.3.4 目标控制原则

毕业设计的目标之一是学生能够完成高质量的设计，契合商务英语专业人才培养目标要求。部分商务英语专业学生的毕业设计不能用英语来清楚、自然、流利地表达自己的思想，而在保证无语法错误的情况下进一步提升语言质量更是难上加难。另外，设计撰写需要遵循一定的规范要求。这也正与前文所提到的商务英语专业的听、说、读、写一体化实践课程设计目标相符，应在平时的课程中培养学生的写作能力，加强其基础语言知识的学习，使其能够写出语句通顺、语法错误较少的文章。与此同时，专业教师也应注重培养学生发现问题、分析问题、解决问题的探究能力和精神，在课堂活动或实践教学中有意识地锻炼学生的思维能力、分析能力、表达能力等,从而使其能够独立、主动地完成毕业设计。

从指导老师的角度来说,对学生进行毕业设计指导也可以增加自身的知识与提升能力。另外,学校还应该建立有效的指导教师遴选机制。大部分教师,特别是近几年新引进的大批青年教师,缺乏实践经验和科研能力。因此,有必要对教师的业务能力(理论知识的运用,科研和实践经验,指导能力,指导毕业设计的时间、精力等)进行评价考核,确保高质量的指导。

8.3.5 就业导向原则

毕业设计是商务英语人才培养的最后一个环节,其目的是通过综合运用所学知识和技能,培养学生独立分析和解决国际商务问题的能力,使学生能满足实际工作环境的基本需求。商务英语专业学生的毕业设计要与所学专业及未来就业岗位需求紧密结合,充分体现其职业性与岗位性。创新毕业设计的核心是以就业为导向,以岗位为依托,这样才能体现毕业设计作为重要实践课的价值。

商务英语专业毕业设计应摒弃以往思辨型的论文范式,通过整合学生的专业知识和技能,为工作和生活中的实际问题提供解决的方案和途径,培养毕业生的动手能力和实践能力。依据商务英语专业的特点,商务英语专业着力培养熟练掌握英语语言及国际经贸知识和技能、具备熟练运用英语从事对外经贸活动的能力,具有良好职业道德和团队精神的国际经贸领域的高技能人才。毕业设计的内容需与涉外商务活动中的国际商务管理、国际贸易、国际营销、涉外服务等各个环节相关。毕业设计应能体现相应的专业技能和能力,这样才能起到综合检验毕业生的专业职业技能的作用。商务英语专业毕业生常见的就业岗位有外贸业务员、涉外企业文员、商务翻译人员、涉外服务人员等,毕业设计的选题可以涉及相关的行业岗位职责、任务、常见问题及解决办法等,学生根据实习岗位确定选题和方案。以就业为导向、以岗位为依托的新型毕业论文设计范式集论文写作、专业技能应用、职业素养教育于一身,内容来自学生的亲身体验和思考,这为学生将来的就业打下良好基础。

8.4 毕业设计的内容

毕业设计是商务英语专业毕业生另一个展示毕业成果的方式,是一个崭新的领域,也是语言类专业的一个新生事物。它不仅考查学习者的英语语言能力,而且考查学习者用英语进行商务工作的综合能力,充分体现了商务英语专业的应用性、交叉性和操作性。根据《高等学校商务英语专业本科教学质量国家标准》,商务英语专业的毕业设计可采用实践报告和调研报告两种形式,其中实践报告包括商务计划书(Business Plan)、营销创意方案(Marketing Program)和商务案例分析报告(A Business Case Study)。2020年《普通高等学校本科商务英语专业教学指南》则将商务英语专业毕业设计归类为商务计划书、商务案例分析报告、商务研究报告。具体来说,商务英语专业毕业设计可分为商务计划书、营销创意方案、商务案例分析报告、行业及市场调研等。

8.4.1 商务计划书

商务计划书是公司、企业或项目单位为了达到招商融资和其他发展目标,根据一定的格式和内容要求而编辑整理的一份向受众全面展示公司和项目目前状况、未来发展潜力的书面材料。

创业商务计划书是创业者在初创企业成立之前就某一项具有市场前景的新产品或服务,向潜在投资者、风险投资公司、合作伙伴等游说以取得合作支持或风险投资的可行性商务报告。其本质是向潜在投资者展示新公司的现状背景、未来的发展潜力、发展方向、发展道路、如何到达目的地,以及达成后的创业报告的形式。

商务计划书的基本构成要素包括:①What(什么)——计划的目的、内容;②Who(谁)——计划相关人员;③Where(何处)——计划实施场所;④When(何时)——计划的时间;⑤Why(为什么)——计划缘由、前景;⑥How(如何)——计划的方法和运转实施;⑦How much(多少)——计划预算;⑧Effect(效果)——预测计划结果、效果。

(1)商务计划书的阶段性实施过程

整个商务计划的写作是一个循序渐进的过程,可以分成以下五个阶段完成:

第一阶段:商务计划构想细化,初步提出构想。

第二阶段:市场调查。

第三阶段:竞争者调查。

第四阶段:财务分析。

第五阶段:商务计划的撰写与修改。

(2)商务计划书的主要内容

商务计划书为公司的绩效设定长期目标和阶段目标,为评估和管控公司的营运绩效提供依据,作为公司向内部中层主管、股东,外部的顾问以及潜在投资者说明公司资讯和信息的沟通工具。主要内容包括:企划案重点摘要(Executive Summary)、产品与服务之描述(Product and Service Description)、营销计划(The Marketing Plan)、运营计划(Operational Summary)、管理计划(Management Summary)、行动计划(Action Plan)、财务信息(Financial Information)、附件(Appendix)。与营销创意方案、商业案例分析相比,商务计划书一般会涉及较专业的财务分析知识,写作难度相对较高。

计划案重点摘要(Executive Summary)需包括以下内容:商务构想的摘要,企业的名称,企业的形态(独资、合伙、有限公司),公司使命与任务的陈述(Mission Statement),公司精神的格言、标语(Motto),以及背景资料。产品与服务之描述(Product and Service Description),这是对所提供的产品和服务进行具体描述,向计划书读者展示所提供产品和服务的优势。营销计划(The Marketing Plan),包括产品与服务的市场空间,产品和服务是否能满足消费者的需求,如何向消费者展示产品,如何说服消费者购买产品与服务等内容。针对这些问题进行适当的研究,可以使企划者更准确地估算预期的销售业绩,掌握广告宣传的目标对象,了解如何促销以实现最高的利润。运营计划(Operational Summary),即向计划书的读者展示公司的运营方式、供货商的资料、公司地点、人员雇用计划、公司规定、保险等相关事项。管理计划(Management Summary),专注于经营者以及经营团队的介绍,包括经营团队的主要成员的教育背景、专业资格,以及过去相关的商业工作经验,说明经营团队主要成员的职责,说明未来公司经营管理的主要方向等。财务信息(Financial Information),简短明了地对借贷资金的总额、资金的用途,以及资金的来源做出说明。附件(Appendix),包括市场调查的报告、产品/服务的详细资料、公司文件的复印件(执照、许可证、股东文件等)、个人考核资格、公司/店面所在建筑物的设计或是平面图、商业风险的评估报告,备案计划、其他财务文件、损益平衡分析、财会审计报告,以及个人资产净值文件等。

(3)商务计划书纲要

1.0 引言(Introduction)
1.1 计划案背景及意义(Significance and Background)
1.2 计划案重点摘要(Executive Summary)
2.0 商业格局(Business Structure)
2.1 产品和服务概观(Product and Service Overview)
2.2 市场调研(Industry and Market Analysis)
3.0 产品与服务之描述(Product and Service Description)
3.1 服务(Service)
3.2 产品(Product)
4.0 营销计划(The Marketing Plan)
4.1 市场目标(Market Target)
4.2 竞争者分析(Competitive Summary)
4.3 营销渠道(Market Channels)
4.4 广宣(Advertising)
4.5 目标客户的描述(Customer Profile)
5.0 运营计划(Operational Summary)
5.1 供货商摘要(Supplier Summary)
5.2 地点(Location)
5.3 人员雇用摘要(Employment Summary)
5.4 法规(Regulations)
5.5 保险(Insurance Coverage)
6.0 管理计划(Management Summary)

6.1 内部管理(Internal Management)

6.2 绩效管理(Performance Management)

7.0 行动计划(Action Plan)

8.0 财务信息(Financial Information)

8.1 成本(Cost)

8.2 收益(Revenue)

8.3 财务计划(Financial Plan)

8.4 利润分析(Profitability Analysis)

9.0 风险应对(Risk Response)

9.1 内部风险评估及应对策略(Internal Risk Evaluation & Copying Strategy)

9.2 外部风险评估及应对策略(External Risk Evaluation & Copying Strategy)

10.0 结论(Conclusion)

11.0 附件(Appendix)

12.0 参考资料(References)

8.4.2 营销创意方案

营销创意方案是一个以销售为目的的计划,指在市场销售和服务之前,为了达到预期的销售目标而进行的各种销售活动的整体性策划。

营销创意方案因其策划的对象不同可分为大型优良客户营销策划方案、重大项目营销策划方案、市场调查策划方案、产品推介策划方案等。营销创意方案是针对某一客户开发和某一产品营销而做的规划,它的任务是为将朦胧的“将来时”渐变为有序的“现在进行时”提供行动指南。

营销创意方案必须具备鲜明的目的性、明显的综合性、强烈的针对性、突出的操作性、确切的明了性等特点,即体现“围绕主题、目的明确,深入细致、周到具体,一事一笎、简易明了”的要求。

营销创意方案尤其注重“一事一策”,即不存在通用的方案,每个方案都需要不断根据产品的现状、现阶段的营销目标和目标消费者，并结合时下的社会政策大背景进行设计。

（1）营销创意方案的目的

营销创意方案的目的在于：①准确、完整地表现营销策划的内容。充分考虑并根据实际情况，以销售为目的，设计方案。②充分、有效地说服决策者。方案提出者不仅要保证方案的可行性，还要使方案对决策者具有一定的吸引力，以保证其实施的可能性。

（2）营销创意方案的四要素

营销创意方案的四要素：市场环境分析、消费心理分析、产品优势分析、营销方式和平台的选择。

（3）营销创意方案的主题和分析

根据不同的营销策划对象（即营销策划项目），拟定各自所应围绕的主题。营销策划主题是整个营销策划的基石和内核，是营销策划的基本准绳。在阐述营销策划主题的基础上，要对策划的项目情况做简要的介绍（简化或分段），包括项目的背景、项目的概况、项目的进展、项目的发展趋势等。营销策划分析可以是逐项分类分析，也可以是综合分析，视策划的具体情况来定。

第一，项目市场分析。

①宏观环境状况：主要包括宏观经济形势、宏观经济政策、金融货币政策、资本市场走势、资金市场情况等。

②项目市场状况：主要包括现有产品或服务的市场销售情况和市场需求情况、客户对新产品或服务的潜在需求、市场占有份额、市场容量、市场拓展空间等。

③同业市场状况：主要包括同业的机构、同业的目标市场、同业的竞争手段、同业的营销方式、同业进入市场的可能与程度等。

各种不同的营销策划所需的市场分析资料是不完全相同的，要根据营销策划的需要去搜集，并在营销策划中简要说明。

第二，基本问题分析。

设计营销创意方案需要解决以下几个基本问题：

①营销策划所面临的问题和所要解决的问题是什么？

②这些问题的生成原因是什么？

③其中主要原因有哪些？

④解决这些问题的基本思路如何确定，出发点是什么？

⑤通过何种途径，采取什么方式解决？

第三，主要优劣势分析（SWOT）。

①主要优势分析：围绕营销策划主题，分析将要开展的某一方面的市场营销活动（如市场调查、新产品开发、市场促销、广告宣传等）拥有哪些方面的优势，主要是自身优势（即自身的强项）的分析，也应考虑外部的一些有利因素。营销策划就是要利用好有利因素，发挥出自身优势。分析优势应冷静客观，既不能“过”，也不能“不及”，要实事求是。

②主要劣势分析：分析与将要开展的市场营销活动相关联的外部的一些不利因素和自身的弱项、短处等。营销策划就是要避免这些不利因素，弥补自身的不足，错开自身的弱项。

③主要条件分析：分析将要开展的市场营销活动所需要的条件，包括已具备的条件和仍需创造的条件，逐一列出，逐一分析，以求得资源的最佳利用与组合。

（4）营销创意方案的内容

第一，计划概要。

计划概要是对主要营销目标和措施的简短摘要，目的是使高层主管迅速了解该计划的主要内容，抓住计划的要点。

例如某零售商店年度营销创意方案的内容概要是：“本年度计划销售额为5000万元，利润目标为500万元，比上年增加10%。这个目标经过改进服务、灵活定价、加强广告和促销努力，是能够实现的。为达到这个目标，今年的营销预算要达到100万元，占计划销售额的2%，比上年提高12%。”

第二，营销状况分析。

这部分主要提供与市场、产品、竞争、分销以及宏观环境因素有关的背景资料。具体内容有：

①市场状况。列举目标市场的规模及其成长性的有关数据、顾客的需求状况等。如目标市场近年来的年销售量及其增长情况，以及在整个市场中所占的比例等。

②产品状况。列出近年来企业产品组合中每一个品种的销售价格、市场占

有率、成本、费用、利润率等方面的数据。

③竞争状况。识别出企业的主要竞争者，并列举竞争者的规模、目标、市场份额、产品质量、价格、营销战略及其他相关内容，以了解竞争者的意图、行为，判断竞争者的变化趋势。

④分销状况。描述公司产品所选择的分销渠道的类型及其在各种分销渠道上的销售数量。如某产品在百货商店、专业商店、折扣商店、邮寄等各种渠道上的分配比例等。

⑤宏观环境状况。主要对宏观环境的状况及其主要发展趋势做出简要的介绍，包括人口环境、经济环境、技术环境、政治法律环境、社会文化环境，从中判断某种产品的命运。

第三，机会与风险分析。

首先，对计划期内企业营销所面临的主要机会和风险进行分析。其次，对企业营销资源的优势和劣势进行系统分析。在机会与风险、优劣势分析基础上，企业可以确定在该计划中必须注意的问题。

第四，拟定营销目标。

拟定营销目标是企业营销创意方案的核心内容，在市场分析基础上对营销目标做出决策。计划应建立财务目标和营销目标，目标要用数量化指标表达出来，要注意目标的实际性、合理性，并应有一定的开拓性。

①财务目标。财务目标即确定每一个战略业务单位的财务报酬目标，包括投资报酬率、利润率、利润额等指标。

②营销目标。财务目标必须转化为营销目标。营销目标可以由以下指标构成，如销售收入、销售增长率、销售量、市场份额、品牌知名度、分销范围等。

第五，营销策略。

拟定企业将采用的营销策略，包括目标市场选择和市场定位、营销组合策略等。明确企业营销的目标市场是什么，如何进行市场定位，确定何种市场形象；企业拟采用什么样的产品、渠道、定价和促销策略。

第六，行动方案。

对各种营销策略的实施制订详细的行动方案，即阐述以下问题：将做什么？何时开始？何时完成？谁来做？成本是多少？整个行动计划可以列表加以说明，表中具体说明每一时期应执行和完成的活动时间安排、任务要求和费用开支等，使整个营销战略落实于行动，并能循序渐进地贯彻执行。

第七，营销预算。

营销预算即开列一张实质性的预计损益表。在收益的一方要说明预计的销售量及平均实现价格，预计的销售收入总额；在支出的一方说明生产成本、实体分销成本和营销费用，以及再细分的明细支出、预计的支出总额。最后得出预计利润，即收入和支出的差额。企业的业务单位编制出营销预算后，送上层主管审批。经批准后，该预算就是材料采购、生产调度、劳动人事以及各项营销活动的依据。

第八，营销控制。

对营销创意方案的执行进行检查和控制，用以监督计划的进程。为便于监督检查，具体做法是按月或季度分别制定营销目标和预算，营销主管每期都要审查营销各部门的业务实绩，检查是否完成了预期的营销目标。凡未完成计划的部门，应分析问题产生的原因，并提出改进措施，以争取实现预期目标，使企业营销创意方案的目标、任务都能落实。

(5)营销创意方案的基本纲要

一份好的营销创意方案应注重方案的条理性与实际操作性，方案分析应该有理有据，侧重用数字说话，方案的核心是指标与费用的分析和预测。优秀方案的提纲大约包括以下几个内容：

①整体分析：市场特征、行业分析、竞争对手分析、消费趋势分析、销售状况分析。

②本产品(公司)的SWOT分析(优势、劣势、机会、威胁)和PEST分析(政策、经济、社会、技术)。

③营销战略规划：市场引爆点、市场布局、主导操作思路、运作模式、市场进入与运作思路及设计。

④营销战术规划：产品策略、产品定位与细分、价格策略、渠道策略、渠道选择、渠道拓展顺序、渠道规划、渠道占比、渠道销售量预测分析、上市时间计划。

⑤促销思路概要及促销与推广细案：上市渠道促销计划、上市终端消费者促销计划、上市终端推广计划、媒介促销安排、后期促销跟进计划。

(6)营销计划编制的步骤

①分析现状,做到知己知彼,为编制计划做好充分准备。

②确定目标,为具体活动程序指明方向。

③编制计划草案,交由有关部门讨论。

④如果讨论后有异议,要在规定时间内修改计划草案。

⑤编制正式计划,组织企业内部执行。

8.4.3 商务案例分析报告

商务案例分析报告就是通过对某个企业在特定时期的得失分析,为企业制定下一步应采取的行动。

(1)分析案例的角度

①市场进入。

A. 公司宏观环境:PEST(政治、经济、社会、技术)。

B. 公司微观环境:SWOT分析、波特五力模型。

C. 市场情况分析:市场趋势、市场规模、市场份额、市场壁垒。

D. 利益相关方分析:公司、供应商、经销商、顾客、竞争对手、大众。

E. 市场细分(定位目标客户群):地理细分、人口细分、心理细分、行为细分。

F. 风险预测与防范。

②行业分析。

A. 市场:市场规模、市场细分、产品需求/趋势分析、客户需求。

B. 竞争:竞争对手的经济情况、产品差异化。

C. 顾客/供应商关系。

D. 资金:主要资金来源、产业风险因素、成本变化趋势。

③新产品引入。

A. 营销调研。

B. 收入预测。

C. 产品生命周期。

D. 产品战略。

E. 市场营销战略:以消费者为核心的整合营销,关注各触点,并有所创新。

F. 物流条件:存储、运输。

④运营。

A. 市场容量扩张:竞争对手、消费者、自身。

B. 利润改善。利润减少有两种可能。

a)成本上升:固定成本/可变成本。

——固定成本过高:更新设备? 削减产能? 降低管理者/一般员工工资?

——可变成本过高:降低原材料价格? 更换供应商? 降低工资? 裁员?

——成本结构是否合理?

——产能利用是否合理(闲置率)?

b)销售额下降:价格过高? 产品品质? 分销渠道? 促销效果?

C. 产品营销(接近于“新产品引入类”)。

D. 产品定价:

a)以成本为基础定价;

b)以价值为基础定价;

c)以竞争为基础定价。

⑤市场规模/评估。

A. 市场规模预测:人口基数、知晓度、到达度、购买意愿、特定条件等。

B. 市场情况分析:市场趋势、市场规模、市场份额、市场壁垒、市场整合度等。

C. 市场驱动因素:价格、服务、质量、外观。

D. 关键成功要素分析。

(2)商务案例失败原因

①从公司市场是否明确上分析。

研究案例是否搞清楚了市场是什么,是否明确自己在市场价值链的哪一端。未明确市场在哪里,就无法比较竞争者,无法确认机遇。

②从影响市场的每一种因素上分析。

案例是否正确分析及充分考虑了该市场的抑制、驱动因素,要意识到影响这个市场的环境因素是什么,哪些因素是抑制的,哪些因素是驱动的。此外还要找出哪些因素是长期的,哪些因素是短期的。如果这个抑制因素是长期的,那就要考虑这个市场是否还需要继续。还要考虑这个抑制因素是强还是弱。

③从市场的需求点上分析。

是否找出该市场的需求点？为找出市场需求点，就要对市场进行分析，要对市场客户进行分类，了解每一类客户的增长趋势。

例如中国的房屋消费市场增长趋势，要对哪段价位的房屋市场增长快，哪段价位的房屋市场增长慢做出分析；分析购买这一价位房屋的消费者，消费的驱动因素是什么。要在需求分析中把它弄清楚，要了解客户的关键购买因素，即客户来买这件东西时，最关心的头三件事情、头五件事情是什么。

④从市场供应上分析。

案例是否在市场供应上出现纰漏？即分析多少人在为这一市场提供服务，在整个价值链中，所有的人都在为企业提供服务，因位置不同，很多人是合作伙伴而不是竞争对手。如奶制品市场中，有养奶牛的，有做奶产品的，有做奶制品分销的。如公司要做奶制品分销，那前两个上游企业都是合作伙伴。不仅如此，还要结合对市场需求的分析，找出供应伙伴在供应市场中的优势和劣势。

⑤从新创空间机遇上分析。

案例失败是不是由于新创空间过于狭窄？供应商如何去覆盖市场中的每一块？从这里找出一个商机，这就是新创公司必须要做的。这样分析的最大好处是能表明，在关键购买因素增长极快的情况下，供应商却不能满足它，而新的创业模式正好能填补这一空白，这也就是创业机会。这一点对创业公司和大公司是同样适用的，对一些大公司的成功退出也是适用的。对新创公司来讲，这是要集中火力攻克的一点，也是能吸引风险投资商的一点。

⑥从竞争优劣势上分析。

案例是否因低估或忽视了自身的优劣势而失败？知道了市场中需要什么，关键购买因素是什么，以及市场竞争中的优劣势，就能找出公司竞争需要具备的优势是什么，可以根据这一优势所需条件来设计商业模式。对于公司来讲，第一步是先占有市场，这需要大量的合作伙伴，但随着公司的发展，自有的知识产权会越来越多，价值链会越来越长。

⑦从风险投资决策上分析。

风险投资公司的失败案例是不是由于决策上的失误？风险投资公司主要看投资的增值能力，什么时候投，投多少，这要结合风险投资公司自身的财务能力、公司的背景、经历。风险投资公司投的不光是资金,还需要考虑各方面的因素。

(3)分析案例常用方法

①对比分析法:企业管理中经常进行案例分析,将A和B公司进行对比。

②外部因素评价模型(EFE)分析:分析企业外部不可控因素,例如政府、合作伙伴(如银行、投资商、供应商)、顾客(客户)、公众压力集团(如新闻媒体、消费者协会、宗教团体)、竞争者,除此之外,社会文化、政治、法律、经济、技术和自然等因素都将制约公司的生存和发展。

③内部因素评价模型(IFE)分析:分析企业内部可控因素,主要包括技术、资金、人力资源和拥有的信息。除此之外,公司文化和公司精神又是公司战略制定和战略发展中不可或缺的重要部分。

④三种竞争力分析方法:公司采取的竞争策略包括差别化战略(与众不同)、集中性策略(特定目标市场)、低成本策略。

⑤五种力量模型分析:从一定意义上来说,这种分析隶属于外部环境分析方法中的微观分析。行业现有的竞争状况、供应商的议价能力、客户的议价能力、替代产品或服务的威胁、新进入者的威胁这五大竞争驱动力决定了企业的营利能力。

⑥SWOT分析方法:从某种意义上来说,这种方法隶属于企业内部分析方法,对企业自身的既定内在条件进行分析。

⑦PEST分析法:政治、经济、社会、技术等因素。

8.4.4 行业调研

行业调研是对行业整体情况和发展趋势进行分析,包括行业生命周期、行业的市场容量、行业成长空间和盈利空间、行业演变趋势、行业成功的关键因素、进入退出壁垒、上下游关系等。

(1)行业研究的特点

①行业环境分析:是对企业影响最直接、作用最大的外部环境的分析。

②行业结构分析:涉及行业的资本结构、市场结构等内容。一般来说,主要是对行业进入障碍和行业内竞争程度的分析。

③行业市场分析:主要涉及行业市场需求的性质、要求及其发展变化,行业

的市场容量，行业的分销通路模式及销售方式等。

④行业组织分析：主要研究行业对企业生存状况的要求及现实反映，主要内容有企业内的关联性，行业内专业化、一体化程度，经济规模，组织变化状况等。

⑤行业成长性分析：指分析行业所处的成长阶段和发展方向。这些内容还只是常规分析中的一部分，而在这些分析中，还有不少一般内容和特定内容。例如，在行业分析中，一般应动态地对行业生命周期进行分析，尤其是结合行业周期的变化来看公司市场销售趋势与价值的变动。

(2)行业研究的内容

行业调研分为一般性调研和专业性调研、浅表性调研和纵深调研，只有进行纵深调研才能真正发现公司的价值形成和来源构成。要进行行业的纵深调研，必须在深入调查的基础上进行大量的基础研究和实证分析。

例如，不同行业间的技术传递和转移过程，直接关系到不同行业的兴衰和转化的过程，对于这一问题的研究，就是纵深研究的范围。

目前，行业研究主要集中于细分市场研究和产业内细分产品研究两方面。鉴于拟投资商对本产业内相关信息了解不够全面，角度不够客观，且获得竞争对手的市场信息存在一定困难，行业研究尤其细分市场研究一般都是由专业咨询公司来完成的。

一般来说，行业研究具有以下三方面内容：

①行业的生存背景、产业政策、产业布局、产业生命周期、该行业在整体宏观产业结构中的地位以及各自的发展演变方向与成长背景；

②各个行业市场内的特征、竞争态势、市场进入与退出的难度以及市场的成长性；

③各个行业在不同条件下及成长阶段中的竞争策略和市场行为模式，给企业提供一些具有操作性的建议。

8.4.5 市场调研

市场调研是市场调查与市场研究的统称，它是个人或组织根据特定的决策问题而系统地设计、搜集、记录、整理、分析及研究市场各类信息资料，并报告调研结果的工作过程。

市场调研主要包括两个部分：一是调查，二是研究。调查，应该深入实际，准确地反映客观事实，不凭主观想象，按事物的本来面目了解事物，详细地占有材料。研究，即在掌握客观事实的基础上，认真分析，透彻地揭示事物的本质。

市场调研的作用：①提供市场行销讯息，避免企业在拟订行销策略上的错误造成巨大财务损失，并为企业对现有行销策略及行销活动之得失做适切建议。②提供正确的市场信息，了解市场的可能趋势及消费者的潜在购买动机需求，提供企业发展新契机。

（1）市场调研的概述

①市场环境调查，包括政策环境、经济环境、社会文化环境的调查，以及市场基本状况的调查，主要包括市场规范、总体需求量、市场的动向、同行业的市场分布占有率等。

②销售可能性调查，包括现有和潜在用户的人数及需求量，市场需求变化趋势，本企业竞争对手的产品在市场上的占有率，扩大销售的可能性和具体途径等。

③对消费者及消费需求、企业产品、产品价格、影响销售的社会和自然因素、销售渠道等开展调查。

（2）市场调研的步骤

①明确调查目标。

明确市场研究的目标，按照企业的不同需要，市场研究的目标有所不同，企业实施经营战略时，必须调查研究宏观市场环境的发展变化趋势，尤其要调查研究所处行业未来的发展状况。

企业制定市场营销策略时，要调查市场需求状况、市场竞争状况、消费者购买行为和营销要素情况；当企业在经营中遇到问题时，应针对存在的问题和产生的原因进行市场调查。

②设计调查方案。

A. 调查目的要求。

根据市场调查目标，在调查方案中列出本次市场调查的具体目的和要求。例如：本次市场调查的目的是了解某产品的消费者购买行为和消费偏好情况等。

B. 调查对象。

市场调查的对象一般为消费者、零售商、批发商,零售商和批发商为经销调查产品的商家,消费者一般为使用该产品的消费群体。在以消费者为调查对象时,要注意到有时某一产品的购买者和使用者不一致的现象。

如对婴儿食品的调查,其调查对象应为孩子的母亲。此外还应注意到一些产品的消费对象为某一特定消费群体或侧重于某一消费群体,这时调查对象应注意选择产品的主要消费群体,如对于化妆品,调查对象主要选择女性;对于酒类产品,其调查对象主要为男性。

C. 调查内容。

调查内容是收集资料的依据,是为实现调查目标服务的,可根据市场调查的目的确定具体的调查内容。

如调查消费者行为时,可按消费者购买、使用、使用后评价三个方面列出调查的具体内容项目。调查内容的确定要全面、具体,条理清晰、简练,避免面面俱到,内容过多,过于烦琐,避免把与调查目的无关的内容列入其中。

D. 调查表。

调查表是市场调查的基本工具,调查表的设计质量直接影响到市场调查的质量。设计调查表要注意以下几点:

a)调查表的设计要与调查主题密切相关,重点突出,避免可有可无的问题;

b)调查表中的问题要容易让被调查者接受,避免出现被调查者不愿回答,或令被调查者难堪的问题;

c)调查表中的问题次序要条理清楚,顺理成章,符合逻辑顺序。一般可遵循容易回答的问题放在前面,较难回答的问题放在中间,敏感性问题放在最后的顺序;或封闭式问题在前,开放式问题在后的顺序;

d)调查表的内容要简明,尽量使用简单、直接、无偏见的词汇,保证被调查者能在较短的时间内完成调查表。

E. 调查地区范围。

调查地区范围应与企业产品销售范围相一致,当在某一城市做市场调查时,调查范围应为整个城市。

但由于调查样本数量有限,调查范围不可能遍及城市的每一个地方,一般可根据城市的人口分布情况，主要考虑人口特征中收入、文化程度等因素，在城市中划定若干个小范围调查区域，划分原则是使各区域内的综合情况与城市的总体情况分布一致，将总样本按比例分配到各个区域，在各个区域内实施访问调查。这样可相对缩小调查范围，减少实地访问工作量，提高调查工作的效率，减少费用。

F. 样本的抽取。

调查样本要在调查对象中抽取，由于调查对象分布范围较广，应制订一个抽样方案，以保证抽取的样本能反映总体情况。样本的抽取数量可根据市场调查准确度的要求确定，市场调查结果准确度要求愈高，抽取的样本数量应愈多，但调查费用也愈高，一般可根据市场调查结果的用途情况确定适宜的样本数量。

在实际市场调查中，在一个中等以上规模城市进行市场调查的样本数量，按调查项目的要求不同，可选择200—1000个样本，样本的抽取可采用统计学中的抽样方法。

具体抽样时，要注意对抽取样本的人口特征因素的控制，以保证抽取样本的人口特征分布与调查对象总体的人口特征分布相一致。

G. 资料的收集和整理方法。

市场调查中，常用的资料收集方法有调查法、观察法和实验法，一般来说，前一种方法适用于描述性研究，后两种方法适用于探测性研究。企业做市场调查时，采用调查法较为普遍，调查法又可分为面谈法、电话调查法、邮寄法、留置法等。这几种调查方法各有其优缺点，适用于不同的调查场合，企业可根据实际调研项目的要求来选择。资料的整理方法一般可采用统计学中的方法，利用Excel工作表格，可以很方便地对调查表进行统计处理，获得大量的数据。

③制订调查工作计划。

A. 组织领导及人员配备。

建立市场调查项目的组织领导机构，针对调查项目成立市场调查小组，负责项目的具体组织实施工作。

B. 工作进度：根据市场调查项目的整个过程安排一个时间表，确定各阶段的工作内容及所需时间。市场调查包括以下几个阶段：

a)调查工作的准备阶段，调查表的设计、抽取样本、访问员的招聘及培训等；

b)实地调查阶段;

c)问卷的统计处理、分析阶段;

d)撰写调查报告阶段。

C. 费用预算。

④组织实地调查。

A. 做好实地调查的组织领导工作。

实地调查是一项较为复杂烦琐的工作。要明确调查人员及访问人员的工作任务和工作职责,做到工作任务落实到位,工作目标责任明确。

B. 做好实地调查的协调、控制工作。

调查组织人员要及时掌握实地调查的工作进度和完成情况,协调好各个访问员间的工作进度;要及时了解访问员在访问中遇到的问题,并帮助解决,对于调查中遇到的共性问题,提出统一的解决办法。

⑤调查资料的整理和分析。

实地调查结束后,即进入调查资料的整理和分析阶段,收集好已填写的调查表后,需要对调查表逐份检查,剔除不合格的调查表,然后将合格的调查表统一编号,以便于调查数据的统计。

调查数据的统计可利用Excel表格完成;将调查数据输入计算机,经Excel运行后,即可获得大量的统计数据。利用上述统计结果,就可以按照调查目的,针对调查内容进行全面的分析工作。

⑥撰写调查报告。

撰写调查报告是市场调查的最后一项工作内容,市场调查工作的成果将体现在最后的调查报告中,调查报告将提交企业决策者,作为企业制定市场营销策略的依据。

市场调查报告要按规范的格式撰写,一个完整的市场调查报告格式由题目、目录、概要、正文、结论和建议、附件等组成。

(3)市场调研的基本模块

①调查宏观市场环境。

宏观市场环境调查主要包括政治、法律、经济、人口、社会文化和技术环境等方面。

②调查市场需求。

市场需求调查主要包括市场商品需求量(市场需求总量主要关系六个因素,即产品、顾客、地理区域、时限、营销环境、营销组合方案)、需求结构(指对吃、穿、用、住、行相关商品的需求结构)、需求时间(了解消费者需求的季节、月份以及需求时间内的品种和数量结构)。

③调查消费者。

为了准确把握消费者的需求情况,通常需要对消费者的人口构成、家庭、职业与教育、收入、购买心理、购买行为等方面进行调查,然后得出结论。

④调查企业自身经营的全过程。

A. 产品调查包括生产者生产能力调查、产品本身调查、产品包装调查、产品生命周期调查。

B. 销售渠道调查:商品流通渠道的具体形式决定了销售渠道调查的具体内容(一般为批发商、零售商、生产者自销市场)。

C. 促销调查:具体内容包括促销形式、促销活动有无创新特点等。

D. 销售服务调查:企业目前提供服务的网点数量、消费者的反映等。

⑤调查竞争对手。

对竞争对手的调查主要是了解:

a)主要的竞争对手、竞争对手的数量,以及是否有潜在的竞争对手;

b)竞争对手的经营规模、人员组成及营销组织机构情况;

c)竞争对手经营商品的品种、数量、价格、费用水平和盈利能力;

d)竞争对手的供货渠道情况和对销售渠道的控制程度;

e)竞争对手所采用的促销方式;

f)竞争对手的价格政策;

g)竞争对手的名称、生产能力、产品的市场占有率、销售量及销售地区。

8.5 毕业设计新模式与评价标准

毕业设计是商务英语专业实践教学的重中之重。以上几节探讨了商务英语专业毕业设计的内涵、特征、原则和方法,可以作为实施商务英语专业毕业设计的一般路径。除此之外，在当前产教融合愈加重要的大背景下，我们还可以探索产教融合式的商务英语毕业设计模式以及评价标准等。

8.5.1 产教融合毕业设计模式

产教融合，一是指行业融合，即产业和教育行业相融合。二是指活动融合，即生产和教育活动相融合。无论是行业融合还是活动融合，其本质还是要求产业和教育能够相互沟通，教学和生产是统一的。二者应该在实践中共同探寻利益上的共同点，从而力争实现资源的最优配置。产教融合人才培养模式对于高等院校商务英语专业发展极具意义。产教融合背景下，学习者把所学的内容运用到国际商务活动实践工作中，推动学习者国际商务实践操作能力的有效提高，为日后能在工作岗位上更好地工作提供支撑。

在“新商科”背景下，产教融合是商务英语优质人才培育的关键举措，有利于推动商务英语实践教学目标的实现。因此，将商务英语专业毕业设计内容融入产教融合实践教学过程，有助于帮助学习者在真实的实践操作中发现问题、产生思考，进而顺利地完成毕业设计。

产教融合毕业设计模式旨在培养学习者在商务英语专业相关岗位实践操作过程中综合运用专业知识以及实践技能解决实际国际商务问题的能力，检验学习者是否能够将专业知识运用于实际岗位的具体任务中，使学习者进一步熟悉工作流程，优化工作方式，改善工作效果。鉴于毕业设计的专业性和行业性特点，在写作过程中，学习者应采用企业指导教师与学校指导教师共同参与指导、共同评估成果的方式，以提高毕业设计指导的效力。企业指导教师的职责主要是保证学习者毕业设计的岗位贴近度以及对企业行业的实用性和科学性；校内指导教师的主要职责是明确学习者毕业设计的写作任务及基本要求，同时对设计的专业性和规范性进行指导。具体的毕业设计管理流程分为三个阶段。

①选题阶段。

学习者在指导教师的指导下，先进行实习岗位的分类定位，再选取学习者日常工作任务中的一项主要技能，结合实习企业的实际情况或者企业所在区域的市场情况，选取合适的毕业设计题目。同时，为了让毕业生对毕业设计有更深刻的了解并进行更有针对性的准备，在这一阶段商务英语专业应聘请具有丰富毕业设计一线指导经验的教师,对全体毕业生开设毕业设计系列讲座,使毕业生能在进入企业进行毕业实习之前对毕业设计形成全面具体的认识,并对其重要性、必要性形成正确充分的了解,从而有意识地把企业实习和毕业设计置于同等地位并予以有效结合,有效避免以往"重就业,轻毕业设计"的错误思想,有效提高毕业设计的开展效率。

②写作阶段。

学习者根据毕业设计选题实施相关调研,结合调研结果呈现设计方案,最后对毕业设计的成果进行总结,从而形成毕业设计的初稿并提交指导教师。在下一步工作中,学习者在企业指导教师和学校教师的双重指导下,进行毕业设计的修改,直至定稿。

③答辩阶段。

邀请企业指导教师参与毕业设计答辩。在答辩环节,要求学习者制作毕业设计答辩PPT,陈述毕业设计选题依据、设计内容以及设计总结。根据学习者的设计内容,企业指导教师和校内指导教师共同组织提问。

在产教融合毕业设计模式下,答辩阶段学习者毕业设计评价应改革以往校内指导教师单一评价的体系,将毕业设计与专业及实习岗位结合起来,突出实践应用性能力考核。由学习者所在实习单位填写毕业设计成果的实用性评价,包括岗位贴近度、设计实用性、科学性以及创新性四个指标。学习者毕业设计的最终成绩包含企业指导教师评分、校内指导教师评分、评阅教师评分以及答辩组成员评分四个部分。

产教融合毕业设计改革将毕业设计与企业实习结合起来,实现了三个衔接,即毕业设计选题与实习岗位的衔接、毕业设计内容与工作过程的衔接、毕业设计成果评价与实习单位评价的衔接;也解决了毕业设计与毕业实习时间上的冲突,提高了学习者的写作积极性。企业指导教师的参与,大大提高了学习者毕业设计的实用性和可操作性。所在实习单位以及具体工作任务的不同,大大减少了学习者毕业设计的雷同。因此,产教融合毕业设计模式是一种多方共赢合作模式。

①专业发展。

通过与企业合作指导毕业设计,商务英语专业以岗位实践为指导,不断完善人才培养方案及课程体系构建，使今后培养出的学习者在知识储备和实践能力上都能更好地符合毕业设计的要求，提高学习者的职业能力和素养。同时对正在进行的商务英语专业教学资源库的建设，也起到了一定的推动作用。通过与企业合作共同实施毕业设计，商务英语专业可以更及时地了解企业及行业的用人需求和能力要求，从而可以对人才培养方案和课程设置做出更有针对性的修改，实现其不断完善的阶段性的可持续发展。

②教师发展。

通过指导产教融合“岗学一体”毕业设计，可深入了解相关企业和行业的最新发展动态和部门、岗位亟待解决的问题；可以把学习者的毕业设计通过归纳整理，凝练为教学素材，将书本内容与工作实际有机集合，从而使课堂教学更好地符合实践教学“教、学、做”一体理念。

③企业发展。

企业给毕业生提供的毕业设计选题都来自工作岗位一线，其中有一些是企业尚未解决的实际问题，学习者通过做毕业设计，也就为企业成功解决这些问题提供了一种思路；此外，企业通过指导学习者，对学习者的知识储备、实践能力、创新能力、职业道德、做事态度等均有了全面了解，对该生能否留下继续工作提供了具体翔实的依据。因此，通过指导毕业设计，企业可以对学习者有全面的了解，丰富其人才储备。

④学习发展。

产教融合毕业设计模式弥补了课堂教学实践性的不足，学习者通过毕业设计清楚地看到自身的优势和不足，从而给自己一个清晰准确的定位并明确未来的职场发展方向，也增加了成功就业的机会。通过产教融合毕业设计，可结合自己的实践岗位做毕业设计，充分展示自身能力。通过毕业设计，对自身所学内容有了更深刻的理解，同时对所从事的职业和行业也有了更具体深入的认识，培养了对职业的认同感。此外，企业导师的指导也是一笔宝贵的财富，他们的指导内容虽然是从毕业设计中某个具体问题出发的，但是有着广阔的外延，开阔了学习者的职场眼界和工作思维。

总之，产教融合毕业设计模式打破了传统毕业论文孤立静态的写作模式，做到了以企业为平台，以岗位为支撑，以项目为载体，以学习者为中心。将“岗位实践"与"课堂所学"深度结合,在注重技能实践的同时适当巩固学习者的理论知识,在重视应用性技能培养的同时兼顾职业生涯的发展和创新精神培养。可以说,产教融合毕业设计模式顺应了商务英语专业人才培养改革的趋势。

8.5.2 毕业设计评价

毕业设计作为检验商务英语专业学习者实践成果的重要一环,需从选题、过程监控、撰写、评价、答辩等各个环节入手,使之形成一个科学合理的完整模式,以保障学习者按照科学进度保质保量完成毕业设计。同时,还需要构建起合理的评价标准,以对商务英语专业学习者的毕业设计展开科学的评价与监督,适时提出建议,总结相关经验,为今后毕业设计教学的开展积累新的经验。

毕业设计是实践教学的重要环节,能有效提高学习者的应用能力、创新能力及协作沟通能力。传统毕业设计的评价多为校内指导教师对毕业设计成果进行评价,方式单一、主观。因此,建立一套系统的、多元化的毕业设计质量评估标准和评估体系,系统、全面地对学习者的毕业设计进行评定尤为重要。如实行校内指导教师和行业指导教师联合指导的双导师制,将校内指导教师单方面的评价拓展为多方面评价,成立评价小组,包括行业专家评价、项目团队成员之间的评价、社会评价等,并将各方的评价按照不同的权重系数折算成最终评价,确保评价的公平性和公正性。具体而言,要做好商务英语专业毕业设计的评价工作,需要注重以下几个方面。

(1)评价要素多元化

对学习者的毕业设计进行评价,除考虑语言质量和格式外,还应把创新思维和应用价值作为重要依据。观测点主要包括:"选题质量",考查选题是否联系实际,是否符合培养目标,题目难易程度和容量是否适中,是否符合商务英语专业特征;"能力水平",包括查阅文献资料的能力、市场调查能力、综合运用知识的能力、研究方案的设计能力、研究方法和手段的运用能力等;"成果质量",考查写作水平、写作规范、成果的理论价值或实践价值等;"评阅与答辩",考查是否有指导教师和论文评阅人的评阅意见、答辩委员会意见,成绩评定是否恰当,指导教师和评阅人是否结合论文进行针对性的评价。

在评价过程中,运用语言技能和商务知识是关键,培养学习能力等方面也至关重要，对学习者的实践能力、综合素质要给予高度重视，对学习者依托创新形式完成的行为应给予积极鼓励。在评定学习者的成绩时，不仅要考虑到语言质量和格式，还要考虑反思能力，这是提高商务英语专业学习者综合素质的有效途径。

(2)毕业设计质量考核过程化

商务英语专业毕业设计的评价切勿以最终的成果呈现为唯一考核标准，而应将考核过程化，体现考核的全面性。

①阶段性答辩。

通过书面报告和答辩方式集中考核开题阶段、中期检查、毕业答辩的任务完成情况，变一次性毕业答辩为阶段性答辩。开题阶段主要考查学习者文献查阅的数量和质量、文献综述报告和课题方案设计等内容，保证方案设计合理，研究方法得当。中期检查主要检查学习者毕业设计的进展和取得的阶段性成果，督促学习者有难就提，发现和纠正学习者的错误，鞭策进度慢的学习者，促成你追我赶的学习氛围。毕业答辩主要考核毕业设计的最终成果及答辩后提交的论文质量和材料的完整度等。三个阶段的成绩评定均由书面报告(或最终设计)和答辩表现来综合评定，各阶段的成绩由答辩小组、指导教师和评阅教师共同确定。汇报次数增多，答辩时间延长，负责答辩的教师有一定的时间与答辩学习者进行深度的交流，对学习者进行更多的现场指导，同时也使成绩评定更科学、更合理，大大降低成绩出现偶然的可能性。标准化指导教师的评定成绩，指导教师指导、记录和跟踪学习者的方案设计与论文撰写、修改和完善的情况，再根据论文质量综合评定指导教师评阅成绩。规范评阅教师的成绩评阅，教师要对论文做出科学合理的评定。

②学习者自评和互评。

制定学习者自评和互评制度，以每位指导教师或导师团的学习者为一个小组，组内进行初步自评和互评，主要对学习者的学习态度、努力程度、出勤次数、计划完成度、最终成果等进行综合评价。以班级为单位，对全班同学进行打分，取平均值作为互评的成绩。如果班级互评与小组互评成绩相差在20%之内，取二者的均值作为互评成绩；如果相差超过20%，需对分差过大的学习者重新进行小组互评和班级互评，直到分差符合要求为止。自评成绩与互评成绩相差不能超过20%。

(3)毕业设计评价方式多元化

在未来的毕业设计实施中,可以改变以往单一的评价方式,将指导教师单方面的评价改为多方面的评价,如企业实务指导教师的评价,若毕业设计是两个或两个以上的同学完成的,那么应将小组内部成员的评价也纳入进去,将只对学习者论文和答辩情况的评价改为对学习者在完成整个毕业设计过程中表现的评价,提高毕业设计过程考核所占比例,如可适当考虑将与指导老师的沟通情况、学习态度等因素纳入考评。

对毕业设计的考核不能以最终的论文作为评价的唯一标准,毕业设计评价标准和体系应是多元的、立体的。具体来讲可以由以下几个方面所组成:在评价方式上将过程性评价和终结性评价结合;评价的主体可以将校内专任教师评价、行业师傅评价、答辩小组评价、学习者自评、小组成员互评结合;在评价内容上,不仅仅局限于毕业设计最终完成的情况和质量,还应将学习者在整个撰写过程中的态度、团队合作、敬业爱岗精神、与校内指导教师和企业实务指导教师的沟通交流情况等诸因素考虑在内。

(4)毕业设计成果呈现方式多样化

①成果类型和成果的呈现方式多样化。

毕业设计成果类型和成果的呈现方式依课题而异,成果类型包括商务计划书、商务研究报告、商务案例分析报告等。共性的要求是毕业设计材料齐全,文档撰写规范和格式正确,同时具备一定的理论深度或创造性,内容新颖、实用、科学等。不同类型的课题,更多的是差异化的要求。

②辅助性成果多样化。

鼓励学习者将毕业设计成果进行提炼和总结,若形成学术论文则发表在省级及以上期刊,申请与毕业设计相关的发明专利、实用新型专利和外观设计专利,可将毕业设计自评和互评成绩定为满分。为检验论文和专利的原创性,要求学习者在答辩时,对发表的论文、获得的专利等进行介绍。

(5)毕业设计质量检查制度化

建立学校、学院、系三个层次的监督检查体系,并将监督检查细化到毕业设计指导的各阶段和各环节,层层把关,步步检查。真正从制度上明确教、学、管三者应尽的责任，加强毕业设计的过程监控，规范毕业设计的管理流程，保障毕业设计的顺畅运行。检查教师指导情况，督促指导教师尽职尽责指导学习者，检查学习者的毕业设计相关表格填写是否规范，工作量是否饱满，设计方案是否合理。每月召开线上线下的教师座谈会，了解学习者完成毕业设计的情况，交流指导过程中碰到的困难及其解决方案。每月召开学习者座谈会，征求学习者对毕业设计指导的意见和建议，并及时反馈给指导教师。召开师生座谈会，加强师生交流，及时解决毕业设计中的问题。完善毕业设计管理系统，将毕业设计的全过程记录在系统中，对系统中的信息和数据进行深入挖掘、分析和研究，探索数据反映的深层次问题，智能化了解师生的潜在需求，实现系统的精准化、个性化服务。及时发布双向选题，下达毕业设计任务书，统计开题阶段、中期检查和毕业答辩等关键节点的数据。对集中考核的开题阶段、中期检查、毕业答辩的完成情况进行督导和抽检。

督促毕业设计工作规范，检查制度和质量评价标准落实到位，真正对毕业设计过程起到有效的监控，严格执行毕业设计淘汰机制，让全体师生重视毕业设计环节。学校和学院进行随机抽查，每年组织教学专家对当年毕业设计的选题、任务书、中期检查和毕业答辩进行随机抽查与审核，并对抽查与审核情况进行通报。重点检查各阶段成果的规范性、成绩评定的合理性、评语的规范性等，反馈检查结果并提出整改意见，以加强对毕业设计质量的监控。对毕业设计各阶段的成果内容和成果形式进行实质审核与检查，对学习者的自评和互评、三次答辩情况、评分标准和学习者的最终成绩进行检查，并撰写总结报告。

参考文献

AIRASIAN P W, 1994. Classroom assessment[M]. 2nd ed. New York: McGraw-Hill, Inc.

BACHMAN L, PALMER A, 1996. Language testing in practice [M]. Oxford: Oxford University Press.

BAILEY K, 1996. Working for washback: a review of the washback concept in language testing [J]. Language testing (3): 257-279.

BARGIELA-CHIAPPINI F, 2013. Embodied discursivity: introducing sensory pragmatics[J]. Journal of pragmatics, 58(1): 39-42.

BARGIELA-CHIAPPINI F, NICKERSON C, 1999. Writing business: genres, media and discourses[M]. London: Longman.

BEEBY A, 2000. Evaluating the development of translation competence [M]// Developing translation competence. Amsterdam: John Benjamins.

BELL R T, 2001. Translation and translating [M]. Beijing: Foreign Language Teaching and Research Press:16.

BLACK P, WILLIAM D, 1998. Inside the black box: raising standards through classroom assessment[J]. Phi Delta Kappan, 80(2).

BLOOM B S, 1981. Education to improve learning [M]. New York: McGraw-Hill:167.

BROWN J D, 2001. The elements of language curriculum: a systematic approach to program development[M]. Beijing: Foreign Language Teaching and Research Press:20.

DUBIN F, OLSHTAIN E, 2001. Course design[M]. Shanghai: Shanghai Foreign Language Education Press:25.

DUDLEY-EVANS T, ST JOHN M, 1998. Developments in ESP[M]. Cambridge: Cambridge University Press.

ELLIS M, JOHNSON C, 1994. Teaching business English[M]. Oxford: Oxford University Press.

GARDNER H B, 1987. The IQ: education and human development[J]. Harvard Educational Review (57):187−193.

GEE J P, 1999. An introduction to discourse analysis: theory and method[M]. New York: Routledge: 25.

GENESEE F et al., 1999. Scenarios for ESL Standards-based Assessment[C]. New York: The 33rd TESOL Conference.

GENESEE F, UPSHUR J A, 2001. Classroom-based education in second language education[M]. Beijing: Foreign Language Teaching and Research Press.

HALLIDAY M A K MCINTOSH A, STREVENS P, 1964. The linguistic sciences and language teaching[M]. London: Longman.

HEIN G E, PRICE S, 1994. Active assessment for active science: a guide for elementary school teachers[M] 1st ed. Portsmouth, NH: Heinemann.

HUTCHINSON T, WATERS A, 1987. English for specific purposes. a learning-centered approach[M]. Cambridge: Cambridge University Press: 17.

JAWORSKI A, COUPLAND N, 1999. The discourse reader[M]. New York: Routledge.

JONES L, ALEXANDER R, 1994. New international business English[M]. Cambridge: Cambridge University Press.

JORDAN R, 1997. English for academic purposes[M]. Cambridge: Cambridge University Press: 5.

KATHLEEN M, 2001. Authentic assessment: a guide for elementary teachers [M]. New York: Longman Inc.: 8−13.

LYONS J, 1977. Semantics[M]. Cambridge: Cambridge University Press: 574.

MEYER C A, 1992. What's the difference between authentic and performance assessment?[J]. Educational leadership(49): 39−40.

MICHAEL P, 1958. Personal knowledge[M]. London: Routledge.

NITKO A J, BROOKHART S M, 2011. Educational assessment of students[M]. 6th ed. London: Pearson.

PACTE, 2000. Acquiring translation competence: hypothesis and methodological problems of a research project[G]// BEEBY A, ENSINGER D, PRESAS M. Investigating translation. Amsterdam: John Benjamins: 99−106.

PICKETT D, 1989. Language acquisition and language education: extensions and applications[M]. Upper Saddle River, NJ: Prentice Hall

POLANYI M, 1958. Personal knowledge [M]. Chicago: University of Chicago Press.

RESNICK L B, 1989. Introduction[G]//RESNICK L B. Knowing, learning, and instruction: essays in honor of Robert Glaser. Hillsdale, NJ: Erlbaum: 1−24.

RICHARDS J C, NUNAN D, 1990. Second language teacher education [M]. London: CUP.

RIVERS W M, 1981. Teaching foreign-languages skills [M]. Chicago: The University of Chicago:43.

SCRIVEN M, 1967. The methodology of evaluation[M]//TYLER R, GAGNÉ R, SCRIVEN M. Perspectives of curriculum evaluation. Chicago: Rand McNally: 39−83.

SHUY R W, 1998. Bureaucratic language in government and business [M]. Washington D.C.: Georgetown University Press: 5.

SPADY W G, 1994. Outcome-based education: critical issues and answers[M]. Arlington: American Association of School Administrators: 212.

STERNBERG R J, WAGNER R K, 1986. Practical intelligence: nature and origins of competence in the everyday world [M]. Cambridge, England: Cambridge University Press.

STREVENS P, 1977. New orientations in the teaching of English [M]. London: Oxford University Press, 1977: 92, 90.

WEBER E, 2003. Student assessment that works: a practical approach [M]. New York: Pearson.

WIDDOWSON H G, 1984. The incentive value of theory in teacher education [J], ELT journal, 38(2): 86–90.

WILKINS D, 1972. Linguistics in language teaching [M]. London: Edward Arnold: 111.

WILLIAMS M, ROBERT L B, 1997. Psychology language teachers: a social constructive approach[M]. Cambridge: Cambridge University Press: 44.

埃利斯,约翰逊,2002. 商务英语教学[M]. 上海:上海外语教育出版社.

奥苏泊尔,诺瓦克,汉尼希恩,1994. 教育心理学[M]. 余星南,宋钧,译. 北京:人民教育出版社.

班杜拉,1988. 社会学习心理学[M]. 长春:吉林教育出版社:80.

包红芳,2012. 商务英语专业实践应用型人才培养探究[J]. 黑龙江教育学院学报,31(3):48–49.

鲍文,2009. 商务英语学科论[M]. 北京:国防工业出版社:1,8,56.

鲍文,2015. 商务英汉/汉英翻译宏观策略研究[J]. 解放军外国语学院学报,38(5):20–25.

鲍文,2017. 商务英语教育论[M]. 上海:上海交通大学出版社.

鲍文,2019. 论商务英语学科教师专业素质结构与专业发展路径(英文)[J]. 中国应用语言学(英文版),42(2):218–235,264.

鲍文,梁芸,2019. 理论、实践与教学:中国商务英语翻译研究20年[J]. 中国翻译,40(2):111–119.

波兰尼,2000. 个人知识:迈向后批评哲学[M]. 贵阳:贵州人民出版社.

蔡华鑫,2017. 基于实践的商务英语教学策略研究[J]. 吉林农业科技学院学报,26(3):91–93.

曹德明,2007. 以科学发展观为指导培养创新型国际化外语人才[J]. 外国语(4):2-5.

陈庆斌,严明,2020. 商务英语专业建设与专业方向培养目标:严明教授访谈录[J]. 外语学刊(3):124-127.

陈玉琨,1999. 教育评价学[M]. 北京:人民教育出版社:12.

陈准民,王立非,2009. 解读《高等学校商务英语专业本科教学要求(试行)》[J]. 中国外语(4):4-11.

成登忠,2009. 商务英语的特点及其在经济全球化过程中的作用[J]. 中国商贸(17):161-162.

程世禄,张国扬,1995. ESP教学的理论和实践[J]. 外语教学与研究(4):51-54.

程忠国,周晖,曾光辉,2010. 德国职业教育能力本位课堂教学模式借鉴与启示[J]. 职业技术教育,31(26):87-90.

戴年,2010. 商务英语的起源与发展史简述[J]. 理论月刊(6):88-91.

董奇,2003. 新课程与教育评价改革译丛[M]. 北京:中国轻工业出版社.

窦卫霖,2005. 对大学本科商务英语课程的比较研究[J]. 中国高教研究(5):90-92.

杜威,2001. 民主主义与教育[M]. 王承绪,译. 北京:人民教育出版社:53,153.

端周多杰,2014. 商务英语的特点及在经济全球化过程中的作用[J]. 中国商贸(11):151-151,152.

段荣娟,李鑫,2019. 系统科学视域下外语慕课教学设计[J]. 系统科学学报,27(4):98-102.

对外经济贸易大学商务英语理论研究小组,2006. 论商务英语的学科定位、研究对象和发展方向[J]. 中国外语(5):4-8.

冯永潮,2002. 论教育评价的科学性[J]. 教育研究(1).

冯友梅,李艺,2019. 布鲁姆教育目标分类学批判[J]. 华东师范大学学报(教育科学版),37(2):63-72.

冯忠良,冯姬,1998. 教学新论:结构化与定向化教学心理学原理[M]. 北京:北京师范大学出版社.

傅维利,刘磊,2012. 个体实践能力要素构成的质性研究及其教育启示[J]. 华东师范大学学报(教育科学版),30(1):1-13.

顾明远,1998. 教育大辞典[M]. 上海:上海教育出版社.

顾明远,薛理银,1996. 比较教育导论:教育与国家发展[M]. 北京:人民教育出版社:208.

郭杨,1997. 我国高等职业教育在新国际教育标准分类中的定位[J]. 职业技术教育(8):18-19.

国家中长期教育改革和发展规划纲要工作小组办公室, 2010. 国家中长期教育改革和发展规划纲要(2010—2020年)[EB/OL].(2010-07-29)(2021-03-12). http://www.moe.gov.cn/srcsite/A01/s7048/201007/t20100729_171904.html.

韩冠爽,2020. 我国高等教育国际化内涵式发展现状、原则与路径研究[J]. 教育理论与实践,40(33):3-5.

贺雪梅,2017. 大数据时代下对我国职业教育改革的思考[J]. 课程教育研究,(35):44-45.

贺毅,刘柏君,李瑞,2020. 政校结合探究大学毕业生创业孵化困境破局[J]. 教育理论研究(5):142-143.

胡玉叶,李高建,朱秀斌,2007. 适应技能型教学构建实践教学体系[J]. 中国成人教育(24):131-132.

华维芬,2002. 学习者自主探析[J]. 深圳大学学报(2):107-112.

黄海涛,张华峰,2014. 如何评价大学教育质量?——美国大学校际学生学习成果评估项目解析[C]//中国高等教育学会. 政府·大学·社会:高等教育现代化 2014年高等教育国际论坛论文集. 郑州:中国高等教育学会:1.

黄日强,许惠清,2000. 能力本位职业教育的特征[J]. 外国教育研究(5):56-58.

黄玉龙,苏本跃,刘桂江,等,2015. 面向卓越工程师的JavaEE开发技术课程教学探讨[J]. 课程教育研究(4):238.

黄震华,1999. 国际商务英语的学科发展[M]. 厦门:厦门大学出版社:38.

贾黎丽,2017. 系统化教学视域下的商务英语:评《商务英语研究》[J]. 新闻与写作(2):124.

姜大源,2013. 国际化专业教学标准开发刍议[J]. 中国职业技术教育(9):11-15.

教育部,2001. 基础教育课程改革纲要(试行)[EB/OL].(2001-06-08)[2021-

03-05]. http://www.gov.cn/gongbao/content/2002/content_61386.htm.

教育部,2012. 普通高等学校本科专业目录(2012年)[EB/OL]. (2012-09-14)[2021-04-12]. http://www.moe.gov.cn/srcsite/A08/moe_1034/s3882/201209/t20120918_143152.html.

教育部,2014. 深化教育领域综合改革 加快推进教育治理体系和治理能力现代化[EB/OL]. (2014-01-15)[2021-04-15]. http://www.moe.gov.cn/jyb_xwfb/gzdt_gzdt/moe_1485/201401/t20140115_162641.html.

教育部,2016.关于深化高校教师考核评价制度改革的指导意见[EB/OL].(2016-08-29)[2021-05-23]. http://www.moe.gov.cn/srcsite/A10/s7151/201609/t20160920_281586.html.

教育部高等教育司,2017. 教育部高等教育司关于开展高校实践教学标准相关课题研究的通知[EB/OL]. (2017-06-21)[2021-03-12]. http://jwc.hubu.edu.cn/info/1022/3455.htm.

教育部高等学校教学指导委员会,2018. 普通高等学校本科专业类教学质量国家标准[M]. 北京:高等教育出版社.

教育部高等学校外国语言文学类专业教学指导委员会, 等, 2020. 普通高等学校本科外国语言文学类专业教学指南[M]. 上海:上海外语教育出版社.

金娣,王刚,2002. 教育评价与测量[M]. 北京:教育科学出版社:2.

雷正光,2003. 职业教育现代教学特点研究[J]. 中国职业技术教育(1):23-24,35.

李朝,万玲,2011. 商务英语作为学科的属性及其范畴:兼谈商务英语与ESP的异同[J]. 长春理工大学学报(4):132-134.

李冬梅,肖静,2013. 本科院校商务英语专业校企合作路径探析:以广西师范大学外国语学院与爱索公司为例[J]. 高教论坛(2):77-80.

李海军,李钢,2012. 英语专业学生翻译能力的培养[J]. 中国大学教学(3):69-71.

李明,2013. 基于多理论视角的高校内部教学质量保障体系建构[J]. 中国高等教育评估(2):11-19.

李文辉,2013. 商务英语专业实训教学体系构建探微[J]. 哈尔滨金融学院学报

(10):63-65.

李枭鹰,阮红梅,唐德海,2020. 教育为何要以人为本:并非一个毋庸赘述的问题[J]. 黑龙江高教研究,38(11):11-15.

理查德,施密特,肯德里克,等,2005. 朗文语言教学与应用语言学词典:英汉双解[M]. 3 版. 管燕红,唐玉柱,译. 北京:外语教学与研究出版社.

梁英君,孙强,2010. 基于大学理念的商务英语专业实践教学[J]. 中国成人教育(20):180-182.

刘本固,2000. 教育评价的理论与实践[M]. 浙江:浙江教育出版社:45.

刘彩琴,2014. 职业教育工学结合课程开发与实践[M]. 北京:北京师范大学出版社.

刘法公,2009. 中国从无到有的商务英语学科[J]. 外语界(6):10-16.

刘法公,2015. 论商务英语专业培养目标核心任务的实现[J]. 中国外语,12(1):19-25.

刘磊,傅维利,2005. 实践能力:含义、结构及培养对策[J]. 教育科学,(2):1-5.

刘盛兰,2020. 基于区域经济的商务英语专业毕业设计创新探索[J]. 高教学刊,(3):44-46.

刘禹,张雯,2013. 基于建构主义教学观的档案袋式形成性教学模式研究[J]. 辽宁师范大学学报(社会科学版),36(3):381-385.

罗少茜,2003. 英语课堂教学形成性评价研究[M]. 北京:外语教学与研究出版社:14.

吕霞,2015. 动因、博弈与抉择:高等教育国际化进程中的政府行为[J]. 当代教育科学(7):43-46.

马克思,恩格斯,1975. 马克思恩格斯选集:第2卷[M]. 北京:人民出版社:763.

马克思,恩格斯,1979a. 马克思恩格斯全集:第42卷[M]. 北京:人民出版社,1979:96.

马克思,恩格斯,1979b. 马克思恩格斯全集:第46卷[M]. 北京:人民出版社:494.

马克思,恩格斯,2009. 马克思恩格斯全集:第1卷[M]. 北京:人民出版社:21.

毛泽东. 毛泽东文集:第2卷[M]. 北京:人民出版社,1994:24.

倪永贵,2019. 政府与社会组织合作治理模式创新趋向研究[J]. 北京交通大学学报(社会科学版),2019,18（4）: 63-68.
邱晓清,2010. 商务英语翻译中的商务特征再现研究[J]. 长春理工大学学报(高教版),5(1):32-33.
阮绩智,2005. 大学商务英语课程目标及教学原则[J]. 外语界,(3):26-31.
沈玉顺,2007. 现代教育评价[M]. 上海:华东师范大学出版社:2.
施冰芸,2015. "政校行企外"的人才培养模式[J]. 安顺学院学报(3):45-47.
施章清,2004. 档案袋评定:学生评价的有效途径和实施策略[J]. 黑龙江教育(1):24-25.
石中英,2001. 知识转型与教育改革[M]. 北京:教育科学出版社.
帅建林,2004. 国际商务英语翻译中的文化信息等值研究[J]. 西南民族大学学报(人文社科版)(2):370-373.
双海军,赵静,禹华平,2020. 应用型本科教育"政校企"合作机制研究[J]. 高教学刊(32):12-16.
斯特文雷斯,1986. 20年后[J]. 李慧琴,盛建元,译. 国外外语教学(2):1-5.
孙慕天,1988. 自然辩证法六十年(上)[J]. 理论探讨(6):92-99.
孙文抗,2004. 英语专业学士论文写作现状分析[J]. 外语界(3):59-64.
孙相文,聂志文,2013. 基于功能翻译理论的商务英语翻译研究[J]. 北京航空航天大学学报(社会科学版),26(3):83-86.
唐文中,1990. 教学论[M]. 哈尔滨:黑龙江教育出版社:115.
王芳,2017.《评价量表——快捷有效的教学评价工具》评介[J]. 上海教育评估研究,6(1):77-79.
王关富,2012. 商务英语学科的交叉性研究[J]. 当代外语研究(4):53-58.
王红艳,解芳,2004. 新《课程要求》与形成性评估手段的应用[J]. 国外外语教学,4(4):39-42,67.
王华,富长洪,2006. 形成性评估在外语教学中的应用研究综述[J]. 外语界(4):67-72.
王克非,2004. 双语平行语料库在翻译教学上的用途[J]. 外语电化教学(6).
王立非,2012. 论商务英语学科及学术研究的再定位[J]. 中国外语(3):4-9.
王立非,2015. 国家标准指导下的商务英语专业建设的核心问题[J]. 中国外语教育(季刊)(1):3-8.

王立非,2015. 商务英语专业本科教学质量国家标准要点解读[J]. 外语教学与研究(3):301.

王立非,2020. 语言服务产业论[M]. 北京:外语教学与研究出版社.

王立非,艾斌,2019. 改革开放40年来商务英语教育的发展历程、总结与再思考[J]. 北京第二外国语学院学报,41(1):3-19.

王立非,陈香兰,葛海玲,2013. 论商务英语语言学的理论体系[J]. 当代外语研究(5):25-31.

王立非,葛海玲,2015. 我国英语类专业的素质、知识、能力共核及差异:国家标准解读[J]. 外语界(5):2-9.

王立非,叶兴国,2015. 商务英语专业本科教学质量国家标准要点解读[J]. 外语教学与研究(外国语文双月刊)(2):297-302.

王立非,张斐瑞,2016. 论商务英语二级学科的核心概念及理论基础[J]. 外语学刊(3):63-66.

王守仁,2002. 关于全面加强中国英语教育的思考[J]. 外语教学(2):89-92.

王淑涨,2012. 论高职院校的职业能力培养与创业教育[J]. 教育评论(1):24-26.

王巍巍,仲伟合,2017. “国标”指导下的英语类专业课程改革与建设[J]. 外语界(3):2-8,15.

王晓璐,2014. ESP理论对商务英语专业建设的指导意义[J]. 教育探索(9):38-39.

王兴孙,1997. 对国际商务英语学科发展的探讨[J]. 国际商务研究(1):24-28.

王雪梅,2014. 全球化、信息化背景下国际化人才的内涵、类型与培养思路:以外语类院校为例[J]. 外语电化教学(1):65-71.

王友良,2008. 专门用途英语(ESP)研究综述[J]. 中南林业科技大学学报(社会科学版)(6):108-110.

文秋芳,苏静,监艳红,2011. 国家外语能力的理论构建与应用尝试[J]. 中国外语,8(3):4-10.

翁凤翔,2009. 商务英语研究[M]. 上海:上海交通大学出版社:8.

翁凤翔,2014. 论商务英语的“双轨”发展模式[J]. 外语界(2):10-17.

翁凤翔,辛瑞娟,2012. 商务英语:历史、现状与未来[J]. 当代外语研究,4(4):43-47,78.

翁静乐,翁凤翔,2012. 商务英语学:学科概念与学科属性[J]. 中国外语:中英文版(5):4-10.

吴春明,2018. 商务英语专业多维立体化实践教学体系的构建研究[J]. 韩山师范学院学报(1):85-91.

吴仕荣,2007. 能力本位教学模式与传统教学模式的比较[J]. 重庆教育学院学报(3):138-140.

吴岩,2019. 加强新文科建设培养新时代新闻传播人才[J]. 中国编辑(2):4-8.

吴志华,傅维利,2006. 实践能力含义及辨析[J]. 上海教育科研(9):23-25.

习近平,2014. 青年要自觉践行社会主义核心价值观:在北京大学师生座谈会上的讲话(2014年5月4日)[N]. 人民日报,2014-05-05(2).

习近平,2018. 习近平总书记在全国教育大会的重要讲话 [EB/OL]. (2018-09-10)[2020-03-28]. http://www.81.cn/dblj/2018-09/10/content_9277556.htm.

肖晓燕,赵津蕾,2017. 循序渐进教学原则的当代阐释[J]. 教学与管理(30):1-3.

熊川武,1999. 反思性教学[M]. 上海:华东师范大学出版社:125.

徐鲁亚,2005. “商务英语”的学科定位与实践教学[J]. 民族教育研究(6):83-87.

许爱军,2019. 创新创业教育三螺旋发展动力分析与融合策略[J]. 高教文摘(12):19-21.

杨春芳,2007. 从文化层面审视高等职业院校的和谐发展[J]. 天津市教科院学报(3).

杨公建,2019. 英语教学与第二语言学习[M]. 长春:吉林人民出版社.

杨李,马桂芳,孙金霞,等,2017. 校企合作构建项目化实践教学考核评价标准[J]. 教育教学论坛(7):158-159.

杨晓荣,2002. 汉译英能力解析[J]. 中国翻译(6):16-19.

杨秀英,张小莹,谢林,2020. 职业本科课程建设的研究与探索:以海南科技职业大学为例[J]. 中国高校科技(Z1):93-95.

姚云,1991. 布鲁纳学科结构主义的理论及其实质[J]. 江西教育科研(6):37-39.

易明勇,2014. 建构主义理论视角下的商务英语实践教学研究[J]. 长春工程学院学报(社会科学版)(4):150-152.
郁振华,2001. 波兰尼的默会认识论[J]. 自然辩证法研究(8).
袁红艳,2019. 应用型本科院校商务英语专业实践教学体系的建构[J]. 宜春学院学报,41(10):112-115.
张丙辰,2012. “以人为本”的高校教学质量监控体系及实施策略[J]. 黑龙江高教研究,30(7):52-54.
张泊平,2016. 基于学习产出的数字媒体技术教学改革[J]. 中国教育学刊(S1):104-105,111.
张楚廷,1999. 教学论纲[M]. 北京:高等教育出版社:163.
张德禄,2010. 多模态外语教学的设计与模态调用初探[J]. 中国外语(5):48-53.
张后尘,2008. 语言学研究与现代科学发展[J]. 中国外语(1):23-26.
张卫国,2016. 语言的经济学分析:一个基本框架[M]. 北京:中国社会科学出版社:33-34.
张新红,李明,2004. 商务英语翻译[M]. 北京:高等教育出版社:11-12.
张佐成,王彦,2002. 商务英语的界定[J]. 对外经济贸易大学学报(6):51-56.
赵湘,2006. 国际商务中的跨文化交际[J]. 经济师(2):85-86.
赵晓宁,2016. 商务英语专业实践教学体系的探索与实践. 辽宁高职学报(3):71-72.
中共中央国务院印发深化新时代教育评价改革总体方案[N]. 人民日报,2020-10-14(1).
中国国家教育委员会考试中心,英国剑桥大学考试委员会,2000. 剑桥商务英语证书考试大纲[M]. 北京:机械工业出版社.
仲伟合,2013. 拔尖创新型国际化人才培养模式的探索与实践[J]. 广东外语外贸大学学报(24):98-101.
仲伟合,张武保,何家宁,2015. 高等学校商务英语本科专业的定位[J]. 中国外语,12(1):4-10.
周加灿,郑雪琴,2017. 影响高等学校教学质量的因素分析与对策研究[J]. 教育评论(12):76-80.
周卫勇,2002.走向发展性课程评价 谈新课程的评价改革[M]. 北京:北京大学出版社.
朱九思,蔡克勇,姚启和,1983. 高等学校管理[M]. 武昌:华中工学院出版社.
朱士中,2010. 美国应用型人才培养模式对我国本科教育的启示[J]. 江苏高教(5):147-149.
朱守信,杨颉,2014. 高等教育质量问责的能力限度:问题与出路[J]. 教育科学,30(3):61-65.
朱炎军,夏人青,2016. 走向"内部改进"质量评估模式:美国高等教育质量评估的转变及启示[J]. 高校教育管理,10(2):92-96,124.
庄智象,韩天霖,2011. 关于国际化创新型外语人才培养的思考[J]. 外语界(6):73-80.
邹美兰,2004. 现代商务英语的界定和内涵[J]. 江西财经大学学报(1):114-116.
俎媛媛,李亚东,2019. 国际高等教育质量保障新动态及中国求变之策[J]. 高教发展与评估,35(6):1-10,107.